O DIVERGENTE POSITIVO

Liderança em sustentabilidade
em um mundo perverso

O DIVERGENTE POSITIVO

Liderança em sustentabilidade
em um mundo perverso

Sara Parkin

*O verdadeiro radical autêntico é aquele que torna
a esperança possível, não o desespero convincente.*
Raymond Williams

Para Colin e Douglas e o futuro de suas gerações

Prefácio da edição brasileira

O Fórum Mundial de Mudanças Climáticas, sediado no Brasil em setembro de 2013, trouxe evidências preocupantes para o governo brasileiro e os colegas do Painel Intergovernamental de Mudanças Climáticas (IPCC). "Há uma sensação de que as estações se tornaram um pouco confusas, com variações extremas de clima", disse José Marengo, do Instituto Nacional de Pesquisas Espaciais. Já convencidos por inundações, deslizamentos de terra e colheitas prejudicadas pelo calor, 90% dos brasileiros reconhecem que o problema é grave e quase 80% reconhecem que a causa maior é a atividade humana. Atualmente, 195 governos concordam com eles.[1]

Então, por que há tão pouca evidência de ação do governo para diminuir, sem falar em reverter, perigosas tendências que colocam as aspirações humanas em conflito com a capacidade da natureza de suprir os recursos necessários para essas aspirações? É verdade, há exemplos do que deveríamos estar fazendo: reduzindo o desperdício, sendo hipereficientes com água e energia e criando comunidades onde as pessoas pudessem viver facilmente, cooperando com o mundo natural e umas com as outras. Mas, seja por tamanho ou multiplicação, somente alguns desses exemplos estão ganhando escala rápido o suficiente para alterar qualquer tendência significativa – no Brasil ou em qualquer outro lugar. Além disso, alguns sucessos importantes obtidos, como a eficiência do uso dos recursos, são desfeitos pelo aumento da população e por níveis crescentes de consumo de materiais. A lógica de *mais* pessoas consumindo *mais* coisas continua sendo a força motriz das economias em todo o mundo. O Brasil exemplifica a perversidade dessa lógica com as políticas para economia, energia, pobreza, agricultura, florestas e mudanças climáticas – comprometendo em vez de complementando um ao outro.

Mas vire essa lógica de cabeça para baixo e pense sobre o que aconteceria se as nossas economias fossem estruturadas para *menos* pessoas, consumindo

---

1 Veja: (1) relatório do Painel Brasileiro de Mudanças Climáticas 2013 <www.pbmc.coppe.ofrj.br>, (2) pesquisa da Confederação Nacional da Indústria feita em dezembro de 2009 <www.cni.org.br>, (3) Quinta Avaliação do Grupo de Trabalho Relatório 1: *The Physical Basis: Summary for Policymakers*, Painel Intergovernamental sobre Mudança do Clima, em Genebra, Suíça, publicado em setembro de 2013 <www.ipcc.ch>. Todos os acessos em: 7 out. 2013.

menos recursos. Se as mentes e os incentivos fossem transferidos para o crescimento do capital humano, natural e social e para a melhoria do ambiente, muitas vezes tratado de forma vergonhosa, um mar de inovações, oportunidades empresariais e de emprego fluiria imediatamente. Não seriam criados empregos do tipo *business-as-usual* [negócios como de costume] com o tempo limitado pela próxima crise financeira ou de recursos, mas sim trabalhos de todos os tipos – para sempre. Existem inovações que ainda serão descobertas para estimular o papel do capital financeiro como um facilitador da economia "real" – o dinheiro trabalhando para nós onde quer que vivamos.

Alguns exemplos de todas essas ideias podem ser encontrados em *O divergente positivo*. E muitos outros foram exibidos no Fórum Social Mundial de 2012, sediado no Brasil para coincidir com a Cúpula da Terra, Rio+20. Globalmente, os investimentos em empresas éticas são agora contabilizados em trilhões.

Nos últimos quatro anos desde a publicação de *O divergente positivo* em inglês, há evidências de que as empresas e os jovens (que pensam adiante em décadas) estão ficando perigosamente impacientes com a lentidão dos governos na implementação de mudanças óbvias que se fazem necessárias. Algo que o Brasil sabe muito bem. Até mesmo os governos que dão pouca importância poderiam aprender com as empresas usando a sustentabilidade como um conceito de organização para trazer resultados melhores.[2]

São as decisões tomadas agora que vão influenciar a forma como um país ou organização sobreviverá às convulsões sociais e ambientais agora quase inevitáveis. Não existe uma fórmula simples nem soluções de prateleira, apenas um número crescente de pessoas que praticam a divergência positiva – fazer a coisa certa onde quer que estejam, apesar dos obstáculos. Ser rico em recursos e em pessoas empreendedoras para a mudança dá ao Brasil a oportunidade de colocar em prática a liderança versada em sustentabilidade e de mostrar ao mundo como isso pode e deve ser feito.

---

2 Veja exemplo: ECCLES, R. G.; IOANNOU, I.; SERAFEIM, G. *The Impact of Corporate Sustainability on Organizational Processes and Performance*. Harvard Business School, Cambridge, Working Paper 12-035, 29 July 2013. Disponível em: <http://www.hbs.edu/research/pdf/12-035.pdf>. Acesso em: 7 out. 2013.

Apresentação

O Instituto Jatobás – como organização social – é a soma de saberes e da decidida vontade das pessoas que o compõem para produzir e compartilhar conhecimento – conhecimento para a construção do trajeto mais adequado para a sustentabilidade, em sua vida particular, comunitária e de atividades produtivas.

Em 2012 (apenas 24 meses atrás!), lançamos *Os 50 mais importantes livros em sustentabilidade*. Cerca de 4.000 exemplares foram distribuídos para diferentes setores e atividades – tornando-se um caso de sucesso, muita alegria e recompensa para nós, do Instituto Jatobás.

Os leitores sempre manifestaram, com sincera espontaneidade, o prazer da leitura, pela qualidade do conteúdo e pela síntese das ideias mais importantes – e revolucionárias, em seus tempos – criadas pelos mais notáveis pensadores em *Sustentabilidade e desenvolvimento sustentável*.

Agora, oferecemos nova contribuição: *O divergente positivo*. É o convite para a liderança individual dedicada a mudar o todo *insustentável* que nos cerca. O chamamento da autora inglesa Sara Parkin, com importantes contribuições no Reino Unido, participando da criação de organização de especialistas – *Forum for the Future* – e de programas formais e não formais de capacitação, estruturando políticas públicas e, por isso e muito mais, ganhando títulos e honrarias, próprias daqueles que "pensam, falam, fazem e entregam".

É a reafirmação do Instituto Jatobás de compartilhar importante instrumento com protagonistas que partilham os valores nos quais acreditamos e a crença de que os humanos podem fazer a diferença na construção da história futura da vida no planeta.

O divergente positivo convida as pessoas para a liderança na construção do caminho para a sustentabilidade, dentro de sua disponibilidade seu tempo; em seus círculos de relações e nos próprios espaços de atuação. Tudo de acordo com sua possibilidade, oportunidade, condição e jeito de ser e fazer.

Nossa proposta é atingir, também, aqueles que estão chegando agora e buscam conhecer as razões e os argumentos para a mudança de modelos mentais; os que ainda resistem em assumir compromissos para com as gerações futuras, mesmo que, não intencionalmente, se esqueçam de que suas famílias são herdeiras da Terra.

O Divergente positivo é obra *boa o bastante* para os desinteressados, os descrentes e – por que não reconhecer também – os que, obstinada ou por outra denominação qualquer, se opõem a admitir que sustentabilidade é modo de pensar, de ver e de agir ao longo da vida pessoal, familiar e organizacional.

ALOE+US é a maneira como Sara Parkin sintetiza *Toda a Vida Na Terra + Nós* (*All Life on Earth plus Us*) para expressar a mensagem da ética biocêntrica e do humano-natural: nós humanos somos parte e surgimos com os demais seres vivos e, por isso, precisamos saber como agir para garantir que os frutos da Terra continuem sendo gerados e a vida floresça.

Sara Parkin destaca a importância das organizações criadas pelos humanos, inclusive e obviamente, das empresas de negócios. No entanto, chama a atenção para a responsabilidade, a reconciliação da economia com os limites operacionais do Planeta (a capacidade de carga biogeofisicoquímica); e para novas maneiras de se lidar com os modelos de educar, especialmente nas escolas de negócios; de se analisar as teorias de liderança.

As pessoas interessadas em *responsabilidade empresarial ou corporativa* encontrarão elementos e argumentos importantes para repensar questões como compromissos, comprometimentos, resiliência, relacionamento, reflexão e reverência.

O texto contribui com o "cardápio ajustável" para cada um, a fim de que o leitor-protagonista decida o que é *bom o bastante e o suficiente,* em relação à natureza, às pessoas, ao capital humano, à produção e consumo. Sara Parkin identifica as metas métricas consideradas importantes para serem atingidas até 2050, mas prepara o leitor para fazer o que estiver a seu alcance.

Mesmo que, para isso, aja ao contrário da corrente ou do pensamento dos praticantes de *negócios usuais,* isto é, da forma como são realizados hoje em dia; dos que somente acreditam nos ganhos financeiros expressos na última linha dos balancetes contábeis (*bottom line* financeiro); dos que acreditam que o modelo de fazer negócios é prioritariamente determinado pelos *riscos* e não pelo equilíbrio *riscos & responsabilidades.*

Sara Parkin fortalece a *imagem da mulher em sustentabilidade* de modo resplandecente: sensibilidade, compaixão e, ao mesmo tempo, firmeza, justiça, correção e a maneira apropriada de ver a Natureza e cuidar da *casa de todas as formas de vida, inclusive nós* – ecologia, economia e relações sociais.

Betty Feffer, presidente do Instituto Jatobás

Sumário

Lista de figuras, tabelas e boxes		13
Lista de siglas e abreviaturas		17
Sobre a autora		21
Agradecimentos		23
Introdução	Divergência positiva: uma revolução do século XXI	25
Primeira parte	A anatomia e a fisiologia do desenvolvimento insustentável	37
Introdução	A importância do diagnóstico certo	41
Capítulo 1	Os sintomas	43
	Examine o paciente todo	43
	Resumo dos sintomas	72
Capítulo 2	Anatomia e fisiologia	75
	A anatomia: as leis da natureza foram infringidas	76
	A fisiologia: economia doméstica (o sistema cardiovascular)	88
	O diagnóstico: a teoria histórica do erro cumulativo	89
Capítulo 3	O tratamento	93
	Quatro reflexões: capital, dinheiro, mercados, crescimento	94
	Economia da reconciliação: como é o bom?	104
Conclusão	Uma só chance na vida para fazer o certo	115
Segunda parte	A liderança perdida	117
Introdução	Um sistema disfuncional	119

Capítulo 4	O melhor e o pior da liderança atual	123
	Teorias tradicionais da liderança	125
	Teorias de liderança contemporâneas	134
	Avaliação	144

Capítulo 5	A deslealdade das escolas de administração	155
	A responsabilidade (social) corporativa comprometida	157
	O argumento anti-RE	167
	Brotos verdes	168

Conclusão	Transformação significa que não há como voltar atrás	171

Terceira parte	**Liderança versada em sustentabilidade**	**173**

Introdução	Que milhares de divergentes positivos floresçam!	177

Capítulo 6	Quatro hábitos de pensamento	179
	Resiliência	179
	Relacionamentos	182
	Reflexão	184
	Reverência	186

Capítulo 7	Novas perspectivas e conhecimento amplo	189
	Uma visão de mundo versada em sustentabilidade	189
	Uma base de conhecimento suficientemente boa	195

Capítulo 8	Princípios da prática e instrumentos do ofício	205
	Princípios da prática	205
	Avaliação de resultados	225
	Instrumentos para a mudança	229

Conclusão	A sabedoria prática	265

Quarta parte	**Lista de tarefas da sustentabilidade global**	**267**

Introdução	Desafios globais, contribuições locais	269

Capítulo 9	Lista de tarefas da sustentabilidade global	271
	Dois modelos para pensar a sustentabilidade em escala global	286
Conclusão	Faça a sua própria	291
Prólogo	**O futuro começa agora**	293
Apêndice	Divergentes positivos	299
Notas		311
Bibliografia	Uma boa leitura	327
Índice remissivo		349

Lista de figuras, tabelas e boxes

Figuras

0.1	Felicidade e PIB nos EUA	32
1.1	Desenvolvimento insustentável	44
1.2	Vínculos entre serviços ecossistêmicos e bem-estar humano	45
1.3	A hierarquia do lixo segundo o governo do Reino Unido	50
1.4	Oportunidades para extrair o lixo do sistema	51
1.5	Proporções aproximadas de CO_2 emitido, absorvido e deixado na atmosfera a cada ano	53
1.6	A "tempestade perfeita" da pressão física sobre os recursos da Terra	56
1.7	Poluição por gases de efeito estufa por pessoa/país	64
2.1	A árvore da vida de Darwin	79
2.2	Espaço e impacto contam, mas os números também	82
2.3	A teoria histórica do erro cumulativo: uma grande desconexão	90
3.1	A teoria histórica do erro cumulativo: uma grande reconciliação	93
4.1	Diagrama de conexões do aprendizado pessoal	122
4.2	O modelo de liderança centrado na ação	132
5.1	Diferentes etapas da RE	159
6.1	Resiliência	180
6.2	O processo de aprendizado reflexivo	186
7.1	Visões de mundo	190
8.1	A nova política da mudança climática	211
8.2	Uma abordagem de sustentabilidade para a organização ou para política: resiliência e segurança crescentes por meio do engajamento dos departamentos em múltiplos níveis e setores/políticas/grupos de interesse	216
8.3	Planejamento estratégico simplificado	218
8.4	Relação entre risco, ciência e precaução	221
8.5	A pirâmide do conhecimento	222
8.6	Perfil de relações do aprendiz de sustentabilidade (exemplo)	233
8.7	Tripé da sustentabilidade (Triple Bottom Line) e diagrama Venn de sustentabilidade	236

8.8	Círculos concêntricos: o verdadeiro resultado (bottom line)	236
8.9	The Natural Step: o funil de recursos e o caminho ABCD para a prática sustentável	243
8.10	A montanha-russa emocional da sustentabilidade: da baixa ignorância ao alto comprometimento	250
8.11	Emissões de gases de efeito estufa no Reino Unido em 2008 por setor (em $MtCO_2e$)	259
8.12	Emissões dos gases de efeito estufa no Reino Unido em 2008, por tipo, com base em seu potencial de aquecimento global (PAG)	260
8.13	Emissões globais de gases de efeito estufa pela atividade humana em 2004, por setor e gás	260
8.14	A hierarquia da gestão do carbono	263
9.1	As Cunhas de Princeton	290

Tabelas

1.1	Taxas de consumo de minerais	47
1.2	Avaliação da probabilidade de determinados eventos (IPCC)	55
1.3	Resumo das políticas do Reino Unido para enfrentar a mudança climática	59
1.4	Lista de políticas climáticas	67
4.1	Como liderança é diferente de administração	124
4.2	Traços e habilidades da liderança	129
4.3	Diferença entre liderança transacional e liderança transformacional	133
4.4	As habilidades suaves da liderança	137
4.5	Tipos de administração do setor público	141
4.6	Boa liderança	154
5.1	Benefícios empresariais do desenvolvimento sustentável	162
7.1	Temas de conhecimento em sustentabilidade proficiente	201
8.1	Lugares para intervir num sistema	215
8.2	Estilos e técnicas de aprendizado	230
8.3	Explicação sobre os estoques dos Cinco Capitais	237
8.4	Os doze traços de uma sociedade sustentável	240
8.5	A grade de análise dos Cinco Capitais	241
8.6	Exemplo do processo de planejamento do cenário	246
8.7	Visões contrastantes de administração da mudança	248
8.8	Que é o carbono?	258

8.9	Metas para as emissões anuais de gases de efeito estufa no Reino Unido de hoje até 2050	261
9.1	Lista de tarefas da sustentabilidade global	272
9.2	Taxas de fertilidade previstas: estimativas média e baixa do número médio de filhos por mulher em 2050, mostrando a diferença entre 2005-2010 e as baixas taxas previstas para 2045-2050	276

Boxes

0.1	O que é liderança proficiente em sustentabilidade?	28
3.1	Reflexão: capital e capitalismo	94
3.2	Reflexão: dinheiro	96
3.3	Reflexão: mercados	99
3.4	Reflexão: crescimento econômico	101
4.1	Reflexão: o papel do seguidor	126
4.2	Reflexão: carisma	130
4.3	Reflexão: loucos por mulheres	145
4.4	Reflexão: poder	152
8.1	Contabilização do carbono	257

Lista de siglas e abreviaturas

A4S	Accounting for Sustainability
AACSB	Association to Advance Collegiate Schools of Business (EUA)
ACCA	Association of Chartered Certified Accountants
ALOE+US (TVT+N)	toda a vida na Terra, inclusive nós
ANC (CNA)	African National Congress (Congresso Nacional Africano)
BT	British Telecom (www.btinsights.co.uk)
C	carbono
CCC	Committee on Climate Change (www.theccc.org.uk)
CCS (CAC)	carbon capture and storage (captura e armazenamento de carbono)
CEML	Council for Excellence in Management and Leadership
CEO	chief executive officer (diretor executivo)
CIPFA	Chartered Institute of Public Finance and Accountancy
CO_2	dióxido de carbono
CO_2e	equivalentes de dióxido de carbono
CR (RE)	corporate responsibility (responsabilidade empresarial)
CSR (RSE)	corporate social responsibility (responsabilidade social empresarial)
SEM (SGA)	environmental management system (sistema de gestão ambiental)
EPOCA	European Project on Ocean Acidification
ETS	Emissions Trading Scheme
FAO	Food and Agriculture Organization
FT	Financial Times
GDR (RDA)	German Democratic Republic (República Democrática Alemã)
GDP (PIB)	gross domestic product (produto interno bruto)
GHG (GEE)	greenhouse gas (gases de efeito estufa)
GWP (PAG)	global warming potential (potencial de aquecimento global)
ICT (TCI)	information and communications technology (tecnologia de comunicações e informação)
IEA	International Energy Agency (Agência Internacional de Energia)
IFPRI	International Food Policy Research Institute
IMF (FMI)	International Monetary Fund (Fundo Monetário Internacional)

IPCC	Intergovernmental Panel on Climate Change (Painel Intergovernamental sobre Mudança do Clima)
ISEW	Index of Sustainable Economic Welfare
IUCN	International Union for Conservation of Nature
LCA (ACV)	life cycle analysis (análise do ciclo de vida)
LSDM	Leadership for Sustainable Development Masters
LTG	Limits to Growth
MBA	Master in Business Administration (mestre em administração de empresas)
MDG (ODM)	Millenium Development Goal (Objetivos do Milênio)
MEA	Millenium Ecosystem Assessment
MIT	Massachusetts Institute of Technology (Instituto de Tecnologia de Massachusetts)
MPA	Master in Public Administration (mestre em administração pública)
MSLS	Masters Programme for Strategic Leadership towards Sustainability
mt/yr (mt/a)	milhões de toneladas por ano
MW	megawatt
NATO (OTAN)	North Atlantic Treaty Organization (Organização Tratado do Atlântico Norte)
NEF (FNE)	new economics foundation (fundação da nova economia)
NERC	Natural Environment Research Council
NESTA	National Endowment for Science, Technology and the Arts
NFP (SFL)	not-for-profit (sem fins lucrativos)
NGO (ONG)	non-governmental organization (organização não governamental)
NHS (SNS)	National Health Service (Serviço Nacional de Saúde)
NIC	National Intelligence Council
OECD	Organisation for Economic Cooperation and Development
PCB	polychlorinated biphenyl (bifenil policlorinatado)
PDI (ITP)	Positive Deviance Initiative (Iniciativa de Divergência Positiva)
PESTLE (PESTLA)	Political, Economic, Social, Technology, Legislative, Environmental (político, econômico, social, tecnológico, legislativo, ambiental)
pp/yr (pp/a)	por pessoa/por ano
ppm	parts per million (partes por milhão)

PPP (PPC)	purchasing power parity (paridade de poder de compra)
PTA (APM)	Parent-Teacher Association (Associação de Pais e Mestres)
PTFE	politetrafluoretileno
RSPB	Royal Society for the Protection of Birds (Organização Britânica para a Proteção dos Pássaros)
SC	Seikatsu Club
SD (DS)	sustainable development (desenvolvimento sustentável)
TNS	The Natural Step
UN (ONU)	United Nations (Organização das Nações Unidas)
UNEP (PNUMA)	United Nations Environment Programme (Programa das Nações Unidas para o Meio Ambiente)
UNESCO	United Nations Educational, Scientific and Cultural Organization (Organização das Nações Unidas para a Educação, a Ciência e a Cultura)
UNFCCC	United Nations Framework Convention on Climate Change (Convenção das Nações Unidas sobre Mudança Climática)
WBCSD	World Business Council for Sustainable Development (Conselho Mundial Empresarial para o Desenvolvimento Sustentável)
WCI	World Coal Institute (Instituto Mundial do Carvão)
WHO (OMS)	World Health Organization (Organização Mundial da Saúde)
WWF	World Wide Fund for Nature

Sobre a autora

Sara Parkin é diretora-fundadora do Forum for the Future (Fórum para o Futuro), o principal centro de desenvolvimento sustentável do Reino Unido, onde elaborou o conceituado curso Leadership for Sustainable Development Masters. É presidente do Richard Sandbrook Trust e membro do conselho da European Training Foundation and the Science in Society, grupo consultivo do programa de pesquisas da multiagência Living with Environmental Change, tendo terminado seu mandato nos conselhos do Natural Environmental Research Council and Leadership Foundation for Higher Education. Após iniciar sua vida profissional na área da enfermagem, Sara ocupou cargos de liderança em partidos verdes da Europa e do Reino Unido. Foi agraciada em 2001 com a Ordem do Império Britânico (OBE) por serviços prestados à educação e à sustentabilidade.

O Forum for the Future foi lançado em 1996 como a primeira de uma nova geração de instituições beneficentes voltadas à busca de soluções e abordagens sistêmicas com vistas a acelerar as mudanças para um modo de vida sustentável. O Forum opera em nível internacional com mais de cem parceiros nos setores governamental, empresarial e público, estimulando a liderança, a inovação e o pensamento dirigido para o futuro, entre outros meios de ajudá--los a integrar a sustentabilidade em suas políticas, estratégias e práticas. Seu conhecimento é amplamente partilhado por intermédio de publicações e da revista *Green Futures*.

Visite: <www.forumforthefuture.org>.

Agradecimentos

Mencionar todos os que contribuíram para a consolidação de meu pensamento ao longo dos anos ou mesmo os que opinaram sobre os diversos rascunhos deste livro iria certamente obrigar-me a extrapolar os limites da obra. Não obstante, minha gratidão para com eles é ilimitada. Minha jornada de toda uma vida lhes deve muito. Bem mais que alguns traços de sua inspiração e ideias que moldaram este livro, embora eu, é claro, os absolva de qualquer responsabilidade pelo que se possa pensar de sua sabedoria e sugestões. Agradecimentos aos colegas do Forum for the Future, com Jackie van Bueren, Jane Wilkinson e Iain Watt fazendo jus a uma menção especial pelos valiosos serviços prestados; o mesmo se diga dos estudiosos integrantes do programa do Leadership for Sustainable Development Masters, que, por anos a fio, ajudaram a formar uma visão única do tipo de liderança que a sustentabilidade exige. Sou grata a Deborah Seddon, Tim O'Riordan, Ian Christie e Kate Rawles por seus comentários a praticamente todo o manuscrito, aos alunos TNS (The Natural Step) do Blekinge Institute of Technology pela discussão inicial de alguns conceitos, a Agustina O'Farrell pela colaboração na pesquisa e a todos quantos me permitiram consultá-los sobre assuntos científicos e outros ou sobre suas experiências pessoais de liderança. Na Earthscan, agradeço a Jonathan Sinclair-Wilson, Claire Lamont e Camille Bramall, bem como a seus colegas, que me conduziram amistosamente a uma conclusão publicável. Meu marido insiste que, sem minha família, este livro teria sido terminado em metade do tempo. E é verdade! No entanto, como isso significaria a perda de muito divertimento durante o processo, agradeço-lhes também pelo atraso.

Introdução
Divergência positiva: uma revolução do século XXI

> Não saia por aí dizendo que o mundo lhe deve alguma coisa.
> O mundo não lhe deve nada: ele já estava aqui antes.
> *Mark Twain*

Divergente positivo: pessoa que faz as coisas certas em prol da sustentabilidade, *a despeito* de estar rodeado por estruturas institucionais erradas, processos equivocados e pessoas teimosamente não cooperativas.

Perverso: pessoa que persiste no erro, teimosa, que ignora as evidências, que se desvia do certo e do verdadeiro.

O título estranho deste livro nasceu de muita frustração e de uma raiva nada insignificante. Durante mais de quarenta anos saí a campo propugnando por um grande despertar da fantasia segundo a qual a capacidade do mundo natural de atender às imoderadas exigências dos seres humanos é infinita. "Pense em seus netos", costumávamos argumentar, "pense em seus filhos". Hoje, o custo dessas décadas de inação significa que as preocupações com as gerações futuras foram substituídas pelos cuidados com a geração presente. Quem está se formando na universidade, lugar onde se prepara a maioria dos líderes do futuro, pode contar com mais de sessenta anos de vida ativa saudável; mas, bem antes do final desse prazo, ocorrerão, segundo os cientistas, aumentos catastróficos da temperatura global – a menos, é claro, que renunciemos à nossa dependência do carbono. Restam-nos cerca de dez anos para abandonar esse vício e evitar o pior. O secretário-geral das Nações Unidas, Ban Ki-Moon, estabeleceu um paralelo entre crise econômica e crise ecológica: "Continuar despejando trilhões de dólares em subsídios aos combustíveis fósseis é como investir em hipotecas imobiliárias de alto risco. Nossa infraestrutura, baseada no carbono, é como moeda podre que ameaça a carteira dos bens globais, da saúde pública à segurança alimentar".[1]

A maioria das pessoas reconhece que algo precisa ser feito – e logo. Mas o quê? Como? Isso ainda não está claro. Saindo de uma palestra para executivos sobre sustentabilidade, uma participante se queixou: "Mas continuo não sabendo como agir diferentemente na segunda-feira!". Ela não está sozinha. A crermos nas pesquisas, muitas pessoas gostariam de adotar maneiras mais sustentáveis de viver e trabalhar, mas não sabem ao certo como conseguir isso. O que aprenderam na escola e na faculdade simplesmente não as equipou com o conhecimento ou as habilidades adequadas. Faltam também sinais claros de liderança por parte do governo. Os ministros do Reino Unido, assim como as diretorias da maior parte das empresas, grandes e pequenas, não se põem de acordo quanto a determinar se a mudança climática é (a) um evento natural, (b) urgente e (c) de sua responsabilidade. Enfeitiçados pelos aventureiros da opinião pública – entrevistadores, grupos de interesse e mídia tagarela –, os líderes, por toda parte, parecem ter perdido sua bússola macropolítica. A preparação precária e os procedimentos caóticos da Conferência das Nações Unidas sobre Mudanças Climáticas (Copenhague, 2009), resumem o que há de errado com a liderança global. O mesmo se diga da modesta ambição dos Objetivos do Milênio da ONU (ODM) para os quais *diminuir pela metade* a pobreza global em 2015 é considerado um objetivo legítimo, e todos os objetivos são postos em risco por um sistema econômico global dependente da exploração irracional dos recursos e do desrespeito aos direitos humanos básicos.

Daí o título do livro. Demoramos tanto para pôr a casa humana em ordem que a única estratégia ainda ao nosso dispor é a divergência positiva. Não podemos esperar por tratados internacionais, reformas institucionais ou lideranças governamentais esclarecidas – tudo isso são soluções a longuíssimo prazo. A única opção é o maior número possível de pessoas, no mundo inteiro, assumir esse compromisso e fazer a coisa certa. Trata-se de uma revolução das mais positivas: *contra* tudo o que possa nos levar de volta a comportamentos originalmente responsáveis por colapsos ecológicos (e econômicos) e *a favor* da corrida para um futuro que privilegie a melhoria da qualidade de vida das pessoas e do meio ambiente como o objetivo primário de todas as nossas ações. À maneira de Robin Hood, convido o leitor a juntar-se ao bando cada vez mais numeroso e entusiasta dos divergentes positivos, empenhados em fazer a coisa certa a despeito de tudo e de todos e em recrutar cada vez mais colaboradores.

Introdução

Para fazer parte desse movimento, só é preciso ter senso de urgência e paixão pela sustentabilidade.

Mas e quanto à pergunta sobre a segunda-feira? Como descobrir quais são as coisas certas a fazer? Praticamente não há cursos nem livros que nos ensinem a ir mais depressa. Você sem dúvida já tem algumas ideias e conhecimentos a respeito do assunto, mas ainda não se sente confiante o bastante para tomar algumas decisões. Pretendemos, aqui, preencher as lacunas – em sua confiança e no mercado para livros como este. Mas, desde já, uma advertência: não lhe diremos *o que* fazer. Nosso propósito é estimulá-lo e ajudá-lo a renovar ou desenvolver a *personalidade* de sua própria liderança para que esteja confiante em seus conhecimentos sobre sustentabilidade e seja eficaz como divergente positivo. Minha experiência mostra que não existe um modelo único, principalmente quando se trata de liderança. Para ser autêntico, e portanto confiável e digno de liderar, você precisa ser sincero consigo mesmo. Seu modelo pessoal de liderança em sustentabilidade terá de ser único como um floco de neve e, no caso de uma organização, tão exclusivo quanto seu logotipo. Servindo-se deste livro como seu aliado, poderá encontrar tudo de que necessita para identificar *como* fazer a coisa certa, em quaisquer circunstâncias. E, também, alguns instrumentos para começar imediatamente.

Como a liderança em sustentabilidade pode ser exercida em qualquer setor de uma organização, este livro será útil para pessoas em diferentes tipos de trabalho. Espero que provoque uma revolução também nos lugares em que se fomenta o desenvolvimento da administração e da liderança. Na verdade, espero que ele influencie bastante a educação em geral. Se eu pudesse decidir, ninguém deixaria uma instituição de ensino (principalmente o ensino público) sem ser educado para a sustentabilidade. Idealmente, este livro se tornará uma das noções que bons pais, professores e amigos ensinam às crianças desde cedo, para que se tornem adultos responsáveis e felizes, capazes de educar a próxima geração da mesma maneira.

> **Box 0.1 — O que é liderança proficiente em sustentabilidade?**
>
> Keith Grint afirma que a liderança "não é uma ciência, e sim uma arte; é um desempenho, não uma receita; é uma invenção, não uma descoberta". Concordo com ele. Acho que ela é, primordialmente, um produto da imaginação. Um líder descortina um futuro melhor e convence pessoas a segui-lo (Grint, 2000). Há, porém, uma diferença entre liderança em geral e liderança em sustentabilidade. A liderança em desenvolvimento sustentável (DS) imagina, sim, um futuro melhor, mas que não seja coagido por limitações organizacionais ou geográficas, como ocorre em outros setores de liderança. É por algo que vai além do indivíduo, organização ou mesmo família e país. É por um bem maior, que abarca toda a vida na Terra, inclusive a humanidade inteira e as próximas gerações. Como celebramos há pouco o 200º aniversário do nascimento de Charles Darwin, parece apropriado dizer que a liderança em sustentabilidade diz respeito à participação perene de nossa espécie na evolução. Do contrário, nos tornaremos fósseis.

Você notará, pelo Sumário, que este livro se divide em quatro partes. A primeira trata dos sintomas da *in*sustentabilidade, como ela veio a ocorrer e que escolhas temos quanto ao futuro. A segunda revela o que não é satisfatório no modo como se ensina a liderança (principalmente no âmbito da administração) e inclui uma crítica da responsabilidade empresarial. A terceira é devotada aos modos de pensar, às bases de conhecimento e a alguns princípios práticos e ferramentas essenciais para o líder especializado em sustentabilidade, sobretudo o que adota a postura de divergência positiva. A última parte fornece um quadro panorâmico daquilo que precisa acontecer no nível global, de um modo que deixa bem claro como as ações locais podem contribuir bastante para o esforço globalmente significativo. Acreditar que os esforços locais podem fazer a diferença é fundamental para o êxito de qualquer divergente positivo.

Pode parecer estranho eu terminar o livro com um Prólogo, mas isso ocorre simplesmente porque o futuro na verdade começa agora. O que fizermos na próxima década determinará se temos ou não direito de discorrer com orgulho sobre nossos esforços.

Primeiro, porém, devo apresentar ao leitor alguns temas abrangentes e alguns conceitos que nortearam meu modo de encarar a liderança em sustentabilidade e que, consequentemente, moldaram este livro. Eles esclarecerão minhas ideias sobre o que deu errado, o lugar para onde queremos ir e o modo de chegarmos lá.

Uma introdução a Adam Smith, a James Hutton e à teoria histórica do erro cumulativo

Quando comecei a refletir sobre a origem dos padrões insustentáveis de desenvolvimento humano, estava residindo em Edimburgo, onde aprendi sobre dois ilustres antigos moradores da cidade: Adam Smith e James Hutton. Amigos de toda uma vida (Hutton foi o testamenteiro de Smith) e nascidos com diferença de poucos anos na década de 1720, ambos produziram livros revolucionários: Smith sobre economia e Hutton sobre a geofísica da Terra.

Hoje, a efígie de Adam Smith ilustra a nota de vinte libras e algumas das ideias que divulgou em *A riqueza das nações* (1776) ainda dominam o modo como conduzimos a economia global (por exemplo, a "mão invisível" do mercado). Menos conhecido é James Hutton, que foi fazendeiro, médico, geólogo e filósofo. No entanto, também ele chamou a atenção por sua *Teoria da Terra* (1795), livro com o qual abalou a crença bíblica de que a Terra tinha apenas seis mil anos de idade. Hutton assegurou que "este mundo não tem começo nem fim" e atribuiu um propósito aos ciclos continuamente renovados do mundo natural: esse propósito é a vida em si. "Somos, pois, levados a perceber uma circulação na matéria deste globo e um fascinante sistema de economia nas obras da natureza." Sua conclusão foi considerada "sublime" pelos contemporâneos, pois representava "a natureza empenhada numa contínua sucessão de [camadas] de terra na superfície do planeta, segundo um plano eterno...".[2]

Para mim, esses dois heróis do Iluminismo simbolizam escolhas, feitas há 23 décadas, das regras que devem presidir o modo como nós, humanos, conduzimos nossas vidas. Embora Adam Smith visse o mercado como dependente de pessoas e recursos naturais ("a demanda por homens, como a demanda por qualquer outra matéria-prima, necessariamente regula a produção dos homens"), sabe-se que nem ele nem seus discípulos (ou o próprio Hutton) consideravam esse mercado natural um modelo melhor para fundamentar a economia humana. O erro histórico, e ainda hoje cumulativo, é a persistente separação entre os dois modelos. Ao longo do livro, emprego os termos "economia biogeoquímica" e "economia humana" para diferenciar as obras do mundo físico (de que fazemos parte) das obras da economia humana (de que faz parte a natureza), as quais foram construídas a partir de teorias supersimplistas sobre o modo como nós, humanos, pensamos e agimos.

Qual é o objetivo da vida?

Sei que isto me coloca na minoria, mas sou cronicamente incapaz de pensar a não ser em resultados. Cada vez menos pessoas refletem sobre o que gostariam de dizer sobre sua vida quando ela chegar ao fim. Pode ser que, como poucos de nós temos alguma ideia a respeito do que é "bom" para nossa própria jornada neste mundo, esforçamo-nos para fazer isso coletivamente – como comunidade, nação ou espécie. Não é de admirar que os políticos se atrapalhem durante seus mandatos de quatro anos quando nós, seus cidadãos, não conseguimos articular o que queremos em longo prazo.

Sem dúvida, o objetivo imediato da vida é evitar a morte. Quase ninguém discordará disso. Todavia, como nossos estilos de vida atuais – mesmo nos países mais ricos – não parecem fornecer o significado e a satisfação – a felicidade – pelos quais alegamos ansiar, talvez seja oportuno introduzir o que Amital Etzioni chama de "megálogo moral" – um amplo diálogo público para determinar se existe uma ideia comum sobre o objetivo da existência e como definiremos uma vida bem vivida (Etzioni, Carney, 1997). Por sorte, na última década apareceram vários livros, coletivamente chamados de "literatura da felicidade", que mantiveram a chama acesa (por exemplo, Lane, 2000; Grayling, 2003; Layard, 2005; McMahon, 2006; Gilbert, 2006). Eles tornaram mais fácil para eu aventar que o propósito daquilo que Adam Smith chamou de "labuta e alvoroço" de nossa economia deveria ser a felicidade. Embora a ideia não seja de modo algum nova, por muito tempo se pensou que seria uma insensatez de minha parte propô-la. Hoje, como estamos todos (re)descobrindo, a felicidade se acha presente em todas as religiões e tradições espirituais não organizadas – felicidade alcançada após a morte, pela meditação ou em obediência a certas regras divinas que preceituam o bom comportamento. Acha-se até na Declaração de Independência Americana: "Sustentamos que estas verdades são evidentes por si mesmas – que todos os homens foram criados iguais; que foram dotados por seu Criador de certos direitos inalienáveis; que, entre estes, estão a vida, a liberdade e a busca da felicidade".

Introdução

Realmente a grande questão, no entanto, é: o que significa uma vida boa na qual a felicidade – ou, pelo menos, a satisfação – pode ser encontrada? Para Sócrates, a felicidade era a "perfeição da alma"; e Platão, seu discípulo, explicava que a sabedoria e o bem dão valor à riqueza e ao sucesso, não o inverso, e que, quando Sócrates afirmava "virtude é conhecimento", queria dizer que quando uma pessoa entende a natureza do bem não consegue mais agir de outra forma (Grayling, 2003, p. 21). Graças a novas pesquisas em neurologia, podemos acrescentar evidências fisiológicas às definições filosóficas e instintivas daquilo que nos torna felizes. As respostas físicas de nosso cérebro, em vários experimentos, sugerem até que possuímos um senso inato do certo e do errado.[3] O juízo moral, por muito tempo visto como culturalmente relativo, talvez esteja ligado ao funcionamento de nosso cérebro. E parece mesmo que evoluímos dessa maneira. Somos mais felizes cooperando, sendo honestos e lutando num mundo que recompensa as atitudes opostas.[4] Como assinala Robert Lane, a maneira como "labutamos e lutamos" hoje é ruim para as relações pessoais. Há uma "espécie de fome de relações interpessoais afetivas, de vizinhos acessíveis, de participação, inclusive em grupos e numa vida familiar solidária". Como prova de que as pessoas carecem desse tipo de capital social, "o desemprego produz efeitos mais sérios, as doenças são mais fatais, a decepção com os filhos é mais difícil de suportar, as crises de depressão duram mais tempo, as frustrações e esperanças falidas de todos os tipos são mais traumáticas" (Lane, 2000, p. 9). Nossa felicidade e flexibilidade diante dos obstáculos estão na razão direta do sucesso que obtemos na convivência com os outros.

Segundo a maioria dos estudos e pesquisas, parece que as pessoas querem antes de tudo sentir-se bem consigo mesmas, com seus relacionamentos e os lugares onde vivem. Não é lamentável que nada disso seja critério para avaliar o sucesso do indivíduo ou da economia? A Figura 0.1 mostra que em muitos países a felicidade – ou, mais exatamente, a satisfação com a vida – não acompanha o PIB *per capita*, que fica pouco acima dos quinze mil dólares anuais.

Uma crítica da sustentabilidade com relação à pesquisa sobre aquilo que torna as pessoas felizes revelaria que, como boa parte da pesquisa social, ela pouco tem que ver com o ambiente físico no qual as pessoas vivem e trabalham. Mesmo sem apresentar evidências fornecidas por poetas, escritores, pintores e músicos de todas as culturas, sabe-se bem que um ambiente saudável e atraente eleva nossos espíritos, tornando-nos mais alegres e bem dispostos.

Quando estamos doentes ou estressados, a visão de um arvoredo ou o som de cachoeiras e pássaros nos acalma, apressando nossa recuperação. Há pouco,

O divergente positivo

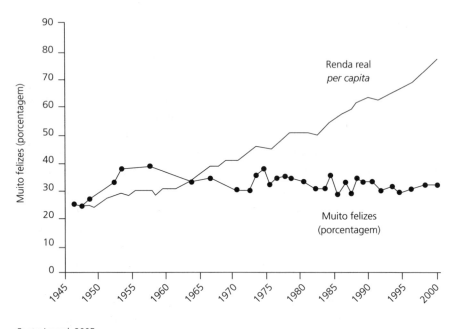

Fonte: Layard, 2005

FIGURA 0.1 Felicidade e PIB nos EUA.

um aluno meu sugeriu que a felicidade é um conceito antropocêntrico, mas não sei se isso é verdadeiro. Sem dúvida, o cúmulo da vaidade humana consiste em imaginar que as outras espécies não podem ser felizes, mesmo de uma maneira muito além de nossa compreensão. A palavra grega para felicidade significa, originalmente, "florescimento", algo que, como gosto de pensar, se aplica a todos os seres vivos.

Para mim, a alegria da felicidade como objetivo de vida é que, por não se tratar de algo que pressupõe apenas *sentir-se bem*, mas igualmente *ser bom*, ela é – ou poderia ser – a "grande ideia" em torno da qual devemos elaborar o projeto da sustentabilidade como uma visão positiva e sedutora do futuro.

Conceitos básicos

Há outros conceitos e expressões sucintas que aparecem ao longo do livro e precisam de esclarecimento. Alguns, como "os quatro hábitos de pensamento", são desenvolvidos em capítulos posteriores; outros exigem desde já uma explicação.

Os quatro hábitos de pensamento

Em meio ao alvoroço diário, para decidir e pôr mãos à obra, costumo recorrer às ideias de resiliência, relacionamentos, reflexão e reverência como uma lista mental para pensar a partir do ponto de vista da sustentabilidade. Esta ou aquela decisão, esta diretriz ou aquela ação irá melhorar a resiliência? Desse modo, os relacionamentos melhorarão? Houve reflexão suficiente e as pessoas certas foram envolvidas? Será que isso mostra respeito para com o que sabemos (ou não) sobre o funcionamento da economia biogeoquímica?

Resiliência
A resiliência é a capacidade que um sistema ou pessoa apresenta de voltar ao estado normal após absorver um choque. Quanto mais resiliente for o sistema, mais choques poderá absorver sem se modificar. A resiliência crescente é a principal estratégia da evolução. A força de um sistema ecológico (como um rio ou uma floresta) baseia-se no número e na densidade das conexões (relações) entre diferentes componentes. Nos sistemas sociais e econômicos, a resiliência pode ser obtida da mesma maneira, mas somente se estiver integrada na resiliência ecológica.

Relacionamentos
Bons e numerosos relacionamentos são a forma pela qual a resiliência é obtida e preservada num sistema ou pessoa. Aumentar o número de relacionamentos certos (isto é, orientados pela sustentabilidade) entre as pessoas e suas instituições, processos e o ambiente é o que uma liderança proficiente em sustentabilidade faz.

Reflexão
Extrair conhecimento de qualquer experiência ajuda a evitar ou agravar os equívocos passados. Também aumenta as chances de um bom julgamento no presente, por mais complicado e incerto que o futuro possa parecer. Aplicar aquilo que sabidamente funciona e recorrer à imaginação para melhorar a boa prática foi o que garantiu o sucesso da evolução. Se aprendermos a parar e refletir antes de tomar uma decisão ou agir, podemos fazer o mesmo.

Reverência
A admiração respeitosa ou reverência pelo poder e beleza do mundo natural, como também por nosso estreito relacionamento biogeoquímico com ele, é

a postura espiritual e prática que devemos adotar. Ela nos protege contra a arrogância e as ideias de competência científica ilimitada, ajudando-nos a proceder com confiança e precaução. Assim, é menos provável que machuquemos aquilo que amamos e respeitamos.

Toda a vida na Terra, inclusive nós (TVT+N)

Se quisermos corrigir o erro de acreditar que a história humana pode evoluir separadamente do resto da vida na Terra, deveremos ao menos empregar uma linguagem que reconheça esse entrosamento. Muitos ambientalistas discorrem sobre o ambiente e negligenciam as pessoas, assim como inúmeros cientistas sociais, políticos, economistas, financistas etc. (quase todos, na verdade!) só falam de gente (por sinal, apenas de um aspecto minúsculo de nossa humanidade) e esquecem o resto da vida na Terra – que, no entanto, é a única base de operações para tudo e para todos.

A fim de ressaltar a indivisibilidade de tudo, em algumas partes do texto substituí a pouco elegante sigla TVT+N pelas frase "toda a vida na Terra, inclusive nós".

As noções de suficiente e bom o bastante

Muitas pessoas desanimam ao tratar do problema do desenvolvimento sustentável porque o acham complicado demais e um assunto para doutores ou especialistas. E pode mesmo ser um tanto assustador constatar que a sustentabilidade diz respeito a tudo. Ora, como pode uma pessoa ou organização conhecer tudo?

Isso não é possível, obviamente. Por isso, a proficiência em sustentabilidade pressupõe conhecimento e compreensão *suficientes* para se fazer uma escolha ou tomar uma decisão *boa o bastante*. Por definição, nunca antes nos empenhamos no desenvolvimento sustentável (certamente não na escala atual), de sorte que todos estamos aprendendo conforme avançamos. Daí a importância da reflexão como hábito mental. Você nem sempre fará as coisas certas; mas, com uma percepção *boa o bastante* de um leque razoavelmente amplo de ideias velhas e novas, conseguirá descobrir quando convém pedir ajuda ou ir em frente com confiança *suficiente* de que está no bom caminho. Essas palavras reaparecerão com frequência no livro, em itálico, para lembrá-lo de que *bom o bastante* é muitas vezes o *suficiente*.

Ação direta: contornando os filtros políticos e econômicos

Boa parte do que se escreve sobre desenvolvimento sustentável é descrita em termos de políticas governamentais, recomendando muitas vezes somas a serem gastas nisto ou naquilo – como o Relatório Stern *The Economics of Climate change* (2006), no qual, para o autor, 1% do PIB anual bastaria para "descarbonizar" a economia do Reino Unido. Em poucos meses, Sir Nicholas teve de revisar a estimativa para cima, devido ao colapso econômico que desestabilizou o valor do dinheiro. Além disso, a mobilização de trilhões de libras para salvar bancos provou que se pode achar qualquer soma quando as autoridades consideram tal medida suficientemente importante. E mais: as últimas décadas demonstraram que os responsáveis pelas decisões no governo ou em qualquer outro setor parecem imunes a receitas consagradas. Para terminar: políticas, como orçamentos, têm vida curta.

Assim, na medida em que pude me conter, evitei dar recomendações políticas ou avaliar diferentes ações. Não o fiz por achar que políticas e orçamentos não sejam importantes. Eles são. Acontece que já estamos fartos de políticas, tratados e financiamentos para o desenvolvimento sustentável. Eles não estão em falta. Então para que mais? A crise, como Kofi Annan advertiu durante anos, está a caminho; sabemos o que fazer... mas não fazemos. Por quê? Esse é o território de origem do divergente positivo. Cabe a *você* determinar a coisa certa a fazer, onde quer que esteja, removendo ou desviando das políticas, orçamentos e outros obstáculos que o impeçam de fazer acontecer.

Estrelando divergentes positivos *

Pelo mesmo motivo, na maioria das vezes preferi não apresentar estudos de caso de empresas ou países. Exemplos demais do que é irritantemente chamado de "melhores práticas" (isso quer dizer que elas realmente não podem ser melhoradas?) acabaram degradados pelo tempo e a transparência/exposição.

Em vez disso, incluí inúmeros exemplos de divergentes positivos (ver o Apêndice) – pessoas que, quando mencionadas no texto, ostentam um * (asterisco) depois do nome. Quase todos são indivíduos, alguns são organizações, cada qual oferecendo um exemplo inspirador de diferentes maneiras de ser um divergente positivo no século XXI.

Primeira parte
A anatomia e a fisiologia do desenvolvimento insustentável

> Essa desigualdade natural das duas forças – população e produção da terra – e a grande lei da natureza, que mantém constantemente iguais seus efeitos, constituem a grande dificuldade, a meu ver intransponível, no caminho para uma sociedade perfeita.
> (Thomas Malthus, *Primeiro ensaio sobre a população*, 1789)

Primeira parte

Introdução: A importância do diagnóstico certo — 41

Capítulo 1 Os sintomas — 43
  Examine o paciente todo — 43
    Sintoma 1: esgotamento de recurso biológico (que afeta a pele e a carne) — 43
    Sintoma 2: esgotamento mineral (que afeta o sistema ósseo) — 46
    Sintoma 3: geração de lixo (que afeta o sistema digestivo) — 48
    Sintoma 4: queima de combustível fóssil (que afeta o sistema respiratório) — 52
      Medidas políticas (e econômicas) sobre mudanças climáticas — 57
      Pessoas do contra (ruim) e opositores (bom): saiba a diferença — 67
    Sintoma 5: pobreza persistente, injustiça e desigualdade de oportunidades para muitas pessoas (afetando a saúde mental e psicológica) — 69
  Resumo dos sintomas — 72

Capítulo 2 Anatomia e fisiologia — 75
  A anatomia: as leis da natureza foram infringidas — 76
    Toda a vida na Terra opera de acordo com leis científicas que também se aplicam a nós — 76
    Não existe cadeia dos seres: a evolução bem-sucedida é um empreendimento colaborativo, resultante de uma complexa rede de relacionamentos — 78
    Animais grandes, ferozes e predadores são raros — 80
    O fecho de segurança da evolução é sua lentidão — 84
    Nosso espírito tem evoluído com e por todo o resto da vida — 86
  A fisiologia: economia doméstica (o sistema cardiovascular) — 88
  O diagnóstico: a teoria histórica do erro cumulativo — 89

Capítulo 3 O tratamento — 93
  Quatro reflexões: capital, dinheiro, mercados, crescimento — 94
  Economia da reconciliação: como é o bom? — 104
    Há um plano: um Consenso de Sustentabilidade governa as relações econômicas e internacionais — 105
    Um pacote de medidas de emergência está a caminho para garantir que a administração da catástrofe favoreça uma transição progressista para o Consenso de Sustentabilidade, em lugar de uma versão remendada dos negócios à moda antiga — 105
    O capital agora tem um sentido mais amplo, inserido na economia real — 106

O dinheiro foi posto a serviço, até mesmo sob controle — 107
O crédito é uma boa coisa – desde que confiável e responsável
  ou até mesmo tedioso — 107
Os bancos são empresas sociais — 108
A governança é exemplar: todos conhecem e seguem as regras — 109
Os mercados são criados e administrados com vistas à resiliência — 111
Felicidade interna bruta — 112

Conclusão: Uma só chance na vida para fazer o certo — **115**

Introdução
A importância do diagnóstico certo

Como ex-enfermeira, sei muito bem que o êxito de um tratamento depende de um diagnóstico preciso. Tratar uma pessoa de úlcera gástrica quando ela sofreu um ataque cardíaco, por exemplo, pode até piorar as coisas. Os melhores especialistas em diagnose conhecem suficientemente a anatomia e a fisiologia do corpo humano (o modo como ele funciona) para, com rapidez, avaliar os sintomas, chegar à conclusão certa e determinar o tratamento.

Exatamente a mesma coisa acontece quando a questão é diagnosticar e tratar o desenvolvimento *in*sustentável. De fato, James Lovelock se descreve como um "clínico geral da medicina planetária". Essa é uma metáfora que os divergentes positivos deveriam adotar, lembrando, porém, o conselho de São Lucas de que o médico, primeiro, deve curar-se a si mesmo.

No Capítulo 1, portanto, tento oferecer uma visão geral, *boa o bastante*, dos vários sintomas do desenvolvimento *in*sustentável, suficiente para que os leigos consigam explicá-los aos outros. Teço paralelos com o corpo humano: por exemplo, o esgotamento dos recursos biológicos é visto como o desgaste da carne e a escoriação da pele da Terra.

Assim como o corpo humano, a anatomia da Terra obedece a certos princípios que chamo de "leis". O Capítulo 2 começa por uma análise de como infringimos, e continuamos a infringir, essas leis. Eu diria que, durante muito tempo, fizemos isso por ignorância ou falta de reflexão; mas agora, com as consequências se tornando cada vez mais óbvias, existe um forte elemento intencional. Por isso, um sintoma – um ataque cardíaco no sistema econômico humano – é apresentado como uma crise sistêmica ou falência psicológica. O diagnóstico está feito.

O tratamento proposto no Capítulo 3 não é bem uma prescrição detalhada, e sim um exame do tipo de terapia necessária para pôr o paciente (isto é, TVT+N) novamente de pé. A ideia é ajudar você a descobrir a diferença entre a boa e a má medicina planetária, o que talvez lhe possibilite também inventar os seus próprios remédios.

Os capítulos seguintes tratam do líder e dos métodos para desenvolver a capacidade de oferecer liderança proficiente em sustentabilidade nesse momento crítico, de modo que você possa se tornar um médico planetário eficiente. Mas o capítulo a seguir é sobre a importância de tudo isso e o porquê de os divergentes positivos terem um papel tão importante a partir de agora.

Capítulo 1
Os sintomas

Examine o paciente todo

Um bom especialista em diagnose começa sua análise avaliando o paciente como um todo. Um desses médicos planetários é Herman Daly. Ele descreve o mundo como "saturado": "À medida que se torna saturada de nós e de nossas coisas, a Terra se torna também vazia do que estava aqui antes [os recursos naturais]".[1]

Com a Figura 1.1, tento ilustrar a observação de Daly. O quadrado grande no meio representa a economia humana, que, segundo estimativas, suga mais de 40% da produção biológica do planeta (inclusive florestas e a camada verde) a cada ano, degradando a tal ponto o solo que ele deixa de ser produtivo (1).[2] Ao mesmo tempo, alguns minerais não renováveis, como o zinco, o urânio, o tântalo e o cobre, devem desaparecer dentro de cinquenta anos (2). Como se isso não bastasse, os recursos que usamos (biológicos e minerais) são processados com enorme desperdício, gerando lixo e poluição (inclusive os gases de efeito estufa, GEEs), tão prejudiciais quanto desnecessários (3). Essa dissipação de recursos inclui o uso de combustíveis fósseis como fonte de calor, força motriz e luz (4). Finalmente, apesar do enorme "crescimento" da economia humana, a pobreza e a desigualdade continuam intratáveis como sempre (5).

Cada sintoma é descrito detalhadamente neste capítulo. Sem dúvida, trata-se de um exame feito na sala de emergência, mas deve ser *suficiente* para dar aos divergentes positivos o real senso de urgência. Os que já estão inteirados do assunto ou desejam mais informações encontrarão referências, e a bibliografia fornece informações para aprofundar ainda mais o exame.

Sintoma 1: esgotamento de recurso biológico (que afeta a pele e a carne)

A *preocupação* com o esgotamento dos chamados recursos não renováveis, como os minerais e o petróleo, pode mascarar certa complacência para com recursos biológicos como a água, a fertilidade do solo, as florestas, as campinas e os pântanos, que deveriam ser renováveis anualmente. O World Wide Fund

O divergente positivo

Sintomas:

1 perda de biomassa e diversidade
+
2 esgotamento mineral
+
3 excesso de resíduos
+
4 excesso de consumo de combustíveis fósseis
+
5 desigualdade, injustiça e pobreza persistentes

= **resultados perigosos**
para a economia; para o bem-estar;
para a segurança; para a própria vida

FIGURA 1.1 Desenvolvimento *in*sustentável

for Nature (WWF) calcula que estejamos excedendo a capacidade regenerativa do planeta em 30%. É como se tivéssemos esquecido que o motor da vida na Terra (a economia biogeoquímica) é a "camada verde" que cobre a sua superfície, nutrida pelo sol. Nossa dependência não é parcial, é absoluta.[3]

A consequência de nosso esquecimento foi avaliada pelo Millenium Ecosystem Assessment (MEA), considerado o equivalente biológico do Intergovernamental Panel on Climate Change (IPCC).

A avaliação comparativa que o MEA (2005) fez da situação do ambiente global descobriu que "aproximadamente 60% (15 em 24) dos serviços ecossistêmicos examinados estão se degradando ou sendo usados de maneira insustentável, incluindo a água potável". Esse relatório é altamente recomendável por seu exame cuidadoso dos vínculos entre a situação do mundo biológico e nosso próprio bem-estar. Eis os achados principais:

- Nos últimos cinquenta anos, alteramos os ecossistemas mais rápida e extensamente do que em qualquer período comparável de tempo em nossa história, sobretudo para atender sem demora às demandas de alimento, água potável, madeira, fibras e combustíveis. Isso resultou numa perda substancial e em grande parte irreversível na diversidade da vida na Terra.
- As mudanças ocorridas nos ecossistemas contribuíram para ganhos apreciáveis no bem-estar humano e no desenvolvimento econômico, mas esses ganhos se deram a custos cada vez mais elevados, sob a forma de degradação de inúmeros serviços ecossistêmicos, riscos crescentes de mudanças não lineares e exacerbação da pobreza para alguns grupos humanos.

Capítulo 1 – Os sintomas

- A degradação dos serviços ecossistêmicos pode se intensificar ainda mais durante a primeira metade deste século e constitui um obstáculo à consecução dos objetivos de desenvolvimento para o milênio (Millennium Development Goals).
- O desafio que é reverter a degradação dos ecossistemas sem deixar de atender às crescentes demandas de seus serviços pode ser enfrentado parcialmente em circunstâncias que o MEA examinou. Isso, porém, envolve mudanças significativas nas políticas, instituições e práticas que ainda não foram implementadas. Há vários meios para conservar ou melhorar certos serviços ecossistêmicos de modo que reduza impactos negativos ou gere sinergias positivas com outros serviços da mesma natureza (MEA, 2005).

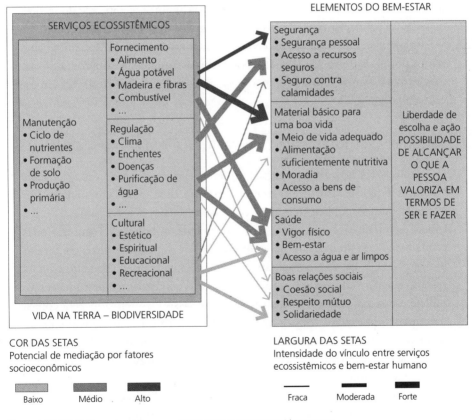

Fonte: MEA (2005, figura A, p. VI), <www.millenniumassessment.org/documents>.

FIGURA 1.2 Vínculos entre serviços ecossistêmicos e bem-estar humano

Desde o relatório MEA, nenhuma tendência significativa foi refreada e muito menos revertida, pois a concorrência pelo "produto biológico" da Terra se acirrou. Um número crescente de pessoas passou a exercer pressão na terra e no mar em busca de alimento, água e lugar para viver, mesmo sob condições de pobreza extrema. Cerca de dois bilhões de pessoas já estão gravemente afetadas pela falta de água e a ONU prevê que, em 2030, perto de metade da população mundial estará residindo em áreas com sérias restrições de água. A Arábia Saudita obtém três quartos de sua água por meio da dessalinização da água do mar em usinas movidas a combustível fóssil. A quantidade de peixes vem diminuindo rapidamente e a mudança da dieta para produtos animais significa que estamos menos eficientes no consumo de legumes e cereais. Um quilo de carne de vaca, por exemplo, exige 6 quilos de cereais e 16.000 litros de água para ser produzido. Cerca de um quinto de todas as emissões de dióxido de carbono (CO_2) vem do desmatamento; ainda assim, a quantidade de árvores derrubadas para abrir espaço à pecuária e à agricultura aumenta sem cessar.

Imagina-se que colapsos de civilizações, como o Império Romano, ocorreram porque a demanda humana por recursos ambientais superou a oferta. Parece que estamos às voltas com a mesma experiência, mas desta vez em escala global.

Sintoma 2: esgotamento mineral (que afeta o sistema ósseo)

Os conflitos em torno dos recursos minerais vão se tornando cada vez mais violentos. É o caso das pedras preciosas em Serra Leoa, Angola e Camboja, por exemplo; já na República Democrática do Congo, além dos diamantes e do petróleo, disputam-se cobre, ouro, chumbo, zinco e tântalo (usado em telefones celulares), o que prenuncia uma guerra civil. A Comissão de Direitos Humanos das Nações Unidas, comentando a violência na fronteira leste do Congo, ressalta que é errado encarar os acontecimentos como acertos de contas entre milícias leais aos grupos tribais tutsi e hutu: "Isso foi motivado pela cobiça territorial".[4] Essas lutas ferozes integram um quadro geral de esgotamento de recursos não biológicos (portanto, não renováveis) no mundo inteiro. O Programa das Nações Unidas para o Meio Ambiente (Pnuma) calcula que houve pelo menos dezoito conflitos desde 1990.[5]

Em 2007, a revista *New Scientist* publicou uma tabela global de dezenove minerais, avaliando quanto durarão os estoques caso o consumo prossiga no ritmo atual e o que acontecerá se ele alcançar 50% da taxa americana (ver Tabela 1.1).

TABELA 1.1 Taxas de consumo de minerais

Mineral	Uso	Anos restantes a diferentes taxas de consumo		Porcentagem reciclada	Consumo por pessoa nos EUA (média de vida: 77,8 anos)
		À taxa atual	A 50% da taxa americana		
Platina	Joias, catalisadores, células de combustível para carros	306	142	0	45 g
Fósforo	Fertilizantes, ração animal	345	142	0	8.322 kg
Níquel	Baterias, hélices de turbinas	90	57	35	58,4 kg
Chumbo	Tubulações, baterias	42	8	72	410 kg
Índio	LCDs	13	4	0	10 g
Háfnio	Chips de computador, geradores de eletricidade	?	?	?	?
Ouro	Joias, odontologia	45	36	43	48 g
Germânio	Ótica infravermelha, semicondutores	?	?	35	10 g
Gálio	LEDs, células fotoelétricas, lasers	?	?	0	5 g
Cobre	Fios e cabos, moedas, encanamentos	61	38	31	630 kg
Cromo	Galvanização, tintas	143	40	25	131 kg
Antimônio	Remédios	30	13	?	7,13 kg
Alumínio	Transportes, eletricidade, bens duráveis	1.027	510	49	
Zinco	Galvanização	43	34	26	349 kg
Urânio	Armas, usinas nucleares	59	19	0	5,95 kg
Estanho	Moedas, solda	40	17	26	15 kg
Tântalo	Celulares, lentes de câmeras	116	70	20	180 kg
Prata	Joias, conversores catalíticos	9	29	16	1.58 kg
Ródio	Raios-X, conversores catalíticos	?	?	?	4 g

Fonte: adaptado de Cohen, 2007.

Esse é um quadro bastante assustador. Muitos minerais imprescindíveis na vida moderna, especialmente em tecnologia digital, telecomunicações e energia renovável, já escasseiam ou são de difícil extração, inclusive o índio e o gálio, essenciais para o material semicondutor do núcleo da nova geração de células de combustível hipereficientes.

Em se tratando de combustíveis fósseis como petróleo e carvão, o pânico por causa dos estoques cada vez menores é similar. O suprimento de carvão, segundo o World Coal Institute, é suficiente por 122 anos às taxas de consumo atuais.[6] No entanto, alarmante a curto prazo é o que está acontecendo aos estoques de petróleo. O petróleo convencional (de fácil acesso) já alcançou ou está perto de alcançar o pico ou ponto máximo[7] – tendência que se observa há algum tempo. Segundo a International Energy Agency, para preencher a lacuna entre suprimento decrescente e demanda crescente (que passará, conforme se estima, de 85 milhões de barris por dia em 2010 para 105 milhões em 2030), será necessário explorar areias betuminosas, óleo de xisto e combustíveis sintéticos a partir do carvão e do gás. Tudo isso sem que ainda se saiba bem qual a proporção entre o número de barris investidos na extração e o número produzido. Além disso, cerca de 50 kg de CO_2 são emitidos por barril extraído pelos meios convencionais, ao passo que, no caso das areias betuminosas, as emissões vão de 70 a 200 kg.[8]

Responder à mudança climática significa parar de usar os combustíveis fósseis em ritmo mais rápido que o da diminuição de seus estoques. Parece perverso que a disputa pelo acesso a esses recursos esteja se acirrando, como aliás sucede com outros depósitos minerais.

O "nacionalismo dos recursos", como o chama o US Council of Foreign Relations, está em alta. A Europa ainda tem um pouco de carvão e petróleo, mas não muito – e quase nada dos minerais da Tabela 1.1.[9]

Sintoma 3: geração de lixo (que afeta o sistema digestivo)

Pertence à família de compreensão Mudança Climática (ver p. 50 para explicação).

Nenhum sistema de reciclagem de lixo é tão eficiente quanto o ambiente natural. Não se perde nem sequer uma molécula. A menos, é claro, que os sistemas da Terra sejam sufocados por substâncias estranhas, como o plástico e os produtos químicos artificiais, ou por substâncias conhecidas, como o dióxido de carbono, mas em quantidade excessiva. Então, os sistemas engasgam e têm indigestão.

Classicamente, o lixo é considerado visível – sacolas plásticas, celulares, entulho, embalagens, móveis velhos –, quando, na realidade, a maior parte dele é invisível, como o CO_2, a radiação e as substâncias químicas presentes no ar, no solo e na água. Os chamados indicadores de danos causados pelo lixo e pela poluição menos visíveis incluem o aumento do número de pássaros que entram na categoria de ameaçados da BirdLife International (1.212 em 2005, isto é, 12% de todas as espécies de aves). Cursos de água mortos são o resultado dos despejos de fertilizantes agrícolas; produtos químicos da Europa e da Ásia são encontrados na neve e no gelo dos polos norte e sul.

Quando era criança, eu ganhava meu dinheirinho coletando um pouco do lixo visível, como garrafas retornáveis, que vendia a certos distribuidores – o bar, o mercadinho da esquina, o leiteiro. Em casa também não se gerava muito lixo, pois quase tudo tinha seu uso: papel para o fogo (enrolado em forma de lenha), restos de legumes para compostagem (em potes) e uma saudável rotatividade de roupas e móveis entre familiares, amigos, vizinhos e bazares de caridade. Embora modesta, a vida não era de cor sépia como sugerem as fotos da época: éramos muito saudáveis e felizes. Todos faziam economia – era o comportamento normal.

Não estou sendo nostálgica, apenas comparo o volume de lixo que minha casa gerava com o que gera hoje – e tento de todas as formas diminuí-lo! É realmente difícil. A quantidade de alimentos, aparelhos ou produtos de toalete que compro é determinada mais pelo empacotador/vendedor do que por mim, a consumidora. Em vez de reutilizar garrafas, por exemplo, mando-as para a reciclagem, o que provoca uma aplicação adicional de energia à jornada dos materiais por nossa economia. Enviar garrafas plásticas para a China ou triturar as de vidro para pavimentação de estradas pode fazer sentido na economia monetária, mas fará na economia biogeoquímica? O fluxo de lixo das famílias e empresas está engrossando. Apesar da intensificação na reciclagem e compostagem, o lixo de embalagens dobrou, com um aumento geral no uso de materiais como papel e alumínio. De um modo perverso, a geração de lixo e não sua redução é que vem sendo incentivada. Por exemplo, as taxas de reciclagem são muitas vezes baseadas no peso, o que impede as garrafas de subir na hierarquia do lixo (ver Figura 1.3) e negligencia as latas de alumínio, que vale mais a pena reciclar que fabricar. E, por falta de alternativas, algumas autoridades locais no Reino Unido estão fazendo contratos de 25 anos que garantam um fluxo de lixo para as companhias de incineração. A Figura 1.3 apresenta, de fato, uma realidade ultraperversa, porque mostra o descarte como a porção maior da hierarquia da administração do lixo e a prevenção como a menor. Ou seja, exatamente o oposto do que deveria acontecer: muita prevenção para que não se jogue quase nada fora.

Também está em alta a preocupação com os impactos na saúde humana da exposição a produtos químicos (inclusive danos aos sistemas imunológico e neurológico). Um teste feito pelo WWF com voluntários de dezessete países da União Europeia, em 2003, encontrou em todos os participantes traços de cada um dos cinco grupos de produtos químicos testados: pesticidas, retardadores de chamas, plastificadores (ftalatos), antiaderentes de água e óleo (perfluoroalquilos) e mesmo os bifenilos policlorados (PCB), proibidos desde a década de 1970.[10] A Organização Mundial da Saúde (OMS) e a Health and Environment Linkages Initiative do Pnuma calculam que 25% da má saúde são causados por problemas ambientais (chegando a 35% na África subsaariana), de que uma proporção significativa se deve ao lixo e à poluição.[11] Tony McMichael propôs que o quadro de saúde dos humanos se torne um indicador das condições ambientais e sociais.[12]

Esta figura apresenta uma realidade perversa. O grosso do material não deveria se tornar lixo e apenas uma pequena quantidade deveria ser descartada. Mas as proporções mostradas nesta figura, divulgada pelo governo, são o oposto. *Fonte:* <www.rpak.ie/best_practice>.

FIGURA 1.3 A hierarquia do lixo segundo o governo do Reino Unido.

Capítulo 1 – Os sintomas

A Figura 1.4 mostra, com relação ao lixo, ou melhor, à administração de recursos, um ponto de vista diferente do assumido pelo governo.[13] Ela revela que, para cada tonelada de "coisas" compradas por um adulto do Reino Unido, é necessário mobilizar um peso dez vezes maior de material (pedra, energia, água etc.) para tornar a compra possível. Em alguns casos, a proporção é ainda pior. Por exemplo, são necessárias 21 vezes seu peso para produzir uma unidade de aço, 85 vezes para produzir uma unidade alumínio (3,5 vezes caso seja reciclado) e, como se sabe, 540 mil vezes para produzir uma unidade ouro. Imagine carregar nas costas uma mochila pesando 5,4 toneladas: pois esse é o custo ambiental real de uma aliança de casamento de 10 gramas![14]

Fonte: baseado no relatório de Biffa, 2000.

FIGURA 1.4 Oportunidades para extrair o lixo do sistema.

Certamente, essa tonelada de compras por adulto/ano é uma estatística verdadeira! Entretanto, até que ponto somos perdulários é ilustrado não somente pelas perdas do item em seu caminho para a prateleira da loja, mas também pela quantidade que perdemos depois de comprá-lo. Cerca de metade do que compramos é alimento, do qual jogamos fora quase 40%. Por outro lado, só um décimo continua em casa seis meses depois. Há, portanto, inúmeras oportunidades de extrair lixo dessa sequência de uso do recurso – antes e depois da compra. Como usar menos recursos e energia, primeiro, e como extrair cada fragmento de lixo daquilo que usamos, depois, é uma grande prioridade para a liderança proficiente em sustentabilidade. Reduzir substantivamente o lixo, pôr em moda outra vez a frugalidade e utilizar menos recursos não apenas para economizar material como para reduzir drasticamente a quantidade de carbono mobilizada e, portanto, a quantidade de carbono emitida. Eis o que significa uma economia à base de baixos níveis de carbono!

Sintoma 4: queima de combustível fóssil (que afeta o sistema respiratório)

Diferentes aspectos da mudança climática, bem como o gerenciamento e controle das emissões de carbono, aparecem em várias partes deste livro. As seções e números de página aparecem no esquema abaixo. Se você for principiante nesse assunto, talvez ache melhor ler primeiro o box "Esclarecimentos sobre o Carbono", no Capítulo 8.

Família de compreensão do carbono

Embora não pareça, devido a toda publicidade negativa que tem, o dióxido de carbono, nas quantidades certas, é uma coisa boa. Constitui apenas uma parte muito pequena da atmosfera (0,04%), mas junto com o nitrogênio (78%), o oxigênio (21%), o argônio (1%) e a água (de 0 a 4%), promove um complicado porém extremamente útil estilo de vida, sempre em movimento como parte do ciclo do carbono. É produto do metabolismo animal (nós o expelimos com o ar), alimento para as plantas e fertilizante do solo. Pode ser considerado um dos "gases de efeito estufa" mais importantes produzidos pelo homem (assim chamados porque ajudam a reter na atmosfera a radiação infravermelha da Terra suficiente para preservar a temperatura ideal para a vida).

Normalmente, o CO_2 se move em interação química contínua entre o ar, o mar e a terra (solo, plantas e animais, incluindo nós), num processo natural estabelecido em uma escala de tempo evolutiva. Contudo, nos últimos duzentos anos, devido à atividade humana – particularmente a queima de combustíveis fósseis com alto teor de carbono, como o carvão e o petróleo, e as alterações no uso da terra (desmatamento, agricultura) –, as concentrações de CO_2 e outros gases de efeito estufa na atmosfera aumentaram (ver Capítulo 8 para mais detalhes). As partes de terra e mar que integram o sistema de reciclagem global do carbono estão sobrecarregadas, o que deixa uma proporção crescente de gases na atmosfera (ver Figura 1.5). Os altos níveis de gases de efeito estufa hoje presentes de forma nada natural na atmosfera terrestre provocam o excessivo aquecimento desta e modificam a maneira como o clima se comporta. A mudança climática é um *sintoma* do desenvolvimento *in*sustentável. Em excesso, o CO_2 se torna um poluente. Além de mudar o clima, ele acidifica os oceanos, conforme um relatório do European Project on Ocean Acidification (EPOCA, 2009). Isso confunde os sistemas de navegação dos golfinhos e baleias, danifica recifes de coral (importantes fontes de alimentação dos peixes) e mata o plâncton, além de outros organismos na base de uma complexa cadeia alimentar.[15]

A hipótese de que o recente aquecimento da atmosfera terrestre se deve aos gases de efeito estufa produzidos pela atividade humana não foi descartada, apesar de todo o esforço feito nesse sentido durante os últimos quarenta anos. Essa hipótese se baseou no fato de sabermos, desde o século XIX, que certos gases aquecem a atmosfera e que muitos deles são gerados pelo homem. Menos

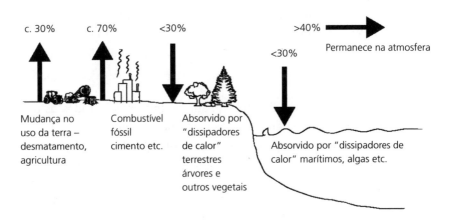

Fonte: várias, inclusive <www.globalcarbonproject.org> e Le Quéré, 2009). Aí se sugere que a proporção retida na atmosfera está aumentando, ao passo que absorvida pela terra e o mar está diminuindo.

FIGURA 1.5 Proporções aproximadas de CO_2 emitido, absorvido e deixado na atmosfera a cada ano.

certas são as previsões sobre o que irá acontecer e quando. Isso suscita o dilema intrigante de decidir o que vem a ser evidência *suficiente* para acionar algum tipo de intervenção que possa impedir o pior. A exigência por parte das autoridades de "prognósticos climáticos" mais precisos – como se isso fosse fácil e tornasse o trabalho mais simples – é uma perigosa prevaricação; quanto maior for a precisão alcançada, mais perto estaremos do ponto em que será tarde demais para intervir de maneira decisiva.

Isso torna mais difícil, para quem aspira a ser líder proficiente em sustentabilidade, entender a ciência em si, e também as implicações das mudanças climáticas para suas famílias e empresas. A complexidade do problema, bem como os novos conhecimentos continuamente adquiridos sobre a escala e a amplitude das interações nos sistemas ecológicos globais, são uma coisa; além disso, no topo da ciência, acumulam-se os argumentos políticos e econômicos a respeito do que é e não é possível, além da poeira lançada em nossos olhos pelos inevitáveis "do contra" – pessoas que negam ou confundem a ciência por razões ideológicas ou financeiras.

Para tentar me atualizar e ter uma visão holística sobre o tema, fundamento minha compreensão da ciência nos relatórios do IPCC e aconselho o leitor a fazer o mesmo. Seu quarto relatório anual de 2007 é o resultado do trabalho de 2.500 peritos, 800 autores e 140 líderes políticos de mais de 130 países. Uma pesquisa de seis anos, quatro volumes e um único relatório que representa um consenso científico sem precedentes, mais a concordância de todos os governos do mundo, parecem um terreno bastante sólido para nos apoiarmos. O *Synthesis Report: Summary for Policy Makers* é bem abrangente e atenderá às necessidades da maioria das pessoas. Suas conclusões de alto nível sobre a ciência são, em resumo, as seguintes:

1. O aquecimento do sistema climático é inequívoco. Todos os continentes e a maioria dos oceanos apresentam danos a muitos sistemas naturais, com diversas evidências de outros efeitos em nível regional, embora estes sejam difíceis de diferenciar da adaptação e de fatores não climáticos.
2. As emissões globais de gases de efeito estufa devidas a atividades humanas aumentaram desde a era pré-industrial (1750), e 70% desse aumento ocorreu entre 1970 e 2004. Essa taxa de mudança excede em muito os valores pré-industriais determinados a partir de núcleos de gelo ao longo de milhares de anos. Boa parte do aumento observado

Capítulo 1 – Os sintomas

nas temperaturas médias globais, a partir de meados do século XX, deve-se *muito provavelmente* (ou seja, 90% de certeza) ao aumento notado nas concentrações de gases de efeito estufa ditas antropogênicas (causadas pela atividade humana). O aumento da temperatura registrada coincide com os modelos climáticos quando emissões humanas são acrescentadas à ocorrência natural. (IPCC, 2007)

Para ajudar os simples mortais a avaliar o nível de confiança em seus experimentos, observações e diferentes predições, os cientistas do IPCC elaboraram uma útil escala de confiança, dada na Tabela 1.2. Em que pese aos "escândalos" provocados pelo vazamento de e-mails de climatologistas da UK University of East Anglia ou por alguns deslizes nas mil páginas do relatório do Working Group II Report do IPCC, continua de pé a hipótese básica de que o aquecimento global está mesmo acontecendo e é *muito* provável (isto é, 90% de certeza) que as atividades humanas estejam contribuindo para o fenômeno. Esses níveis de probabilidade de um evento de grande impacto deveriam ser um sinal de alerta nas projeções de riscos das empresas.

TABELA 1.2 Avaliação da probabilidade de determinados eventos (IPCC)

Virtualmente certo	>99%	N.B. Esse modo de classificar a confiança na ciência da mudança climática é útil também para classificar riscos e oportunidades de todos os tipos, inclusive o impacto potencial de qualquer atividade de acomodação ou adaptação.
Extremamente provável	>95%	
Muito provável	>90%	
Provável	>66%	
Verossímil	>50%	
Improvável	>33%	
Muito improvável	>10%	
Extremamente improvável	>5%	

Fonte: IPCC (2007)

O relatório do IPCC de 2007 apresentou evidências científicas de 2005. Desde então, é claro, a pesquisa prosseguiu e só fortaleceu a evidência de "mudança climática perigosa, de longo prazo e potencialmente irreversível". Por exemplo:

- As concentrações globais de dióxido de carbono continuaram a aumentar; as de metano voltaram a aumentar após uma década de quase estabilidade.
- A década de 2000-2009 foi mais quente, em média, do que qualquer outra nos 150 anos anteriores.

O divergente positivo

- As mudanças observadas nas precipitações (diminuição nas regiões subtropicais e aumento nas altitudes elevadas) ficaram no limite superior das projeções do modelo.
- A cobertura de gelo no verão ártico diminuiu subitamente em 2007 e 2008, levando à conclusão que o ambiente talvez seja mais vulnerável à mudança do que se pensava.
- Há indícios cada vez mais consistentes de que o nível do mar está subindo cada vez mais depressa no mundo inteiro.[16]

O cientista-chefe do governo do Reino Unido, John Beddington, fala de uma "tempestade perfeita", na qual a demanda crescente por água, alimento e energia não apenas contribui para a emissão de gases de efeito estufa como é agravada pela piora do clima.[17]

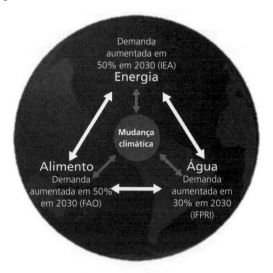

Fonte: John Beddington falando à UK Sustainable Development Conference, em 19 de março de 2009.

FIGURA 1.6 A "tempestade perfeita" da pressão física sobre os recursos da Terra.

Consulte o Box 8.1, "Contabilização do carbono", para mais informações a respeito da linguagem, ciência e números da gestão do carbono. Mas, em suma, o desafio das mudanças climáticas é exposto a seguir.

Em 2007, ajustada para o ozônio e diversos aerossóis congelantes, a concentração de gases de efeito estufa na atmosfera era de 396 partes por milhão (ppm) de equivalentes de CO_2. Para ter ao menos uma chance de 50% de manter o aumento da temperatura em menos de 2°C acima da do ano de 1750 (o que não é seguro, mas representa a situação menos ruim possível), as concentrações de gases de efeito estufa precisam se estabilizar em 450 ppm. Atualmente, as concentrações estão aumentando em cerca de 2,2 ppm por ano. Nota: estão sendo considerados aqui todos os gases de efeito estufa de todas as fontes (IPCC, 2007).

Em outras palavras, desde 1750 queimamos meio trilhão de toneladas de carbono e estamos no caminho para queimar mais meio trilhão de toneladas em menos de quarenta anos. As consequências cumulativas destes primeiros 500 bilhões de toneladas sugerem que os próximos 500 bilhões (e o resto) devem permanecer represados. Nota: somente a poluição originada da queima de combustíveis fósseis é considerada aqui (Mackay, 2009).

A despeito de todo o barulho em torno do assunto, a maneira mais fácil de nos mantermos em dia com a ciência e suas implicações é recorrer ao IPCC e ao UK Committee on Climate Change (CCC), um órgão independente. Convém esperar mais rigor no futuro, mas seja um consumidor crítico de manchetes de jornal que não tratam a incerteza com a devida meticulosidade.

Medidas políticas (e econômicas) sobre mudanças climáticas
Isso me leva, inevitavelmente, ao tema das medidas políticas (e portanto econômicas) das mudanças climáticas.

Há pouco, um motorista de táxi me garantiu que eu não precisava me preocupar muito com a mudança climática porque, "se ela fosse tão séria assim, [os políticos] estariam tratando o assunto com seriedade". Achei difícil rebater semelhante argumento. Embora o Reino Unido se adiantasse ao resto do mundo em 2008, votando uma Lei da Mudança Climática na qual se estabeleciam limites legais às emissões no país, os sinais que o governo passa aos cidadãos, empresas e investidores continuam – para sermos educados – confusos. Tão logo a lei foi publicada, por exemplo, as autoridades anunciaram uma terceira pista no aeroporto de Heathrow; e, quando foi necessário estimular a economia após a crise financeira, os incentivos para substituir carros velhos superaram os incentivos para melhorar o isolamento térmico em residências.[18]

O governo do Reino Unido é signatário do Protocolo de Quioto, da Convenção-Quadro das Nações Unidas sobre Mudança Climática, e a Lei da Mudança Climática inclui a cota global de emissões do país na legislação nacional.

A Convenção sobre Mudança Climática agora estabelece uma série de estimativas de carbono (juridicamente vinculados) a vigorar até o ano 2022, que serão ajustados de acordo com o progresso e o avanço da ciência. No entanto, seu relatório de 2009 para o período 2003-2007 esclarece que alguma mudança deverá ser feita para a consecução dos objetivos, e sugere que as medidas adotadas (resumidas na Tabela 1.3) são ineficientes. O Comitê teme que as quedas nas emissões, induzidas pela recessão econômica, produzam uma impressão camuflada de progresso; e que este progresso, a longo prazo, seja minado pelo baixo preço do carbono. Nada mais certo.

Embora a recessão tenha feito mais para reduzir as emissões de CO_2 do que os esquemas comerciais de crédito de carbono (MDL), houve, sem sombra de dúvida, um aprofundamento na consciência e na discussão política (quando não na ação) em torno da mudança climática nos últimos cinco anos. Quando o HM Treasury (Departamento do Tesouro do Governo Britânico) publicou *The economics of climate change* em 2006, o autor, Sir Nicholas Stern, foi aplaudido pelo mundo inteiro. Os ativistas ficaram extremamente agradecidos. Finalmente as implicações financeiras da mudança climática foram colocadas numa linguagem que até o mais obtuso dos ministros da fazenda pode entender. Junto com a lúcida exposição PowerPoint de Al Gore sobre a ciência do clima, o Relatório Stern acabou de vez com a desculpa dos políticos segundo a qual eles "não sabiam de nada" (Gore, 2006; Stern, 2006). A imagem de ursos polares encalhados no gelo derretido, árvores derrubadas e enchentes em seu próprio quintal acabou por fixar a realidade da mudança climática nas mentes dos eleitores, e quase 80% deles declarou que estão um pouco ou mesmo muito preocupados com o fenômeno. A maioria das pessoas desejava ver mais ação por parte das autoridades. Dois anos depois, metade dessas pessoas afirmam que, a seu ver, o governo não fará absolutamente nada.[19] Portanto, meu motorista de táxi não é o único a interpretar a omissão – e o aumento no número de viagens aéreas – como prova de que a mudança climática não passa de mais uma moda política, bem menos séria do que alegam os cientistas. Como muitas pessoas comuns, ele provavelmente não tem consciência de que o Climate Change Committee concorda com ele e está fazendo pressão (juridicamente vinculante) sobre as autoridades que não conseguem alcançar seus objetivos (juridicamente vinculativos).

As principais razões da prevaricação governamental incidem em três categorias:

- dificuldades colocadas por uma economia que depende do desregramento para seu sucesso;

- pobreza de imaginação com respeito às políticas;
- receio de que retificar o injusto comportamento atual, talvez histórico, possa ter um custo muito alto.

Na primeira categoria reside o motivo pelo qual o Tesouro do Reino Unido se mostrou menos entusiasmado com o Relatório Stern do que os cientistas e ativistas da mudança climática. O custo de não fazer nada deve ser de 20% do PIB (ou mais, sob a forma de catástrofe ambiental e humana), e a conta por considerar a mudança climática uma ninharia, de 1% do PIB (logo atualizada por Sir Nicholas Stern para 2%); contudo, a perspectiva das ações necessárias sacudiu tremendamente os nervos do Tesouro. Elas significariam alterar a base do crescimento econômico, que é o consumo crescente de *coisas*, ou seja, uma reestruturação profunda que, até a crise financeira, mesmo o office boy do Tesouro sabia ser inviável.

TABELA 1.3 Resumo das políticas do Reino Unido para enfrentar a mudança climática (mais detalhes nos websites sugeridos)

United Nations Framework Convention on Climate Change (UNFCCC)
Assinada em 1992, estabelece alvos não vinculantes juridicamente para estabilizar as emissões de gases de efeito estufa. Adotada em 1997, já com 183 assinaturas em 2008, os países industrializados (Anexo 1) concordam em reduzir as emissões coletivas em 5,2% em 2012 com relação a 1990 (Protocolo de Quioto). Um mecanismo de desenvolvimento limpo e esquemas de implementação conjunta permitem aos países que figuram no Anexo 1 "comprar" licenças para emitir gases de efeito estufa de países mais pobres, pagando pela redução em suas emissões. A "cota" do Reino Unido é cortar 12,5% nas emissões em 2012. Em dezembro de 2009, ocorreu o encontro de Copenhague para decidir o que aconteceria depois de 2013, mas não se chegou a nenhum acordo conclusivo.
<www.unfccc.int>

UK Climate Change Levy
Em vigor desde 2001, cobra uma taxa sobre cada unidade de energia usada nos setores industrial, comercial e público. Essa taxa vai para o Carbon Trust, uma organização que incentiva estratégias de redução, uso e desenvolvimento de novas tecnologias, e para o Enhanced Capital Allowance, que investe nessas tecnologias. Os setores intensivos de energia têm desconto de 80% na taxa para proteger sua competitividade. Combustíveis usados para energia doméstica e transporte, bem como para gerar outras formas de energia – por exemplo, eletricidade –, estão isentos.
<www.cclevy.com>

Taxas de desconto
Quando se consideram as somas a serem gastas agora para mitigar a mudança climática no futuro, taxas de desconto são usadas a fim de determinar o "valor presente líquido" dos benefícios vindouros e se o gasto vale a pena. Elas integram análises de custo-benefício e servem para prever riscos, como a vantagem futura de uma terceira pista no Aeroporto de Heathrow, por exemplo. O valor do dinheiro durante certo período entra no cálculo. Quanto mais alta for a taxa de desconto, menores serão os benefícios futuros, motivo pelo qual muito se discute sobre o seu montante. Por exemplo, no caso da mudança climática, uma taxa de 2% indica que está garantida agora uma diminuição de gasto. Nicholas Stern acolheu uma taxa de desconto de 1,4% em seu relatório (Stern, 2006). As águas ficaram bastante turvas por causa da crise financeira, já que prever o valor do dinheiro agora, para não dizer no futuro, é difícil. O conceito de uma taxa de desconto "social" não é menos controverso: estabelecer um "valor presente líquido" de pessoas no futuro. Stern adotou uma taxa de 0%, alegando não ser ético agir de outro modo. Há o consenso de que Stern fez as escolhas certas ao determinar os custos de agir ou não agir em relação à mudança climática.
<www.hm-treasury.gov.uk>

Políticas de transição para as baixas emissões de carbono
No verão de 2009, o governo do Reino Unido publicou uma série de projetos esclarecendo como vê a transição para uma sociedade com baixas emissões de carbono. A responsabilidade de reduzir parte dessas emissões no Reino Unido foi atribuída a todos os departamentos. A Escócia publicou uma avaliação do carbono em seu orçamento para 2011-2012, diferenciando emissões diretas, indiretas e induzidas (causadas pelo consumo crescente). A eficácia dessas iniciativas irá depender das medidas práticas tomadas.
<www.decc.gov.uk>
<www.scotland.gov.uk>

EU Emissions Trading Scheme (ETS)
Maior programa para a negociação de emissões no mundo, o EU ETS afeta cerca de 12 mil grandes fornecedores de energia e indústrias pesadas, estabelecendo como objetivo uma redução de 20% nas emissões de gases equivalentes de dióxido de carbono (CO_2e) (com base nos níveis de 1990) e um aumento de 20% no uso de produtos renováveis, a fim de ajudar os países a atender às prescrições da UNFCCC. Uma alocação nacional de "licenças para poluir" é incentivada, facilitando-se muito a negociação dessas licenças. Mas isso depende do preço de mercado do carbono para ter algum efeito.
<www.europa.eu/environment/climat/emissions/index>

UK Climate Change Bill
Tornou obrigatória a redução de emissões de gases de efeito estufa em pelo menos 34% por volta de 2020, graças

unicamente à ação doméstica. O objetivo para 2050 é uma redução de 80% em relação a 1990. Um Comitê de Mudanças Climáticas independente elaborará orçamentos "de carbono" quinquenais, de 2008 a 2022, para atender a esse objetivo. Um projeto de eficiência energética, o Carbon Reduction Commitment, foi introduzido por lei para organizações não cobertas pelo EU ETS, mas com consumo de energia superior a 600 megawatts/hora (MWh). Entre as organizações registradas em 2010-2011 estão supermercados, rede ferroviária, universidades, hospitais, companhias de água, autoridades locais (inclusive escolas) e todos os departamentos do governo central. Elas terão de comprar licenças a 12 libras por tonelada para todas as emissões de CO_2 acima de suas cotas, retrospectivamente para o ano anterior e prospectivamente para 2011-2012. Subaquisição significará compra de licenças no mercado aberto. Tabelas setoriais mostrarão quem se comportou bem (e terá seu dinheiro de volta). De novo, muita coisa dependerá do preço do "carbono".
<www.decc.gov.uk>
<www.hm-treasury.gov.uk>

Preço do carbono
Os esquemas de negociação de CO_2 gozam de má fama. Em termos globais, os objetivos de emissões de Quioto só serão alcançados graças à queda nas emissões na Europa oriental nos anos 1990. Sob o EU ETS as emissões tem crescido. A explicação são os preços do carbono, altos ou baixos. Sob o EU ETS, uma licença em 2009 é metade do preço previsto, de 21 libras por tonelada, e alguns alegam que deveria ser bem mais que isso. Diz Paul Ekins: "O preço do carbono [dentro ou fora] tem de ser alto o suficiente, em conjunção com outras medidas apropriadas, para motivar a mudança no comportamento de consumo, estimulando o desenvolvimento e o emprego de tecnologias de baixo carbono suficientes para impedir que essa mudança realmente escape ao controle"[20]. Também se discute a respeito de um preço "sombra" a ser usado à margem dos esquemas de negociação – na avaliação das políticas, por exemplo. As limitações dos instrumentos de mercado para controlar um campo tão complexo e tão incerto como o da mudança climática são evidentes. Ver Ends, 2009, para uma discussão sobre esse assunto.
<www.ends.co.uk>

Além disso, o governo está sob pressão do gigantesco lobby da "grande energia" – as empresas que têm tudo a perder caso se adote a eficiência energética, com geração mais renovável e melhor distribuída. Suas estratégias para influenciar são proverbialmente sofisticadas, incansáveis e ricamente fundamentadas – quer se trate do patrulhamento de palavras num texto de legislação europeia, para influenciar alterações nas políticas de energia da Inglaterra (UK Energy Paper 2003), ou de uma campanha publicitária para bloquear uma lei no congresso americano. Imaginar um futuro cenário com pouco uso de carbono e, portanto, menos emissões de CO_2 se choca diretamente contra as previsões do setor energético que apontam para um aumento das necessidades de energia no mundo, isto é, contra o objetivo primordial das empresas de energia.

A lógica perversa que condiciona o crescimento econômico – logo, o sucesso – ao uso cada vez maior de energia e outros recursos é um dos motivos pelos quais boa parte da legislação ambiental se concentrou na poluição fim-de-tubo e no lixo que vão para o ar, a água e os lixões ou aterros sanitários (ver "Sintoma 3: geração de lixo"). Isso levou a um forte progresso nos equipamentos de monitoração e outras tecnologias de separação e tratamento da poluição e do lixo *depois de criados*, de contenção da fumaça das chaminés e assim por diante. Isso para não mencionar o desenvolvimento do setor encarregado em fazer cumprir os regulamentos, apanhando e processando os infratores.

O mesmo se aplica à mudança climática. A mentalidade de "fim-de-tubo" tem mantido os governos obcecados com o CO_2 depois que ele foi emitido e com as "licenças para poluir" possivelmente negociadas. Agir no inicio do processo para impedir a mobilização do carbono em primeiro lugar e reduzir todo o lixo daquilo que usamos representa um golpe de punhal contra a lógica perversa sobre a qual edificamos nossa economia. O menos pode ser mais para o ambiente e mesmo para a qualidade de nossa vida, mas é mortal para o modelo em que nossa economia atual funciona. Quer sob a forma de um kit para colocar na ponta dos escapamentos e chaminés ou de licenças negociáveis para emissão de CO_2, onde há sujeira há muito dinheiro a ganhar. Consequentemente, os governos não se preocupam apenas com a perda de impostos de algumas grandes produtoras de energia, estão assustados com a possibilidade de a economia implodir. Reflita por um instante sobre a queda de 3% nas emissões de gases de efeito estufa atribuída à recessão econômica de 2008. Isso se deveu à energia de combustíveis fósseis e outros recursos não usados, miudezas não fabricadas, termostatos virados para baixo e viagens canceladas.

Além de manietados pela perversidade do que constitui o crescimento econômico, os governantes têm dificuldades para imaginar os benefícios de uma mudança para uma economia de baixo carbono e, assim, não alocam devidamente as verbas. Isso ocorre devido tanto ao pouco conhecimento da física dos recursos quanto à maneira compartimentada com que as políticas são concebidas e aplicadas. Os legisladores e seu serviço civil não conseguem enxergar que existe muito mais do que separadamente saúde e outros benefícios sociais cruzados, como empregos e inovação, assim como os ganhos de mudança climática ao se usar menos recursos, do que em manter as coisas como estão. Operar usinas nucleares, limpar a poluição ou policiar os esquemas negociáveis de CO_2 oferece poucos empregos atraentes, destituídos de oportunidades empresariais.

Os cientistas que o presidente Obama designou publicamente para orientá-lo e os principais consultores científicos dos vários departamentos de governo do Reino Unido prometem melhorar as coisas do ponto de vista da ciência física, embora faltem nas equipes cientistas sociais que ensinem um modo de transformar cidadãos, como o meu motorista de táxi, em colaboradores interessados e competentes, não em opositores desinformados e céticos. Isso me leva à questão final a respeito dos motivos pelos quais os governos – inclusive o do Reino Unido – estão e têm estado, durante um número vergonhoso de décadas, ruminando o tipo de acordo internacional que possa provocar uma ação radical, justa e rápida. A chave de tudo reside na palavra "justa". David Mackay é um cientista que insiste em dados claros. Procura meios *suficientemente* acurados, mas amplamente compreensíveis, de falar sobre mudança climática e a energia. Por exemplo, se dividíssemos o total global de emissões de gases de efeito estufa em 2007 – digamos, cerca de 40 bilhões de toneladas de equivalentes do CO_2 – pela população mundial de mais ou menos 7 bilhões, obteríamos por volta de 5,5 toneladas como média de emissão anual de um cidadão global (Mackay, 2009).

Mas não somos todos iguais. A Figura 1.7 mostra algumas das variações entre países. No Reino Unido, por exemplo, as emissões são baixas em comparação com as de outros países da União Europeia, mas duas vezes a média mundial, em torno de 11 toneladas por pessoa por ano (pp/a), e perto de seis vezes a média da África. A China pode ter mais ou menos as mesmas taxas de poluição por gases de efeito estufa que os Estados Unidos; no entanto, por pessoa, sua média é de 5 toneladas pp/a, ao passo que nos Estados Unidos é de 24. Essas enormes diferenças é que levam os países ricos, grandes emissores de CO_2, a temer a justiça quando consideram as desigualdades atuais e históricas. Os debates durante as negociações sobre mudança climática levam em conta esse medo, com o fator complicador de que, hoje, os países pobres estão produzindo muitos dos itens que consumimos no mundo rico. Se repatriássemos (se assumíssemos essa responsabilidade) os gases de efeito estufa contidos em nossas importações, as emissões pessoais no Reino Unido, por exemplo, seriam bem maiores.

Os três grandes fantasmas que são a implosão econômica, a incoerência de políticas e o medo do preço da justiça acompanharam os governos na reunião de

O divergente positivo

2009 da UNFCCC, em Copenhague, combinados com um processo desgraçadamente inadequado de impedir o tipo de acordo de que o mundo necessitava. Já se foram os dias em que um seleto grupo de pessoas passava semanas negociando caoticamente com lideres políticos. Mesmo com um processo decente (conduzido por líderes de qualidade), a tarefa é enorme; em essência, 192 países estão tentando elaborar uma política mundial comum de energia. A diferença entre a época em que o Protocolo de Quioto foi negociado e os dias de hoje é que nenhum país duvida do que está em jogo – nem na ciência da mudança climática nem no potencial de mudança de poder global de qualquer acordo.

Segundo alguns críticos, a dependência excessiva de tratados internacionais significa que a discussão de abordagens políticas alternativas que reconheçam a complexidade e a urgência da mudança climática vem sendo posta

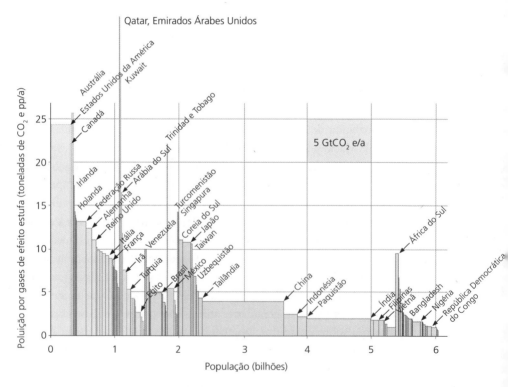

Nota: Cada quadrado no gráfico é igual a 5GtCO$_2$ e por ano e a média global é de 5,5 toneladas por pessoa por ano

Fontes: Mackay (2009), <www.inference.phy.cam.ac.uk/withouthotair/cI/page_13.shtml>.

FIGURA 1.7 Poluição por gases de efeito estufa por pessoa/país

Capítulo 1 – Os sintomas

de lado.[21] Por exemplo, a Green Fiscal Commission alegava que, alterando o rumo e taxando menos as coisas valorizadas pela sociedade, como empregos e lucros, e mais o uso de carbono e os danos ambientais, a economia de baixo carbono seria incentivada, empregos seriam criados, uma renda estável para o governo estaria assegurada e os menos afortunados estariam protegidos, caso essa medida fosse convenientemente implementada.[22]

Um grupo americano sugeriu uma nova ideia ao propor um esquema de limite e negociação para a entrada do carbono na economia em que as rendas do leilão de permissões (entre US$ 400 e US$ 1.600 bilhão por ano) iriam para uma espécie de Fundo Atmosférico da Terra, que por sua vez direcionaria os recursos de duas formas. Primeiro, uma fração dividida em pagamentos *per capita* para todas as pessoas da Terra (poderia ser de US$ 71 a US$ 285 por ano, dependendo do preço do carbono); segundo, a proteção do bem (a atmosfera) por meio de tecnologias renováveis, pesquisa etc.[23] David Fleming propõe um sistema de distribuição mais local: as Tradable Energy Quotas (Cotas de Energia Negociáveis).[24] Impaciente com o mundo lento e obscuro do comércio de carbono, a experiente ativista do clima Bryony Worthington fundou uma organização, a Sandbag*, que adquirirá permissões para você poluir, mas, no entanto, lhe serão retiradas antes que você possa utilizá-las ou vendê-las.[25]

Acreditando haver um recurso avançado que resolverá tudo, os otimistas da tecnologia clamam pelas chamadas soluções de geoengenharia, das quais existem dois tipos. O primeiro pretende remover o excesso de CO_2 pela captura e armazenamento de carbono (CCS), por exemplo, que retira o carbono da atmosfera e o deposita em locais subterrâneos, ou pela semeadura dos mares com ferro a fim de incrementar o crescimento de algas que absorvem o carbono. O outro tipo propõe desviar os raios do sol que atingem a Terra e acrescentar sulfatos à atmosfera. Segundo a revista *Economist*, normalmente entusiasta da tecnologia, tudo isso é muito arriscado, complicado e caro.[26] A UK Royal Society publicou uma avaliação científica das duas propostas, mas ressaltando os perigos e achando melhor aplicarmos as tecnologias que já conhecemos bem.[27]

Como pode a liderança proficiente em sustentabilidade saber o que precisa ser feito nesse redemoinho das negociações internacionais, mercados com preços de carbono flutuantes e "permissões para poluir", políticas frouxas e incoerentes, e a certeza de que a justiça *muito provavelmente* será feita, se não de comum acordo, então brutalmente, por meio da interrupção das cadeias de suprimento de energia ou alimento? Acredito que haverá negociações internacionais sem fim e, no melhor dos mundos possíveis, pergunto-me se acordos para enfrentar a mudança climática juntos e da maneira correta poderão criar uma dinâmica positiva nas relações entre os países. Um ambiente saudável, favorável à vida para todos, talvez – repito, talvez – se torne o novo território "neutro" para a diplomacia, a paz e o comércio.

Mesmo nesse cenário de sonho, qualquer acordo internacional, por mais ambicioso, não fará sentido algum sem a liderança e imaginação para torná-lo factível dentro de nossas casas. Aqui vão, pois, algumas considerações científicas e políticas para ajudar os divergentes positivos a fazer frente ao que, sem dúvida, serão tempos difíceis.

Como preparação para o encontro de 2009 em Copenhague, os cientistas climáticos resumiram desta forma a situação atual:

- A observação confirma que as trajetórias de *pior cenário possível* do IPCC estão se realizando.
- Muitas sociedades são altamente vulneráveis até a níveis modestos de mudança climática.
- Um alívio rápido, sustentado e efetivo é necessário para evitar uma "perigosa mudança climática".
- A mudança climática terá efeitos muito diferentes sobre as pessoas (intra e intergeracionais) e a biodiversidade.
- Muitas das ferramentas e abordagens para enfrentar com êxito o desafio da mudança climática já existem.
- É preciso superar obstáculos significativos (por exemplo, inércia dos sistemas econômicos e sociais) e aproveitar oportunidades críticas (desenvolvimento da economia verde).[28]

Esse é um resumo *bom o bastante* produzido pelos cientistas para embasar as decisões dos líderes proficientes em sustentabilidade. Como bem lembra David MacKay, equidade em escala global significa que o Reino Unido, por exemplo, terá de cortar suas emissões em mais de 85%, baixando seus orçamentos de carbono anuais por indivíduo de 11 toneladas para cerca de 1 tonelada. Para todos os efeitos, isso significa que não haverá então combustíveis fósseis – e, quanto mais cedo, melhor (Mackay, 2009, p. 15).

Eis aí, para a política climática, uma lista bem enxuta que ajudará você a tomar suas próprias decisões sobre o que fazer, o que apoiar e o que combater. Se o segundo limite de aquecimento tiver de ser atingido, deverá haver 5% de redução nas emissões dos gases de efeito estufa de hoje até 2050, e não o atual 1% de aumento. Assim, pelos próximos quarenta anos, *tudo* deverá avançar mais rápida e vigorosamente possível para garantir reduções posteriores. Portanto, fazer o que sabemos que funciona é uma prioridade. Por exemplo, plantar árvores e melhorar o isolamento térmico das casas é menos arriscado que estimular o crescimento de algas marinhas e seguramente mais barato que adquirir máquinas que suguem do ar o CO_2. Não devemos indagar o que é política ou economicamente possível, mas o que é cientificamente mais eficaz, considerando nossas escalas de tempo.

TABELA 1.4 Lista de políticas climáticas

O que deve ser feito?	O que os políticos devem fazer?
• Reduzir rapidamente a entrada do carbono na economia/organizações/lares (taxas, orçamentos de carbono, impostos etc.).	• Estabelecer preços altos para o carbono.
• Alcançar rapidamente ultraeficiência em relação ao carbono que usamos.	• Regulamentar e taxar de um modo que realmente faça diferença.
• Conseguir menos entrada de C e melhor uso dele mediante esquemas rígidos de "limite e negociação" para as emissões de Co2e.	• Levar em conta o investimento público.
	• Proteger os vulneráveis.
• Proteger as árvores existentes e plantar outras muitas o mais depressa possível, colocando de novo a natureza no controle dos ecossistemas.	• Enviar sinais de política consistente – aos cidadãos, mercados, outros países.
	(Nota: não uma ou duas das medidas acima, mas todas simultaneamente.)
(Nota: não uma ou duas das medidas acima, mas todas simultaneamente.)	

Pessoas do contra (ruim) e opositores (bom): saiba a diferença

Pessoas do contra (negadores) – que negam, recusam, contrariam ou se mostram cínicas com respeito a alguma coisa – estão por toda parte; portanto, não é de surpreender que se envolvam em discussões sobre mudança climática. São às vezes chamadas erroneamente de opositores ou céticos. Opositores são uma parte boa e essencial de qualquer debate porque, embora assumam uma atitude ou posição contrária, pensam no futuro, de forma diferente mas nem sempre negativa, como fazem as pessoas do contra. Bob May, ex-presidente da Royal Society, afirma que o processo mediante o qual a ciência avança é o ceticismo organizado e, como muitos outros, pensa que a palavra tem sido desviada. Muitas pessoas do contra negam ou se opõem devido, no caso da mudança climática, ao medo psicológico da morte, da dor ou da mudança radical. Por mais incômodas que se mostrem, são diferentes das pessoas do contra maliciosas.

As pessoas do contra maliciosas são, em geral, muito ativas e seguras, destacando-se mais do que merecem – no mínimo, porque a mídia adora polêmicas, sem ligar para o equilíbrio dos pontos de vista. Segundo John Holdren, consultor de ciência de Barack Obama, as pessoas do contra maliciosas "infestam os programas de entrevistas, os blogs da internet, os editoriais, as cartas ao editor e as conversas em coquetéis", precisando por isso ser combatidas de frente.[29] Foram particularmente ativas na preparação para a Conferência de Copenhague no final de 2009.

Como agir? Eis algumas perguntas que devemos fazer:

- Quem está empregando ou pagando? Por exemplo, alguns dos mais ferrenhos adversários da ciência climática recebem apoio financeiro (ou honorários de consultoria) dos interesses comerciais que estão por trás das ideias que eles defendem (por exemplo, fumo e petróleo). Em 2006, a Royal Society do Reino Unido chegou a escrever para a Exxon Mobile pedindo que parassem de financiar interpretações errôneas da ciência da mudança climática.
- Com quem eles estão associados? O diretor do controvertido programa de TV *The Great Climate Change Swindle* [A grande farsa da mudança climática] do Canal 4 na Inglaterra, Martin Durkin, está ligado a um grupo de pessoas cuja ideologia política poderia ser considerada de extrema direita ou extrema esquerda, mas é claramente antiambiental (ver nota 32).
- Estão argumentando consistentemente ou com base numa premissa falsa? Essa é uma tática clássica, exemplificada por Bjør Lomborg em *The skeptical environmentalist* [O ambientalista cético]. Como estatístico, Lomborg atacou o que chama de "ladainha" das reivindicações ambientalistas que ele recolheu, não de palestras, comunicados, livros etc., mas de alguns artigos das revistas *New Scientist* e *Wired*, bem como de um livro escrito em parceria com o autor de ficção científica Isaac Asimov. Sua abordagem leviana da metodologia estatística mereceu uma resposta pronta do Danish Committee on Scientific Dishonesty.[30]
- A fonte é confiável? No Reino Unido, a International Policy Network não deve ser confundida com a Policy Network (esquerda de Tony Blair) ou com a Policy Exchange (centro-direita conservadora). Seu diretor executivo regularmente apresenta o ponto de vista "oposto" nas histórias da mídia sobre mudança climática, ajudou Nigel Lawson com seu livro do contra (Lawson, 2009) e, em julho de 2008, lançou o *Electronic Journal*

of Sustainable Development, da Universidade de Buckingham. O jornal está cheio de pessoas do contra, mas você mesmo deve pô-lo à prova, principalmente os primeiros números. Às vezes, essas pessoas disfarçam bem. Por exemplo, um grupo intitulado The Scientific Alliance se hospeda na prestigiosa Cambridge Network. Alguns de seus membros procuram inserir artigos negadores em publicações especializadas ou outras.[31]

Como obter respostas a essas quatro perguntas?

- O tempo gasto em investigar nunca é perdido. Mas não fique obcecado com a exploração do atoleiro das redes das pessoas do contra, com calúnias e distorções; contente-se com saber *suficientemente bem* onde estão e de onde vêm para não cair na armadilha. Há websites confiáveis que o ajudarão.[32] Muitas pessoas do contra se reuniram numa conferência em março de 2009, patrocinada pelo Heartland Institute (EUA); você pode conferir isso.[33]
- Descubra uma refutação boa e vigorosa. Desmascarar a mentira é importante, portanto, redes públicas como Google e Wikipédia precisam de uma refutação por parte de uma fonte respeitada. Mesmo David Miliband, quando Secretário de Estado para o Meio Ambiente, se dispôs a enfrentar os argumentos de Martin Durkin, e o Canal 4 concedeu ao então diretor do Met Office um espaço para perguntas e respostas em seu website. Para uma análise de Bjørn Lomborg, consulte Tom Burke, conselheiro do Foreign Office do Reino Unido. A Royal Society é ótima em refutar má ciência e excelente em controvérsias sobre mudança climática.[34]

Em caso de dúvida, consulte uma pessoa de confiança. Se não tiver dúvida nenhuma, deixe tudo claro você mesmo.

Sintoma 5: Pobreza persistente, injustiça e desigualdade de oportunidades para muitas pessoas (afetando a saúde mental e psicológica)

Em agosto de 2008, o Banco Mundial ajustou o padrão que usa para medir a pobreza global. A inflação modificou a linha da pobreza, elevando-a de US$ 1 por dia para US$ 1,25, de modo que o número de pessoas agora classificadas como vivendo na extrema pobreza subiu do conveniente 1 bilhão para 1,4 bilhão.[35] Cerca de um quarto das pessoas hoje vivas continuam lutando pela sobrevivência, enfraquecidas pela falta de alimento e por doenças facilmente evitáveis; já na parte rica do mundo, que gera essas estatísticas, quase o mesmo número se vê ameaçado por outro tipo de má nutrição: as moléstias e a mortalidade decorrentes da obesidade. Essa é uma manifestação terrível e bem clara das desigualdades de todos os tipos entre habitantes de todas as partes do mundo, pois a obesidade no mundo rico é muitas vezes mais grave entre os pobres.

O ano de 2010 assinala o início do último passo para alcançar os objetivos para 2015 estabelecidos pelo Millennium Development Goals da ONU.

1. Acabar com a pobreza e a fome (objetivo é na verdade reduzi-las pela metade).
2. Atingir o ensino básico universal.
3. Promover a igualdade dos sexos e autonomia das mulheres.
4. Reduzir a mortalidade infantil.
5. Melhorar a saúde materna.
6. Combater a aids, a malária e outras doenças.
7. Garantir a sustentabilidade ambiental.
8. Incentivar a colaboração global para o desenvolvimento.[36]

Num relatório enviado à Assembleia Geral das Nações Unidas em 2010, o secretário geral, Ban Ki-Moon, registra "alguns êxitos fundamentais" no número de alunos matriculados nas escolas primárias, na diminuição da incidência de doenças e no aumento da intervenção de entidades do setor privado, como a de Bill Gates e a Vodafone, na melhoria do acesso a remédios e telefones celulares. Mas registra também algumas tendências negativas: os objetivos do combate à pobreza não serão atingidos em algumas áreas muito pobres, como a África subsaariana ou partes da Ásia e da América Latina: as esperanças de reduzir a pobreza pela metade, já que eliminá-la até 2015 se tornou impensável, foram prejudicadas pelos preços cada vez mais altos das *commodities*, principalmente os alimentos. Cerca de um quarto das crianças está tão subnutrido que corre risco de vida e só houve melhorias marginais na prevenção das mortes maternas. Cerca de 2,5 bilhões de pessoas, quase a metade das que vivem nos países em desenvolvimento, contam com saneamento básico insuficiente ou nenhum. A leitura desse relatório é deprimente.[37] A assistência oficial ao desenvolvimento, que chegou a US$ 119,8 bilhões em 2008, representa ainda somente 0,3% da renda somada dos países desenvolvidos, bem longe do valor há muito almejado, que é de 0,7%. Com o aumento incontrolável das emissões de CO_2 no mundo inteiro tornando as coisas mais difíceis, quase não há mais esperança de que os objetivos sejam alcançados em 2015.

O alto comissário das Nações Unidas para refugiados, António Guterres, advertiu seus 76 Estados-Membros numa reunião em 2008 de que, "em vez da paz e prosperidade mundial que alguns anteciparam no início dos anos 1990, estamos hoje às voltas com um acúmulo de tendências adversas". Citou o número cada vez mais elevado de refugiados (11,4 milhões no final de 2007) que deixaram seus países, mas continuam em suas regiões originais, muitos deles vivendo em áreas urbanas. O número de pessoas deslocadas internamente também aumenta dia a dia: hoje, são cerca de 26 milhões. "A competição por recursos escassos se tornou um fator cada vez mais importante na origem e perpetuação da violência. Estamos diante de uma série de conflitos interligados num arco de crises que se estende do sudoeste da Ásia ao Oriente Médio e ao Chifre da África... Mudança climática, pobreza extrema e conflito estão se tornando cada vez mais inter-relacionados."

Resumindo o risco moral de viver num mundo com tamanhos desafios humanitários, Guterres corajosamente (considerando-se o público) citou Bob Marley, que em uma de suas canções observou: "Um homem faminto é um homem com raiva". Guterres disse a seu público de ministros e embaixadores que eles dispunham de um ano para debater a "escala crescente e a complexidade do deslocamento forçado" e para explicar o que queriam dizer quando falavam em garantir "segurança humana" ou em exercer sua "responsabilidade de proteger".[38]

A frase bíblica segundo a qual os pobres estão sempre conosco não reproduz uma lei física. Assim como as desculpas dos economistas, segundo as quais os altos e baixos são inevitáveis no sistema financeiro, a ideia de que a pobreza e a desigualdade maciça são dados sociais é absurda. Há algo de sistematicamente errado quando 25% da população mundial luta para sobreviver ou quando uma em cada cinco pessoas, num país como o Reino Unido, é considerada carente, e de dois a três milhões estão na pobreza extrema.[39] A imagem do ex-CEO do falido banco de investimentos Lehman Brothers afirmando que um salário de US$ 45 milhões não era exagerado mostra bem como o abismo entre ricos e pobres se alargou nas últimas décadas, dentro dos países e entre eles. O economista Paul Krugman ressalta que esse não é meramente um fenômeno de classe: professores de colégio e gestores de fundos de cobertura (fundos multimercados) têm curso superior, mas os principais gestores dos principais fundos de cobertura ganham mais do que os salários anuais dos oitenta mil professores de Nova York multiplicados por três.[40] Globalmente, o Programa de Desenvolvimento das Nações Unidas estima que 1% da população mundial ganhe mais que os 57% mais pobres juntos.[41]

Como sintoma da *in*sustentabilidade, a pobreza persistente e a desigualdade cada vez maior lembram a saúde mental e psicológica por dois motivos. Primeiro, pela angústia associada à desesperança e à impotência para controlar o próprio destino e o da família, vendo os filhos morrer de fome ou de doenças de fácil prevenção, vivendo com medo de conflitos, injustiça crônica e caos. Segundo, pela capacidade de tantos outros, inclusive nós mesmos, de tirar tudo isso da cabeça enquanto contribuem para sua perpetuação.

Resumo dos sintomas

Então, o que revela nosso exame do paciente?

Como a Figura 1.1 tentou mostrar, muitos sistemas são afetados pela doença do desenvolvimento *in*sustentável e cada qual apresenta sintomas diferentes. A queima de combustíveis fósseis afetou de tal modo o sistema respiratório da Terra que tornou o clima mais imprevisível e sujeito a eventos extremos. Ao mesmo tempo que agrava a mudança climática pela menor capacidade de eliminar o CO_2, a perda de massa (redução da carne) e de diversidade (estreitamento da pele) biológica, provocada pela agricultura ou pela urbanização sem freios, significa sistemas ecológicos menos flexíveis; recursos, como fertilidade do solo e água fresca ou serviços, como ar puro e prazer do convívio com outras espécies, estão cada vez mais escassos.

Contribuindo com a perda de massa e diversidade biológica, temos o lixo produzido pelas atividades humanas. Em circunstâncias normais, a Terra opera um sistema de reciclagem do lixo hipereficiente. Na verdade, ela nem sequer reconhece o lixo. Tudo tem uma finalidade e pode ser visto como nutriente para outra espécie ou sequência de moléculas para a futura construção de uma planta ou animal. Entretanto, o lixo da economia humana está agora dando indigestão ao sistema gastrointestinal da Terra! Seus processos digestivos andam sobrecarregados com substâncias químicas e produtos que ela nunca viu antes e que não pode, portanto, digerir (como garrafas de plástico), ou com materiais que ela reconhece (como CO_2, nitratos, fósforo), mas em quantidade excessiva. Isso contribui para a mudança climática, prejudicando os recursos biológicos. E, é claro, deixando-nos doentes.

Capítulo 1 – Os sintomas

Há também sintomas de moléstias ósseas, cujas implicações mal começam a aparecer. Os danos maciços das pedreiras e minas sempre preocuparam os ativistas e levaram algumas companhias de grande porte a colaborar para melhorar essa prática. Mas o sintoma não se restringe aos ossos maiores do petróleo, carvão e agregados. O mal é insinuante, pode ser encontrado em todo o corpo da Terra e vai piorando à medida que a economia passa a depender cada vez mais de minerais raros. Por estes, competimos intensamente agora, brigamos e vamos à guerra.

O sintoma final do desenvolvimento *in*sustentável parece ser a incapacidade da vontade humana de alcançar até a mais modesta de suas ambições, tais quais estabelecidas em tantos de nossos ensinamentos espirituais, missões e políticas institucionais. Segundo a pesquisa acadêmica, queremos nos sentir bem, gozar relações satisfatórias, viver numa comunidade justa e solidária – coisas que não exigem grande mobilização de recursos biogeoquímicos. Estamos sofrendo do que os psicólogos chamam de dissonância cognitiva – uma disjunção entre aquilo que o mundo oferece e aquilo de que realmente precisamos. Roger Liddle encontra por toda a Europa o que chama de "pessimismo social" quanto às relações familiares, diminuição do abismo entre ricos e pobres, a melhoria da vida... Definitivamente o copo está meio vazio.[42] Os psiquiatras dirão que estamos deprimidos, desmoralizados, sem esperança.

Como a seta grande na Figura 1.1 sugere, existem múltiplas ligações não só entre os vários sintomas, mas também entre eles e a economia humana. Por exemplo, a terapia do shopping (prescrita, digamos, contra a melancolia de inverno) leva a mais extração mineral (por um celular de última geração, talvez) e a mais consumo de energia para minerar, fabricar, embalar e despachar nossas compras. O lixo e a poluição aumentam. Isso tudo seria registrado positivamente na contabilidade nacional, mas, como resultado, ficaríamos realmente mais saudáveis e felizes?

Como podemos ignorar a evidência de que todas as partes do corpo da Terra estão exibindo sintomas de doença? As pústulas disseminadas da degradação biológica, os pulmões obstruídos da atmosfera, a indigestão crônica dos ciclos ecológicos e nossa eterna insatisfação com a vida sugerem uma causa comum.

O próximo capítulo examina essa questão.

Capítulo 2
Anatomia e fisiologia

A horrível palavra "obesogênico" foi cunhada para descrever os modernos estilos de vida e comportamentos de uma pessoa que engorda demais. A equação das calorias é muito simples: mais ingestão que gasto = ganho de peso. Obesogênico é o ambiente – físico, social e psicológico – que estimula o consumo exagerado de calorias: horas e horas diante da TV ou do computador; perda das habilidades culinárias e dos benefícios sociais de uma refeição em comum; comer para "compensar" desapontamentos.

Em algumas culturas, ser muito gordo é visto como sinal de prosperidade e garantia contra tempos de escassez alimentar. Mas o inverso está acontecendo hoje nos países ricos, onde a prosperidade e o *status* social são realçados por corpos vestidos e conservados a peso de ouro. Para o resto de nós, entretanto, é bem mais fácil e barato comer mal e excessivamente.

Nossa falta de conhecimento e compreensão sobre a nutrição e as habilidades tanto práticas quanto sociais exigidas para preparar e usufruir o alimento caminha lado a lado com nossa ignorância a respeito de nosso lugar na aventura evolucionária que é a vida na Terra. Assim como as informações sobre boa alimentação, as regras não negociáveis sobre como encarar o mundo natural raramente são ensinadas hoje, e certamente não por aqueles que elaboram e conduzem o sistema econômico humano. Vivemos num mundo que alguns chamam de antropocêntrico – centrado no homem –, no qual só pensamos em nós mesmos e em mais nada. É tão ruim que, a meu ver, a palavra "narcisogênico" seria melhor. Na mitologia grega, Narciso se enamorou a tal ponto da própria beleza que passou a desdenhar e a maltratar os outros, dessa forma se condenando a perecer pelo excesso de amor a si mesmo.

Abordando a questão do diagnóstico de nosso dilema antes de passar à consideração do tratamento, este capítulo considera em primeiro lugar a anatomia de nossa relação com a Terra. Por que nossa auto-obsessão nos levou a negligenciar nossa relação com o resto da vida na Terra, a ponto de nossa sobrevivência ficar ameaçada? E o que há em nossos estilos de vida narcisogênicos – a fisiologia da maneira com a qual escolhemos fazer as coisas – que vai consistentemente piorando tudo cada vez mais?

A anatomia: as leis da natureza foram infringidas

Embora eu tenha chamado de "leis" os cinco elementos de nossa relação com a vida na Terra, elas são na verdade "sabedorias" que, de um modo geral, governaram nossa jornada evolucionária compartilhada com os outros seres vivos. Quando nossos ancestrais rastejaram para fora do pântano primordial, ou mesmo quando descobriram a agricultura, dificilmente teriam podido codificar essas leis. Não obstante, valendo-se de um instinto parecido com o usado pelas aves e baleias ao seguir os trajetos migratórios e de uma grande quantidade de conhecimentos empíricos acumulados, eles conseguiram, pela maior parte da história humana, viver em harmonia com elas.

Toda a vida na Terra opera de acordo com leis científicas que também se aplicam a nós

A provisão dos elementos mais essenciais à vida humana – ar, água, nutrição – depende inteiramente do bom funcionamento dos sistemas ecológicos planetários. São os ciclos do carbono, do nitrogênio e do enxofre, os sistemas hidrológico e climático etc. Não trabalham isoladamente, mas em conjunto. Diferentes espécies requerem diferentes condições para viver e a humana está entre as mais vulneráveis porque temos critérios muito restritos de sobrevivência. Precisamos de alimento regularmente (ao contrário de algumas cobras, que comem uma só vez por ano), de água mais regularmente ainda (ao contrário de algumas plantas do deserto, que conseguem sobreviver anos a fio sem uma gota) e, diferentemente de organismos como algumas *Archaea* (não são bactérias, mas quase), não suportamos extremos de temperatura ou poluição.

Sem a vantagem de um microscópio, São Paulo notou que "toda carne é capim", mas quantos de nós nos lembramos de que os únicos produtores de energia e matéria-prima (insumo) numa forma concentrada ou estruturada (portanto, útil) são as células verdes ou plantas? Cortaríamos tantas árvores e destruiríamos tanto espaço verde se nos lembrássemos disso? É o sol que, com sua energia, junta uma série de ingredientes químicos e moleculares para formar uma árvore, uma batata ou uma flor. Podemos obter sombra, móveis, alimentos, remédios e combustível de uma árvore, comer a batata e admirar a beleza da flor – mas não os ingredientes básicos de cada uma, caso estejam dispersos. De fato, toda a nossa nutrição provém de plantas verdes, diretamente ou por intermédio de outros animais.

Nossos corpos partilham os mesmos elementos bioquímicos principais de TVT – carbono, nitrogênio, oxigênio, hidrogênio, enxofre e fósforo – e participam do mesmo processo contínuo de reciclagem de moléculas por que passam o ar e o mar em escala planetária. Quantos de nós, porém, pressentimos a proximidade química global em que vivemos e a levamos em conta quando tomamos decisões perto do lugar em que moramos? Parece incrível, mas quanto mais a ciência confirma essa interdependência, menos nós a levamos a sério. Inúmeras tradições espirituais reconheceram essa realidade física há séculos, do "tu és pó e ao pó retornarás" dos cristãos à crença hindu na reencarnação, por exemplo.

Certamente, em escolas de administração, ninguém ensina que na economia biogeoquímica da Terra a energia e a matéria-prima não são criadas nem destruídas. Seríamos tão pródigos no uso da energia e de outros recursos naturais se assim fosse? Na economia biogeoquímica, os elementos apenas aparecem em diferentes estados: estruturados pela natureza (como uma árvore ou o carvão) ou por nós mesmos (como um tijolo ou um pedaço de aço) ou, ainda, fragmentados em elementos individuais quando comidos, enferrujados, apodrecidos ou erodidos pelo tempo. Assim, quando colocamos fogo num pedaço de madeira (ou carvão, petróleo, plástico ou cadáver), por exemplo, os elementos não desaparecem, mas voltam ao ambiente sob a forma de cinza, calor e gases. Guarde-os ou queime-os, não importa: os ingredientes persistem. A ciência que explica que "nada desaparece" é chamada, com muita propriedade, de Lei da Conservação.

Em estreita aliança com a Lei da Conservação, temos a Segunda Lei da Termodinâmica. Ela estabelece que a tendência universal das coisas é voltar a seu estado elementar. Por mais complexa que seja a estrutura, tudo, inclusive árvores, plantas e nossos próprios corpos, acaba por reverter a seus átomos originais. No caso de estruturas feitas pelo homem, como edifícios, carros, pontes ou estradas, grandes esforços precisam ser feitos para que não se desgastem ou enferrujem. A força da natureza é comumente ilustrada pela imagem de brotos verdes se projetando de rachaduras em concreto ou asfalto e eu mesma vi um aeroporto militar do tempo da guerra, no condado inglês de Lincolnshire, se transformar numa mata cerrada em menos de duas décadas. Isso me leva a crer que não podemos vencer nenhuma guerra contra a natureza, embora nos comportemos como se pudéssemos, sobretudo porque não compreendemos as leis físicas que governam a disputa.

Não existe cadeia dos seres: a evolução bem-sucedida é um empreendimento colaborativo, resultante de uma complexa rede de relacionamentos

A natureza, acreditemos ou não, é muitíssimo organizada. Embora a evolução pareça uma perpétua experiência de tentativa e erro, ela faz isso sistematicamente. Seu objetivo é a ordem e a flexibilidade, mas mediante um processo altamente variado e distribuído. Onde há água líquida, moléculas orgânicas e uma fonte de energia, há vida organizada.

A ideia de uma Cadeia dos Seres hierárquica, com a espécie humana no topo, deriva de métodos para facilitar a classificação dos organismos vivos. Darwin não foi o único a usar a imagem de uma árvore para representar espécies antigas e modernas, bem como o modo como se organizam, e não é nada difícil perceber o motivo pelo qual metemos na cabeça que somos dominantes e não apenas membros de uma equipe (ver Figura 2.1).

Mas agora, com os estudos sobre o DNA, sabemos que existem bem menos diferenças entre os ramos do que imaginávamos; somos algo como "variações de um tema". Diferenciar um sapo de um fungo pode ser interessante, observa Colin Tudge, mas não crucial para entendermos como a vida funciona. De fato, andaríamos bem não pensando que estamos à parte ou no alto do metassistema fantasticamente rico e organizado que é a vida na Terra; melhor seria entendermos, com mais humildade, que somos parte dele, que dependemos dele – e que ele depende muito pouco de nós. Colin Tudge também ressalta que o número atual de organismos vivos – conhecidos e desconhecidos – talvez ultrapasse largamente a estimativa de 30 milhões (Tudge, 2000, p. 8). E, segundo J. B. S. Haldane, para alguém que viu a humanidade como Sua criação maior, "Deus é desordenadamente apaixonado por besouros" (Tudge, 2000, p. 7). "Nós, o *Homo sapiens sapiens* e nossos parentes primatas, não somos especiais e sim recentes", como Lynn Margulis coloca. "Somos recém-chegados no palco evolutivo" (Margulis, 1998, p. 4).

Margulis também sublinhou que a espécie humana, como qualquer outra, é o resultado de um programa de trabalho experimental colaborativo que tem "milhares de milhões de anos de interação entre micróbios altamente reativos" (Margulis, 1998, p. 5). Sem nenhuma dúvida, Charles Darwin não via a evolução como competição e "sobrevivência dos mais aptos". A expressão foi criada por Herbert Spencer em *Os princípios da Biologia* (1864), numa tentativa de encontrar paralelos entre as *teorias* da economia humana e a evolução. Darwin

Capítulo 2 – Anatomia e fisiologia

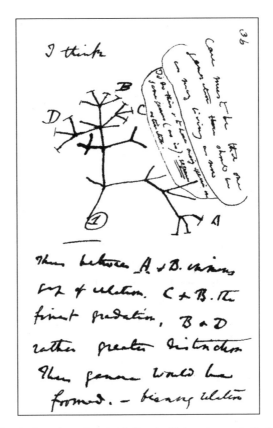

Fonte: Página 36 do primeiro caderno de notas de Darwin, "Sobre a transmutação das espécies" (1837). O original se encontra no Museu Metropolitano de Nova York.

FIGURA 2.1 A árvore da vida de Darwin.

e os biólogos modernos preferem o termo "seleção natural", existindo inúmeros exemplos de que o melhor destino para o patrimônio genético é alcançado muitas vezes por comportamentos sofisticados e mutuamente benéficos. Por exemplo: polinizadores, alguns dos quais específicos de plantas; ervilhaca, trevo e bactérias fixadoras de hidrogênio; os sistemas de parentesco humano ampliados. A vida bem-sucedida é resultado de um vigoroso exercício de relacionamento.

A noção de que nós, humanos, somos competitivos e egoístas à revelia (isto é, pecadores naturais), foi abalada pela pesquisa, que sugere exatamente o contrário. Richard Layard, por exemplo, descreve experimentos em que o cérebro de voluntários registrou prazer quando movimentos solidários foram feitos no jogo Dilema dos Prisioneiros [Prisoners' Dilemma]. Isso aconteceu mesmo antes de os participantes saberem o resultado do jogo ou se outras pessoas também haviam cooperado. A virtude, ao que parece, pode ter sua própria recompensa (Layard, 2005). Para Daniel Goleman, temos um "WiFi neural" que nos induz a responder diferentemente a um sorriso feliz e a uma expressão triste ou ameaçadora. Ele cita Giacomo Rizzolatti, segundo o qual o que ele chama de " neurônios espelho" do cérebro "nos permitem apreender a mente de outras pessoas não por intermédio do raciocínio conceitual, mas de um estímulo direto: pelo sentimento, não pelo pensamento" (Goleman, 2007, p. 43). Por que, então, criamos um dispositivo social que nega a virtude, incentiva a competição em detrimento da solidariedade e admira a truculência especialmente nos políticos, empresários e gângsteres?

Sem dúvida, a capacidade de reação rápida desempenhou um papel importante em nossa capacidade de diferenciar amigos de inimigos ao longo da vida; mas é de crer que uma abordagem mais refletida e paciente do estabelecimento de relações de cooperação com os semelhantes e o ambiente, baseada no interesse mútuo, seja mais proveitosa para criar um modo de vida mais sustentável.

Animais grandes, ferozes e predadores são raros

A despeito de nosso *status* como recém-chegados no palco da evolução, a espécie humana é, não se pode negar, um predador supereficiente. Colin Tudge nos considera menos fortes que um leão e menos pacientes que um crocodilo, mas muito mais astutos e capazes de matar, à distancia e sem risco pessoal do que esses animais. Além disso, graças à agricultura, somos capazes não apenas de destruir, mas também de "moldar a paisagem segundo nossas necessidades e caprichos" (Tudge, 2000, p. 610).

A lei ecológica que infringimos é a que diz que animais grandes, ferozes e predadores são raros. Poucos animais de porte, e muito menos predadores, podem ser contados aos milhões ou mesmo centenas de milhares, exceto talvez a foca caranguejeira da Antártida.

Dez mil anos depois do fim da Era Glacial, quando, pelos registros arqueológicos, começamos a plantar em escala significativa, havia provavelmente cerca de dez milhões de seres humanos na Terra. Agora estamos perto dos sete bilhões, número que cresce por volta de oitenta milhões anualmente. À semelhança de outros grandes mamíferos, como os tigres e os gorilas, nossa espécie também luta pela sobrevivência evolucionária em meio à perda de habitat. A diferença é que fazemos isso conscientemente.

Quando eu nasci, a população do mundo era de 2,2 bilhões. Dentro de quinze anos, poderei dizer que ela dobrou duas vezes no curso de minha vida. Uma taxa de crescimento que Paul Ehrlich chamou, com controvertida perspicácia, de "bomba populacional" (Ehrlich, 1968). Como mostra o Capítulo 1, o efeito explosivo da espécie humana num planeta de recursos limitados é responsável por todos os sintomas do desenvolvimento *in*sustentável. Por que, então, não se fez quase nada para restringir nosso número? A resposta mais curta para essa pergunta vem em três partes: mais pessoas e, portanto, mais consumo de bens e serviços são o motor da economia moderna; ligado a isso, um argumento incompreensível (ao menos para mim) segundo o qual o contrário seria impedir o desenvolvimento; e, por fim, uma relutância patética em abordar um assunto que envolve sexo, implicando também uma sombria tendência sexista.

Em primeiro lugar, lembremos que a preocupação com o número de pessoas e a capacidade do ambiente para sustentá-las não é nova. Nova é a circunstância de, hoje, ser uma preocupação global e não local. Um excesso de população tão grande que "a terra está gemendo como um boi" foi registrado no Épico de Atrahasis babilônio, escrito antes de 1600 a.C.; e a tese de Platão segundo a qual os governos deveriam manter uma população estável, regulando os casamentos, deveu muito à sua observação de mudanças no ambiente local provocadas pelo desmatamento e o empobrecimento do solo (Engelman, 2008).

Há também evidências antigas do uso de contracepção como uma maneira de evitar nascimentos indesejáveis.[1] Cleópatra, ao que se conta, usava a casca de metade de uma laranja como proteção espermicida na entrada de seu útero.

Em épocas mais recentes, porém, "população" se tornou um assunto a ser considerado apenas nos países pobres, cujas altas taxas de natalidade interfeririam no progresso ao estilo ocidental. Nos países mais ricos, a preocupação é com o número insuficiente de trabalhadores (nascimentos) para pagar as pensões de seus pais, que estão vivendo mais tempo. O Iêmen, por exemplo, começou a se interessar mais pelo planejamento familiar quando notou, em 2005, que sua população crescia cerca de 3,2% anualmente, a mesma taxa de seu desenvolvimento econômico, diminuindo o suprimento de água e não levando à melhoria da riqueza nacional. Enquanto isso, países como a França e o Reino Unido empregam políticas explícitas pró-natalistas, respectivamente (proporcionando mais amparo estatal às *familles nombreuses* – grandes famílias*)*, e incentivo implícito aos nascimentos, a fim de aumentar o número de contribuintes e consumidores que mantenham girando a roda da economia. De maneira perversa, os países mais ricos, em vez de festejar os progressos duramente conquistados na longevidade doméstica (e a despeito de promover uma vida mais longa como um dos objetivos do desenvolvimento internacional), agora acusam gerações inteiras de serem um peso oneroso para a economia. Mais incisivamente, Adair Turner denuncia o ridículo de um sistema que exigirá do Reino Unido e da Europa dobrarem sua população em 2050 para manterem o número das pessoas em idade de trabalhar. Os jovens, muito provavelmente desempregados e precisando de educação, moradia e saúde, custam bem mais que os idosos.[2]

Do ponto de vista da sustentabilidade global, um perfil de população mais velha com baixas taxas de natalidade é prova de que um país está entrando no que poderíamos chamar de Transição Demográfica Ecológica, e isso é bem-vindo. A transição está bastante adiantada na Itália, por exemplo, onde a população praticamente parou de crescer e deve diminuir sistematicamente entre 2015 e 2050. Ao contrário, no Reino Unido, supõe-se que terá um aumento de dez milhões em 2033, o equivalente a uma cidade do tamanho de Bristol todos os anos.

O segundo argumento com relação à população e à sustentabilidade é que não importam os números absolutos, e sim a maneira como as pessoas afetam o ambiente. Como mostra a Figura 2.2, esse argumento é falso. Embora haja variações substanciais na densidade populacional e nas emissões dos gases de efeito estufa por pessoa, as duas coisas contam – e muito.

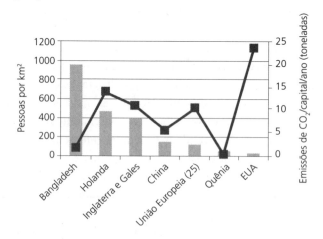

FIGURA 2.2 Espaço e impacto contam, mas os números também.

A Inglaterra e Gales, por exemplo, são uma das partes mais densamente povoadas do mundo – as pessoas têm um estilo de vida com altíssimas emissões de CO_2, ao passo que em Bangladesh, onde há uma penúria de espaço ainda maior, essas emissões são baixas no total e por pessoa. Mas vejamos a China. Em emissões totais, hoje ela ultrapassa os Estados Unidos, apesar de as emissões por pessoa serem muito mais baixas. Por isso, é incompreensível – ao menos para mim – que pessoas sensíveis sob tantos aspectos, trabalhando com comunidades pobres no mundo inteiro, sustentem que o crescimento das populações nos países pobres não importa, pois suas emissões de CO_2 por pessoa são muito baixas em comparação com as dos países ricos.[3] E isso a despeito do fato de que a maioria dos 80 milhões de pessoas extras, necessitadas de comida, casa, água e um futuro de esperança e felicidade, irá nascer em países pobres. A feia perversidade dessa lógica é que as populações dos países pobres podem aumentar à vontade – *desde que, ali, as pessoas permaneçam na miséria e não emitam muito CO_2*.[4] Em 2050, segundo as previsões, a África terá acrescentado um bilhão à sua população e a Índia, quinhentos milhões. Como supor que isso vá beneficiar o ambiente ou as pessoas em qualquer dos continentes?

Chego assim ao tema final: por que a população luta para ser levada seriamente em consideração em muitas áreas políticas, mas sobretudo nos círculos ambientais e de desenvolvimento. Sexo. Embora os programas de planejamento familiar tenham ajudado significativamente a diminuir o número *médio* global de crianças nascidas por mulher (de 5 para 2,6), há ainda de 200 a 300 milhões de mulheres que declaram querer planejar suas famílias, mas não conseguem. Em seu período de vida fértil, uma mulher pode copular centenas de vezes, de modo que engravidar apenas cinco vezes, para não dizer duas, é um enorme desafio. E nem seria preciso dizer que o simples exame desse fato já suscita todo tipo de preconceitos e complexos por toda parte, mas principalmente entre homens de diversas culturas e nas principais instituições de liderança, como governos e religiões.

Melhorar a educação e as circunstâncias pessoais das mulheres, tornando-as mais confiantes em que seus filhos chegarão à idade adulta, é extremamente importante, mas não substitui (como se pensou por muito tempo) o acesso aos contraceptivos. As estatísticas mostram que no Reino Unido, como no resto do mundo, cerca de 30-40% das mulheres engravidam sem querer – dentro e fora do casamento. Isso significa que há um longo caminho a percorrer antes de cada criança ser planejada, mas é uma tremenda oportunidade para intervir a fim de alcançar esse estado ideal. É aí que entra o sexismo. Não importam seus motivos, aqueles que se opõem a uma Transição Demográfica Ecológica intencional, mediante políticas adequadas que diminuam as taxas de natalidade, não se opõem apenas à proteção do ambiente, mas também aos direitos das mulheres de controlar sua própria fertilidade e ter as melhores chances possíveis de gerar filhos que sobrevivam e prosperem.

O fecho de segurança da evolução é sua lentidão

O impacto cumulativo dos números absolutos de pessoas na Terra é importante, mas convém, igualmente, entender como a espécie humana conseguiu superar (pelo menos até agora) o passo lento da evolução. O desenvolvimento de um bico recurvo por certas aves, para melhor arrancar sementes de pinha, levou milhões de anos; contudo, como observa Vaclav Smil, nossa própria espécie passou pelas mudanças mais profundas de seus 5 mil anos de história registrada nos últimos 150. A "civilização expansiva" do século XX – complexa, baseada na energia, dependente das máquinas – só foi possível graças a uma sinergia de combustíveis fósseis, ciência e inovação técnica na última metade do século XIX. Ele vê, "nesse registro, muitas coisas de que podemos nos orgulhar e outras tantas que são decepcionantes e odiosas", inclusive "o dano talvez irreparável que os progressos tecnológicos vêm infligindo à biosfera" (Smil, 2006, p. 311).

Nós, humanos, não somos a única espécie que cria ferramentas para alcançar determinados objetivos. O tentilhão das ilhas Galápagos, por exemplo, enfia varetas em buracos de árvores para caçar besouros. Os castores fazem diques em rios e as lontras marinhas usam pedras para quebrar moluscos. Mas, ao contrário dos outros animais, as ferramentas e tecnologias humanas não são tão facilmente biodegradáveis. Somos uma das poucas espécies espalhadas por toda a Terra; todavia, à diferença de outros animais globais (pássaros e baleias), estamos danificando nosso habitat (e o deles) numa escala monstruosa. A evolução possui um fecho de segurança – caminha lentamente e seus experimentos são pequenos o bastante para eliminar a tempo qualquer erro que ameace o sistema inteiro com danos irreparáveis. Num piscar de olhos evolucionário, as tecnologias humanas nos capacitaram a correr mais rápido que qualquer animal e a voar mais alto que qualquer ave, sem atentar para as consequências.

Smil adverte que, apesar dos avanços tecnológicos e dos "exércitos de cientistas e engenheiros, nossas habilidades observacionais e analíticas, modelos complexos de computador, pesquisas interdisciplinares e encontros de especialistas", sabemos hoje tão pouco como será o fim do século XXI quanto sabíamos como seria o fim do século XX em 1900. A promessa, reflete ele em tom melancólico, permanece a mesma: "de ainda grande ascensão e de fracasso sem precedentes", embora, por sorte, termine com uma nota de otimismo afirmando que nada é predestinado (Smil, 2006, p. 311).

No caso de muitas de nossas escolhas tecnológicas, tendemos a fazer isso porque podemos, não porque seja necessariamente bom para nós. Falhamos bastante ao avaliar devidamente o impacto potencial da inovação sobre as pessoas e o ambiente. Produtos químicos em alimentos e jogos solitários de computador parecem causar tanto mal quanto bem, o que, entretanto, não se reflete em seu preço. Durante anos, a indústria de informação e da tecnologia de comunicação julgou que não provocava nenhum impacto ambiental; hoje, porém, reconhece que sua infraestrutura emite quase a mesma quantidade de CO_2 que a indústria de aviação.

Não deve haver nenhuma batalha ideológica entre alta e baixa tecnologia, apenas um exame adequado dos impactos sociais e ambientais, com uma contabilidade energética e biogeoquímica capaz de descobrir se nossas escolhas estão realmente poupando recursos e evitando a poluição. Sheila Jasanoff argumenta por "tecnologias da humildade", mais aptas a enfrentar o desconhecido, o incerto, o ambíguo e o incontrolável no ponto que chama de "orla escabrosa da compreensão humana".[5] Sua receita para envolver cidadãos nas grandes escolhas científicas condiz com a atual discussão sobre tecnologias arrogantes – grandes projetos de bioengenharia destinados a combater a mudança climática –, porque parece estranho uma receita cujo fim é debelar as consequências negativas para a geoquímica da Terra das inovações tecnológicas humanas em larga escala exigir ainda mais intervenções tecnológicas de grande alcance. Brian Arthur chama a atenção para a ironia disso: "Durante toda a existência humana, estivemos em casa na natureza – *acreditávamos* na natureza, não na tecnologia. Agora, entretanto, pedimos que a tecnologia tome conta de nosso futuro – temos *esperança* na tecnologia" (Arthur, 2009, p. 215).

Mas, como diz Smil, nada é predestinado, de modo que a reflexão, exigindo tempo para ponderar e testar as consequências ambientais e sociais de nossas escolhas, é o caminho para torná-las evolucionariamente aceitáveis. Irão elas nos tornar mais flexíveis como indivíduos e como espécie? Em escala e risco, serão apropriadas para o desconhecido e as incertezas do futuro? Consolidarão ou diminuirão nossa humanidade?

Nosso espírito tem evoluído com e por todo o resto da vida

O fascínio pelo espírito, a alma e a mente humana em sua relação com o mundo natural permeia toda a história humana. A pergunta sobre o motivo de o cérebro humano ser tão grande e consumir tanto combustível (20% de nosso metabolismo) já foi respondida. Não é por causa da reprodução e da caçada de mamutes peludos. Essas não são atividades complicadas, mas estimular a sociabilidade de grupos para que sobrevivam enquanto os mamutes escasseiam, decidir quando lutar e quando pedir a paz, estabelecer relacionamentos confiáveis e afetuosos... sim, essas são atividades complicadas (Tudge, 2000, p. 498)

Na época em que nos estabelecemos como agricultores, já éramos animais sofisticados, com um bom currículo (por exemplo, pinturas rupestres e artefatos) para provar que gozávamos de um rico elemento espiritual em nossos contatos com os semelhantes e o mundo natural. Como assinala Fritjof Capra, em diferentes línguas as palavras "alma" e "espírito" significam também "sopro", "respiração" (Capra, 1996, p. 257).

Alma/Sopro		Espírito/Sopro	
grego	psique	grego	pneuma
sânscrito	atman	hebraico	ruah
latim	anima	latim	spiritus

Hoje, provavelmente, pensar na conexão entre o sopro de nossa vida interior e o de nossa vida exterior talvez não funcione para todos. Entretanto, muitas pessoas estão em busca de um significado para a vida mais profundo que o puramente materialista e não é preciso muito esforço para reconectar nosso bem-estar físico e mental com o do meio ambiente. Ser "a vida e a alma" de um partido, uma família ou uma organização significa que sua animação (animar: dar vida) de eventos é tanto espiritual quanto física.

Por mais que abordem o inefável de diferentes maneiras, muitas das obras referidas neste livro acabam contemplando as dimensões metafísicas da sustentabilidade ao mesmo tempo que as físicas e práticas. Não é preciso muito tempo para que um encadeamento lógico de pensamentos sobre sustentabilidade chegue ao nível de nosso relacionamento mais profundo – com nós mesmos, com nossos valores e com nossas almas. Tim Jackson, por exemplo, fornece uma das explicações mais acessíveis das leis físicas que governam o mundo material. Mas, na seção final de seu livro *Beyond Material Concerns*, ele observa que:

aceitando definições materiais de riqueza, a sociedade aceitou também uma espécie de cálice de veneno. Oferecendo sacralidade de escolha, satisfação de desejos e bem maior aos semelhantes, entregou destruição ambiental, instabilidade econômica e novos tipos alarmantes de pobreza: pobreza de identidade, pobreza de convívio e pobreza de espírito (Jackson, 1996, p. 193).

É esse empobrecimento – acima e além da pobreza material – o responsável por uma espécie de buraco negro da alma que suga com facilidade representações extremistas e simplistas de qualquer crença espiritual, preceituada por sumos sacerdotes do anglicanismo, do islamismo, da Nova Era ou do niilismo.

Sejamos justos: várias religiões se esforçaram para associar sua história e seu proselitismo atual às preocupações com o mundo natural, e uma organização como a WWF International, em parceria com a Alliance of Religions and Conservation, fez um fascinante levantamento de sites religiosos com seus significados mais amplos, na história antiga e hoje.[6] Rowan Williams, o arcebispo de Cantuária (Reino Unido), foi muito claro ao afirmar que a economia "não pode ser separada da ecologia". O desgaste ecológico, diz ele, é uma "depleção da verdadeira riqueza, do capital humano e natural".[7] Menos proveitoso é o debate sobre o papel do ateísmo e do humanismo na ação de provocar e/ou reverter os padrões de desenvolvimento *in*sustentável (ver, por exemplo, Dawkins, 2006). A conclusão, por enquanto, só pode ser que nem os ateístas nem os teístas constituem uma barreira ou gozam de uma vantagem que os impeçam de contribuir para a sustentabilidade com todas as suas forças.

Essas "leis" ou sabedorias esquecidas foram descritas de um modo que, espero, propiciará ao leitor uma reflexão profunda, além de suficientes informações e ideias modernas que o capacitem em sua jornada de aprendizado. O tema comum é que cada uma das cinco "leis" diz respeito a maneiras de viver no e com o ambiente, não fora dele. Algumas são muito práticas, como conhecer a física que governa a vida. Usar menos recursos e ser ultraeficiente com a energia dependerá de sua correta aplicação. Outras são advertências evolucionárias que exigem mais tempo – somos muito numerosos como espécie e muito propensos a imitar o Mágico de Oz em nosso comportamento, brandindo armas caras contra os problemas em vez de colaborar com a natureza e uns com os outros, empregando tecnologias mais humildes. Talvez mais importante que tudo, refluímos a tal ponto para dentro de nós mesmos – tornamo-nos tão narcisistas – que nos esquecemos de um fato: não faz muito tempo, vivíamos intimamente com a natureza, sabendo bem que dependíamos dela para a nutrição física e espiritual.

A fisiologia: economia doméstica (o sistema cardiovascular)

Isso me leva ao sintoma final, uma crise do sistema econômico humano deflagrada pelo colapso de seu setor financeiro. Na Figura 1.1, que mostra porque o desenvolvimento humano se tornou *in*sustentável, nossa economia é mostrada como um grande quadrado, utilizando enormes proporções da economia biológica para seus próprios fins. Em virtude de seu significado para todos os outros sintomas e o eventual tratamento, ele é apresentado aqui como uma falha na fisiologia do corpo todo. O modo que escolhemos para atender às nossas necessidades e, em geral, fazer as coisas não apenas contrariou as leis da natureza como fracassou em seus próprios termos.

Para nós, humanos, o sistema circulatório sustenta o corpo todo, e o bombeamento do coração mantém tudo em movimento. Para a Terra, são os ciclos ecológicos globais – sobretudo a bomba hidrológica – que preservam a vida. Em termos muito simples, se não há água, não há vida. Entretanto, a economia humana opera um sistema circulatório não com algo real como água, carbono ou mesmo sangue, e sim com dinheiro. Além disso, o dinheiro não só carece de valor intrínseco como a maioria das vezes se manifesta como fator negativo – como dívida. Consequentemente, em vez de ser oxigenadas por um volume de crédito saudável e bem conectado (a algo real), as artérias da economia humana estão cheias do mau colesterol das dívidas. A inadimplência dos empréstimos de alto risco enviou as primeiras placas gordurosas para o coração. E agora toda a economia humana está obesa.

"Por que ninguém reparou nisso?", perguntou a Rainha da Inglaterra numa visita à London School of Economics. Boa pergunta. Com efeito, por que ninguém reparou que o paciente, além de tudo o mais, estava com uma grave doença cardíaca? O economista e professor Luis Garicano explicou: "Alguém confiava em alguém... e todos achavam que faziam a coisa certa".[8] Fraca resposta. E além de tudo errada. As pessoas repararam, sabendo muito bem que o que acontecia no setor financeiro não estava certo. Para dar apenas um exemplo dos mais batidos que os economistas ecológicos oferecem, o ex-chanceler do Reino Unido, Denis Healey, observou há vinte anos:

O desejo de se defender de mudanças imprevisíveis nas taxas de câmbio e de juros levou à busca febril de novos instrumentos financeiros, a começar por *swaps* [permutas], futuros, opções e opções sobre futuros. (...) A maioria das novas atividades implantadas pela revolução financeira (...) presume que todas as árvores crescem para cima – que jamais haverá outra recessão. Se os Estados Unidos entram em recessão, mesmo modesta como nos anos de Carter [presidente americano de 1977 a 1981], todo o sistema financeiro pode ruir como um castelo de cartas.[9]

E é justamente o que aconteceu – o que está acontecendo. O próprio Adam Smith descreveu o dinheiro como um lubrificante para a "grande roda de circulação" do comércio humano – o intercâmbio, o fluxo de bens e serviços e todos os negócios entre pessoas num mercado. Um pouco de crédito melhora o fluxo quando o sangue fica fino demais; todavia, como advertiu o pai da contabilidade, Luca Pacioli (1445-1541), não vá dormir antes que o débito iguale ao crédito.[10] Um equilíbrio que o mecanismo de empréstimos interbancários deveria obter – mas restou tão pouco dinheiro líquido e tamanho volume de dívidas pegajosas e viscosas no sistema que a confiança desapareceu. O governo (isto é, o contribuinte) precisou de um aparelho de suporte de vida (isto é, tantos bilhões de libras que agora eles se contam aos trilhões).

A turbulência provocada pela venalidade cínica do setor financeiro ainda durará algum tempo. Há indícios de que o pior está por vir, pois as transações (e as dívidas) perpetradas pelo setor financeiro são monstruosas em comparação com a chamada economia *real* (aparentemente, sem intenção de fazer piada). Niall Ferguson concluiu que "o Planeta Finança está prestes a sufocar o Planeta Terra" (Ferguson, 2008, p. 4).

Significará isso que, *inevitavelmente*, o crescimento econômico e a prosperidade, tal como atualmente os entendemos e praticamos, estão em conflito com a proteção ambiental e a justiça social? E que, se ressuscitarmos o coração do paciente, os outros sintomas piorarão?

A seguir, a última parte deste capítulo tenta responder a essas perguntas.

O diagnóstico: a teoria histórica do erro cumulativo

A resposta curta para essas perguntas é: sim. Mas não necessariamente, caso passemos a refletir profundamente sobre o que queremos que nossa economia faça por nós e, em seguida, a organizemos com vistas a esse fim. Alguns dos motivos pelos quais não fazemos isso eu já esbocei na seção sobre a política da mudança climática (pp. 31-35). Nossa economia, porém, não é conduzida por leis físicas invioláveis, como o uso da energia; ela é inteiramente construída por nós e pode, portanto, ser por nós modificada. Não precisamos adotar estilos de vida narcisogênicos. Podemos desenvolver modos saudáveis de viver que incluam bons relacionamentos com o ambiente e com os semelhantes. Podemos, enfim, fazer uma dieta de baixo colesterol (cortar as gorduras do débito) e iniciar um regime de exercícios que harmonize nossa economia com a do mundo natural. Falaremos mais sobre isso no Capítulo 9.

Mas nada disso acontecerá só com alguns toques aqui e ali. Mudanças mais fundamentais terão de ser feitas. Por isso, meu diagnóstico formal para todos os sintomas do desenvolvimento *in*sustentável é o seguinte: estamos arcando com as consequências daquilo que poderíamos chamar, para não ofender, de erro combinado no modo como conceituamos e praticamos a economia humana. Essa conclusão nada tem a ver com ideologia política ou econômica; ao teorizar, Marx se mostrou tão cego para o meio ambiente quanto John Maynard Keynes e Milton Friedman. Mas tem tudo a ver com a "grande desconexão" entre a economia humana e a economia do mundo físico. Historicamente, ela é bem mais complexa e vigorosa do que estou sugerindo, sem dúvida, mas nossos amigos de Edimburgo, que encontramos na introdução – James Hutton e Adam Smith –, servem como metáfora *suficientemente boa* para entendermos essa desconexão.

Como se vê na Figura 2.3, o erro básico foi que, embora amigos íntimos, Hutton, pai das ciências físicas, e Smith, pai da economia humana, não percebe-

FIGURA 2.3 A teoria histórica do erro cumulativo: uma grande desconexão.

ram nem o significado da conexão de suas ideias nem os perigos de desenvolvê-las separadamente. O fator cumulativo foi gerado por gerações de discípulos de Smith e Hutton, que aprofundaram a desconexão – não apenas entre a economia do mundo natural e a dos humanos, mas também entre ambas e a plenitude daquilo que significa ser humano. Os cientistas naturais só se interessam pelos átomos das pessoas, não se preocupam muito com a qualidade de suas vidas ou com seus sentimentos. Os cientistas econômicos, para que seus modelos matemáticos do comportamento humano funcionem, eliminam todos os incalculáveis matizes e fatores imprevisíveis desse comportamento. O resultado, o *Homo oeconomicus*, como um manequim desnaturado, representa as pessoas reais em todos os modelos das tomadas de decisão políticas e econômicas.

Na época em que Hutton e Smith estavam ativos, devia haver oportunidades para a sinergia. Hutton escreveu sobre a "bela economia da natureza" e Smith tinha consciência de que a economia humana usava recursos naturais. Afinal, a palavra *economia* tem a mesma raiz linguística que *ecologia*. *Eco* significa "casa" e ambas, em última análise, tratam da boa administração do lar. Smith também escrevera um livro, ainda em 1759, que considerava o melhor de sua autoria, *The Theory of Moral Sentiments* [A teoria dos sentimentos morais], no qual perguntava: "Qual a finalidade de tanto trabalho e alvoroço neste mundo? Qual o objetivo da avareza e da ambição, da busca de riqueza, poder e preeminência?" Ele achava que era o bem-estar do homem comum e falou da importância de uma bússola moral íntima para nossos contatos mútuos: "Precisamos também obter a aprovação de nosso próprio juiz interior, que sabe quando agimos de acordo com o que aprovamos nas outras pessoas, mostrando-nos honestos, confiáveis, generosos e compassivos". Segundo Smith, a capacidade de autojulgamento é que nos torna "realmente aptos para a sociedade".[11]

Mas, como sabemos, as disciplinas da ciência natural e da economia tomaram rumos separados. Às vezes me pergunto se, caso reaparecesse hoje, Adam Smith concordaria que o homem comum foi adequadamente servido pela rigorosa aplicação de seu postulado "o bem deve ser um subproduto do egoísmo". Eu acho que não; e suponho que, com a evidência diante de seus olhos, pediria ao velho amigo James Hutton uma mãozinha para reconectar as excelentes ideias que ambos tiveram em uma maneira muito melhor de servir o bem de todas as pessoas e do meio ambiente.

Pois é justamente isso que temos de fazer.

Capítulo 3
O tratamento

Parece ambicioso demais prescrever uma revisão total da maneira como nós, humanos, organizamos nosso estilo de vida, negociamos uns com os outros, pensamos e planejamos o futuro; mas sem isso não resolveremos a crise ecológica. A abordagem usual para remediar o colapso financeiro/econômico não porá o paciente em pé de novo por muito tempo, pois as mesmas condições que provocaram todos os sintomas e a falência fisiológica do sistema econômico inteiro continuarão lá.

Por um lado, isso parece uma exigência absurda. Mas, por outro, faz menos de 250 anos que Adam Smith se sentou diante da lareira com James Hutton. Em termos evolucionários humanos, o fato aconteceu há um nanossegundo.

A Figura 3.1 mostra o trabalho que temos de fazer. Precisaremos reconciliar o funcionamento da economia humana com as obras naturais do mundo, de sorte que em todas as nossas teorias, modelos e práticas essas obras estabeleçam as regras para as ações possíveis do homem. Ao mesmo tempo, uma

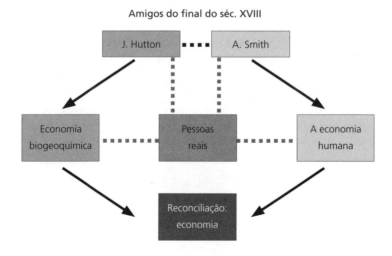

Chave: as linhas pontilhadas mostram conexões fracas; as setas, conexões fortes

FIGURA 3.1 A teoria histórica do erro cumulativo: uma grande reconciliação.

visão mais rica e abrangente daquilo que significa ser uma pessoa, ou seja, daquilo que nos torna felizes e nos leva a travar relacionamentos satisfatórios, deverá ser incorporada ao modo como definimos a finalidade de nossa economia e, portanto, ao modo como medimos seu sucesso.

Como bem sabe qualquer pessoa envolvida com o tema economia e finanças, há mais definições para certas palavras do que dólares na aposentadoria de um ex-banqueiro. Assim, pensando nos leitores pouco versados no assunto e a fim de facilitar a transição para aquilo que a economia da reconciliação deve ser, reuni algumas reflexões (do ponto de vista da sustentabilidade) sobre quatro termos inevitáveis quando se pensa na economia humana: capital, dinheiro, mercados e crescimento. Essas definições devem ser lidas como se lê o rótulo de um vidro de remédio para não tomar a dose errada. A menos que haja ressalvas, as definições foram tiradas de *The Penguin Dictionary of Economics* (Bannock et al, 2003).

Quatro reflexões: capital, dinheiro, mercados, crescimento

Box 3.1 Reflexão: capital e capitalismo

Eis como o dicionário define "capital": "No uso geral, capital é qualquer bem ou conjunto de bens capaz de gerar renda". Uma ligação dessa definição com a de "riqueza" esclarece ser "um conjunto de ativos possuídos por qualquer unidade econômica que rende ou tem o potencial de gerar rendimentos, receitas sob uma forma qualquer". Admitindo a diferenciação feita por Adam Smith entre capital "fixo" e capital "circulante", o verbete "riqueza" prossegue listando diamantes, fábricas e casas como exemplos de capital fixo e dinheiro, depósitos bancários, empréstimos e ações como exemplos de capital circulante. Todavia, sem adjetivação, o termo "capital" acabou se tornando sinônimo de "capital financeiro".

A palavra "capital" na verdade significa "cabeça" – *caput*, em latim. Seu primeiro uso em sentido econômico foi em relação ao gado ("cabeças de gado"): até hoje, a riqueza de muitas famílias é avaliada pelo tamanho do rebanho que possuem. Não só levando em conta a carne, mas o fluxo potencial de lucros advindos da lã, do leite e das crias. Diz-se que o termo "lucro" (*interest*, em inglês) vem do aumento natural do tamanho do rebanho. A boa economia doméstica pressupõe aproveitar os anos favoráveis para reunir um número suficiente de animais que alimentem a família em tempos ruins (de Soto, 2000).

Quando o capital circulante (finança) começou a se passar por capital fixo e a ser negociado como matéria-prima do tipo trigo, petróleo etc., comprometeu sua utilidade como mediador neutro em nossas transações mútuas. O predomínio do dinheiro como único capital que interessa também subverteu o valor de outros capitais na geração de riqueza. Terra, força de trabalho, máquinas e edifícios que possibilitam a produção são tradicionalmente considerados capitais na teoria econômica, mas, em comparação com os poderes autorreprodutivos do dinheiro, seu papel mesmo como capitais secundários ficou muito diminuído.

Além da representação errônea de dinheiro/débito como capital, uma segunda observação sobre ele está ausente das definições dos economistas. As matérias-primas são em maior ou menor grau sub-representadas, principalmente aquelas que outrora eram consideradas indefinidamente renováveis, mas se acham hoje ameaçadas, como água fresca, peixes e solos férteis. Nunca é incluído o recurso de capital dos serviços prestados pelo meio ambiente, como o clima razoavelmente estável e os ciclos de nutrientes. Também não consideradas e não contabilizadas estão as pessoas além da contribuição de seus músculos e mentes ao processo de produção de bens e serviços (para os economistas, força de trabalho). A economia humana não quer saber se as pessoas escrevem poemas, entendem de nutrição, tocam um instrumento musical, constroem relacionamentos bem-sucedidos ou se sentem bem consigo mesmas: a economia humana só se interessa por rendas tributáveis. Uma definição original de riqueza é "estar bem", um estado que não se deve apenas à renda per capita. Na verdade as evidencias mostram, em um certo nível, que não há uma forte ligação entre a definição econômica de riqueza e o propósito da vida – que é ser feliz.

O verbete "capitalismo" é descrito no dicionário como "um sistema social e econômico em que os indivíduos são livres para possuir os meios de produção e maximizar seus lucros, onde a alocação de recursos é determinada pelo sistema de preços". Mais adiante, o sistema de preços é definido como o mecanismo que determina um preço em cada mercado equacionando fornecimento e demanda. A intenção do socialismo era favorecer um sistema em que os meios de produção fossem possuídos coletivamente, priorizando-se acima de tudo a igualdade. Isso exigiria uma intervenção coletiva (o governo) nos negócios econômicos, incluindo mercados. Por bem mais de um século, o debate político entre os partidos girou em torno das variações sobre o tema do capitalismo e do socialismo. Ambos os "ismos", porém, com seus respectivos extremos – o fascismo e o comunismo – partilham os mesmos pontos cegos fatais com relação ao capital natural e à plena valorização das pessoas e suas aspirações. Consequentemente, o saque violento dos estoques de capital humano e social por todos os matizes do processo econômico humano passou despercebido durante décadas. Para uma crítica mordaz do capitalismo moderno, veja Reich (2007); e, para uma visão aprofundada dos diferentes tipos de capital, com vistas a uma economia mais sustentável e harmônica, veja Porritt (2006) e a "Ferramenta dos cinco capitais", no Capítulo 8.

Embora o poder desproporcionado do capital financeiro esteja sendo questionado, o dinheiro ainda não retomou sua vocação original, o que torna sempre seguro qualificar a palavra "capital" quando a utilizamos e abrir a mente dos outros perguntando-lhes o que querem dizer ao usar esse termo.

Box 3.2 Reflexão: dinheiro

Quando meus filhos eram pequenos, pertenci a um pequeno grupo de babás. Ao entrar, cada membro recebia certo número de feijões (não me lembro quantos, mas isso pouco importa). Cada grão valia uma hora. Revezávamo-nos para manter o registro onde era feito o controle de cada membro. Se alguém precisava de uma babá, telefonava para a encarregada do livro, que lhe fornecia o nome dos membros com o menor número de grãos. A distribuição desses grãos, a moeda corrente usada pelo grupo, era assim mantida razoavelmente igual. Se alguém acumulava muitos grãos, efetivamente tirando-os de circulação, a encarregada do livro redistribuía o excesso. As fraudes eram raras, pois quem se atrevesse a introduzir grãos extras podia ser visto, e faziam-se exceções em circunstâncias atenuantes, por exemplo, de doença.

O dinheiro é "algo amplamente aceito em pagamento de bens ou serviços e para saldar dívidas". No círculo de babás, poderíamos ter usado clipes de papel ou moedinhas, mas preferimos feijões e criamos um mecanismo simples para evitar o acúmulo e a fraude. Os grãos valiam uma hora para nós e para ninguém mais. O dinheiro, como libra, euro ou dólar (do Zimbábue ou dos Estados Unidos), vale aquilo que você pode comprar com ele. Picasso, como se sabe, pagava suas contas de restaurante desenhando na toalha de mesa. Uma entrada de teatro em Londres custa cerca de 35 libras; e 50 milhões foram pagos por um quadro famoso de Ticiano. O preço de um barril de petróleo oscila entre 140 e 59 dólares; China, Kuwait e Suécia estão comprando terras na África a fim de produzir alimentos e biocombustíveis para consumo próprio.[1] Qual é o preço dessa terra com relação, digamos, a um bilhete de teatro londrino? Quantos hectares vale um Ticiano? Por que uma queda significativa no preço do petróleo torna a energia eólica "muito cara"? O que vale o quê?

O Banco Mundial usa um indicador chamado "paridade de poder de compra" (PPC) para chegar a uma maneira "justa" de comparar valores de diferentes moedas em termos daquilo que podemos comprar. Assim, por exemplo, 1 dólar americano compraria 0,65 dólar em bens e serviços na Inglaterra, 619 dólares em Uganda e 3,45 dólares na China.[2] A revista *The Economist* emprega o "Índice Big Mac" para avaliar o custo comparativo de um hambúrguer em diversos países. A longo prazo, segundo a teoria, as taxas de câmbio determinadas pelo comércio de moedas igualarão os preços em todos os países. Isso me parece demasiado otimista. Um bilhete de teatro de Londres não tem valor para um africano faminto, já o acesso a um hectare de terra fértil significa a vida de sua família inteira.

O custo, para nosso bem-estar, de não construir parques eólicos apesar do preço do petróleo pode ser incalculável.

A ideia de devolver ao dinheiro (tenha o nome que tiver) sua função original não é nova. O conceito islâmico de *riba*, por exemplo, reflete a crença de que dinheiro não pode fazer dinheiro. Ele começou sua carreira localmente e, apesar de poder ser contado com mais facilidade que o bem-estar, revelou-se difícil de manejar em escala nacional e internacional. Certamente, em tempos de recessão ou coisa pior, o dinheiro volta com facilidade a seu habitat local. Cerca de 4 mil moedas locais circulavam nos Estados Unidos durante a Grande Depressão e, como se sabe, o prefeito de Curitiba, Brasil, proporcionou nos anos 1970 um estímulo econômico à cidade oferecendo alimento e transporte em troca da limpeza de bairros de cortiços e de uma baía usada como depósito de lixo. O ambiente melhorou, as pessoas ficaram mais saudáveis e puderam ir sem dificuldade para o trabalho. Quando o governo argentino foi obrigado a desvalorizar o peso em 2001, moedas regionais apareceram para manter os serviços públicos funcionando. Em alguns lugares – Lima, Peru, por exemplo –, cerca de 70% de toda a atividade econômica está fora do sistema nacional formal (de Soto, 2000).

O mesmo padrão está ressurgindo na presente recessão. Centenas de moedas locais apareceram nos Estados Unidos e no Reino Unido, aumentando ainda mais os exemplos, inclusive as redes de "dólar-tempo" e os Local Economic Trading Schemes, que amparam a troca de boas ações, bens e serviços numa determinada localidade. O London's Wedge Card, criado por John Bird*, é uma espécie de cartão de lealdade que recompensa as "compras locais" numa determinada rua ou comunidade.[3]

O dinheiro, em outras palavras, é o que queremos que ele seja. Seu valor reside unicamente em seu papel de intermediário que nos ajuda a determinar o valor comparativo de coisas reais, sejam bens ou serviços, um sistema ecológico em bom funcionamento ou o preço do carbono. Quando esse papel de valorização diminui porque ele está mais interessado em sua própria reprodução, o dinheiro se torna inútil – e mesmo perigoso –, conforme já descobrimos da pior maneira possível. A função precípua do dinheiro é transmitir informação.

Box 3.3 Reflexão: mercados

"Um mercado surge sempre que vendedores potenciais de um bem ou serviço entram em contato com compradores potenciais, estando disponível um meio de troca. Esse meio pode ser o dinheiro ou o escambo." Os mercados são bons lugares. Apenas não se "interessam" pelo modo como a economia funciona. Não existe uma coisa chamada "mercado". Os mercados não têm mãos, visíveis ou invisíveis. Não sentem, não cultivam valores e não são valores em si mesmos. E, a despeito do barulho que fazem, um mercado totalmente livre é um lugar feio, como no Haiti, na Nigéria ou até na Rússia pós-soviética. São as pessoas que criam um mercado, que compram e vendem nele, que têm valores e interesses, que estabelecem as regras. Podem ser honestos ou desonestos.

O tamanho de qualquer mercado importa muito. O preço certo pressupõe uma maneira justa com a qual estejam de acordo o comprador e o vendedor. As transações são mais fáceis em mercados de rua ou em pequenas lojas do que em estabelecimentos gigantescos, impessoais, no caso de telefones celulares ou seguros. Uma das críticas à globalização dos mercados, particularmente para finanças e matérias-primas, é que eles são injustos, com o mais forte explorando o mais fraco. A maioria é controlada ou manipulada de alguma maneira, nem sempre exibindo a necessária transparência. O rápido crescimento de produtos honestos e eticamente comercializados, como café, chocolate e banana, bem como os investimentos socialmente responsáveis, são uma prova de que muitas pessoas estão considerando essa desonestidade inaceitável.[4]

Tratando-se de mercados de dinheiro ou ações de empresas que estão nas bolsas de valores, a complicação se multiplica e um dos motivos disso é que a compra e a venda ficam nas mãos de corretores. Se você está por dentro desse negócio, pode fazer todos os tipos de malandragens. O mercado de dinheiro são "as instituições financeiras que trabalham com seguros e empréstimos a curto prazo, ouro e câmbio"; seu irmão gêmeo, o mercado de capital (financeiro), "trabalha com fundos de empréstimos a longo prazo (...usados pela indústria e o comércio principalmente para investimentos, [embora] não haja uma distinção muito clara entre ambos". É nesses mercados que se criaram volumes extraordinários de débitos, depois comercializados como bens por meio de instrumentos financeiros complexos. Uma "cultura da transação" se desenvolveu; o montante das comissões pessoais ou institucionais e dos bônus dependia das compras e das vendas, especialmente a curto prazo. Em consequência, proliferaram as transações desenfreadas de débitos em pacotes fantasiosos. E prosperou o mito de que o risco podia ser "transformado" de dívida em bem graças a uma alquimia da criação e distribuição que a retirava da relação imediata entre emprestador e tomador e espalhava-a por todo o sistema financeiro.

A "cultura da transação" tornou legítimo e mesmo admirável para o investidor "manobrar" os mercados financeiros comprando e vendendo moedas, ações, dívidas e outros produtos financeiros para ganhar dinheiro. As transações financeiras internacionais superaram em muito as que tinham por objeto bens e serviços concretos. Nesse jogo, não é necessário que os participantes tenham interesse por uma empresa, produto, país ou moeda envolvida. Apostar na alta e na baixa dos preços a fim de obter um bom retorno ou "lucro" com o investimento é perfeitamente legal – mesmo a crueldade da "venda a descoberto", que apressa a queda do valor de uma ação ou moeda. Os grandes fazedores de dinheiro do setor financeiro ganham títulos de nobreza e se tornam astros do comércio; mas, em comparação com seus ganhos, muito pouco acaba chegando à economia "real". Boa parte de sua atividade é aquilo que Charles Handy chama de "espuma na superfície da empresa", mais corajosamente etiquetada de "socialmente inútil" pelo presidente da UK Financial Services Authority.[5]

Mercados de todas as formas e tamanhos têm de ser protegidos das práticas corruptas ou inapropriadas por serem muito importantes como instrumentos de facilitação para o comércio social e econômico dos homens. Na maior parte do mundo (inclusive o lugar onde moro em Londres), eles podem ser um agradável lugar de encontro para valores humanos que pressupõem tanto o comércio honesto quanto o convívio das pessoas. Nessa escala, a autorregulamentação não é difícil. Um vendedor respondeu certa vez à minha pergunta sobre se uma camisa encolheria ou não com um ofendido "mas estou aqui a semana toda!", para provar sua boa-fé. Talvez não seja impossível imaginar maneiras de restaurar a confiança e a honestidade nos grandes mercados. O eBay, por exemplo, é um mercado enorme. Embora não consiga evitar fraudes, suas políticas absolutamente transparentes as desencorajam e ela combate prontamente essas fraudes sempre que ocorrem.

Box 3.4 Reflexão: crescimento econômico

Herman Daly sempre insiste na diferença entre as palavras "crescimento" e "desenvolvimento". Quando uma coisa cresce, diz ele, torna-se fisicamente maior; quando se desenvolve, aproveita seu potencial e melhora qualitativamente.

Os sistemas ecológicos na Terra desenvolvem o potencial de evolução dentro das leis físicas descritas no Capítulo 2. Em consequência, a economia biogeoquímica trabalha mais ou menos em equilíbrio, para todos os fins e propósitos, harmonizando a absorção de energia do sol com a emissão de energia de uma Terra que não cresce nem encolhe.[6] Dentro dessas limitações físicas, o mundo natural gera qualidade, não volume. Por exemplo, uma árvore não cresce eternamente. Quando atinge a maturidade (fica suficientemente grande), começa a fornecer sustento a outros. Ao contrário, a economia humana só se ocupa do crescimento quantitativo, manifestado e medido pelo consumo cada vez maior de bens e serviços. Não atinge nunca a maturidade. Não reconhece limites nos recursos naturais nem nos serviços e qualquer atenção que porventura dê a imposições sociais e éticas (condições de trabalho, digamos) tende a ser posta de lado quando o crescimento quantitativo começa a diminuir.

O método hoje globalmente aceito para medir o crescimento econômico é o produto interno bruto (PIB), calculado (em termos de dinheiro) como a soma total dos bens e serviços resultantes de todas as atividades produtivas da economia. Nunca foi destinado a representar, como acabou representando, o bem-estar geral de um país. Se o PIB é alto, deduz-se que o povo está "melhor" que antes. E, obviamente, algumas pessoas estão. Mas muitas, não. E, para o PIB crescer, mais e mais recursos são necessários, de modo que a produção continue aumentando. O mecanismo para manter o PIB como indicador soberano do sucesso em alta pressupõe um ciclo rígido: a demanda é estimulada (mais pessoas fazem empréstimos e consomem mais bens e serviços), o que por sua vez impele as empresas a tomar empréstimos e produzir mais (resultando em mais empregos e mais consumidores); enquanto isso, os investidores tomam dinheiro e investem-no pesadamente na inovação de novos produtos (a fim de estimular mais demanda e consumo), e tudo se repete. Ou então ocorre o contrário, pois a recessão é definida como crescimento negativo do PIB. Todos os esforços empreendidos para fazer com que o PIB volte a ser positivo, graças ao estímulo de mais consumo (por exemplo, trocar carros velhos por novos), mais empréstimos (juros baixos) e ajuda a bancos falidos (trilhões de dólares) são a prova de que esse processo é vital para os governos. O crescimento econômico quantitativo tem de ser restaurado – a qualquer custo. Não existe plano B!

Tentativas de romper a relação entre uso crescente de recursos e noções atuais de crescimento econômico (isto é, produzir mais com menos) geraram resultados díspares (Jackson, 2009). A eficiência, sobretudo no uso de energia, trouxe alguns ganhos. Globalmente, por exemplo, a quantidade de CO_2 emitida por dólar baixou de 1 kg em 1980 para 0,770 kg em 2006, embora um ligeiro aumento tenha sido constatado a partir de 2000 (IPCC, 2007, p. 4). Não obstante, como mais pessoas estão produzindo e consumindo mais produtos, durante o mesmo período as emissões totais de CO_2 mais que dobraram. O aumento em outras áreas também se acelerou em termos absolutos no mesmo período. Nenhuma dessas tendências, bastante negativas para a economia biogeoquímica, é representada no PIB.

Segundo Adair Turner, já é hora de "destronar o crescimento" quantitativo do PIB.[7] O pioneiro economista ecológico Herman Daly ressaltou

Capítulo 3 – O tratamento

> há algum tempo que o que ele chama de economia de "estado estacionário" não deve ser visto como uma "economia que não consegue crescer". Ela é, na verdade, uma economia com população e capital ambiental constante, mantido por uma baixa taxa de produtividade dentro da capacidade regenerativa e assimilativa do ecossistema. "Isso significa equacionamento de baixa taxa de natalidade e de mortalidade, baixa taxa de produção e de depreciação. Baixa produtividade significa elevada perspectiva de vida para as pessoas e elevada durabilidade de bens"[8]. O crescimento econômico, assim, pode ser inteiramente qualitativo – até o ponto em que o ambiente retoma o controle de seus próprios ecossistemas e nós conseguimos viver vidas mais longas, mais saudáveis e melhores, usando bem menos volumes de recursos naturais.[9] Cenário muito diferente do que temos hoje.
>
> Enquanto isso, boas perguntas a fazer sobre o crescimento econômico são: o que está crescendo, onde, para quem e a que custo?

Um truque particularmente hábil capaz de abrir as mentes à possibilidade de ocorrer, sem muita confusão, uma mudança radical no modo como dirigimos a economia humana é imaginar que o dinheiro, sob todas as suas formas (moeda corrente, débito e ações), desapareceu da noite para o dia. Na manhã seguinte, nada terá mudado. Ambiente, pessoas, edifícios, estradas, casas, lavagem de roupas e outros trabalhos por terminar lá estarão como no dia anterior. A varinha mágica se agita e eis que surge uma nova moeda acompanhada de regras segundo as quais só poderá ser usada para avaliar e trocar coisas, não devendo ela própria ser comercializada. O débito desapareceu (engolimos e lidamos com o risco moral uma última vez) e há crédito disponível, mas apenas para atividades socialmente úteis. A vida continua na economia onde vivem pessoas reais.

Varinhas mágicas, infelizmente, são um produto raro até para o mais ambicioso divergente positivo, de modo que estamos no início do que James Galbraith chama de "um longo, profundo, penoso e irreversível processo de mudança [e] precisamos começar a pensar e a agir em conformidade com ele".[10] Ou fazemos a transição para uma economia ecológica da maneira mais planejada e ordeira possível ou o ambiente e (o que é cada vez mais provável) a desordem social fará isso por nós – de forma súbita e provavelmente brutal. A tarefa do divergente positivo é, portanto, prevenir essa eventualidade e convencer os outros de que agir bem com o ambiente e as pessoas pode ser o motor de uma economia absolutamente satisfatória.

Economia da reconciliação: como é o bom?

Esta seção termina com um olhar aos possíveis ingredientes de uma economia reconciliada. Para não apenas transmitir o senso do possível, mas também sublinhar a urgência de fazer algo desse tipo bem depressa, preferi o tempo verbal presente. Cá estamos, com o paciente estirado na mesa da sala de emergências. Como escolher entre as diferentes técnicas de ressuscitação cardíaca para a economia global? Essas políticas ou esse modo de ação reanimarão o velho modelo Frankenstein de negócios para causar estragos outra vez, ou engendrarão em uma nova economia, com diferentes valores e metas – uma que a pessoa versada em sustentabilidade possa utilizar em seus negócios? Algo como o exemplo a seguir.

Há um plano: um Consenso de Sustentabilidade governa as relações econômicas e internacionais

Um Consenso de Sustentabilidade substituiu o Consenso de Washington (ver o Capítulo 7) sobre a melhor maneira de conduzir a economia mundial. O debate em torno de detalhes é candente e criativo, mas, quanto ao rumo, existe consenso. São claros e consistentes os sinais, tanto políticos quanto econômicos, de que esse tipo de economia vem sendo construído, tendo por objetivo o bem-estar humano e ambiental. Por exemplo, a vantagem competitiva entre nações pela produção mais barata de um ou outro item é substituída pela colaboração em torno do que possa ser mais proveitoso para a flexibilização social e ambiental no mundo inteiro, incluindo a diminuição das taxas de natalidade em obediência às projeções da ONU.

Aprender com a tática dos economistas teóricos, que fizeram de uma campanha do tipo guerrilha (para incluir a ideia de um mercado autoaperfeiçoador na esfera do poder político) estratégia influente nos níveis nacional, internacional e entre cidadãos, ajuda a ampliar o conhecimento sobre o que está acontecendo, o que o Consenso de Sustentabilidade significa para eles e como podem contribuir.[11] Cria-se assim um forte e atraente contraponto ao extremismo alimentado pela injustiça e desesperança. As pessoas notam que há uma maneira positiva de assumir as rédeas de seu próprio destino; novas instituições nacionais e internacionais, bem como uma diplomacia voltada para a sustentabilidade, ajudam a criar confiança e um senso de finalidade comum entre seres humanos e nações.

Um pacote de medidas de emergência está a caminho para garantir que a administração da catástrofe favoreça uma transição progressista para o Consenso de Sustentabilidade, em lugar de uma versão remendada dos negócios à moda antiga

A ideia de um novo Plano Verde para "atacar o 'tríplice problema' do crédito, do preço do petróleo e da crise climática" foi lançada no Reino Unido em julho de 2008. Em questão de semanas, a ONU comprou a ideia, pondo em destaque a crise dos Três Fs (*finance, fuel* e *food* – "finanças, combustível e alimentos"). Durante o lançamento do Novo Plano Verde, Pavan Sukdhev, diretor de mercados globais do Deutsch Bank, explicou: "Aqui estão, em poucas palavras, algumas das escolhas que temos. Se quisermos tirar da pobreza 2,6 bilhões de pessoas que estão vivendo com menos de US$ 2 por dia, deveremos fazê-las produzir mais e mais automóveis, TVs e PCs ou investir na rede de áreas protegidas (sobretudo florestas) e desenvolver seu potencial para novos empregos verdes e decentes?"[12]

A tarefa dos pacotes de emergência consiste em incentivar atividades que previnam as piores consequências da degradação ambiental (mudança climática e desgaste de recursos naturais) e pavimentar o caminho para uma futura economia ecológica. Dinheiro, crédito, regulamentação e incentivos fiscais novos serão canalizados para a infraestrutura que sustentará uma economia de baixo carbono: modernização da rede elétrica, eficiência energética e renováveis, aumento do capital biológico, renovação cívica, garantia de fornecimento de água e alimento, transporte público, introdução dos conhecimentos sobre sustentabilidade em todas as áreas de educação e treinamento, segurança para as pessoas no lugar onde estão e fornecimento de todos os tipos de bens e serviços que capacitem as pessoas a viver estilos de vida com baixos níveis de carbono e elevado grau de felicidade. Dentro e fora de casa. A urgência de atividades para mitigar a mudança climática não é esquecida; as pessoas têm certeza de que suas preocupações e senso de justiça não serão postos de lado.

O capital agora tem um sentido mais amplo, inserido na economia real

A finança, assim como a moeda e o crédito, já não é considerada capital "real" na economia e o dinheiro reassumiu seu papel primário como um meio de troca e um instrumento para avaliar outros tipos de capital. Os capitais natural, humano e social se juntam ao capital fixo, como infraestrutura, máquinas e edifícios, na qualidade de estoques de capital – recursos administráveis de modo que os fluxos de benefícios fiquem garantidos enquanto o próprio estoque se conserva e, quando possível, aumenta. Ver o Capítulo 8 para mais informações a respeito.

Lições do passado foram aprendidas e um novo método para a administração macroecológica-econômica, em mãos das instituições nacional, local e internacional, surgiu. Com base na ideia de Adair Turner para uma análise macroprudencial que permita uma visão completa da finança, a análise macroecológica-econômica monitora o equilíbrio (e o potencial de desequilíbrio) dentro e entre os quatro diferentes tipos de estoques de capital, a curto e longo prazo, preservando a eficiência da finança ao facilitar esse processo.[13] Novas regulamentações, o equilíbrio entre os setores público e privado, o investimento em áreas críticas, menos impostos e outros incentivos, inovação para melhorias quantitativas no bem-estar do ambiente e das pessoas (ao invés de novidades para comprar e vender ou produtos financeiros "inúteis"), tudo isso é feito para garantir certa proteção contra os piores aspectos do agora inevitável dano provocado pelas crises ecológica e econômica, bem como para abrir caminho a um modo mais flexível de conduzir nossos negócios.

A mera política monetária é substituída por uma política de multicapital; flexibilidade e estabilidade tornam-se as disciplinas econômicas mais importantes. Isso significa economias locais mais fortes, mais diversificadas, mas não o fim do comércio entre fronteiras nacionais ou regionais. Existem, porém, regras diferentes para esse comércio. Por exemplo, produtos como bananas e chocolate ficam subordinados a regras não apenas mais justas, mas que garantam também às economias produtoras igual flexibilidade em bases locais. Essa exigência alterou a natureza das relações e ajudas internacionais, incentivando parcerias entre lugares para assegurar sustento, bens e acesso à terra de um modo justo e à prova do futuro. A finalidade da globalização é promover a colaboração e reconciliar os interesses nacionais, não pô-los em confronto.

Novos modelos de propriedade estão implementados ou em discussão. O que deve ser preservado para as gerações futuras – florestas bens globais comuns como o Ártico, os espaços selvagens e o mar? O que vem a ser soberania? Quem é o dono de infraestruturas vitais em comunidades locais ou internacionalmente? O que são infraestruturas vitais – bancos, trens, redes elétricas e serviços sociais?

O dinheiro foi posto a serviço, até mesmo sob controle

O dinheiro já não se disfarça de capital "real" como um cavalo, uma casa ou uma pessoa bem-ajustada; fica, ao contrário, subordinado a seu papel precípuo de lubrificante da economia real. A reforma das instituições financeiras nacionais e internacionais pressupõe que um único banco central, público e confiável, crie dinheiro. A ideia persistente de que um dinheiro "novo", livre de dívidas, possa substituir o dinheiro "velho" – mais de 90% do qual foram criados por bancos privados como dívida para render juros – foi implementada (sem grande chance de sucesso!). O dinheiro, como bem público, passou a ser uma "unidade de informação de valor" tirada *ex nihilo* (do nada, portanto, livre de juros), por necessidade e vontade do banco central.[14] As moedas nacionais foram com efeito nacionalizadas no interesse público. O mundo já não faz o mundo girar, mas facilita o movimento de pessoas, bens e serviços ao redor do mundo.[15]

Em certas situações, o dinheiro não é o meio apropriado para a troca de valores (como no amor, na confiança ou no convívio com os vizinhos), mas os economistas ecológicos são capazes de apresentar uma folha de balanço que misture diferentes tipos de cálculos para pintar um quadro da saúde geral dos estoques de capital e dos fluxos de benefícios de qualquer unidade econômica. Por não ter juros, o "novo" dinheiro torna mais fácil atribuir algum tipo de valor ao carbono do solo ou aos serviços no sistema ecológico e mesmo à satisfação social (por exemplo, servir de base para decisões macro ecológico econômicas).

A ideia de moedas complementares "pegou". Moedas locais, como as descritas no ensaio sobre dinheiro acima, ajudam a suavizar a saída da crise, bem como a transição entre dinheiro velho e novo, preservando as atividades nas comunidades.

O crédito é uma boa coisa – desde que confiável e responsável ou até mesmo tedioso

Restaurar a confiança num sistema que oferece crédito e preserva as economias e depósitos de pessoas, empresas e governos significa mandar os riscos de volta ao remetente. Em vez do regime "criar e distribuir", que elimina os empréstimos da folha de balanço do emprestador, o regime "criar e conservar" se encontra em pleno andamento e devidamente regulamentado. Emprestador e tomador, em suas relações, partilham todos os riscos associados às dívidas de qualquer chefe de família, casa ou empresa. Por exemplo, um banco e uma companhia de energia eólica podem partilhar o risco com a comunidade local beneficiada.[16] A Ecology Building Society*, pioneira nos empréstimos para obras de construção e restauração verde, agora conta com a ajuda de novos serviços financeiros a fim de canalizar dinheiro e crédito para projetos de energia renovável e eficiência em moradias e outras áreas. Cooperativas de crédito e novas instituições financeiras de desenvolvimento comunitário são exemplos de que isso está acontecendo. Empresas como ZOPA*, que facilitam empréstimos interpessoais, não atingiram ainda a categoria de sustentabilidade, mas poderiam.

Os bancos são empresas sociais

O dia raiou, e os governos abandonaram a insânia de investir dinheiro bom em dívidas ruins de megabancos absolutamente indignos de confiança. Ao contrário, a prescrição de economistas como Nouriel Roubini e Paul Krugman foi implementada. Os maus bancos estão nacionalizados, com os bons e os maus ativos devidamente separados; os bons e os espectadores inocentes foram cirurgicamente removidos e transplantados para bancos bons (de atividades limitadas, alguns novos, outros já existentes) e os demais ficaram para ir à falência, na verdade eliminando o débito como parte do movimento do dinheiro velho para o novo. Os governos não mais ouvem conselhos dos próprios banqueiros e acadêmicos que puseram a economia em dificuldades. As pessoas que anteciparam a *in*sustentabilidade das práticas antigas, inclusive os economistas ecológicos, procuram harmonizar as soluções que estiveram preparando por longo tempo. Os alicerces do novo e, mais importante ainda, *confiável* setor financeiro foram estabelecidos, com o dinheiro sendo criado e controlado por um banco central. Os bancos privados ainda podem receber depósitos e fornecer crédito, mas não podem criar dinheiro como débito sujeito a juros. São corretores, não criadores de dinheiro. O terceiro elemento da reforma bancária afeta os consultores de indivíduos e empresas. Eles são separados tanto do banco central quanto dos bancos varejistas, agindo com absoluta independência. A relação perversa que favorecia os bens imóveis (inclusive os comerciais) em lugar do empréstimo se desfez. A preferência agora é por investimentos e empréstimos com vistas a resultados sustentáveis – local, nacional e internacionalmente.

No nível internacional, a proposta que John Maynard Keynes apresentou em 1943 para um sistema bancário global apto a manter em equilíbrio os déficits *e* os superávits dos países foi exumada e adaptada para fornecer uma visão macroecológica. Uma nova e *possível* Organização para a Cooperação e o Desenvolvimento *Ecológico* incentiva e apoia os países que estão implementando o Consenso de Sustentabilidade, mas os melhores esforços diplomáticos são feitos em prol de estabelecer uma nova relação de segurança intercontinental em termos de serviços financeiros necessários para construir economias locais flexíveis. Os países ricos de outrora mostram-se humildes e prontos a aprender com os pobres o modo de funcionamento da economia flexível. O que mantém as rodas econômicas (não corruptas) girando mesmo em tempos ruins?

Nos níveis nacional e local, o mundo rico aprendeu mais uma lição com o mundo pobre e começou a prestar alguns de seus serviços bancários seguindo o modelo das empresas de microcrédito como o Grameen Bank∗, reconhecendo que os "bancos do povo" são o caminho para recuperar a confiança no sistema como um todo. Exemplos antigos são retomados, como o Co-operative Bank∗, e o mesmo sucede com serviços financeiros como o Climate Change Capital∗ e o Triodos Bank. Os correios comunitários do Reino Unido, confiáveis mas em má situação, tornaram-se uma rede de "bancos do povo". Como foi dito acima na seção sobre o capital, diferentes tipos de propriedade de bancos e outras instituições financeiras são usados, inclusive a propriedade comunitária. Tudo, porém, é mantido sob rigoroso controle. Os bancos são uma utilidade pública e os modelos de propriedade refletem isso.[17]

A busca de flexibilidade no sistema bancário reconhece que os bancos nacionais e internacionais são tão fortes quanto os sistemas bancários locais, mas o contrário não é verdadeiro. Na economia, o sistema financeiro serve, segundo Adair Turner, "para absorver choques, não para amplificá-los".[18] A frase em inglês "you can bank on me" ou "conte comigo" volta a fazer sentido.

A governança é exemplar: todos conhecem e seguem as regras

O processo estatal e democrático não tem compromissos com os interesses financeiros. A "porta giratória" do dinheiro, pessoas, acesso especial e privilégio entre governo e empresas privadas ou lobbies não funciona mais. Os partidos políticos (se é que ainda existem) dispõem de fundos públicos para as campanhas eleitorais. No Reino Unido, o parlamento (ambas as casas) e os governos locais são independentes do setor privado e dos interesses especiais que buscam patrocínio ou financiamento dos partidos políticos.

É ilegal lesar o fisco; e o complexo e falho sistema é reformulado – junto com os escritórios de contabilidade, de advocacia e outros que ajudavam seus clientes a sonegar. A influência das empresas sobre o governo acabou, embora companhias e indivíduos ricos, com vocação filantrópica, possam aplicar num fundo internacional ou apoiar projetos globais para mitigar e controlar a mudança climática, melhorar a saúde, aliviar a pobreza, *além* de pagar seus impostos nacionais e locais. Pagar impostos e contribuir para o "bem comum" se torna uma questão de honra, tanto quanto assumir responsabilidade pelo modo como são gastos os fundos públicos (por meio de canais democráticos e envolvimento pessoal). Sonegar impostos é visto como atitude repugnante, nada diferente de soprar fumaça de cigarro no rosto de uma criança, e não como esperteza.

O controle de todas as organizações públicas e privadas (não apenas bancos) é devidamente inspecionado. Não se aceita mais a ideia de que apenas homens de meia-idade, do círculo encantado e virtualmente fechado dos membros elegíveis do conselho, são os únicos suficientemente aptos a dirigir companhias, bancos e equipes de regulamentação ou chefiar forças-tarefa governamentais. Os sistemas foram simplificados, tornados mais eficazes e atraentes para mulheres e outros grupos sub-representados, para não dizer mais inteligíveis a políticos e jornalistas, poupadores e empresadores. Instituições internacionais, como o Bank of International Settlement e o Fundo Monetário Internacional (FMI), e processos autorreguladores, como os acordos de Basileia sobre os níveis mínimos de reservas, são, sob quaisquer formas que possam assumir, escrupulosos e transparentes em relação a seus processos de controle. Há, como disse o presidente chinês Hu Jintao ao G20 em abril de 2009 com respeito aos 9-20 países recém-integrados ao G8, "uma nova ordem financeira internacional mais honesta, justa e até ordenada"[19].

Um novo tipo de ética, como parte do que se poderia chamar de "ética cívica", nasceu. Ela inclui a compreensão de que os impostos não pesam para a sociedade, ao contrário, fazem a sociedade, tanto quanto a importância de um controle competente e confiável no uso sensato dos recursos. O que é taxado, onde, quando, como e por quê: tudo isso, mais o modo como o dinheiro é gasto, constitui objeto de contínua discussão pública. Induzido pelo fracasso financeiro e os temíveis danos sofridos pelo povo e o ambiente no passado, um debate sobre o tipo de sociedade que realmente queremos vem sendo travado para dar todos os detalhes a respeito do Consenso de Sustentabilidade. Isso se faz independentemente das distorções disseminadas pela mídia e pelos derrotistas, graças a um diálogo público enérgico, não político, não partidário, inclusivo e cuidadosamente facilitado por parte de pessoas que contam com a confiança do povo.

Os mercados são criados e administrados com vistas à resiliência

Que alguma vez pensamos num mecanismo automático e descontrolado como a melhor maneira de moldar a boa vida, eis uma atitude relegada à seção de ficção científica da biblioteca. O *Homo oeconomicus*, aquele autômato irreal e nem um pouco simpático feito para encarnar a ideia de um mercado sensível, capaz de equilibrar friamente o fornecimento e a demanda de suas necessidades, está no museu.

Foi substituído pelo *Homo* às vezes *sapiens* de carne e osso, solidário, predominantemente afável e encantadoramente imprevisível. Economistas behavioristas, neurobiólogos e psicólogos sociais se juntaram aos economistas para um convívio duradouro.

Na medida do possível, os mercados são repovoados com pessoas reais que se encontram para negociar bens e trocar informações. Para muitos, "ir ao mercado" é um passeio agradável; e a troca é uma interação social tanto quanto compra ou venda de produtos. Mexericos e bens são intercambiados, como também informações.[20] Formam-se relacionamentos. A confiança no valor do item a ser vendido ou comprado se baseia no conhecimento mútuo sobre a qualidade, a disponibilidade e a necessidade de comprar ou vender, mas também no relacionamento pessoal entre o comprador ("Esta camiseta não encolhe?") e o vendedor ("Se encolher, traga-a de volta, estou aqui todas as semanas). As transações em escala maior são mais raras e podem demorar mais, mas apoiam a mudança de ênfase da maximização de ganhos para a maximização de benefícios para o ambiente e a sociedade. Os participantes podem rastrear as relações envolvidas. São auferidos lucros, mas *suficientes* e de acordo com as regras – similares às que norteiam o *fair trade* ou o islâmico *murabahah* (lucros partilhados por acordo) e incluindo a transparência.

A participação acionária em qualquer empresa, grande ou pequena, responsabiliza o acionista pela contribuição dessa empresa ao estoque de todos os tipos de capital. Já não é possível ser um acionista "a distância" ou preocupado unicamente com o retorno financeiro. Quem gosta de riscos e lucros fáceis vai para os cassinos e as casas lotéricas. Compras e vendas potencialmente prejudiciais precisam de autorização especial. Os valores reais das ações são estabelecidos após longos períodos (digamos, cinco anos), talvez com os acionistas "amarrados" da mesma forma que os antigos detentores de hipotecas. Os analistas consideram que o valor de uma empresa bem-sucedida está em sua viabilidade a longo prazo e em sua contribuição para o desenvolvimento sustentável.

Felicidade interna bruta

As muitas evidências de que a felicidade humana e o crescimento econômico no modelo ortodoxo do PIB não estão relacionados incentivaram a busca de novas maneiras de definir o sucesso – seja num país ou numa vizinhança (Robert Constanza e colegas nos oferecem um panorama das diferentes metodologias, algumas das quais complementam ou "beatificam" o PIB, ao passo que outras procuram avaliar até que ponto uma comunidade está preservando seu estoque de capital natural, social, humano e físico, em vez de esgotá-lo[21]). Nos anos 1980, Herman Daly e John Cobb propuseram um novo Índice de Bem-Estar Econômico Sustentável (*Index of Sustainable Economic Welfare*, ISEW), e a New Economics Foundation (NEF) desenvolveu uma metodologia que junta indicadores de bem-estar social e ambiental, ajustada para gastos preventivos em, por exemplo, saúde, poluição atmosférica, perdas de terras e pântanos etc., a fim de obter um quadro correto de como estamos nos saindo.[22] A NEF publica também um índice de felicidade do planeta – *Happy Planet Index*.[23] O governo do Butão se tornou famoso por adotar um indicador nacional chamado Felicidade Econômica Bruta e os canadenses elaboraram um Índice de Bem-Estar do Canadá.

Um empurrão para destronar o PIB, a medida mais perversa e destrutiva para avaliar o bem-estar, foi dado pela Comissão para a Mensuração do Desempenho Econômico e do Progresso Social, do presidente francês Nicholas Sarkozy. Em 2009, seus dois diretores, Joseph Stiglitz e Amartya Sen, publicaram um relatório recomendando novas medidas baseadas no bem-estar da família e em ideias mais abrangentes sobre os bens ambientais e sociais (a partir de uma definição mais ampla de capital).[24] O relatório distinguia o bem-estar atual do bem-estar potencial futuro, fator importantíssimo para se poder avaliar a sustentabilidade de quaisquer escolhas feitas por um governo de duração relativamente curta, por exemplo. Adotar todas essas medidas de "bem-estar nacional bruto" concretiza o que Robert Kennedy propunha há quarenta anos:

> o produto nacional bruto não contempla a saúde de nossos filhos, a qualidade de sua educação e a alegria de suas brincadeiras. Não inclui a beleza de nossa poesia nem a solidez de nossos casamentos, a inteligência de nosso debate público ou a integridade de nossos funcionários públicos. Não mede nosso humor, nossa coragem, nossa sabedoria, nossa cultura, nossa compaixão, nem nossa devoção ao país; em suma, mede tudo, exceto aquilo que faz a vida valer a pena (...).[25]

Eu poderia ir mais longe. Seria interessante, por exemplo, examinar a obsessão com o emprego como se fosse a única maneira legítima de satisfazer as necessidades das pessoas e fazê-las se sentir valorizadas. Há muito trabalho a fazer, sem dúvida, mas tempos de recessão revelam mais formas de fazê-lo e atender às nossas necessidades que o emprego formal: esquemas de faça você mesmo, bancos de troca e tempo, grupos de moedas locais e voluntariado, por exemplo, com mais pessoas que nunca fazendo seus próprios negócios. Pode haver uma lição de flexibilidade a extrair da ideia de que talvez ficássemos menos vulneráveis à perda súbita do emprego se o trabalho assalariado incluísse diferentes tipos de atividades pagas ou não, mas ainda assim úteis ao nosso bem-estar.

Embora pareça malévolo evitar a economia ao falar dela, tentei manter a neutralidade ideológica e política; espero, porém, ter sido radical o suficiente, ao imaginar como possa ser a economia de reconciliação, para obrigar você a refletir! Segundo Charles Hampden-Turner, que se intitula filósofo da administração, a economia descreve a criação da riqueza *depois* do evento e, infelizmente, a política da retenção de riqueza tende a solapar a lógica da criação da riqueza (Hampden-Turner e Trompenaars, 1993). A economia ecológica ou de reconciliação é bem diferente. Seu objetivo é criar uma riqueza *futura* que sustente o bem-estar e a saúde tanto das pessoas quanto do ambiente a longo – muito, muito longo – prazo. E isso só pode provir do fluxo de benefícios – lucros, se você quiser – gerados por estoques saudáveis de capital *real* bem gerido. Muitas das bases intelectuais já foram lançadas, algumas expostas aqui, e, embora haja exemplos de diferentes aspectos da economia ecológica em ação, a mudança cabal das mentalidades e das bolsas não se fará sem dificuldade.

Mas temos de mudá-las porque as regulamentações físicas implementadas pela economia biogeoquímica são bem mais eficientes do que qualquer coisa que os órgãos regulatórios do sistema financeiro possam imaginar.[26] Além disso, a cólera dos inocentes e dos mais prejudicados pela ruína do setor financeiro, pela mudança climática e pela injustiça persistente só será aplacada por mudanças radicais. Do africano mais pobre ao pensionista do Reino Unido de baixa renda, sujeitos às orientações do governo na questão do investimento, a frugalidade foi castigada, e as estratégias de sobrevivência, subvertidas. O senso de injustiça foi resumido pelo ex-presidente do Brasil, Luís Inácio Lula da Silva. Furioso e falando em nome das economias que os países ricos costumam considerar "emergentes" por terem seguido as prescrições de Washington, ele disse: "Antes da crise, pensavam saber tudo sobre economia, mas mostraram que não sabem nada... A crise não foi provocada por nenhum negro, índio, mulher ou pobre".[27]

Conclusão
Uma só chance na vida para fazer o certo

Nos três capítulos desta primeira seção, tentei mostrar uma maneira nova de pensar sobre os sintomas do desenvolvimento *in*sustentável e o motivo pelo qual nós, coletiva e individualmente, passamos a ignorar as leis do bom comportamento que deveriam presidir às nossas relações com o resto da vida na Terra. Em consequência, "permitimo-nos" fazer nossos negócios de um modo que subordina seu êxito a danos infligidos ao ambiente e às pessoas. Agora, só nos resta uma chance para endireitar as coisas. Embora a miséria em que mergulharam tantas pessoas inocentes seja profundamente lamentável, o estrondoso fracasso de nosso sistema financeiro remove um dos maiores obstáculos ao desenvolvimento sustentável: a falta de espaço e de oportunidade para conceber que a economia humana possa funcionar de maneira diferente.

Em épocas diversas da história recente, surgiram líderes nacionais que assumiram a responsabilidade de exercer o poder em tempos difíceis. Attlee e Roosevelt, por exemplo, souberam aproveitar o período pós-Segunda Guerra Mundial para promover amplas reformas econômicas que trouxeram estabilidade e prosperidade à Grã-Bretanha e aos Estados Unidos. Há esperança de que o presidente americano Barack Obama✳ mostre um vigor ainda maior em tempos de crise sem precedentes. Mas ainda que isso aconteça e se juntem a ele outros líderes de países e instituições internacionais do mundo inteiro, não terão êxito sem a ajuda de um batalhão de pessoas versadas em sustentabilidade que não apenas imaginem como tudo pode ser diferente, mas mostrem como isso será bom na prática – a despeito da perversidade dos sistemas e dos obstáculos que encontrarão.

É aí que você entra. Pelo que viu nesta seção e suas referências, deve ter captado um panorama *suficiente* do contexto ecológico e econômico mais amplo no qual exercerá sua liderança. Igualmente importante, espero que tenha obtido uma visão *boa o bastante* da saída sustentável para a ruína econômica. Pelo menos, creio que se sentirá *suficientemente* confiante para tomar decisões que garantam um avanço para o futuro e não uma volta ao passado. Embora muito do que se disse já seja conhecido, creio também que conheceu pelo menos algumas ideias novas e aprendeu formas diferentes de convencer outras pessoas a se juntar à campanha.

Segunda parte
A liderança perdida

Uma vez que perderam de vista seus objetivos, redobraram seus esforços.
(Mark Twain)

Segunda parte

Introdução: Um sistema disfuncional   119

Capítulo 4   O melhor e o pior da liderança atual   123
  Teorias tradicionais da liderança   125
    Teoria do Grande Homem (e da mulher não tão grande assim)   125
    Teoria dos traços (atributos, qualidades, características)   129
    Teoria situacional e contingencial   131
    Teoria transacional e transformacional   133
      Teorias de liderança contemporâneas   134
    Teoria dispersa (ou distribuída) e teoria coletiva
      (apresentando o caos e a cocriação)   135
    Inteligência emocional   136
    Teorias de liderança estratégica   138
    Liderança no setor público e em organizações sem fins lucrativos   139
    Teoria da liderança no século XXI   142
  Avaliação   144

Capítulo 5   A deslealdade das escolas de administração   155
  A responsabilidade (social) corporativa comprometida   157
    Responsabilidade empresarial defensiva   160
    Responsabilidade empresarial estratégica   161
    "Súplica ambivalente"   163
    RE transformacional   165
  O argumento anti-RE   167
  Brotos verdes   168

Conclusão   Transformação significa que não há como voltar atrás   171

Introdução
Um sistema disfuncional

A liderança é um ingrediente vital para a conquista da sustentabilidade. Sem a liderança, a sustentabilidade não acontecerá – no governo, nas empresas ou em qualquer outro lugar. Dentro e fora das organizações, o que uma pessoa faz em qualquer nível importa muito, é claro. Graças à inovação disseminada e muitas vezes localizada na esfera do *modo* de viver e trabalhar num cenário de baixo carbono/alta felicidade, a sustentabilidade será posta em operação e tornada real, mas apenas a liderança poderá determinar a direção, a escala e o ritmo para aquilo que funciona melhor. Há provas históricas suficientes de que uma coisa sem a outra não basta.

Por isso o volume de queixas contra a liderança *em todos os setores* atingiu um nível preocupante. Falências estrondosas no setor financeiro são a ponta do iceberg das histórias sobre confusão e mediocridade nos setores público e privado atribuídas à má administração ou à liderança falha. Quem é o culpado? As próprias organizações? Ou a educação dos executivos, hoje um setor próspero nas universidades e escolas de administração? É o que pensa Stefano Harney. Ele estudou 2.300 relatórios de pesquisa na área de negócios e administração, e acusa os pesquisadores de se concentrar na solução de "problemas técnicos insignificantes", como colocação de produtos e cadeias de suprimento, e ignorar as questões sociais e políticas mais amplas, que poderiam dar respostas fundamentais sobre a maneira de criar um mundo melhor.[1] A revista *The Economist* critica severamente a verdadeira legião de gurus da administração que há por aí. "Se a administração pudesse mesmo ser reduzida a uns poucos princípios simples, não precisaríamos de administradores filósofos", diz ela, questionando por que "seu fracasso serve apenas para fomentar a demanda por seus serviços"[2].

No Reino Unido, as queixas contra a qualidade da liderança e da administração chegaram a tal ponto que o governo precisou criar um Conselho para a Excelência na Administração e Liderança (*Council for Excellence in Management and Leadership*, CEML) para descobrir o que estava acontecendo. O relatório do CEML foi duro com os setores público e privado, declarando que qualidades de liderança como visão, dedicação e talento organizacional "estão em falta de cima a baixo na hierarquia das organizações", tanto quanto outras habilidades mais rotineiras como estratégia, comunicação e planejamento. O grupo de trabalho que avaliou a educação em administração e liderança observou: "Estamos às voltas com um sistema disfuncional". A conclusão do relatório foi inequívoca:

> Uma boa administração e uma boa liderança são vitais para o investimento, a produtividade, a prestação de serviços e a qualidade do desempenho tanto no setor público quanto no privado. Todavia, a despeito do crescimento da educação formal em administração nos últimos vinte anos e da multiplicação dos cursos de treinamento para administradores em empresas grandes e pequenas no mesmo período, as deficiências da administração continuam a ser apontadas como uma das causas da baixa produtividade e do mau desempenho. (CEML, 2002)

Estaria a situação melhor nos Estados Unidos, berço da moderna educação em administração? Evidentemente não. Em 2002, a americana Association to Advance Collegiate Schools of Business (AACSB) identificou um "bazar global" de cursos. Os estudos mostram consistentemente que os alunos citam habilidades como comunicação, relações pessoais, formação multicultural e negociação como muito necessárias, mas deficientes em suas escolas; ao passo que algumas das externalidades que os atuais alunos acham que vai ter o maior impacto sobre o sucesso organizacional – como custos com a saúde, preocupações ambientais, mudança climática e qualidade da educação pública – recebem ênfase próxima de zero em seus cursos.[3] Segundo Rakesh Khurana, professor da Harvard Business School,

> ainda não se sabe se as faculdades de administração, mesmo hoje, conseguiram criar um corpo de conhecimentos coerente, sistemático e claramente delimitado – e muito menos conectado solidamente com a prática administrativa – a partir das disciplinas individuais (sobretudo economia, matemática aplicada, psicologia e sociologia) em que os currículos dessas escolas e a pesquisa estão hoje alicerçados. (Khurana, 2007, p. 91)

Meu pressentimento é que muitos dos leitores deste livro fizeram algum curso de treinamento em administração, o qual, em variados graus, lhes foi útil de alguma maneira. Veremos o que é relevante para o divergente positivo

Introdução

versado em sustentabilidade no Capítulo 4, por meio de "teorias" com base nas quais os "filósofos" da liderança tentaram criar modelos práticos.

Não direi que isso tem sido fácil, nem que grandes conclusões esclarecedoras sejam possíveis. Não menos importante, porque há um número incrivelmente grande e frustrantemente contraditório de livros e revistas sobre o assunto. A British Library possui "mais de 50 mil livros (...) dos quais cerca de 80% foram publicados nos últimos vinte anos", e a Biblioteca do Congresso admite "pelo menos 30 mil títulos sobre Administração de Empresas e Liderança".[4]

Ao contrário dos fornecedores de óleo de cobra como panaceia para várias doenças, parece que o treinamento em administração oferece inúmeros remédios complexos para um só problema relativamente simples. A enorme quantidade de cursos dentro e fora das universidades, em todos os níveis, não tem uma visão comum a respeito dos componentes essenciais. Segundo parece, de um modo geral os professores ensinam o que lhes dá na cabeça e, até há bem pouco tempo, tanto nos Estados Unidos quanto no Reino Unido, a teoria de liderança do setor público tem seguido servilmente o modelo do setor privado.

Não obstante, com persistência, é possível enxergar através da neblina da moda que envolve a educação em liderança para identificar alguns pontos úteis – os bebês que queremos criar dentro de uma nova visão para a liderança versada em sustentabilidade.

Há dois capítulos nesta seção. O primeiro se concentra nas várias teorias sobre administração (principalmente) e liderança, valendo-se de duas reflexões – a respeito das mulheres e do poder – para tentar esclarecer alguns dos problemas mais profundos da prática da liderança nos dias de hoje. O segundo gira as lentes para enfocar as escolas de administração, nas quais a maior parte do desenvolvimento da administração e da liderança ocorre, sugerindo que elas foram perniciosamente influenciadas por ideologias e interesses corporativos. Sustento também que o advento da "responsabilidade social corporativa" talvez tenha retardado e não acelerado a adoção, pelas firmas, de práticas genuinamente sustentáveis.

Os leitores, concordem ou não comigo, sem dúvida encontrarão nos dois capítulos a seguir estímulo suficiente para refletir sobre sua própria educação e experiência até o momento. Acomodar o que sabem a uma mentalidade sensível à sustentabilidade é o primeiro passo para analisarem o que precisam aprender para formar sua própria "persona" como líderes versados em sustentabilidade.

O diagrama de conexões a seguir deve ajudá-lo a ter uma visão de sua jornada de aprendizado, a qual, será idealmente um empreendimento de toda

O divergente positivo

uma vida com vistas a fazer mais e melhor. Para ser mais eficiente com mais rapidez, você precisa manter as quatro rodas girando ao mesmo tempo: o autoconhecimento e o conhecimento em geral; como a visão do funcionamento do mundo molda o que as pessoas fazem e aquilo em que acreditam; a qualidade de seu relacionamento com os semelhantes; e os vários instrumentos para preservar seu aprendizado pessoal e melhorar a capacidade de ação versada em sustentabilidade nas outras pessoas. Em última análise, seu aprendizado deverá se traduzir em seu próprio modelo de liderança ou "persona", que orientará suas ações e comportamento.

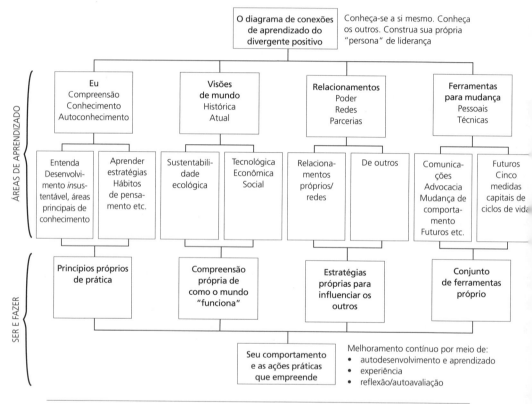

FIGURA 4.1 Diagrama de conexões do aprendizado pessoal.

Capítulo 4
O melhor e o pior da liderança atual

Não pretendo cobrir todos os aspectos técnicos econômicos e financeiros da educação em liderança, que em geral constituem o núcleo do programa de ensino. Não porque a contabilidade financeira, a administração de projetos, o marketing e outras habilidades técnicas não sejam importantes; os líderes precisam ser *suficientemente bons* nessas coisas. Entretanto, são consideradas um subconjunto da liderança e não um substituto para a reflexão sobre o tema mais amplo, que é saber para onde a liderança está indo – e por quê. Também não entrarei no colorido caleidoscópio dos modismos pregados por legiões de gurus de gestão e consultores. De novo, não quer dizer que você deva ignorá-los. Quando estiver à vontade com seus próprios conhecimentos de sustentabilidade, algumas das abordagens mais extravagantes podem ser úteis, mas você precisa ser um consumidor exigente.[5]

Assim, o que se segue é o caminho mais rápido por entre o emaranhado de teorias que se propõem destilar alguma verdade universal a respeito de liderança. Mas, primeiro, mais um mergulho no mundo das definições. Ao mesmo tempo que estranhamente isolado de sua própria história, o mundo do desenvolvimento da liderança é extraordinariamente vago em seu uso do idioma. Por exemplo, no tocante aos registros formais, as palavras *manager* e *administrator* (gerente e administrador) têm raízes italianas dos séculos XVI e XIV, respectivamente, ao passo que *leader* e *leadership* (líder e liderança) são de origem anglo-saxônica, remontando aos séculos V e X; *practice* (prática), porém, é bem mais antiga. Os homens das cavernas se organizavam para sobreviver e muitos animais operam sistemas de liderança, como no caso das formações migratórias dos gansos, por exemplo. Como disciplina acadêmica, porém, administração e liderança só surgiram realmente depois da Segunda Guerra Mundial, sobretudo nos Estados Unidos.

A diferença entre *um líder* e a *liderança* é tão clara quanto pouco usada e compreendida.

O divergente positivo

Um líder é o ocupante de um cargo que pode ser eleito, escolhido ou nomeado para liderar alguma coisa – um exército, uma empresa, um governo, uma equipe de projeto. É visto como fonte de liderança. O ocupante pode ou não ser bom para liderar.	**A liderança pode ser exercida por qualquer um**, de qualquer setor de uma organização ou grupo. Mesmo quando existe um líder nomeado, outros podem exercer a liderança.

É em *liderança* que eu foco, embora tenha que reconhecer que muito texto e pesquisa sobre liderança é do ponto de vista da *administração* organizacional e, principalmente, de uma organização comercial. Na verdade, os papéis do líder e do administrador se sobrepõem. Muitos líderes abrem caminho numa empresa antes de assumir um cargo de importância e muitos administradores praticam consistentemente a liderança – quer "tapando buracos" deixados por seus líderes oficiais incompetentes ou assumindo responsabilidades alheias. A seguinte diferenciação entre "liderança" e "administração" é útil, embora provoque muitas vezes mais discussão que consenso e não conte a história toda sobre a postura da liderança versada em sustentabilidade.

TABELA 4.1 Como liderança é diferente de administração

	Liderança	Administração
Criação de agendas	Determina rumos Desenvolve visões do futuro Desenvolve estratégias de mudança	Planeja e faz orçamentos Estabelece passos/prazos detalhados Aloca recursos
Construção de redes	Alinha pessoas Inculca visões nas pessoas	Monta estruturas Preenche as estruturas Desenvolve políticas de delegação e monitoramento
Execução	Inspira Energiza outros para que superem obstáculos	Controla Organiza para resolver problemas
Resultados	Mudança potencialmente revolucionária	Soluções-chave consistentes

Fonte: adaptada com permissão de KOTTER, J. P. *A force for change: how leadership differs from management*. New York: The Free Press, Simon & Schuster, Inc., 1990.

Para melhorar ou piorar, subdividi as várias teorias, a maioria sobre administração, entre tradicionais e contemporâneas, para facilitar ao máximo a aquisição de alguns aprendizados úteis. Há uma notável sobreposição e mistura das várias teorias ao longo do tempo, e mesmo uma espécie de empenho acadêmico em debater a melhor maneira de categorizar tudo.

Teorias Tradicionais da Liderança

Teoria do Grande Homem (e da mulher não tão grande assim)

Boa parte da teoria tradicional da liderança diz respeito aos atributos e técnicas da pessoa que desempenha o papel de *líder*. Descobrir o que diferencia a figura do líder heroico (definitivamente uma estória do tipo *Boy's Own Paper*[6]) do resto, seus seguidores, é tarefa que tem fascinado escritores há séculos (ver Box 4.1, "Reflexão: o papel do seguidor").

A ideia de que algumas pessoas "nasceram para liderar" ainda tem ressonância: seja frequentando a escola certa ou universidade ou pertencendo à família certa, elas ganham uma vantagem desproporcional. Ocorre o mesmo com o poder do dinheiro e com a energia para conquistar posições de liderança. Pense nas eleições presidenciais dos Estados Unidos como exemplo do primeiro, e olhe para o Paquistão, Myanmar ou a qualquer regime em que os militares tomaram o poder, para exemplificar o segundo.

A teoria do Grande Homem é inquestionavelmente uma abordagem machista da liderança, com raízes profundas em soluções militares ou agressivas para os problemas, e pode ser encontrada na maioria das culturas. Pelo mundo afora, mitologias e religiões são dominadas por "grandes homens" e comparativamente poucas mulheres. Há, é claro, algumas exceções que provam a regra: Boadicea, Florence Nightingale, Margaret Thatcher, Marjorie Pearson ou Mary Robinson, cada qual ativa em áreas diferentes e com diferentes estilos. Os Estados Unidos nomearam sua primeira mulher general de cinco estrelas em 2008. Mas o princípio permanece. A liderança é, na realidade e como percepção, coisa de meninos. A ideia heroica da liderança, em que o Grande Homem suporta todo o peso, vencendo ou sucumbindo por si próprio, continua atraente quer se trate de um explorador polar, de um guerreiro ou de um primeiro-ministro. Muitos cursos de liderança foram promovidos por ex-militares ou aventureiros e ainda empregam exercícios de formação de equipe do tipo de expedições (Outward-Bound). Grandes Homens contando suas histórias são muito populares em cursos, em palestras após jantares de políticos e empresários ou em livros. O macho alfa do tipo "fiz do meu jeito" é exemplificado em *On Leadership: Practical Wisdom from the People Who Know*, que Allan Leighton escreveu quando era presidente do Royal Mail Group (Leighton, 2007).

Mas, ao lado do culto do Grande Homem que compete arduamente para vencer num ambiente em que a derrota é castigada com a perda do emprego ou a aquisição por terceiros (mas nem sempre com o sacrifício do bônus), existe uma análise mais profunda das qualidades de liderança que inclui a capacidade de tomar decisões com base em dados concretos fornecidos por conselheiros e pessoal confiável e de alto nível. Cada vez mais, a "persona" pública do Grande Líder é vista como tão boa quanto a de sua equipe. Em contraponto à teoria do Grande Homem, os antropólogos notaram que as sociedades de caçadores-coletores existentes hoje são relativamente igualitárias. "A classificação e o registro, observando líderes com cuidado especial, os impedem de alcançar o desenvolvimento de qualquer grau significativo de autoridade"[7].

Box 4.1 Reflexão: o papel do seguidor

De um modo geral, a teoria da liderança dá pouca atenção ao estudo dos seguidores, embora a história esteja repleta de exemplos de pessoas que seguiram e apoiaram ou subverteram os projetos de maus líderes. Lembro-me de Vaclav Havel* dizendo em 1990 que achou um tanto embaraçosa a facilidade com que as ditaduras comunistas foram derrubadas. Poderíamos ter feito isso antes?, perguntou ele. Talvez não; certas palavras que o líder soviético Gorbachev disse quando se desvencilhou de sua escolta para se aproximar da multidão, durante o 40º aniversário da República Democrática Alemã (RDA), em Berlim Oriental (outubro de 1989), é que fizeram a diferença. "Se vocês querem democracia, agarrem-na agora", repetiu serena e insistentemente, estendendo os braços. Segundo alguns amigos meus que presenciaram a cena, isso foi interpretado como um sinal de que, se os cidadãos da RDA aproveitassem o momento, a Rússia não mandaria seus tanques passar por cima deles, como fizera no passado. As revoluções estavam mais amenas, porque a ameaça de um poder opressivo havia sido removida. Hitler, sem dúvida, e Stalin ou Mao são os exemplos mais comuns de uma liderança ruim, dura – mas nem todos os seus seguidores estavam no mesmo barco. Bem perto desses líderes havia o círculo interno (que de fato acreditava no projeto). Em volta, postavam-se os soldados leais e os seguidores fiéis (que sabiam o que fazer e para quem, a fim de tirar suas vantagens). Além destes, estava a maioria (de cabeça baixa) e talvez alguns poucos dissidentes e adversários ativos. Num espectro de diferentes situações, o padrão dos seguidores muitas vezes aparece numa proporção aproximada de 10:80:10, isto é, os colaboradores:maioria dos cidadãos:resistência (França na Segunda Guerra Mundial); os gravemente enfermos:enfermos:quase bons (enfermaria); os com êxito:na média:em dificuldade (sala de aula, sala de reuniões, uma organização). Se as pessoas que estão na "maioria média" gravitarão rumo ao "bom" final (resistência/quase bons/com êxito), isso dependerá até certo ponto da automotivação ou de um feliz acaso, mas sobretudo da qualidade de uma liderança que organiza tudo com vistas a um bom resultado.

Barbara Kellerman enriquece a proporção simples da "curva de sino" explorando diferentes teorias para classificar o comportamento dos seguidores (independentemente dos papéis), como, por exemplo, "alienado, exemplar, conformista, passivo ou pragmático" e variável conforme a situação. Por fim, ela classifica os seguidores segundo seu nível de lealdade a um determinado líder: "isolado, espectador, participante, ativista e obstinado" (Kellerman, 2008, p. 81-85).

Distinguir os vários tipos de seguidores e prestar muita atenção à maioria média é importante para quem quer que exerça a liderança versada em sustentabilidade. Isolar-se com os já apaixonadamente devotos não é liderança e dar muito tempo às pessoas "do contra" pode ser ingratamente desgastante. Joseph Nye adapta diferentes ideias sobre o papel do seguidor para oferecer uma maneira útil de classificar bons e maus seguidores:

	Baixa lealdade	**Alta lealdade**
Pensamento independente	alienado	capacitado
Pensamento concordante	passivo	conformista

Defender um ideal – aumentar o número de seguidores independentes e leais, capazes de manter uma relação proveitosa que beneficie os objetivos da organização e ajude os líderes a não cometer erros – não é tarefa fácil. Depende da "capacidade, benevolência e integridade" do líder (Nye, 2008, p. 136).

Mas e quanto à ética no papel do seguidor? A pesquisa revela que as pessoas seguem líderes carismáticos, aptos a inspirar mais respostas emocionais – um senso de significação, comunidade e excitação.[8] No entanto, essa é uma base incerta para os seguidores julgarem a qualidade e a orientação de seus líderes. Como nos adverte a história, em tempos de medo e insegurança, os líderes populistas excitam os seguidores conjurando demônios e bodes expiatórios, recorrendo a soluções simples e às vezes extremas, e tornando essa ocasião aquela em que seguidores perspicazes são mais necessários. A ideia de que a sabedoria reside nas multidões é ainda hoje cultivada; mas quem acha que Gandhi estava certo ao dizer "Aonde meu povo for, eu o seguirei, pois sou seu líder", deveria ler *Extraordinary popular delusions and the madness of crowds*, de Charles Mackay (1841), que mostra multidões fazendo de tudo, de bolhas financeiras especulativas até feitiçaria. Barbara Kellerman conta a história em que George Orwell atira num elefante contra seus princípios, apenas porque era isso que a multidão esperava dele (Kellerman, 2008, p. XV).

Para quem busca uma boa maneira de julgar *qual* líder deve seguir, especialmente em épocas difíceis e confusas, respostas emocionais autogratificantes ou mesmo as "cinco principais" características da liderança (autoconfiança, empatia, ambição, autocontrole e curiosidade) não são particularmente úteis. Nem a evidência de que, na maioria das organizações, a dissidência é desencorajada ou frequentemente punida. A ajuda, contudo, está bem à mão. Naquilo que bem pode ficar conhecido como "defesa do divergente positivo", o juiz David Caddick∗ decidiu em setembro de 2008 que a organização ativista Greenpeace, acusada de depredar a usina elétrica Kingsnorth, em Kent, durante um protesto, tinha uma "desculpa jurídica" porque estava tentando evitar um mal maior, causado pela mudança climática.[9] Isso mostra que atualmente há defesa, em bases morais, para o ato de desobedecer a ordens.[10] Os seguidores precisam saber disso. Ser divergente positivo significa fazer a coisa certa *a despeito* das organizações erradas que estão dentro de um contexto (geralmente!) legal, mas é sempre reconfortante saber, como mostra o caso do Greenpeace, que a lei vem fazendo algum esforço para se adaptar.

Portanto, o papel do seguidor responsável inclui mitigar a liderança pobre ou ruim, como uma orquestra às vezes tem que fazer com um

> maestro mal preparado. Significa poder avaliar criticamente, do ponto de vista da sustentabilidade, a orientação de um líder e ter confiança para assumir o tipo de desafios leais, mas independentes, de que depende uma boa liderança. Isso significa o crescimento de sua própria confiança sobre o rumo certo a seguir para que você possa discordar ou desviar-se quando apropriado.
>
> O papel do seguidor versado em sustentabilidade começa então a se parecer muito com a liderança versada em sustentabilidade!

Teoria dos traços (atributos, qualidades e características)

Quer se trabalhe sozinho ou em equipe, a busca de um conjunto de qualidades "universais" ou lista de atributos (às vezes chamada de "disposições invisíveis") como marca registrada do Grande Líder tem sido – ainda é – intensa. Testes de personalidade competitiva e estudos psicológicos, alguns com líderes da vida real, geraram bom número de listas. Não obstante, a régua universal de traços e habilidades que poderia predizer os comportamentos de liderança, em diferentes circunstâncias, permanece indefinida. Pelo que possa valer (não muito), uma das listas mais famosas de traços "naturais" e habilidades "adquiridas" está na Tabela 4.2.

TABELA 4.2 Traços e habilidades da liderança

Traços	Habilidades
• Adaptável às situações	• Esperta (inteligente)
• Atenta ao ambiente social	• Conceitualmente talentosa
• Ambiciosa e objetiva	• Criativa
• Assertiva	• Com diplomacia e tato
• Cooperativa	• Fluente na fala
• Decisiva	• Bem informada sobre tarefas de grupo
• Confiável	• Organizada (capacidade administrativa)
• Dominante (desejo de influenciar os outros)	• Persuasiva
• Enérgica (alto nível de atividade)	• Socialmente habilidosa
• Persistente	
• Autoconfiante	
• Resistente ao estresse	
• Disposta a assumir responsabilidades	

Fonte: adaptada com permissão de STOGDILL, R. M. *Handbook of Leadership: a Survey of Theory and Research*. New York: The Free Press, Simon & Schuster, Inc., 1990.

O refinamento extremo dos traços de liderança aos cinco atributos principais – autoconfiança, empatia, ambição, autocontrole e curiosidade – constitui a base de muitos testes de personalidade e listas de competências. Comicamente, os quatro primeiros ecoam, ao que se diz, a análise dos "humores corporais" que afetam a personalidade (sangue, bile negra, bile amarela e fleuma) descritos por aquele que foi talvez o primeiro guru da liderança, Hipócrates, há 2.400 anos.

Box 4.2 Reflexão: Carisma

Carisma: um dom da graça ou de Deus (Dicionário Chambers); certa qualidade de um indivíduo em virtude da qual ele (*sic*) é considerado extraordinário e tratado como possuidor de forças ou qualidades sobrenaturais ou excepcionais (Weber, 1947).

Uma vez que o carisma está no olho de quem vê e não sob o controle do possuidor, não constitui, estritamente falando, um atributo da liderança e – fato interessante – é raramente citado como tal. Exercido sem integridade ou competência, o carisma pode ser extremamente perigoso.

Na verdade, há pouca pesquisa sobre se pessoas carismáticas têm maior probabilidade de se destacar na liderança do que aquelas que não o são ou se possuem outros atributos e habilidades de liderança específicos além daqueles associados à inspiração. Peter Drucker insiste que a liderança eficiente não depende do carisma, comparando Dwight Eisenhower, Konrad Adenauer e Abraham Lincoln como líderes incontestáveis "com tanto carisma quanto um peixe morto" com John Kennedy, o qual, embora supercarismático, realizou pouco (Drucker, 2001, p. 269).

Talvez o aspecto mais controverso dos líderes carismáticos seja o fato de, aparentemente, sufocarem a capacidade dos seguidores de questionar as diretrizes ou a qualidade da liderança que lhes é proporcionada. Sabemos que líderes carismáticos, eleitos ou autonomeados, podem liderar os outros para o bem ou para o mal. Stalin, Hitler e Mao eram carismáticos e talvez líderes eficientes, mas não para o bem. Particularmente, em épocas de turbulência ou angústia, as pessoas tendem a voltar-se para indivíduos carismáticos que

Capítulo 4 – O melhor e o pior da liderança atual

> parecem ter soluções simples ou uma chave para sair das dificuldades. Os seguidores podem também " ungir ou nomear" líderes a quem transfiram a responsabilidade pela solução de um problema, pois é mais fácil obedecer que mandar. Max Weber observou que o carisma dos líderes inspiracionais, concentrando a autoridade no indivíduo, às vezes se revela um poderoso inimigo da flexibilidade de uma instituição (Nye, 2008, p. 128).
>
> Os líderes carismáticos podem ser inovadores, pois inspiram seguidores, mas não é certo que façam isso sempre para o bem nem que consigam manter sua inspiração transformadora por muito tempo.

Teoria situacional ou contingencial

Uma dimensão consistente da liderança, mas que passou despercebida aos teóricos antigos, é a do *contexto* ou *situação* em que diferentes estilos de liderança são exercidos.

Nos chamados modelos situacionais ou contingenciais de liderança, as circunstâncias e processos que engendram líderes (numa crise, por meio de planejamento bem-sucedido e num vácuo) juntam-se ao tipo de organização (empresas, setor público, forças armadas e partidos políticos) e às relações de poder dentro da organização ou situação para formar um quadro mais complexo do líder ideal: aquele que está equipado para determinada situação ou pode se adaptar a ela. Ideias sobre as *condições* em torno do líder que possam influenciar seu sucesso também começaram a ser desenvolvidas. Essa abordagem *contingencial* se inspira (às vezes inconscientemente) nos grandes autores militares que escreveram sobre estratégia e tática de combate, como Sun Tzu[11] ou, mais recentemente, o Marechal de Campo Montgomery[12].

Joseph Nye chama de "inteligência contextual" a capacidade do líder de adaptar sua liderança a diferentes situações, ou seja, de entender o contexto e a cultura de uma organização, desenvolvendo empatia para com ela. Sei, por minha experiência com o movimento verde na Europa, que alguns colegas conseguiram fazer uma feliz transição para sua liderança, da dissidência ou oposição radical, para o governo (dois bons exemplos são Vaclav Havel∗, na ex-Tchecoslováquia, que se tornou presidente, e Joschka Fischer, ministro das relações exteriores do movimento verde alemão de 1998 a 2005), mas outros não se sentiam à vontade e falharam. Do mesmo modo, líderes "profissionais" de empresas privadas ou organizações do setor público vencem ou fracassam dependendo do grau de adequação de sua "persona" ao novo contexto.

O modelo de liderança de John Adair, centrado na ação (ver Figura 4.2), foi elaborado para ajudar os líderes a harmonizar sua "persona" de liderança com a tarefa a cumprir. Baseada no modelo de aprendizado de liderança militar concentrado no "seja, conheça, faça", a receita de Adair é muito usada no treinamento de liderança. Ele vê os círculos como maiores ou menores, dependendo da situação, e é tarefa do líder trabalhar com todos eles.[13]

Essencial para a inteligência contextual é a sensibilidade cultural além dos limites organizacionais. É fácil se perder na complexidade de dirigir bem qualquer tipo de organização e esquecer que o mundo exterior pode ver as coisas de maneira diferente. O HSBC ilustrou a inteligência contextual com sua campanha de publicidade "banco local, global" ao mostrar como gestos similares – como o polegar para cima, por exemplo – pode ter sentidos diferentes para diferentes culturas. E assim como americanos e europeus diferem ao embarcar em relacionamentos ou fazer negócios, o mesmo também acontece no Japão, Brasil ou África. Mesmo perto de casa, a menos que ajam com bastante cuidado, as grandes organizações às vezes se deparam com hostilidades até quando se trata, digamos, de uma simples transferência da zona urbana para a rural.

Embora a teoria da liderança tenha passado da análise das qualidades pessoais do líder para os contextos e situações externas em que ele se encontra, o território para moldar a ação de liderança continua, não obstante, a ser visto como limitado em muito pela equipe e os interesses da organização, não pela situação do mundo ou qualquer sentimento de responsabilidade em relação a ele. Só a última das teorias de liderança tradicionais procurou resolver isso, e não com sucesso absoluto.

As três responsabilidades principais na administração (sic), de Adair

- cumprir a tarefa
- gerenciar a equipe ou grupo
- gerenciar o indivíduo

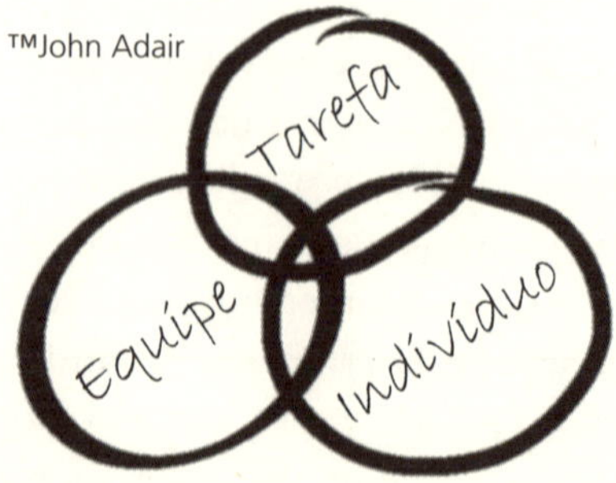

™John Adair

Fonte: Adair (1979)

FIGURA 4.2 O modelo de liderança centrado na ação

Teoria transacional e transformacional

A liderança transformacional é considerada, por muitos, a face aceitável da liderança carismática ou do Grande Homem porque está "mais próxima do protótipo de liderança que as pessoas têm em mente quando descrevem seu líder ideal e pode, melhor que as outras, oferecer um modelo de comportamento com o qual os subordinados queiram se identificar" (Bass; Avolio, 1994, p. 11). O principal contraste é com a liderança *transacional*, que está mais preocupada com as necessidades imediatas e práticas da organização, inclusive o "ir em frente". A Tabela 4.3 mostra a diferença.

TABELA 4.3 A diferença entre liderança transacional e liderança transformacional

Liderança transacional	Liderança transformacional
• Explora a necessidade do homem (*sic*) de fazer um trabalho e ganhar seu sustento.	• Explora a necessidade do homem (sic) de encontrar significado.
• Preocupa-se com poder e posição, política e exterioridades.	• Preocupa-se com objetivos e valores, morais e éticos.
• Ocupa-se de assuntos do momento.	• Transcende ao cotidiano.
• Contempla o curto prazo e os dados concretos.	• Contempla objetivos de longo prazo sem comprometer valores e princípios humanos.
• Concentra-se em problemas táticos.	• Libera o potencial humano – identificando e incentivando talentos novos.
• Confia em relacionamentos humanos para facilitar interações humanas.	• Modela e remodela empregos para torná-los significativos e desafiadores.
• Prescreve e atende às expectativas de comportamento procurando trabalhar com eficiência dentro dos sistemas atuais.	• Harmoniza estruturas internas e sistemas para reforçar valores e objetivos maiores.
• Apoia estruturas e sistemas que promovam resultados, maximizem a eficiência e garantam lucros a curto prazo.	

Fonte: Covey (1992).

O bom da liderança transformacional é que ela introduz a ideia do líder consciente das necessidades alheias (logo, da organização como um conjunto de pessoas) para maior significado na vida do que o encontrado no dia a dia – realçando, portanto, a importância da ética e dos valores. Ser um líder transformacional difere de ser um líder apenas carismático, pois os seguidores são tão informados quanto inspirados, e não se espera deles passividade, mas também liderança. Ronald Heifetz chamou a isso de liderança "adaptativa" – ou seja, a inspiração do líder estimula os seguidores a adaptar seu próprio comportamento para enfrentar o desafio de todos, em vez de esperar que o líder lhes diga o que fazer (Heifetz, 1994). Teoricamente uma garantia contra os excessos do carisma, a liderança transformacional parece próxima do tipo de liderança que a transição para uma forma sustentável de vida exige. Infelizmente, Heifetz confundiu tudo – ao menos para mim – num livro em coautoria com Marty Linsky, intitulado *Leadership on the Line: Staying Alive through the Dangers of Leadership* [Liderança no fio da navalha: sobrevivendo e vencendo os perigos do comando nos negócios], que ressuscita a figura do chamado líder "adaptativo" como paternalista e heroico, pronto a arriscar a vida (a ser "eliminado") enquanto navega pelos perigosos estreitos da liderança (Heifetz; Linsky, 2002). Ninguém está sugerindo que a liderança seja "moleza", sem nenhum risco, mas – francamente! – não conheço maneira melhor de desmotivar seguidores (e mulheres) do que cultivar mitos a respeito de sua própria supremacia.

Joseph Nye observa que liderança bem-sucedida não significa possuir ao mesmo tempo as habilidades "leves" da liderança transformacional e as "pesadas" da liderança transacional, mais frequentemente associadas a organizações geridas com punho de ferro ou, às vezes, a habilidades políticas maquiavélicas. Cita Adam Smith ("Não raro, vemos que os vícios e loucuras dos poderosos são muito mais desprezados que a pobreza e a fraqueza dos inocentes") e menciona estudos segundo os quais desentendimentos nem sempre são prejudiciais a uma organização. Os "grandes intimidadores", dotados de visão e desdenhosos das restrições sociais, muitas vezes vencem. No entender do ex-ministro do gabinete Britânico Chris Patten, John Majors era melhor, mas Margaret Thatcher se mostrou mais eficiente porque brigava mais. Um especulador disse que "quase todos os nossos inovadores [do Vale do Silício] são uns imbecis", embora Nye cite Daniel Golman para nos lembrar de que "em geral, os líderes grosseiros precisam mudar, do contrário suas maneiras e ações acabarão com eles" (Nye, 2008, pp. 41 e 81). Uma amiga asiática me contou que um de seus ambiciosos colegas usava pessoas inescrupulosamente como "escadas" para chegar ao alto; mas, quando sua carreira empacou e ele quis descer, notou que todos os degraus estavam quebrados.

Teorias de liderança contemporâneas

É fácil nos perdermos no labirinto das teorias de liderança contemporâneas. Muitas parecem meras variações de temas antigos, esperando (diriam os cínicos) vender mais livros ou recrutar mais alunos. Eis algumas das mais úteis e/ou divertidas.

Teoria dispersa (ou distribuída) e teoria coletiva (apresentando o caos e a cocriação)

Uma visão extremista da liderança dispersa aplica a teoria do caos à administração e liderança. A abordagem franca de Arnold Schwarzenegger de levar em conta as opiniões dos eleitores durante suas primeiras semanas como governador da Califórnia parece simpática; mas o conceito de "liderança bagunçada", na qual o caos possa criar "flexibilidade, variação, inconsistência e novidade" não é. Além do mais, não há evidência de que os seguidores gostem desse tipo de liderança (Abrahamson, Freeman, 2006). Para mim, isso lembra a administração "cogumelo", assim chamada porque envolve deixar as pessoas no escuro e de vez em quando lança sobre elas um punhado de m**da. Trata-se de uma técnica de administração demonizada nos cursos de liderança, mas praticada com muito mais frequência do que se supõe: pois o caos e a falta de estrutura e informação dão um poder exagerado ao "chefe", a única pessoa a saber o que está acontecendo.

Bem perto da desordem total está a teoria da complexidade e a ideia de que as organizações deveriam ser estruturadas "à beira do caos", como meio-termo ultracriativo entre a inércia superestruturada e o caos sem estrutura nenhuma. Isso foi descrito como navegar entre a rocha do controle excessivo e o turbilhão do desastre (Hampden-Turner, 1994). Richard Florida sustenta que a criatividade floresce melhor no contexto de um senso partilhado de objetivo e de um âmbito (social e empresarial) razoavelmente estruturado e estável. O fermento da tentativa e erro que alimenta a criatividade depende do estabelecimento de limites claros, pois a criatividade desaparece quando tememos ser castigados pelos fracassos – ou de ser ignorados (Florida, 2002).

Uma ideia moderna e mais metódica sobre como a liderança pode promover a busca de criatividade é encontrada no advento da cocriação. Embora seja mais uma ferramenta para envolver grande número de pessoas do que uma técnica de administração, colaborar com consumidores e clientes no desenho de novos produtos ou serviços, por exemplo, é promissor para a construção daquilo que o Nesta (National Endowment for Science, Technology and the Arts – a organização financiada pelo governo do Reino Unido com o objetivo de estimular a criatividade e a inovação na economia do país) chama de "coalizões de interessados". O Nesta encara as regras de cocriação como uma técnica para obter "colaboração máxima – rompendo as barreiras entre disciplinas, organizações e lugares".[14]

Estruturas organizacionais descentralizadas, distribuídas ou "federais" assumem os papéis de liderança em unidades menores. Charles Handy recomenda que o federalismo industrial aprenda com o que funciona melhor em Estados federativos como a Alemanha ou a Suíça (Handy, 1987, p. 264). Graças à comunicação eletrônica instantânea, variações no modelo de descentralização ou distribuição foram adotadas por várias empresas de grande porte e organizações do setor público, como empresas de construção, software e hardware, e serviços de saúde e educação. Paradoxalmente, embora esse seja um modelo apreciado pelos líderes versados em sustentabilidade (pequenas unidades, mais próximas do cliente e da força de trabalho, mais flexíveis etc.), ele pode tornar mais difícil a difusão dos objetivos das organizações, como as práticas de sustentabilidade consciente. Um bom exemplo de organização que procura fazer ambas as coisas é The National College of School Leadership. Ela está criando uma cultura de responsabilidade de liderança *coletiva* interescolar como uma estratégia para aprimorar a qualidade – e a sustentabilidade bem-informada – em escolas individuais.[15] Para um modelo de companhia que exemplifica a liderança distribuída e parece ter alcançado o ultra criativo "ponto ideal", ver W. R. Gore∗.

Inteligência emocional

A obra de Daniel Goleman sobre inteligência emocional exerceu tamanha influência que merece uma categoria própria. Seu livro e um artigo na *Harvard Business Review*, de onde é tirada a Tabela 4.4, deu "permissão" a muitos líderes empresariais dominadores e petulantes de mostrar seu lado "suave". Goleman identifica cinco habilidades "suaves" como marcas registradas dos líderes verdadeiramente eficientes.

O uso da psicologia, da antropologia e agora da neurociência para lançar luz sobre a teoria da liderança está se intensificando. Assim, quando Goleman indaga se a inteligência emocional, como as pretensas qualidades de liderança "naturais", é inata ou adquirida, ele mesmo responde: "as duas coisas", citando evidências neurocientíficas de que a inteligência emocional "nasce em grande parte nos neurotransmissores do sistema límbico do cérebro, que governa os sentimentos, os impulsos e as tendências. Segundo as pesquisas, o sistema límbico aprende melhor por meio da motivação, da prática contínua e das informações recebidas". No entanto, conclui que "uma coisa é certa: a inteligência emocional aumenta com a idade. Há uma palavra fora de moda para o

Capítulo 4 – O melhor e o pior da liderança atual

fenômeno: 'maturidade'" (Goleman, 1998, p. 4). Assim, enquanto a teoria da administração começava a explorar a complexidade das relações entre líderes e equipes, e as várias circunstâncias em que se encontram, a teoria da proficiência emocional voltava a enfocar o líder individual.

TABELA 4.4 As habilidades suaves da liderança

	Definições	Características marcantes
Autoconsciência	Capacidade de reconhecer e entender as próprias atitudes, emoções e tendências, bem como seu efeito nos outros	Autoconfiança Autoavaliação realista Senso de humor pessoal (rir de si mesmo)
Autocontrole	Capacidade de controlar ou redirecionar tendências e impulsos disruptivos Propensão a suspender julgamentos – pensar antes de agir	Confiabilidade e integridade Aceitação da ambiguidade Abertura para mudanças
Motivação	Paixão por trabalhar por motivos que vão além do dinheiro e da posição Propensão a perseguir objetivos com energia e persistência	Forte empenho em cumprir metas Otimismo mesmo diante do fracasso Compromisso com a organização
Empatia	Capacidade de entender a constituição emocional de outras pessoas Habilidade de tratar as pessoas de acordo com suas reações emocionais	Capacidade de formar e manter talentos Sensibilidade com outras culturas Atendimento aos clientes
Habilidade social	Proficiência para conduzir relacionamentos e estabelecer redes	Eficiência na promoção de mudanças Persuasão Perícia em formar e chefiar equipes

Fonte: Goleman, 1998.

Em *Social Intelligence: the New Science of Human Relationships*, no entanto Goleman recorre às implicações da pesquisa neurocientífica para entender o modo como as pessoas constroem e mantêm bons relacionamentos, e o que isso significa para as finalidades humanas e organizações (Goleman, 2007). A lógica que ele segue nesse livro afasta-se do enfoque no indivíduo, presente em *Emotional Intelligence* (Goleman, 1995), e reconhece que somos o que somos graças aos relacionamentos com nossos semelhantes, e que a chave para uma boa liderança é acertar nesses relacionamentos.

Teorias de liderança estratégica

Provavelmente como reação à desordem e ao caos das teorias de administração, e talvez até como fuga à autoexposição provocada pelas habilidades de liderança suaves, a ideia de uma "liderança estratégica" surgiu na década de 1990. O que é um pouco estranho, já que estratégia não é um tema novo no ferramental das habilidades de liderança. John Kay opinou, parcialmente em tom de brincadeira, que a ideia de liderança estratégica (e não de um líder ou administrador realmente capaz de fazer um planejamento estratégico) foi criada para diferenciar o executivo mais bem pago daquele que "se encarrega das operações". Ou seja, quanto mais o líder ou administrador deixa de fazer o que o negócio ou a organização exige, mais importante se torna.[16]

Um dos decanos da teoria estratégica, Henry Minzberg, tenta solver a confusão daquilo que chama generosamente de escolas de pensamento para identificar cinco diferentes aspectos da estratégia. Como não poderia deixar de ser, todos começam pela letra P: plano, pretexto, padrão, posição e perspectiva.[17]

Muitos teóricos modernos da liderança, porém, não perdem a oportunidade de voltar (de novo) à teoria do Grande Homem. A ideia de um líder estratégico no topo da responsabilidade, com a mente e a mesa cheias apenas dos dados necessários para tomar decisões de alto nível, é muito, muito atraente.[18] Desperta uma visão simpática para a qual as grandes escolas de administração se propõem a preparar seus alunos e na qual os aprendizes de Senhores do Universo se veem alegremente. Num estudo de caso, Rod Eddington descreveu sua experiência como CEO da British Airways (BA) na época do ataque terrorista às torres do World Trade Center de Nova York, em setembro de 2001. Seus quatro objetivos estratégicos (senso comum?) – garantir a segurança dos passageiros e do pessoal; levá-los para casa; manter os aviões na posição certa; continuar trabalhando do modo usual – são analisadas paralelamente às contrastantes estratégias de George Bush (esconder-se) e do prefeito de Nova York, Rudi Giulliani (estar lado a lado com os bombeiros no local).

Pesquisando sobre o que chama de grandeza na liderança, Jim Collins aborda a liderança estratégica de "Nível 5", para ele "uma mistura contraditória de humildade pessoal e vontade profissional" no CEO, capaz de transformar empresas boas em grandes empresas (Collins, 2001, p. 20). No entanto, Phil Rosenzweig, em *The Hallo Effect*, contesta a teoria de Collins ressaltando que as empresas por ele selecionadas para fundamentar sua teoria já exibiam havia quinze anos um desempenho firme e acima da média. Elas foram escolhidas por sua estabilidade, fabricantes de produtos de consumo como lâminas de barbear, e não pertenciam a setores de alto risco como a tecnologia de informação (Rosenzweig, 2007, p. 158).

Como muitos leitores já devem saber, o desenvolvimento e a execução de estratégias, mais a administração de risco a elas associada, ocupam lugar de destaque na maioria dos cursos de aperfeiçoamento de liderança. Mas, quase sempre, o que se ensina são maneiras de evitar riscos com base em estudos de caso antigos e estratégias restritas, mais relacionadas à organização do que ao contexto (local ou global) no qual estão ou estarão operando. A ideia de Rosenzweig é que, num contexto incerto e de alto risco, aceitar riscos e acasos como coisa *normal* deveria fazer parte da estratégia da organização. Essa atitude não garante o sucesso, mas o torna mais provável.

Rosenzweig não é o único a criticar as tentativas de encontrar a chave do sucesso empresarial em teorias de liderança ou administração: "Histórias de inspiração podem nos tranquilizar, mas seu poder de predição não é maior que o de um par de fones de ouvido feitos com cascas de coco numa ilha tropical" (Rosenzweig, 2007, p. 17). Ele não vê, porém, nenhum motivo de preocupação, pois acredita que o sucesso da liderança é privilégio de "administradores previdentes, para quem o êxito brota de uma combinação de julgamento sagaz e trabalho duro, mais uma pitada de boa sorte" (Ibid., p. 159). Seus heróis são homens (*sic*) que "fizeram escolhas estratégicas arriscadas de olhos bem abertos e depois impuseram uma boa execução". O que lhe interessa é *como* eles fizeram, não o resultado que conseguiram.

Até agora, as teorias de liderança estratégica não atenderam às necessidades práticas de organizações e governos, nas quais o grande problema é a barreira entre política estratégica de alto nível e tomada de decisões, por um lado, e objetivos pretendidos, de outro. Rosenzweig está certo no que toca ao processo, mas errado quanto à menor importância dos resultados. Para onde a liderança está levando as pessoas nunca importou tanto; se elas não gostam do rumo escolhido, não seguirão o líder.

Liderança no setor público e em organizações sem fins lucrativos

Atribuí à liderança no setor público e em organizações sem fins lucrativos sua própria categoria como teoria contemporânea de liderança. Quase todo o desenvolvimento – e a prática – de liderança no setor público imitam o comportamento do setor privado. Porém, como administrar uma organização sem fins lucrativos com múltiplas medidas de sucesso não financeiras parece mais difícil, é aqui que algumas das mais interessantes inovações nas teorias da liderança estão ocorrendo.

Durante um período de tempo notavelmente curto, presumiu-se que as mesmas técnicas usadas para obter valor *privado* podiam ser aplicadas para criar valor *público* (CEML, 2002). Muito antes da autodestruição do setor financeiro, essa estratégia já tinha sido um tiro pela culatra. Pacientes não gostam de ser chamados de consumidores e acontece que, para os cidadãos, o valor nada tem a ver com a produtividade ou as medidas monetarizadas que se usam no setor privado.

Parte do problema é a genuína confusão dos cidadãos quanto aos serviços oferecidos pelos setores público e privado. Por exemplo, muitas pessoas supõem que os serviços de utilidade pública – água, gás, eletricidade, trens e ônibus – são serviços públicos, o que já não é verdade, pelo menos no Reino Unido. Junto com as que nos fornecem alimentos, essas empresas são na maioria privadas, com acionistas. De fato, de um modo geral, os recursos que entram em nossas casas são controlados pelo setor privado, mas os que saem – como o lixo doméstico e os esgotos – continuam sob a responsabilidade do setor público, embora às vezes terceirizados. Assim, dentro de suas casas, as pessoas não sabem mais o que "esperar" de serviços outrora indubitavelmente fornecidos pelo governo, local ou nacional. A dificuldade em se chegar a uma definição de valor *público* é agravada pela confusão sobre quem deveria fazer tal definição. A fim de contornar o considerável barulho e fúria em torno dos debates a respeito do que seja valor *público*, Jake Chapman tenta definir algumas características que teriam agregado valor ao que existia antes:

- O nível de prestação de serviços melhorou.
- A qualidade dos serviços aumentou, particularmente no tratamento respeitoso a todos os beneficiados.
- Aumentou a equidade ou justiça com que o serviço é prestado.
- A prestação de serviços é mais sustentável e leva em consideração as necessidades das gerações futuras.
- A prestação de serviços é feita de modo a atender às expectativas de uma sociedade civil liberal.
- A prestação de serviços eleva o nível de confiança entre governo e cidadãos.[19]

TABELA 4.5 Tipos de administração do setor público

	Administração pública tradicional	"Nova administração pública"	Valor público
Interesse público	Definido por políticos/peritos	Agregação de preferências individuais, demonstradas por escolha de consumidores	Preferências individuais e públicas (fruto de deliberação pública)
Objetivo de desempenho	Administrar entradas (*inputs*)	Administrar entradas e saídas	Objetivos múltiplos - Saídas (*outputs*) de serviço - Satisfação - Resultados - Preservar confiança/legitimidade
Modelo de responsabilidade dominante	Por meio dos departamentos, para com os políticos e, por meio destes, para com o Parlamento	Para cima, por meio de contratos de desempenho; às vezes para fora com os consumidores por meio de mecanismos de mercado	Múltiplo - cidadãos como fiscais do governo - consumidores como usuários - contribuintes como financiadores
Sistema preferido de entrega	Hierarquia departamental ou autorregulamentação	Setor privado ou agência pública independente, rigidamente definida	Leque de alternativas selecionadas pragmaticamente (agências do setor público, empresas privadas, JVCs, Community Interest Companies, grupos comunitários e papel cada vez mais destacado para escolha de usuário)
Abordagem sobre a atitude do serviço público	O setor público detém o monopólio do caráter do serviço; todos os organismos públicos o detêm	Cética com relação à atitude do setor público (leva à ineficiência e à criação de impérios) – favorece o serviço ao consumidor	Nenhum setor detém o monopólio de ideias ou atitudes, assim como ninguém as tem de forma sempre apropriada. Por ser um recurso valioso, precisa ser cuidadosamente administrado

	Administração pública tradicional	"Nova administração pública"	Valor público
Participação pública	Limitada a votar nas eleições e a pressionar os representantes eleitos	Limitada – afora o uso de pesquisas de satisfação do consumidor	Crucial – multifacetado (consumidores, cidadãos, principais grupos de interesse)
Objetivo dos administradores	Responder à orientação política	Cumprir objetivos de desempenho consensuais	Atender às preferências do cidadão/usuário, renovar mandatos e a confiança por meio da garantia de qualidade dos serviços

Fonte: Kelly et al. (2002)

A despeito do linguajar vago (melhorado, aumentado), essa é uma boa matriz de responsabilidades de liderança no setor público ou nas organizações sem fins lucrativos – e traz em si a sustentabilidade! Além disso, sem muitas mudanças pode servir também para caracterizar o valor *privado*.

Um ótimo sumário da evolução do pensamento sobre valor público, vindo do governo ou do setor privado, está no amplamente usado e citado quadro feito pelo Gabinete do Governo Britânico (ver Tabela 4.5).

Como Jake Chapman, Geoff Mulgan acha que a liderança do setor público está plenamente envolvida com a experiência viva das pessoas nas comunidades servidas. Hospitais, corpo de bombeiros, remoção de lixo, fornecimento de água e energia, escolas e serviços sociais integram o pacote que torna a vida local mais fácil; e, embora a concorrência e a escolha possam ser vistas como o elemento principal do sucesso comercial, nem sempre são os melhores provedores de igualdade de acesso ou qualidade de serviços (Mulgan, 2006, p. 44).

Teoria da liderança do século XXI

Talvez seja um pouco prematuro, mas reservei uma seção exclusiva a um recém-chegado na área da teoria de liderança. Paradoxalmente, ele surgiu não a partir dos desafios enfrentados pelo poderoso mas eticamente contestado setor empresarial, e sim do setor público, contestado por razões diversas. Parte do impulso provém das discussões sobre valor público esboçadas acima, bem como da incerteza quanto aos limites reais entre provisão de serviços, pública e privada. Todavia, o principal motivo é a constatação do papel muito amplo do setor público na sustentação da maior parte de nossos sistemas econômico e social, sobretudo pelo número de pessoas empregadas diretamente ou por provedores de serviços contratados. A importância do que acontece nesse setor é obviamente exagerada em épocas de crise econômica.

Do ponto de vista da liderança de organizações do setor público como o National Health Service (NHS, o maior empregador da Europa), a necessidade de alocar (e justificar) gastos para obter resultados complexos, sobre os quais nem temos muito controle, exige comportamentos bem diferentes daqueles que podemos chamar de "pré-milenares". Ironicamente, foi necessária a complexidade das causas da mudança climática para que as pessoas percebessem a semelhança da interconexão do que antes era visto como decisões isoladas no ambiente de trabalho. As consequências em segregar por tanto tempo as políticas de transporte, energia, lixo, ambiente, educação e saúde, por exemplo, significam que as soluções para os problemas de cada uma não funcionaram porque todas estão intrinsicamente ligadas de um modo que vai além da capacidade de cada setor ou de qualquer unidade organizacional de governo – nacional ou local –, bem como da competência de boa parte da liderança empresarial.

Embora essa classificação possa ter funcionado também no século XX, Keith Grint classificou os problemas do século XXI como moderados, persistentes ou críticos. Problemas moderados são os que têm solução. Podem ser complicados, mas têm muitos precedentes e não envolvem muita incerteza. Os problemas persistentes, de trato mais difícil, são bastante complexos, envolvem muita incerteza e poucas soluções que não gerem problemas ainda maiores. Parece que não há respostas certas ou erradas, apenas alternativas melhores ou piores que têm de ser implementadas mediante um processo de colaboração. Os problemas críticos são tão ruins e urgentes que há necessidade de um comando e de um ajustamento de estratégia. Como numa emboscada ou elevação súbita do nível do mar, organiza-se um comando para atacar, defender ou recuar, adiando-se as medidas para obter os melhores resultados posteriormente (Grint, 2005). À medida que o século XXI avançar, porém, a tendência será certamente para problemas críticos, retardados ou acelerados por nossa capacidade de resolver alguns dos problemas persistentes.

Embora ainda na infância, o desenvolvimento nos modos de pensar sobre liderança é extremamente bem-vindo. Alguns protagonistas estão recuperando o conceito de liderança "adaptativa" para lidar com a necessária transposição de limites, não apenas de política, mas também de organizações e tipos de pessoas muito diferentes, sobretudo no nível local. John Bennington e Jean Hartley, por exemplo, falam em ampliar os papéis de liderança pública do tipo "configuração de lugares" para incluir os do tipo "proteção de lugares", não se esquecendo da importância do pensamento sistêmico.[20]

Isso é bastante promissor, embora o conceito de liderança "adaptativa" talvez não tenha forças suficientes para arcar com todo o peso, a menos que se deixe claro *para que* serve essa liderança, que não deve ser vista apenas como uma técnica de solução de problemas. Nem é preciso dizer que tanto líderes quanto seguidores devem participar da cocriação de novas maneiras de viver e de fazer as coisas; mas, a menos que os problemas – moderados, persistentes ou críticos – sejam resolvidos de modo a contribuir para a sustentabilidade, tudo será em vão.

Avaliação

"Avaliar, como respirar, não é uma opção" (James, Burgoyne, 2001, p. 50). Todavia, quase não existem avaliações dos resultados obtidos pela aplicação das teorias da liderança. Os questionários, após sessões de treinamento, avaliam apenas a qualidade do ensino; o conhecimento ainda terá de ser aplicado. Muitos diplomados em cursos de liderança, longos ou curtos, voltam para o local de trabalho ansiosos para pôr em prática o que aprenderam, mas batem de frente com o desinteresse dos gerentes e colegas, sem obter assim "permissão" para agir. Só em casos raros seus colegas são convidados a partilhar daquilo que eles trouxeram do curso.

Tradicionalmente, a avaliação do desenvolvimento pessoal no local de trabalho em todos os níveis se concentra em habilidades incipientes (*absorção*) e em padrões (*rendimento*). Compêndios sobre isso são muitos e variados. A última tentativa do governo do Reino Unido para "padronizar padrões", sob a forma de Padrões Nacionais para Administração e Liderança, atualizados em novembro de 2008, pode ser encontrada em www.management-standards.org.

Infelizmente, embora quadros de liderança e listas de competência ou confiabilidade não faltem, elas quase nunca são o produto de uma pesquisa rigorosa sobre sua eficácia para líderes e administradores em evolução, não tendo portanto muita autoridade ou significado, exceto talvez para as empresas que as elaboram. A avaliação exige tempo e esforço, mas, quando feita como parte do ciclo normal de aprendizado de um indivíduo ou organização, compensa. A falta de autoanálise e avaliação dos resultados de seus esforços é a principal

Capítulo 4 – O melhor e o pior da liderança atual

razão de a "indústria" do desenvolvimento de liderança e gestão, como um todo, se encontrar em um estado tão lastimável, com a confiança nos líderes dos setores público e privado que ela gerou em um momento de decadência.

Isso significa, é claro, que as oportunidades para mudar nunca foram tão boas.

Este capítulo termina com duas reflexões, uma sobre mulheres e liderança, e outra sobre poder. Cada qual procura explicar por que as coisas são como são agora e como o futuro pode ser diferente.

> **Box 4.3** Reflexão: Loucos por mulheres
>
> Creio que as mulheres mudarão a natureza do poder e não que o poder mudará a natureza das mulheres.
> (Bella Abzug, congressista americana, 1995)
>
> A noção da mulher como pedaço do bloco do homem (e, portanto, necessariamente submissa a eles) está profundamente incorporada nas mitologias e psicologias de toda a história registrada. Eva nasceu da costela de Adão e em seguida só causou problemas. Embora Jesus se mostrasse terno para com as mulheres, seus discípulos foram todos homens; e embora se conte que Maomé garantiu alguns direitos às mulheres (propriedade, educação, herança, divórcio), sua recomendação aos homens, "tratai bem vossas esposas", nos lembra que elas são propriedade deles. O cardeal Joseph Ratzinger publicou uma declaração controvertida sobre a "colaboração de homens e mulheres na Igreja e no Mundo", esclarecendo que os traços femininos característicos de "atenção, receptividade, humildade, fidelidade, louvor e paciência" significam que elas "devem estar presentes no mundo do trabalho e na organização da sociedade", mas que a combinação de emprego e família apresenta "características que diferem da situação dos homens". O apelo em prol da "justa valorização do trabalho da mulher no seio da família" foi a nota dominante, similar à interpretação mais radical do Islã, e que Ratzinger não cessou de repetir após se tornar papa.[21]
>
> Por que as coisas devam ser assim, e a que altura da evolução de nossa espécie as mulheres perderam as rédeas do poder, é um enigma que

O divergente positivo

exigiria outro livro para ser solucionado. Aqui, pretendo investigar os motivos pelos quais, a despeito de décadas de oportunidades razoavelmente iguais, ao menos nas legislações europeias, as mulheres ainda estão muito atrás dos homens nas posições de poder e liderança. E o que pode ser feito para mudar isso. Fato intrigante, a *desigualdade* das chances das mulheres em papéis de liderança é mais bem pesquisada do que a *qualidade* dos homens nesses papéis.

As estatísticas são assombrosas. Dos diretores das cem empresas listadas no índice FTSE (Financial Times e London Stock Exchange), somente 7% são mulheres, e 2% em cargos executivos.[22] No setor terciário, chegam a 46%; no serviço nacional de saúde, a 38%; nas funções civis de alto nível, a 27%; na administração local, a 20%; e no parlamento, a 19%. Há ainda, portanto, muito poucas mulheres em papel de destaque. No resto do mundo, a situação não é melhor. Nos Estados Unidos, menos de 3% dos diretores de empresas da Fortune 500 são mulheres. Em 2009, o Fórum Econômico Mundial publicou seu último Gender Gap Index sobre capacitação política, saúde e escolaridade, bem como participação e oportunidades econômicas. O índice coloca o Reino Unido em 15º lugar, os Estados Unidos em 31º e o Iêmen num desalentador 134º, fechando a lista123. As reuniões do G20 que debatem o futuro do mundo mostram duas mulheres entre os vinte chefes de Estado.

Eu poderia continuar, por isso irei um pouco mais além, se me permitem. Comicamente, uma pesquisa da Equality and Human Rights Comission's 2008 Sex and Power, do Reino Unido, conclui que as mulheres, com base no ritmo atual de mudança, precisarão de um tempo pouco menor que o de uma lesma para percorrer toda a extensão da Grande Muralha da China (212 anos) para serem representadas igualitariamente no parlamento. Os equivalentes da viagem da lesma para igual representação nas diretorias das cem empresas FTSE são de 75 anos, e de 55 anos no judiciário 224.

Além disso, no Reino Unido, apesar dos quarenta anos da legislação que garante remunerações iguais, as mulheres ainda ganham em média 75% dos salários dos homens. Detalhes ocultos nessa média: as mulheres ganham 89% dos salários dos homens em cargos de administração e

Capítulo 4 – O melhor e o pior da liderança atual

apoio; 82% em educação; 75% nos setores de artes e lazer; 65% nas áreas de saúde e social; e (vejam só!) 36% nos ramos de finanças e seguros.[25] Um estudo recente sobre assalariados com curso superior após três anos e meio da formatura aponta que as mulheres continuam ganhando cerca de mil libras menos que os homens, mesmo antes de se tornarem mães. No topo, os homens têm muito maior probabilidade de conseguir empregos mais bem pagos: 40% ganham mais de 25 mil libras, contra 26% de mulheres, que quase sempre precisam começar de baixo.[26]

Por que, após décadas de consciência dessas desigualdades, tão pouca coisa mudou? Em parte, a resposta é que os homens querem se parecer mais com outro "grande" homem do que com uma grande mulher; essa verdade permeia toda a educação e prática em liderança e gestão.[27] Outra parte da resposta é que as mulheres simplesmente não disputam cargos de liderança em número suficiente. O estudo com pessoas de formação universitária revela que elas costumam se sentir mais satisfeitas com o cargo que têm, embora não sejam tão bem recompensadas com bônus ou prestígio. Muitas não desejam ser clones de homens e cultivam critérios de sucesso e felicidade que vão além da igualdade de renda com colegas do sexo masculino.

A dinâmica da autorrealização no trabalho significa que a cultura machista exclusivista dos homens em cargos de liderança levou a um amplo espectro de práticas discriminatórias nos locais de trabalho. A expressão "teto de vidro", por exemplo, tornou-se sinônimo das "barreiras invisíveis" erguidas por diretores a fim de impedir o progresso de mulheres em benefício de mais "camaradas como nós". O Chartered Institute of Personnel Development, do Reino Unido, identificou uma "ladeira de vidro" na qual as mulheres são intencionalmente colocadas para desempenhar papéis arriscados e precários ou recebem tarefas destinadas ao fracasso.[28] Outra metáfora, a do labirinto, resume a complexidade dos desafios que uma mulher precisa enfrentar, não apenas quando está próxima de cargos superiores, mas em qualquer fase de sua ascensão.[27]

- **Preconceito.** As mulheres podem ter alto nível educacional, mas ca-

147

samento e gravidez quase sempre significam salários mais altos para os homens e não para elas. O homem que se torna pai "precisa" de uma promoção; a da mulher é adiada. Do mesmo modo, testes psicométricos usados para identificar personalidades e potencial para futura liderança podem ser manipulados a fim de favorecer abordagens predominantemente masculinas à solução de problemas ou à autopromoção.

- **Resistência à liderança feminina.** Traços masculinos como firmeza e controle são associados, na mente de muitas pessoas, à liderança eficiente: eles podem fazer as coisas funcionar. As mulheres são consideradas mais gentis, compassivas e preocupadas com os outros. Homens são líderes "naturais", mulheres são líderes "atípicas". Isso cria um impasse: quando agem como os homens, as mulheres recebem críticas por não serem mais femininas; quando exibem comportamentos mais femininos, são acusadas de não agir com energia suficiente. Costuma-se usar Hillary Clinton como exemplo da pessoa que tenta superar o "dilema do beco sem saída: amaldiçoada quando faz, condenada se não fizer"[30].

- **Estilo de liderança.** Geralmente, os homens são vistos como mais transacionais em seu estilo de liderança; as mulheres, como mais transformacionais. Todavia, eles se mostram também mais propensos do que elas ao comportamento laissez-faire, isto é, a um estilo de não liderança, preguiçoso, que reduz a eficácia. Isolada num grupo de liderança, a mulher acha difícil aplicar técnicas mais participativas e solidárias, sendo então forçada a adotar comportamentos mais masculinos. Se, porém, há muitas mulheres no grupo (pelo menos três, aparentemente), um estilo mais participativo se impõe.

- **Exigências da vida familiar.** Aqui, nenhuma surpresa. Embora os homens estejam participando cada vez mais do trabalho doméstico e dos cuidados com os filhos (2,6 horas por semana em 1965; 6,5 em 2000), a participação das mulheres também aumentou (respectivamente, 10,6 e 12,9). Entretanto, continua-se a presumir que trabalhar horas "extras" no emprego é normal para o funcionário ambicioso, ao passo que interrupções de carreira revelam pouca dedicação. Se os dois cônjuges têm

Capítulo 4 – O melhor e o pior da liderança atual

carreiras e a promoção de um deles significa mudar de cidade, em geral o que ganha menos ou cuida mais é que deve ceder – quase sempre a mulher.
- **Subinvestimento em capital social.** A ascensão a cargos superiores pode depender em muito do tempo e do esforço que a pessoa emprega em se socializar com os colegas de trabalho e em tecer uma rede profissional. Um estudo mostrou que os gestores que sobem mais rápido "gastam relativamente mais tempo e esforço se socializando, fazendo política e interagindo com gente de fora do que seus colegas menos bem-sucedidos". Os compromissos de família tornam mais difícil para a mulher se entrosar em redes informais; além disso, ela pode achar que essas são atividades tipicamente masculinas (como drinques até altas horas, golfe ou escapadas para clubes noturnos). Mesmo palestras para executivos médios costumam ter como tema assuntos masculinos (por exemplo, futebol). O resultado é que as mulheres tendem a formar suas próprias redes, o que reduz suas chances de promoção.

Assim, o que fará diferença no futuro? O Walmart está envolvido num grave processo de discriminação de gênero por pagar e promover mais os homens: seis queixas iniciais se transformaram numa ação conjunta movida por dois milhões de funcionárias.[31] Se isso assinalará uma mudança sustentada na cultura das salas de diretoria, ainda não se sabe por que, até agora, os instrumentos jurídicos garantiram indenizações, mas não eliminaram as desigualdades implícitas na estrutura e na cultura das empresas.

Infelizmente, muitas histórias de liderança contadas por mulheres tratam de estratégias pessoais para sobreviver e/ou vencer num ambiente dominado pelos homens, não para mudá-lo. Com efeito, um tema constante é o pressuposto segundo o qual as mulheres é que devem elaborar e aperfeiçoar técnicas para sobreviver no mundo predominantemente masculino da liderança. Um artigo de 2009 do *Financial Times* sobre as cinquenta mulheres de destaque no mundo dos negócios reconheceu a forte discriminação que elas enfrentam para chegar ao topo, mas perdeu a oportunidade de perguntar quanto tempo da jornada elas conseguem reservar para agir em seus próprios termos.[32]

Com as mulheres representando, nos Estados Unidos, 60% dos talentos com curso superior (média de 54% pela Organisation for Economic Cooperation and Development, OECD) e os empregadores reconhecendo que a presença de muitas mulheres em posições superiores significa mais eficiência e melhores resultados financeiros, talvez a maré esteja começando a mudar. Contudo, tão entranhada é a crença, em diferentes culturas, de que as mulheres são um elemento secundário – crença às vezes partilhada por elas próprias – que mudanças radicais serão necessárias para acelerar o processo. Tipicamente, a responsabilidade por fazer isso acontecer é deixada às mulheres. "Não podemos fazer o futuro acontecer a menos que as mulheres ajudem os homens a mudar", diz Niall FitzGerald, presidente da Reuters e ex-CEO da Unilever.[33]

Embora comentários desse tipo possam levar as mulheres a ranger os dentes de raiva, pondo em risco sua saúde, eles refletem a realidade. Uma história positiva de como as mulheres estão levando a sério a tomada do poder em seus próprios termos já começa a se esboçar. Estima-se que hoje, na Grã-Bretanha, elas detenham cerca de 58% das fortunas pessoais, porcentagem que deverá chegar a 60% porque já estão superando os homens na universidade, nos negócios e como empresárias.[34] Além disso, empresas com uma "massa crítica" de mulheres na diretoria (30% ou mais) se saem melhor que as outras.[35] O Internacional Food Policy Research Institute estima que conceder às mulheres igual acesso a terra, fertilizantes, crédito e treinamento aumenta as colheitas em cerca de 22%.[36]

Sem dúvida, as mulheres devem tomar a frente se quiserem recuperar seu papel legítimo de liderança em todos os tipos de instituições sociais, da família ao emprego, governo e, cada vez mais, empresas próprias. Mas, em última análise, a maioria masculina terá de apoiá-las ativamente e não mais passivamente. A mudança já começa a acontecer também, embora de maneira muito lenta, nos países pobres. A queniana Wangari Maathai∗ ganhou o Prêmio Nobel da Paz e Desenvolvimento Sustentável por sua ousadia política e seu imensamente influente movimento Greenbelt, que educou e capacitou mulheres, além de plantar milhões de árvores. França e Espanha montaram gabinetes ministeriais com maioria feminina e, contra todas as expectativas, o Irã possui três ministras. O grupo lobista CBI, do Reino Unido, nomeou sua primeira presidente, a Islândia convocou mulheres para pôr ordem em seu fiasco bancário e a legislação norueguesa, que prevê 40% de mulheres nas diretorias, parece estar funcionando. 337 Mary Robinson, ex-presidente da Irlanda e comissária das Nações Unidas para os Direitos Humanos, tornou-se presidente do Conselho de Mulheres, uma organização que reúne trinta mulheres chefes de Estado, antigas e atuais. Ao contrário da preferência dos Senhores do Universo por reuniões de grandes altitudes (Bretton Woods, Mont Pèlerin, Davos), as mulheres parecem favorecer encontros mais ao nível do mar. No final de 2009, Sainab Salbi, fundadora da Women for Women International, disse num encontro em Deauville, França: "Nos mercados se aposta, mas, se você investir em mulheres, não perderá nunca. Terá um dividendo enorme agora e nas futuras gerações. As mulheres são o investimento mais seguro que você pode fazer". E o diretor-gerente do Banco Mundial, Ngozi Okonjo-Iweala, ressaltou que atrair mais mulheres para o sistema político "irá torná-lo mais atraente também para os homens inteligentes".

Como posso discordar? Tudo isso alimenta esperanças de mais destaque para as mulheres já em papéis de liderança – todas lutando por igualdade de oportunidades em todos os setores, no mundo inteiro. Talvez tenhamos aí a melhor chance, em anos, de permitir que aquela lesma corra atrás de seu dinheiro.

O divergente positivo

Box 4.4 — Reflexão: Poder

A ausência de mulheres em tantos papéis cruciais de liderança no mundo – no governo, nas empresas e no serviço público – é má notícia para a maneira como o poder está sendo exercido hoje em toda parte. É o poder, sem dúvida, que escolhe os líderes, e nenhuma especulação sobre os atributos ou comportamentos desejáveis de pessoas a caminho do poder ou já com ele em mãos substituirá uma visão amplamente partilhada e saudável do que é o poder e de como deve ser usado. Geoff Mulgan afirma: "O poder faz parte da vida, não é algo separado dela (...). Toda relação inclui poder: entre pai e filho, amigo e amigo, empregador e empregado, amante e amante" (Mulgan, 2006, p. 10). No século XIX, Lorde Acton teve uma frase famosa: "O poder corrompe e o poder absoluto corrompe absolutamente", mas penso que estava errado. O poder não corrompe, inevitavelmente: algumas pessoas é que são mais corruptíveis que outras – e as mulheres não estão imunes a isso. Segundo David Owen, seria bom considerar o que Bertrand Russell chamou de "intoxicação do poder" como uma síndrome reconhecidamente médica (Owen, 2009).

Não deveríamos nos surpreender com o fato de pessoas propensas a ficar intoxicadas com o poder serem mais propensas também a se sentir atraídas por posições de poder. Deveríamos nos surpreender, contudo, ao constatar como até as democracias mais avançadas se mostram extraordinariamente levianas na maneira como o poder é entregue a outros sem a mínima cerimônia, para não falar da devida vigilância ou dos mecanismos de revogação caso o poder seja mal usado. Embora um perfil completo dos candidatos aos principais papéis de liderança no governo ainda não esteja disponível, a arquitetura já revela essa percepção nas restauradas estruturas de vidro do Reichstag alemão, e na nova prefeitura de Londres (ambas permitem que os passantes espiem a sala de debates da rua ou do teto), na cobertura pela televisão dos encontros locais do conselho na Califórnia e nas cabanas abertas dos conselhos do Máli. Todos reconhecem que a capacidade do cidadão de ver e ouvir o poder em ação é essencial para o seu melhor funcionamento. Não se dá o mesmo nas salas de dire-

Capítulo 4 – O melhor e o pior da liderança atual

toria, com gabinetes e jatinhos particulares isolando a liderança – o que, para o Doutor Owen, está criando uma mentalidade de *bunker* e outros sintomas de líderes pervertidos pelo poder.

O curioso, mas não totalmente trivial, é que novas pesquisas com especuladores (homens) revelou que altos níveis de testosterona podem contribuir para o retorno econômico, ao passo que a especulação aumenta seus níveis de cortisol. Sabe-se que ambos os hormônios têm efeitos na cognição e no comportamento, o que talvez explique o comportamento "de manada" em lugar da escolha racional em tempos de volatilidade do mercado. Um ex-especulador compara o estado físico e psicológico de quem efetua transações rápidas ao do jogador de tênis na rede.[38] Eu teceria paralelos com a excitação da caça a mamutes peludos, pois não faz tanto tempo assim que a maioria dos homens se entregava a essa atividade para viver. A cultura das tomadas de decisões difíceis e busca por negócios dentro das salas de reuniões do conselho faz um paralelo com a cultura do pregão, sugerindo que as relações de poder nas empresas e as decisões tomadas por homens e mulheres precisam de uma avaliação biológica, assim como de uma ética.

O ponto crucial é que não se deve confiar no poder e que ele pode se revelar perigoso caso não seja suficientemente independente – dos militares, dos interesses financeiros, da criminalidade, de ganho pessoal ou do viés hormonal. O medo de represálias por parte do poder exercido sob essas influências elimina os desafios saudáveis à liderança e ao poder, e as mulheres ficam mais propensas a recuar do que os homens.

Uma solução, segundo Geoff Mulgan, seria encarar o bom poder como "cocriação: uma coisa feita com as pessoas, não para as pessoas" (Mulgan, 2006, pp. 245-251). Para mim, isso significa que quem toma a decisão é quem paga por ela e sofre suas consequências (princípio subsidiário). Desse modo, há maior probabilidade de que a decisão seja tomada e executada com mais cuidado. Esse princípio funcionaria mais ou menos bem no governo, numa empresa privada ou numa instituição de caridade. Mas, é claro, isso ainda não acontece na vida real. Há muitos líderes ruins por aí.

A fim de orientar aqueles que procuram exercer um bom poder e mitigar o lado pior daqueles que cercam quem está exercendo um poder mau, Joseph Nye sugere dois significados para a "boa" liderança – ser ética e ser eficaz –, um dependente do outro. Se você não for as duas coisas, será um mau líder e não estará em posição de poder. Nye apresenta uma tabela útil para explicar o que quer dizer:

TABELA 4.6 Boa liderança

"Boa" =	Eficaz	Ética
Objetivos	Equilíbrio de realismo e risco na visão objetivos	Valores de intenções
Meios	Eficiência dos meios aos fins	Qualidade dos meios empregados
Consequências	O sucesso na obtenção dos objetivos do grupo	Bons resultados para objetivos do grupo os de dentro e os de fora

Fonte: Nye (2008, p. 112)

As lições para os divergentes positivos é que o poder tem, sim, muita importância. Como no futebol, se ele está nos pés de outro, e não em seus pés, cabe a você ajudar a bola a bater na rede da sustentabilidade ou colaborar com outros para que os bons ganhem a posse da bola. Ficar na margem do campo não é uma opção. Sempre que puder, tente fazer visível a localização do poder. Identifique-o, fale sobre ele; descubra o que está fazendo e como poderia fazê-lo melhor, especialmente pelo desenvolvimento sustentável.

Capítulo 5
A deslealdade das escolas de administração

É nas escolas de negócios – a maioria pertencente a universidades, mas algumas particulares – que ocorre grande parte do desenvolvimento da liderança. A despeito das pesadas críticas contra elas, citadas na Introdução desta seção, um MBA (Master in Business Administration, Mestre em Administração de Empresas) ou o novo e raro MPA (Master in Public Administration, Mestre em Administração Pública) continuam sendo qualificações muito populares, consideradas essenciais para a promoção a um cargo administrativo superior nas organizações.

Por que isso? Se você tem um MBA, pode examinar seus próprios motivos diretamente e, estou certa, muitos alunos realmente acreditam que esse título os tornará administradores e líderes melhores. Quando quero ser cínica, porém, pergunto-me se o atrativo verdadeiro não será a promessa de salário mais alto ou promoção mais rápida. A lista das cem melhores escolas de negócios em 2009 do *Financial Times (FT)* prioriza critérios como a média atual de salários de ex-alunos (avaliada por setor), o aumento percentual do salário anterior à obtenção do título, a disponibilidade de experiência internacional e o número de publicações da escola. Não se diz nada sobre a qualidade da liderança oferecida pelos formados. De forma quixotesca, quando pesquisadas, as firmas dizem que não dão ao MBA valor maior que a outras qualificações (CEML, 2002). Talvez porque os MBAs vindos até das escolas mais prestigiadas não ofereçam proteção contra a incompetência e a corrupção da liderança. Disse o jornalista de negócios Simon Caulkin: "Parece não haver nenhum senso histórico. Por que não aprendemos nada com a Enron, as ponto com e a gestão de capital de longo prazo?"[1] (aponto, como parte da resposta à pergunta, o fato de somente duas das vinte melhores escolas de negócios do *FT*, em 2009, ambas na Espanha, terem ao menos 25% de mulheres no corpo docente).

A primeira na lista do *FT* é a Wharton School. Foi fundada em 1881 graças a uma doação à Universidade da Pensilvânia feita por Joseph Wharton, um quacre devoto e empresário de sucesso que fez fortuna com aço e níquel. Ele desejava que o "negócio dos negócios" fosse uma profissão tão honrosa quanto a do médico, do advogado ou do sacerdote. Embora sua visão da escola fosse elitista e sexista – oferecer uma educação mais apropriada a "jovens dotados de intelecto, meios e refinamento", do que ajudá-los a progredir a partir da "sala de registros e contabilidade" de uma empresa –, Wharton foi motivado por seu senso religioso de responsabilidade social. Parecia evidente por si mesmo que jovens assim quereriam também se dedicar às necessidades da comunidade e enfrentar "os problemas sociais que afetam nossa civilização". A liderança no mundo dos negócios traz consigo, como em medicina e direito, responsabilidades para com a sociedade em geral (Khurana, 2007, p. 107).

Segundo Rankesh Khurana, a missão social original das escolas de negócios, para transformar o que o finado Alfred Chandler chamava de "mão visível da administração" (Chandler, 1977) numa profissão dotada de ética e padrões para seu exercício, como a medicina e o direito, desvirtuou-se num relacionamento estreito, primeiro com as próprias empresas, depois com a ideologia econômica, sobretudo a baseada na perfeição do mercado. Os alunos são mais doutrinados do que educados com aquilo que Khurana chama de "capitalismo de investidor", a ponto de a boa prática de negócios ter sido corrompida pela natureza da relação entre o CEO e os investidores, principalmente em se tratando dos pacotes de recompensa dependentes do aumento do valor ao acionista. "A primazia da nova lógica dos acionistas absolveu os gestores e executivos de empresas da responsabilidade por qualquer outra coisa senão obter o resultado financeiro desejado", e os currículos das escolas de negócios apoiam plenamente essa nova realidade (Khurana, 2007, p. 303).

Se o objetivo primário das escolas de negócios é maximizar o salário e as redes de incentivo à carreira de seus graduados, então como, pergunta Khurana, elas justificarão o financiamento público que muitas delas recebem? Onde está "a base de noções como organização, partes interessadas ou promoção do bem comum. Haverá outro padrão além do puro interesse egoísta?" (Ibid., p. 323). A espinha dorsal do sistema não é mais o executivo ou gestor com uma carreira duradoura, mas sim certo número de gente alugada que compra e vende ativos da empresa" (Ibid., p. 380). Srikumar Rao, professor da Universidade de Colúmbia, Nova York, concorda: "Nossas melhores escolas de negócios não são realmente instituições de ensino, são instituições de doutrinamento".[2]

Se as marcas de uma profissão são, de fato, um corpo de conhecimentos rigorosamente estabelecido, padrões de prática e normas de conduta profissional comuns, haverá sinais visíveis de que as escolas de negócios estejam se movendo nesse rumo? Alguns dirão que o crescente interesse por responsabilidade empresarial e a popularidade cada vez maior dos cursos de ética empresarial são uma prova de que o núcleo da liderança empresarial está no lugar certo, como o futuro dirá. Para outros, a imoralidade e a cobiça já corroeram esse núcleo de dentro para fora, então nada mais funcionará a não ser uma ampla limpeza que recoloque as empresas e suas instituições educacionais a serviço da sociedade.

Qualquer que seja a sua opinião, daqui para frente é provável que os envolvidos em educação de liderança e administração sejam julgados pela adequação (rapidez e abrangência) de sua resposta à atual crise conjunta – dos mercados e da economia financeira, da degradação ambiental, da pobreza e desigualdade.

E como os divergentes positivos têm grande interesse pelas escolas de negócios que formam profissionais versados em sustentabilidade, e não os que nada sabem de sustentabilidade ou de liderança socialmente responsável, você talvez queira adicionar à sua lista de tarefas um pedido para que a escola que conhece ou com quem mantém contato faça mudanças.

A responsabilidade (social) corporativa comprometida

> *Nota sobre a terminologia: os termos responsabilidade empresarial (RE) e responsabilidade social corporativa (RSC) tendem a ser usados indistintamente. Prefiro o primeiro, pois o segundo às vezes é interpretado como relevante apenas para as pessoas diretamente ligadas à organização, como seu pessoal. A responsabilidade empresarial cobre o todo – ambiente local e global, governo, ética e pessoas além do final da cadeia de abastecimento ou que talvez nem tenham nascido ainda. Assim, embora o termo responsabilidade social corporativa seja usado com mais frequência, empregarei o outro neste capítulo.*

Embora a ideia moderna de responsabilidade empresarial (RE) não tenha mais que duas décadas de idade (a Shell foi a primeira companhia de grande porte a publicar um relatório de RE, em 1989), o conceito de negócios como empreendimento social com um fluxo de responsabilidades de mão dupla entre eles e a sociedade na qual operam é muito antigo. Platão notou o estrago que o comércio de madeira (desmatamento) fez para o clima da região, e a Companhia Holandesa das Índias Orientais foi alvo das críticas de acionistas que a acusaram de "autoenriquecimento" em 1622. Modelos de negócios que operam como empreendimentos sociais e não só para obter lucros vão desde o Co-operative Movement, fundado no início do século XIX,[3] até as empresas familiares paternalistas mas socialmente generosas como Robert Owens, em New Lanark, Cadbury ou Lever Brothers (depois Unilever) e outras organizações modernas de propriedade dos funcionários, como a John Lewis Partnership. Há empresários que, como Joseph Wharton, se sentem "responsáveis" pelo amplo impacto de sua empresa sobre as pessoas e o ambiente, partilhando seus lucros graças a um senso de justiça, entre outros motivos. Pouca gente deixou de perceber o êxito de empresas privadas voltadas para valores, como The Body Shop, Ecover e Divine Chocolate∗, ou a proporção crescente de dinheiro em busca de oportunidades de "investimentos socialmente responsáveis" que levaram grandes empresas tradicionais, como um gerente sênior colocou: "busque algum desse dinheiro para nós".

O crescimento da RE como função empresarial, no entanto, é também produto da globalização da comunicação. O advento da internet, possibilitando a transferência imediata de informação e imagem, permite aos observadores empresariais – benignos ou beligerantes – contar com copiosos dados online sobre todos os aspectos das atividades de uma companhia, principalmente, mas não só, se ela é publicamente cotada (em bolsa). Isso significa que más práticas ambientais e sociais estão apenas a um clique – com a câmera de um celular – da distância das editorias dos jornais e do YouTube, com imediatas consequências negativas para a reputação e o balanço da empresa. Embora o valor da reputação seja difícil de calcular, Christopher Satterhwaite, CEO da Chime Communications, uma firma de Relações Públicas, acha que equivale de 25 a 30% do valor total de uma empresa. Outros acham que esse valor pode ser maior. Se for diante de uma situação muito ruim, pode chegar a 100%. A reputação está estreitamente ligada à confiança e, em 2009, uma pesquisa da Ipsos Mori constatou que apenas 25% das pessoas acham que os líderes empresariais dizem a verdade, desempenho só melhor que jornalistas e políticos.[4]

Consequentemente, a RE é vista mais como uma resposta empresarial normal a qualquer coisa que ameace a obrigação legal de uma empresa de maximizar os lucros dos acionistas. Como isso foi feito e de que maneira o conceito evoluiu, porém, são lições interessantes para o líder voltado para a sustentabilidade.

Para ajudar a desvendar essas lições, classifiquei a moderna RE em quatro tipos ou estágios: defensivo, estratégico, "súplica ambivalente" e transformacional, ilustrados na Figura 5.1. Embora dispostos aproximadamente de forma sequencial, esses tipos são, como a teoria da liderança, realmente confusos. Deu-se espaço também aos detratores da RE, aqueles para quem toda a "indústria" de RE retardou o passo da reforma empresarial.

Se você trabalha numa organização que possui política e prática de RE (ou talvez até seja o responsável por elas!), espero que o que segue provoque uma autocrítica construtiva. Em que ponto você se encontra na trajetória para a transformação? Está indo rápido o bastante? Isso serve para quem trabalha tanto em empresas sem fins lucrativos quanto no setor público – porque, mesmo tendo por objetivo primário o serviço público, o setor público imita o comportamento do setor privado e está também promovendo a RE.

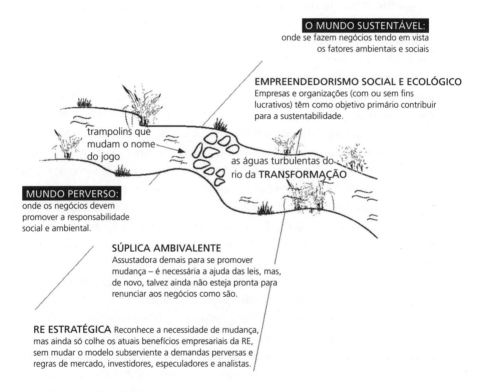

FIGURA 5.1 Diferentes etapas da RE.

Responsabilidade empresarial defensiva

Catástrofes empresariais como a do petroleiro da Amoco Cadiz, em 1978, que poluiu a costa francesa, ou a da fábrica de pesticidas da Union Carbide, em 1984, que liberou gás em Bhopal, Índia, matando e envenenando mil pessoas, chamaram a atenção da imprensa, dos cidadãos e dos legisladores sobre a responsabilidade das empresas pela segurança das pessoas e do ambiente onde operam. Obedecer à legislação já não bastava, a reputação da empresa dependia também de ser vista como empenhada em fazer a coisa certa.

Pela mesma época, a OECD e o Centre on Transnational Corporation, da ONU, começaram a formular códigos de conduta para as empresas que operavam nos mercados rapidamente globalizados de bens e serviços. No entanto, quem devia implementar esses códigos eram os governos, não as próprias empresas, o que se revelou um equívoco. Os governos logo se deixaram envolver por seus interesses nacionais na nova arena global de comércio e desenvolvimento, enquanto as companhias adotavam estratégias sofisticadas para barrar quaisquer tentativas de controle externo e se uniam para impor a autorregulamentação voluntária.

Assim nasceram a moderna RE e o especialista em RE nas unidades funcionais das organizações e na academia. "Meu trabalho", gostam de ironizar os novos especialistas (sem ironia aparente), "é deixar o CEO de mãos livres e longe das grades". Organizações ativistas reclamam da hipocrisia, e um dos estudos de caso favoritos é o do Business Council for Sustainable Development (BCSD), durante a Cúpula da Terra, ECO-92. Postando-se aparentemente entre a atitude intransigente (nada de regulamentações) assumida pela Câmara Internacional de Comércio e uma proposta nórdica para disciplinar o comportamento empresarial, o BCSD conseguiu se impor com a "mudança em curso da indústria" – ou seja, a autorregulamentação voluntária.

Aos poucos, sobretudo na última década, a fúria dos ativistas contra as empresas privadas se transformou em colaboração num amplo leque de atividades, como a redução das emissões de CO_2, padrões éticos na cadeia de abastecimento e projetos filantrópicos envolvendo o pessoal da própria empresa.

Os sistemas de governo ficaram sob a luz dos holofotes quando, por exemplo, a liderança da Shell permaneceu passiva diante da prisão e execução do poeta nigeriano Ken Sarowiwa, em 1995, por combater as atividades da companhia na área do delta de seu país, e vieram à tona episódios de corrupção na empresa de energia americana Enron e na gigante das telecomunicações, a WorldCom. Vários códigos e padrões conjunta e voluntariamente adotados, como o FSC (The Forest Stewardship Council) e sua contrapartida da Marinha, Fairtrade, Transparência Internacional e Os Princípios do Equador, foram seguidos pela legislação sobre administração empresarial, como a Lei Sarbanes-Oxley, de 2002, nos Estados Unidos. Três quartos das cem maiores empresas globais publicam um relatório de RE, e a ideia de usar a RE para promover a "higiene" empresarial junto a um amplo leque de detratores potenciais disseminou-se para organizações sem fins lucrativos. Departamentos do governo, autoridades locais e instituições de caridade estabeleceram suas próprias políticas e divulgaram regularmente o progresso da implementação. A sensação de vertigem é inevitável quando se pensa que o GRI (Global Reporting Initiative, que estabelece um padrão para divulgar atividades de RE) produz um relatório sobre si mesmo com 92 páginas![5]

Em quase todos os casos da (ainda) minoria de empresas que adotam uma política de RE, tudo acontece na área de negócios e marketing. Isso provocou a acusação de que a RE defensiva nada mais é que uma aplicação do *greenwash* ao objetivo real da empresa, que é proteger o retorno dos acionistas, para camuflá-lo aos olhos dos ativistas e do governo.

Responsabilidade empresarial estratégica

Recentemente, *The Economist* começou a questionar se a RE ainda era totalmente *defensiva*. Proteger a reputação e os lucros é sem dúvida parte de uma boa administração de riscos; haverá então algo mais por trás da "peneira que tapa o sol"?[6] A revista traz um longo registro de ceticismo com relação à RE,[7] mas já admite que ela existe e floresce, tendo vindo talvez para ficar. Se encarada de um ponto de vista *estratégico*, não poderia a RE se tornar parte da vantagem competitiva da empresa? É que, associando as responsabilidades ambientais e sociais ao *objetivo* da organização, ela pode não apenas assumir uma posição de destaque na nova economia, mas também ajudar a construí-la. A RE com certeza não é nada mais do que um simples autointeresse esclarecido.[8]

A ONG inglesa Forum for the Future fez uma das primeiras tentativas de explorar e promover a ideia segundo a qual a sustentabilidade não só é uma boa prática de negócios como é boa *para* os negócios.[9] Sua própria lista de benefícios potenciais (na Tabela 5.1) para fazer esse caso e medir o progresso é relevante tanto para o setor público como para o privado, influenciando o modo como o Forum trabalha com seus parceiros em busca de respostas inovadoras práticas para os diferentes desafios da sustentabilidade.

A Dra. Sally Uren, do Forum for the Future, notou um rápido aumento de interesse pela sustentabilidade em diretorias de empresas em todos os setores nos últimos anos, mas observa que "a coroa da sustentabilidade não será ganha numa única arrancada; ela é uma disputa em várias etapas, uma espécie de Tour de France empresarial sem a Lycra". Quem deve incentivar essa mudança de mentalidade são os próprios consumidores, diz ela. "Eles não devem ser apenas 'cães de guarda ecológicos' (...) constituem boa parte do público consumidor (...) sustentabilidade não é lazer, é um negócio sério".[10] Seu argumento é apoiado por uma elevada percentagem de pessoas que acham necessário ou muito importante que a empresa assuma um alto grau de responsabilidade ambiental e social, e pelos esforços dos parceiros do Forum para atender a essas expectativas.[11]

TABELA 5.1 Benefícios empresariais do desenvolvimento sustentável

Ecoeficiência	1. Custos reduzidos
	2. Custos evitados (projeto para o ambiente, ecoinovação)
	3. Estratégias de investimento otimizadas
Gestão de qualidade	4. Melhor administração de riscos
	5. Mais flexibilidade em mercados voláteis
	6. Motivação/dedicação do pessoal
	7. Capital intelectual aumentado
Licença para operar	8. Custos reduzidos de licenças/realização de planejamento
	9. Aumento de reputação junto aos principais acionistas
	10. Influência junto a reguladores/governo etc.
Vantagem de mercado	11. Marcas mais fortes
	12. Preferência do consumidor/fidelidade
	13. Custos de capital mais baixos
	14. Novos produtos/processos/serviços
	15. Atração dos talentos certos
Lucros sustentáveis	16. Criação de opções
	17. Novos negócios/participação crescente no mercado
	18. Maior valor para o acionista

Fonte: Forum for the Future (2005)

Em *Capitalism: as if the world matters*, meu colega Jonathon Porritt dá uma boa tacada nas deficiências da RE *greenwash*. Fornece exemplos animadores de grandes companhias que resolveram adotar uma abordagem mais estratégica para inserir o pensamento sustentável no modo como planejam, operam e avaliam seu negócio, como Marks e Spencer; mas afirma que esse esforço está longe de constituir um envolvimento pleno com o imperativo da sustentabilidade (Porritt, 2006). Até agora, a RE estratégica das grandes empresas tem dependido muito de um pequeno número de pessoas que a dirige internamente e da posição pública que assume. E ainda não há evidência de que o compromisso público de uma organização consiga sobreviver a uma mudança de liderança (por exemplo, a BP) ou de que uma grande empresa, só por adquirir um empreendedor social bem-sucedido, como fez a L'Oréal com The Body Shop, se transformará num passe de mágica. Tudo isso ressalta o valor do *indivíduo* para a liderança versada em sustentabilidade a longo prazo, que é o que importa. Uns poucos divergentes positivos aqui e ali na empresa, mesmo que um deles seja o CEO, talvez não bastem para mantê-la no rumo da transformação.

"Súplica ambivalente"

Para chegar ao ponto em que a sustentabilidade seja o único objetivo para os negócios, no governo ou em outra organização qualquer, há o pequeno problema do modo como os resultados financeiros sobrepujam os sociais e ambientais. Empresas publicamente listadas em bolsa estão legalmente acorrentadas ao crescimento de seus resultados financeiros, já as outras estão limitadas por convenções de contabilização e divulgação de negócios impedidas a um desempenho financeiro menor por um desempenho social ou ambiental melhor. Consequentemente, o setor empresarial, em particular, adquiriu o hábito de enviar mensagens diferentes a diferentes audiências. É esse hábito de falar com os dois cantos da boca que deixa os ativistas agitados e dá a esta seção seu título um pouco absurdo. Talvez não injustificadamente, os observadores empresariais farejam um "relacionamento especial" para esconder ou dissimular aos olhos de qualquer um fora do triângulo de ouro constituído por acionistas, empresa e governo.

Por um lado, os negócios montam colaborações no nível de CEO, como o World Business Council for Sustainable Development (WBCSD) ou o Global Compact da ONU, para divulgar suas próprias práticas adequadas e exigir dos governos uma regulamentação e uma legislação melhores. O objetivo do WBCSD é "ser um líder empresarial na defesa do desenvolvimento sustentável e participar da política de desenvolvimento para criar as condições adequadas para que os negócios efetivamente contribuam para o progresso humano sustentável".[12] Grant Thornton, um escritório de contabilidade, constatou que, para mais de 70% dos executivos que assessora, "o governo deveria avaliar o impacto que as empresas provocam no ambiente".[13] O Corporate Leaders Group on Climate Change, do Reino Unido, solicitou de líderes políticos "um padrão internacional juridicamente coercitivo a ser estabelecido em Copenhague em 2009, insinuando que a União Europeia deveria cortar as emissões de gases de efeito estufa em 30% até 2020, e não em 20%".[14]

Por outro lado, no entanto, os negócios aparecem como um suplicante muito ativo *contra* a regulamentação e a legislação, e *a favor* de menor tributação, inclusive favores especiais para lucros fora dos limites territoriais (offshores) e quadro de pessoal "sem domicílio". O WBCSD luta para manter o regime voluntário, autorregulador, preceituado na Cúpula da Terra de 1992, e, de outra forma, a admirável posição do Corporate Leaders Group é minada pelo fato de poucos membros serem afetados pelo lobby empresarial de comércio que praticam. Uma pesquisa do *McKinsey Quarterly* conclui que "embora fazer lobby – muitas vezes a portas fechadas – seja uma prática tão velha quanto os próprios negócios, ativismo corporativo de alto nível na área social e política tem sido notável por sua ausência". A mesma pesquisa descobriu também entre os CEOs "uma falta de familiaridade com as questões [da sustentabilidade] e a ideia de que especialistas em assuntos públicos e departamentos legais se encarregam desse tipo de coisas".[15] Isso deprimentemente contraria os relatórios sobre progressos na RE, e, nos cursos de ética na educação empresarial, eles *ainda* não entenderam o que é certo?

Em outra pesquisa com os membros do Pacto Global da ONU, a McKinsey concluiu que mesmo os CEOs presumivelmente mais comprometidos com a sustentabilidade reconheceram uma "lacuna de desempenho" entre o que achavam que deviam fazer e o que suas companhias realmente estavam fazendo. Os quatro principais obstáculos ao preenchimento dessa lacuna eram:

- prioridades estratégicas concorrentes (43%), como "exigências de acionistas por um desempenho sólido a curto prazo";
- complexidade para implementar a estratégia em varias funções do negócio (39%);
- falta de reconhecimento por parte dos mercados financeiros (25%);
- definições divergentes de RE conforme a região e a cultura (22%).[16]

Não é de surpreender, pois, que CEOs tendam a apostar em todos os cavalos – ao mesmo tempo fazendo lobby por uma regulamentação mais firme *e* pela liberdade de buscar resultados financeiros sem constrangimento.

O investidor George Soros diz que isso é inevitável. Enquanto houver conflito entre ganhar dinheiro e praticar responsabilidade social, a RE "incentivará a hipocrisia".[17]

RE transformacional

Mas, em bons ou maus tempos, aonde queremos que o setor empresarial chegue? Até os críticos da RE não se mostram claros a esse respeito. Em suma, acho que o melhor seria o setor privado retomar a visão de Joseph Wharton sobre o empreendedorismo social, em que o ganho financeiro para poucos é substituído pelo ganho financeiro, social e ambiental *simultâneo* para muitos. Em vez de um negócio (financeiro, por exemplo) voltado para o benefício social e ambiental, o contrário seria aplicado: um case social e ambiental teria que ser feito para gerar negócios. Vários modelos de negócios podem fazer isso, desde os financiados unicamente pela filantropia, como a Universidade dos Pés Descalços de Bunker Roy*, até uma companhia global com fins lucrativos de propriedade dos acionistas, como a Unilever – ao menos em teoria. Hoje, as empresas publicamente listadas continuarão a ter dificuldades enquanto estiverem sujeitas às regras que regem a maximização do retorno financeiro a curto prazo para os acionistas, estando autorizados a se comportar no limite ou sobre a borda da ética na busca dos ganhos para os acionista. Algumas operam quase como "um Estado alternativo independente" (Handy, 1997, p. 77).

Muhammad Yunus*, ganhador do Prêmio Nobel e fundador do grupo empresarial Grameen, mostra-se ainda assim otimista. Para ele, quanto mais a empresa social se mover na direção dos negócios, melhor para nós – no sentido de que ficaremos livres [da dependência de financiamento ou filantropia]. Temos oportunidades ilimitadas de crescer e fazer mais, dando respostas com mais facilidade. Podemos criar uma vigorosa alternativa à ortodoxia do capitalismo – um setor privado com consciência social, criado por empreendedores sociais.[18]

Yunus acredita também que, para a transformação real dos negócios, são necessárias novas bolsas de valores sociais, apoiadas por agências de avaliação, padronização de terminologia, definições, instrumentos de medição de impactos, formatos de divulgação e publicações novas, como o *The Social Wall Street Journal*.[19]

O que será da autorregulamentação voluntária poderá nos levar ao ponto em que os negócios se transformem graças às suas estratégias de RE? Com quase certeza, não no prazo que importa. Sem dúvida, uma legislação sobre a responsabilidade dos investidores será necessária. E até agora nenhum país possui um modelo legal coerente, específico, para o estabelecimento de empresas sociais.[20] Os divergentes positivos devem querer discutir ambas as coisas prioritariamente.

Enquanto isso, a ideia de que o crescimento de novos negócios inverterá criativamente o modo como as companhias atuais pensam e trabalham vai se tornando popular. Tanto que *The Economist* agora tem uma coluna em homenagem a Joseph Schumpeter, o economista que divulgou o conceito de "destruição criativa" como processo necessário para renovar o capitalismo. A diferença entre a época em que Schumpeter expôs sua teoria (1942) e hoje é que empresas já não têm necessariamente licença para destruir (por exemplo, a indústria automobilística americana e os bancos). Consequentemente – e lembrando que, numa economia de baixa emissão de carbono, o que prevalecerá é a qualidade do consumo, não a quantidade –, o espaço de mercado para novas e pequenas empresas voltadas para os valores sociais e ambientais é restrito. Quando empresas sociais "maduras" atingem um ponto na escala que ameaça abalar um mercado ou quando a inovação contínua se torna cara demais, a tendência é serem compradas por companhias maiores (como The Body Shop por L'Oreal) ou terem suas ideias cooptadas (como o comércio justo do Café Direct pelos supermercados). Para elas, é muito difícil ampliar o mercado de outra maneira. Como disse um bem-sucedido empresário social, "sinto-me como uma isca, à espera de alguém para me engolir".

Na verdade, as empresas maiores podem ser ajudadas se empresas menores, socialmente motivadas e inovadoras em sustentabilidade, se unirem não apenas para se defender dos predadores, mas também para criar um setor mais poderoso que diga ao governo e à sociedade: "Nós somos importantes demais para fracassar. Ajudem a criar um ambiente de negócios no qual possamos prosperar". Criar um setor empresarial fortemente motivado pela sustentabilidade é, talvez, a única forma de liberar as grandes companhias publicamente listadas da busca desenfreada de retornos financeiros cada vez maiores para seus investidores – independente do custo que isso possa ter para os demais.

Transformação significa uma mudança de forma irreversível. E é difícil encontrar esse tipo de ambição na RE tal como é atualmente definida e praticada, por mais bem intencionada que seja.

O argumento anti-RE

A despeito do teoricamente possível avanço das empresas rumo às praias seguras e ensolaradas de um objetivo e desempenho transformados, a RE conta com alguns detratores ferozes e influentes que formam dois grupos. Um tenta proteger o direito aparentemente exclusivo das empresas de serem socialmente tão irresponsáveis quanto quiserem, e o outro vê a RE como uma perigosa distração da necessidade de ação urgente e radical para enfrentar os problemas ambientais e sociais cada vez maiores. Para sermos justos, este último ponto de vista de certa forma apoia a transformação acima referida, mas não confia que as empresas possam fazer isso por si mesmas.

Com relação ao primeiro argumento: a RE é um albatroz enorme que estrangula a lucratividade financeira tanto quanto a administração antiga o fazia. Um dos primeiros defensores desse ponto de vista foi um dos arquitetos da economia de livre mercado, Milton Friedman. Ele disse em 1970 uma frase que ficou famosa: "A responsabilidade social das empresas é aumentar seus lucros".[21] Cabia ao governo se preocupar com a pobreza e a degradação ambiental. O negócio dos negócios era fazer negócios. A versão mais recente desse argumento rejeita a ideia de que o sucessor do capitalismo dos administradores e investidores seja o capitalismo socialmente responsável. Embora admita que a RE "pegou", David Henderson conclui de maneira inequívoca: "A *doutrina atual* da RE, apesar de seu apoio geral e crescente, é profundamente falha. Implica uma visão equivocada dos problemas, eventos e relações econômicas, de sorte que sua adoção plena pelas empresas reduziria o bem-estar e enfraqueceria a economia de mercado".[22] Meu grifo na citação acima adverte que, embora esse argumento anti-RE provavelmente tenha sido alimentado pela recessão, ainda é muito cedo para declarar a missão cumprida.

O argumento da perda de um tempo precioso é defendido mais tenazmente por Robert Reich. Ele acusa os consumidores que pedem preços mais baixos enquanto, paradoxalmente, exigem padrões mais altos de responsabilidade social, de igualmente responsáveis pelos excessos do capitalismo. A raiz do problema não está na cobiça empresarial (isso sempre existiu, garante Reich), mas na concorrência. Esta é a principal responsável pela "corrida para os resultados" – bens mais baratos, custos trabalhistas menores e um mínimo de preocupação com recursos ou poluição. As empresas competem para cortar custos, trabalhar para os acionistas (evitando ser compradas) e agradar aos consumidores. RE e outras coisas, como doações a partidos políticos, participação em comissões governamentais e filantropia ostensiva são praticadas *apenas* para maximizar a vantagem competitiva. Os consumidores adoram isso (mas gostam mais dos preços baixos) e os governos atendem aos clamores das firmas por menos impostos e regras. "Em grande parte, a RE é honesta. Sincera. Tem tido impacto positivo. Mas quase sempre fora do processo democrático. Praticamente, não conseguiu mudar em nada as regras do jogo" (Reich, 2007, p. 168).

O argumento de Reich é que o "supercapitalismo", como ele o chama, contribuiu indireta e involuntariamente para enfraquecer a democracia, levando o governo a abdicar de sua responsabilidade e a desagradar aos cidadãos, os quais, percebendo que ele prioriza interesses empresariais, hesitam em mudar seu comportamento. O poder do capitalismo de investidor aumentou e se globalizou, e a democracia enfraqueceu. É um erro pensar que a democracia empresarial e as doações voluntárias possam substituir uma sólida política pública, afirma Reich. A RE é um fraco substituto para leis eficientes contra os desmandos das empresas. A solução? O único remédio, conclui ele, seria isolar o dinheiro e a influência empresarial do sistema político: "Impedir que o supercapitalismo contamine a democracia é a única pauta construtiva para a mudança. Tudo o mais são desvios" (Ibid., p. 14).

Reich não está sozinho. Por exemplo, John Ruggie, professor de Harvard e representante especial do secretário-geral das Nações Unidas para negócios e direitos humanos, assinala que "o debate sobre os negócios e os direitos humanos seria bem menos urgente se todos os governos fielmente executassem suas próprias leis e cumprissem suas obrigações internacionais".[23]

Brotos verdes

Agora que o capitalismo já não é mais "super" e a corrida para salvar a economia se intensifica, parece que as companhias focadas em sustentabilidade estão superando suas rivais no retorno de valor aos investidores. De maio a novembro de 2008, as ações de 99% das empresas citadas tanto no Dow Jones Sustainability Index quanto no Goldman Sachs Sustain tiveram um desempenho 15% melhor que o de suas rivais. Embora isso ainda não seja o fim, o que se conclui daí é que, se você estiver mesmo empenhado em transformar sua prática empresarial, sua companhia terá mais chances de emergir da atual crise financeira mais forte que nunca.[24] Também é muito cedo para dizer se os retornos para o ambiente ou a sociedade serão *suficientes*; sem dúvida, não se pode contar com isso, pois as coisas estão mudando muito rapidamente.

Capítulo 5 – A deslealdade das escola de administração

O Forum for the Future acha que o percurso *iniciante – realizador – líder – pioneiro* parece estar funcionando para muitos de seus parceiros, particularmente os cotados nas bolsas de valores e seus processos de grandes negócios de via rápida. Mas nem o mais bem-sucedido de nossos parceiros se acha tão preparado quanto deveria para a escala de mudanças que a iminente crise ecológica ameaça impor. Nem tão pouco estão próximos do estágio dos novos empreendedores de sustentabilidade, como Divine Chocolate* ou a Ecover, empresas que tiveram resultados de sustentabilidade como meta desde o início. Contemplando a próxima década em termos de negócios e sustentabilidade, o Forum explora os desafios ao modo atual de fazer negócios e conclui que "sustentabilidade é importante demais para ser deixada aos cuidados de departamentos de RE".[25]

E quanto às escolas de negócios? Segundo a *Business Week*, a recessão levou para os programas de MBA muitas pessoas interessadas em negócios sustentáveis e empreendimentos sociais. Estas, mais que os empregadores, estão forçando as escolas a permitir que os currículos sejam customizados às ambições de carreiras dos que a revista chama de "geração do milênio", nascida entre 1980 e 2000. "Eles têm muita força de vontade, são passionais, otimistas e ávidos por trabalhar (...). Essa geração tem muito potencial. Vai mudar o mundo".[26] Eis um perfil que combina com os dados de uma *Future Leader Survey* feita pelo Forum for the Future com calouros do sistema universitário do Reino Unido.

O instituto americano Aspen Institute Centre for Business Education realizou em 2009 a pesquisa Beyond Grey Pinstripes e constatou que 69% (34% em 2001) das escolas exigem que os alunos façam pelo menos um curso de negócios e sociedade, evidentemente em resposta à demanda das empresas e dos próprios alunos.[27] No entanto, somente 30% das 149 escolas que se manifestaram têm cursos de sustentabilidade em seu currículo principal. Além disso, pelo que sei, a maioria está, quando muito, ensinando no limite entre RE *defensiva* e RE *estratégica*. Se o leitor sabe de alguma escola que esteja ensinando no extremo de *transformação* de RE, por favor, entre em contato comigo!

Assim, embora a maior parte das organizações e do ensino nas escolas de negócios se encontre no estágio de pré-engajamento ou do modo defensivo, quando se trata de abraçar a sustentabilidade, e relativamente poucas estão na fase estratégica, não há razão para que o trânsito rápido não possa ser feito por todas, para as águas reconhecidamente turbulentas da transformação. Eu diria que é para onde os eventos ambientais e econômicos já nos trouxeram. Ou esperamos por novas crises ou intervenções governamentais precipitadas que nos lancem despreparados nesses mares; ou nos tornamos divergentes positivos e rápida, mas cuidadosamente, nademos por essas águas até o outro lado, onde nosso único objetivo é contribuir para a sustentabilidade.

Em suma, não espere que o caminho para a mudança transformadora surja diante de você; faça o seu próprio.

Conclusão
Transformação significa que não há como voltar atrás

No final desta seção, gostaria que os leitores ainda leigos no assunto já tenham alguma ideia do tipo de "persona" de liderança que são ou, pelo menos, não são! Espero também que tenham entendido que, embora nem tudo com relação às diferentes teorias de liderança seja inútil, vale a pena escolher os *insights* que ajudam a entender melhor você mesmo. Acima de tudo, espero tê-lo convencido de que os líderes do século XXI terão de pensar mais profundamente sobre *para que* é a liderança (desenvolvimento sustentável) e sobre sua interconexão aos problemas e soluções envolvidos. Talvez você tenha começado a usar o diagrama de conexões (Figura 4.1) para modelar sua atual "persona" de liderança versada em sustentabilidade, pronto para terminar o trabalho à medida que lê o resto do livro. Se não, espero que tenha criado um quadro similar para você mesmo, não apenas para reunir seu conhecimento e compreensão à medida que progride, mas também como um hábito para se manter numa jornada duradoura de aprendizado.

Embora eu não queira me aprofundar no assunto (neste livro, pelo menos!), muitas pessoas andam dizendo que é necessária uma abordagem mais feminina à liderança. Certamente, os motivos pelos quais tantas mulheres são rejeitadas pelos comportamentos de liderança hoje dominantes, e o fato de parecerem melhorar o desempenho das firmas quando integram a diretoria em número suficiente, ou as administram elas próprias, revelam que valeria a pena uma investigação mais rigorosa (baseada em provas) daquilo que acontece de modo diverso. Não sobre os motivos de as mulheres não estarem lá, mas sobre o que acontece quando estão.

Em se tratando de RE, você deve ter notado minha falta de simpatia por todo o conceito. De fato, há um terceiro tipo de anti-RE que subscrevo: a RE adiou criticamente todo o processo de transformação de companhias/organizações em posturas plenamente orientadas para a sustentabilidade. Minha preocupação, em 1972, de que a criação de departamentos ambientais separados no governo iria isolar os problemas da degradação ambiental, dando às finanças e a outros departamentos uma desculpa para não se envolver, era, como se viu, inteiramente justificada. Sinto que o mesmo ocorreu com a "comunidade" de responsabilidade social corporativa. Tanto prática quanto academicamente, ela está à deriva nas águas organizacionais e intelectuais. Quantas empresas têm um executivo especializado em sustentabilidade ao lado do CEO e do executivo financeiro ou CFO? Para sermos justos, a RE está merecendo muito mais ressonância e atenção agora e alguns CEOs começam a assumir posições de liderança. Ainda que as tendências ambientais e sociais negativas sejam os principais impulsos, o Companies Act [Lei das Empresas] de 2006 ajudou um pouco e o Climate Change Act [Lei das Mudanças Climáticas] no Reino Unido, bem como a designação do CO_2 como poluente nos Estados Unidos, sinalizam na direção da legislação. Entretanto, muito mais poderia ser feito a fim de criar estruturas e processos dentro de uma organização, para torná-la incapaz de qualquer coisa a não ser avançar de um modo que faça da sustentabilidade seu objetivo principal. A transformação não tem volta, mesmo quando o principal defensor da sustentabilidade vai embora.

A próxima seção deste livro é devotada ao conhecimento e habilidades de que você precisará para praticar a arte da liderança versada em sustentabilidade e ser um divergente positivo eficiente em prol dessa causa. Da primeira seção, espero que você tenha acumulado ideias suficientes para seu próprio conhecimento e experiência até aqui, melhorando-as talvez por meio de minhas reflexões sobre diferentes aspectos das modernas abordagens ao desenvolvimento da liderança, especialmente nas escolas de negócios. Ter consciência de quem você é e do que sabe lhe permitirá sustentar seu eu "autêntico" à medida que abre a mente e aperfeiçoa seu comportamento versado em sustentabilidade.

Terceira parte
Liderança versada em sustentabilidade

> Todos os grandes líderes tiveram uma característica em comum: a disposição para enfrentar inequivocamente a ansiedade de sua gente em sua época. Isso, e não muito mais, é a essência da liderança.
> (J. K. Galbraith, *The Age of Uncertainty*, 1977)

Terceira parte

Introdução Que milhares de divergentes positivos floresçam! 177

Capítulo 6 Quatro hábitos de pensamento 179
  Resiliência 179
  Relacionamentos 182
  Reflexão 184
  Reverência 186

Capítulo 7 Novas perspectivas e conhecimento amplo 189
  Uma visão de mundo versada em sustentabilidade 189
  Uma base de conhecimento suficientemente boa 195
    Ética e valores 197
    Pessoas e comunidades 197
    Ciência e tecnologia 198
    Economia 200

Capítulo 8 Princípios da prática e instrumentos do ofício 205
  Princípios da prática 205
    Ubuntu, moralidade, valores e ética 206
    Você e a divergência positiva 209
    Inteligência social e compaixão 211
    Tudo está conectado: sistemas e resiliência 213
    Pensar em resultados e estratégias 217
    Transformando dados em sabedoria 221
    Imaginando com os outros 224
  Avaliação de resultados 225
    Contribuição para a sustentabilidade 226
    Ubiquidade da prática 227
    Influenciando outros 228
  Instrumentos para a mudança 229
    Aprendizagem para a vida 229
    Ferramentas de tomadas de decisões para resultados de sustentabilidade 234
      A Ferramenta dos Cinco Capitais 235
        Uma palavra sobre estoques e fluxos 238
        Doze traços de uma sociedade sustentável 238
      The Natural Step (TNS) 242

The Natural Step: as quatro condições sistêmicas	243
Futuros	244
Tudo muda para sustentabilidade	246
Do berço ao berço: análise moderna do ciclo de vida	251
Medidas de sustentabilidade (inclusive a contabilização de carbono)	254
Conclusão A sabedoria prática	**265**

Introdução
Que milhares de divergentes positivos floresçam!

As seções anteriores fornecem os motivos de mudança para um modo mais sustentável de vida e tentam colher algumas lições importantes da educação de liderança existente. Agora daremos ao leitor algumas informações sobre soluções globais para a *in*sustentabilidade, a fim de demonstrar a verdadeira escala do esforço necessário, mas também para que você veja como seus esforços locais e o das pessoas que você influencia estão contribuindo. Esta seção se baseia na tese aventada na Introdução do livro – segundo a qual não existe um modelo de liderança versada em sustentabilidade para um indivíduo ou uma organização (que é uma coleção de indivíduos muitas vezes muito diferentes). Aqui, portanto, insistiremos em áreas de pensamento, aprendizado e prática que ajudarão você a desenvolver seu próprio tipo de liderança versada em sustentabilidade. Um divergente positivo bem-sucedido só consegue persuadir os outros a confiar e acreditar nele se falar com sinceridade, a seu próprio modo. Citar e reproduzir terceiros é ótimo – na verdade, essencial –, mas não será crível se for mera repetição sem reflexão.

Na verdade, há linhas indistintas entre diferentes partes desta seção, mas tentei organizar e redigir o material de modo que as ideias se tornem acessíveis a quem esteja lidando com liderança e/ou sustentabilidade pela primeira vez, sem deixar de oferecer aos mais experientes algumas visões e ângulos novos. Tentei minimizar (embora não eliminar) o ir e vir do raciocínio para oferecer a todos os tipos de leitores uma variedade de caminhos de interesse que eles possam seguir por meio das referências.

Cada item é prefaciado por um resultado (aquilo que você espera ser capaz de fazer caso esteja *suficientemente* à altura de todos os componentes), o que o ajudará a avaliar seu próprio progresso. As exceções são os Quatro Hábitos de Pensamento, que começam com perguntas que você deve se fazer o tempo todo, de preferência automaticamente, a fim de manter suas decisões imediatas firmemente enquadradas num contexto de sustentabilidade mais amplo e em longo prazo.

Embora meu foco seja no aprendiz individual, se você for responsável por ministrar educação em liderança e gestão, ou treinamento em sustentabilidade que possa ser classificado de *leve*, espero que esta seção o ajude a aprimorar seus cursos. Se estiver numa escola de negócios, procurando se redimir de pecados passados de comissão ou omissão, só há uma coisa a fazer: proficiência em sustentabilidade! Transferindo-a do módulo opcional para integrar em todos os cursos principais, você pode ajudar a trazer inúmeros aliados a seguir os divergentes positivos que já estão em campo.

Capítulo 6
Quatro hábitos de pensamento

Normalmente, não gosto de listas em livros de administração que citam os Dez Principais Isso ou os Sete Essenciais Aquilo, sobretudo quando começam com a mesma letra. Assim, é com humildade, para não dizer constrangimento, que ofereço quatro Rs como conceitos importantes ou, mais especificamente, hábitos de pensamento – resiliência, relações, reflexão e reverência. Resumidos na Introdução e reaparecendo em todos os capítulos, eles são descritos mais detalhadamente aqui.

Eles me fornecem uma base para tudo o que faço. Realcei sua importância numa palestra ou conferência? Na análise de um problema ou no encaminhamento de uma solução foram todos levados em conta? No calor da urgência, esses são os pensamentos refrescantes que asseguram que a viagem para a sustentabilidade se mantenha no rumo certo. Se o que digo e faço não contribui para a resiliência das pessoas como parte da ecologia da Terra; não aprofunda nem estende o tipo de relações que integram essa resiliência; não abordou suficientemente o que era bom ou mau com respeito ao passado a fim de dar as melhores informações sobre o futuro; não reconhece nossa dependência do mundo natural, que tem mais poder sobre nosso destino do que gostaríamos de aceitar; então, talvez eu precise me esforçar mais.

Resiliência

Estou melhorando a capacidade de qualquer sistema ecológico ou social, para permanecer forte ou se tornar mais forte ainda a ponto de absorver grandes choques e continuar fundamentalmente inalterado?

Resiliência é a capacidade de um material, sistema ou pessoa suportar choques mantendo essencialmente a mesma função, estrutura, informação e, portanto, identidade. Quanto mais resiliente for uma coisa, maior o choque que poderá absorver sem mudar para um regime alternativo. Para um engenheiro, a resiliência de uma peça de aço se mede por sua capacidade de ser curvada ou aquecida sem se quebrar ou perder a resistência. Edifícios e pontes são construídos para "sobreviver" a episódios como incêndios, terremotos e inundações. Para o psicólogo, a resiliência é o nível de estresse que uma pessoa (ou grupo) pode suportar sem entrar em crise. Num sistema ecológico, é o ponto no qual a diversidade dentro de um sistema biológico se enfraquece tanto que o ambiente se transforma, como sucedeu aos espaços de pesca do bacalhau na ilha Terra Nova, Canadá, no início dos anos 1990. Usando esse exemplo, o modo como o sistema ecológico (a economia biogeoquímica) sustenta os sistemas sociais (inclusive a economia humana) foi ilustrado pelas práticas excessivas e destrutivas de arrasto que não apenas apanhavam os peixes, mas extirpavam o ecossistema do qual eles dependiam e, com ele, o meio de vida de 40 mil pessoas. "[Os pescadores] dragavam o fundo do oceano como se fosse um chão pavimentado."[1] O dano causado à complexidade do sistema ecológico em que o bacalhau vivia e à comunidade local ainda não foi recuperado mesmo após quinze anos de suspensão da pesca. A diminuição da quantidade de peixes e aves marinhas no Mar do Norte sugere que se está seguindo o mesmo caminho nesta década (Clover, 2008).

Então, o que torna resiliente um sistema – ecológico, social ou econômico? A resposta mais simples é: o número e a qualidade de suas partes interconectadas. A evolução procura maximizar a resiliência fortalecendo e tornando ainda mais numerosas e complexas as relações entre a química, plantas e animais.[2] Se fosse possível desenhá-las, provavelmente lembrariam a ilustração que vemos à esquerda da Figura 6.1.

Como de fato é.

Como parece de onde você está.

FIGURA 6.1 Resiliência.

Para a maioria das pessoas, entretanto, esse grau de complexidade é muito difícil de encarar e, certamente, muito problemático para comunicar. A outra ilustração na Figura 6.1, à direita, com você no meio, talvez seja mais útil. Ela mostra que sua resiliência pessoal depende do número de conexões que você mantém com outras pessoas. A maioria será com pessoas próximas, família, amigos, colegas etc.; mas algumas serão com pessoas distantes, talvez do outro lado do mundo, uma tia ou colegas na Austrália, por exemplo. A pesquisa de Robert Lane revela que, quanto mais conexões pessoais você tiver, e quanto mais as reforçar e multiplicar, mais facilmente enfrentará os choques que a vida pode lhe dar (Lane, 2000).

Coloque sua comunidade local em seu lugar no diagrama da direita e pergunte-se quão resiliente ela é no sentido holístico do exemplo do bacalhau na Terra Nova. Há uma variedade de oportunidades para as pessoas trabalharem, reunirem-se ou interagirem de alguma forma umas com as outras (cafés, clubes e lojas) de modo que essa busca de convívio signifique a criação de um senso de comunidade? Você vai a festas, recebe convidados e comparece a funerais? Sua economia local é resiliente no sentido de promover diferentes tipos de atividades, não dependendo demais de uma única indústria, talvez com tomadores de decisões em outros países, como aconteceu com a cidade de Coventry e a indústria automobilística?

Exatamente o mesmo raciocínio pode ser seguido caso você coloque sua organização no meio do diagrama da direita. Até que ponto ela é resiliente ou o será no futuro? A multiplicidade de conexões que ela possui – interna e externamente – torna-a mais forte ou mais vulnerável? A diversidade de fornecedores e clientes, de longe e de perto, protege você de danos caso um ou dois rompam o relacionamento por algum motivo? Sua organização trata separadamente suas responsabilidades e riscos sociais, ambientais e econômicos? Se for assim, ela pode ser mais vulnerável a crises em alguma dessas áreas, como as imobiliárias que constroem hotéis de veraneio em mangues e perdem tudo para as tempestades costeiras.

Ainda bem que um dos Prêmios Nobel de Economia em 2009 coube a Elinor Ostrom. Ela escreveu sobre os usualmente complexos sistemas de governança que dão resiliência aos modos de conservar e partilhar equitativamente recursos "comuns" escassos como a água, usando estudos de caso da vida real em vez de modelos abstratos para demonstrar seus argumentos (Ostrom, 1990). O outro ganhador, Oliver Williamson, também examinou as relações não mercadológicas mais complexas que influenciam o comportamento das empresas, mas quase nunca são representadas no preço de mercado, embora sejam críticas para sua resiliência quando os mercados mudam ou fracassam (Williamson, 1999).

A verdadeira resiliência, aquela que reduz a vulnerabilidade das pessoas e do meio ambiente a choques, reside na adequação da resiliência social (que diz respeito a nós próprios, às nossas organizações e à nossa economia) à do resto da economia biogeoquímica. O contrário não funciona. Nós sabemos disso, nós já tentamos.

Relacionamentos

Estou criando e protegendo as muitas e boas relações que sustentam a resiliência nos indivíduos e nos sistemas?

Resiliência implica massas de relações. Implica força ganha de muitas interdependências. Como no desenvolvimento sustentável. E como, é claro, na felicidade. Há montanhas de estudos que mostram que relações íntimas bem-sucedidas e bons amigos são a mais importante fonte de felicidade e outras emoções positivas, como forte autoestima e satisfação (como Argyle, 2001). Sabemos que a *ausência* de amizades satisfatórias nos tornam menos resilientes quando outras coisas vão mal (emprego, saúde e vida amorosa). E sabemos que o abuso de poder pode ser muito prejudicial nos relacionamentos.

Já se falou bastante sobre a importância de boas relações familiares como base de uma economia. Desde os tempos pré-históricos, eu diria, famílias disfuncionais custaram mais para a sociedade do que contribuiram, portanto, é boa notícia que a revisão de medidas do progresso econômico, feita por Nicolas Sarkozy, recomende o lar como a unidade preferencial para avaliar o *real* bem-estar – para as pessoas e a economia do país.[3] Mas, estranhamente, dada a nova realidade política que reconhece os governos e as comunidades locais como o espaço onde a implementação da política ocorre, o relatório subestima a observação africana que diz que "é preciso uma aldeia para criar uma criança". As famílias são importantes, sem dúvida; mas, se por algum motivo a unidade familiar não funciona, uma criança tem mais chances de crescer resiliente caso à sua volta existam outros modelos de sucesso e oportunidades próximas de aprender sobre comportamentos e relações sociais e pessoais afetivas e eficazes. E, embora as famílias possam dar uma grande contribuição a um futuro com baixas emissões de carbono, só as comunidades, trabalhando juntas, tornarão possível a necessária mudança radical para a geração de energia com baixo uso de carbono e o consumo ultraeficiente.

A importância das boas relações dentro da família e "na aldeia" é maior nas sociedades mais preocupadas com a sobrevivência do que nos países onde muitas casas possuem, como disse um ministro da fazenda sul-americano, "mais carros que filhos".[4] O chefe de uma aldeia no Máli explicou-me que a aldeia proporciona serviços sociais a todos os habitantes. Como não há aposentadoria do Estado, é a aldeia que cuida de seus velhos e incapacitados, tendo sempre uma porta aberta para os filhos e filhas que voltam. Apesar de meu ceticismo, ele me garantiu que, afora os casos de calamidade, "na África, mesmo hoje, não existem pessoas sem-teto". Por mais difíceis que sejam as coisas, todos têm uma aldeia aonde ir – mesmo que a seca, a migração e epidemias como a aids signifiquem que já não tenham família.

Isso não acontece nos países hoje considerados "plenamente" desenvolvidos economicamente. No livro *Bowling alone*, uma prestigiosa exposição do declínio do capital social nos Estados Unidos, Robert Putnam explica que nos últimos 25 anos as pessoas se desligaram da família, amigos, vizinhos e organizações sociais como igreja, associações de pais e mestres, clubes recreativos, partidos políticos ou ligas esportivas. A "cola" social das múltiplas relações de qualidade se dissolveu numa corrida individualista por riqueza pessoal e a oportunidade que ela traz de atividades solitárias, como ver TV ou disputar jogos de computador. Putnam cita o "capitalismo frio" como um dos responsáveis, mas culpa também o "grande" governo e o crescimento do Estado de bem-estar social pelo "bloqueio" da iniciativa privada e o abalo da confiança, que é o principal ingrediente de qualquer relacionamento, pessoal, social ou comercial. A intervenção do Estado subverteu o jogo de dar e receber que molda a sociedade civil. Já não nos sentimos responsáveis pelos idosos e incapacitados; ignoramos até nossos vizinhos (Putnam, 2000).

Recuperar as relações que governam o convívio das pessoas será difícil, mas ignorar esse desafio não é uma opção. O papel essencial da confiança em fazer com que a sociedade e a economia funcionem é realçado por Partha Dasgupta, como também os perigos de achar que isso é líquido e certo "como os recursos do ambiente, à nossa disposição sempre que precisarmos deles" (Dasgupta; Serageldin, 1999, p. 330). Conquistar e manter a confiança é uma atividade que requer grande manutenção e é de difícil recuperação uma vez perdida. Em qualquer relacionamento (no casamento, com um banco, entre governados e governantes, uma companhia ou marca, entre signatários de tratados internacionais ou negociadores comerciais), a perda de confiança pode ter consequências corrosivas.

A importância de preservar as relações ultrapassa a esfera social e chega até ao ambiente, algo que não é muito bem compreendido pela maioria dos cientistas sociais (inclusive economistas), os quais analisam o comportamento humano como se ele ocorresse no éter e não na Terra. Por mais difícil que seja contemplar os detalhes, sabemos que o mundo natural e sua longa evolução são um conjunto de inter-relações continuamente dinâmicas e complexas em todos os níveis – entre átomos e espécies, entre ar, terra e mar. Como nós, humanos, estamos intimamente envolvidos nesse processo, é uma falha estratégica que tantos estudos ignorem esse fato, em vez de saber-se tudo a respeito.

A liderança versada em sustentabilidade, portanto, significa pensar e agir como um conselheiro de relacionamentos que procura reparar, fortalecer e aumentar em número e qualidade as relações intelectuais e práticas entre pessoas e instituições, e entre cada um e suas raízes biológicas. Quanto mais numerosos e de boa qualidade forem seus relacionamentos, mais resilientes serão você, sua comunidade, suas instituições e o ambiente do qual tudo é parte.

Reflexão

 Pertence à família de compreensão Aprendizagem para a Vida (ver p. 229 para explicação)

Estou reservando um tempo para pensar sobre as coisas, de modo a aprender com a experiência e aplicar as lições ao futuro?

Você consagra regularmente um tempo à reflexão? Muitas pessoas pensam sobre incidentes e conversas; mas você acha que um tempo de reflexão formal é tão importante quanto se exercitar ou comer bem? Eu acho que teríamos poucos "sim" como resposta. A vida agitada torna o tempo precioso, de modo que pensar no dia seguinte é difícil, para não falar em fazer uma pausa a fim de refletir sistematicamente sobre as coisas.

No caso da liderança versada em sustentabilidade, em particular as pessoas que se consideram divergentes positivos, a prática reflexiva é importante por duas razões:

- Para desenvolver o conhecimento de sustentabilidade – trata-se, pura e simplesmente, de uma boa prática de aprendizado.

- Para aprender, com base na experiência, o que funciona e o que não funciona a fim de não repetir erros e assumir um comportamento adequado – e progredir. Isso nos protege contra a arrogância.

As pessoas que praticam a reflexão de um modo por assim dizer profissional (e há muitas) definem a reflexão de várias maneiras. Minha favorita é a de John Biggs e Catherine Tate: "Uma reflexão (de reflexo) no espelho é a réplica exata do que está diante dele. Na prática profissional, porém, a reflexão devolve, não o que é, mas o que *poderia* ser – um aperfeiçoamento do original" (Biggs, Tate, 2007).

Quando se trata de tomar o tipo de decisões "persistentes" (complexas) intrínsecas aos bons resultados de sustentabilidade, Donald Rumsfeld (acreditem ou não, ele claramente não praticou isso!) faz o melhor exemplo de reflexão em sua famosa dissertação sobre as "incógnitas" na tomada de decisão: "Como sabemos, há reconhecidos conhecimentos. Há coisas que sabemos que conhecemos. Sabemos também que há desconhecidos conhecidos, isto é, sabemos que há algumas coisas que não conhecemos. Mas há igualmente desconhecidos desconhecimentos, aqueles que não sabemos que não conhecemos"[5].

Nunca "fizemos" desenvolvimento sustentável antes, assim, o sucesso vai depender de quão bem nós seremos capazes de desmontar o conhecimento e a percepção atual sobre como o mundo funciona e depois colocarmos tudo junto novamente para dar forma a uma nova prática. Rumsfeld, Biggs e Tate, ou mesmo o método socrático de aprendizado reflexivo por meio de perguntas e respostas, são parte da diligência exigida quando se tomam decisões no contexto do desenvolvimento sustentável.

Treinar para ser reflexivo não precisa ser complicado e pode se tornar rapidamente um hábito. O processo ilustrado na Figura 6.2 é até certo ponto simples e cabe a você escolher a maneira que lhe convém de praticá-lo – quando estiver se exercitando, rabiscando em um caderno, conversando com amigos e colegas ou as três coisas. Mas, quer você esteja aperfeiçoando conhecimento e ideias para você mesmo ou uma organização, partilhar o que aprendeu é tudo. Um dos modos pelos quais os divergentes positivos avaliam o sucesso é o número de pessoas e organizações que recrutam para sua maneira de pensar.

Os intérpretes puristas do Ciclo de Kolb notarão que não incluí a busca de modelos ou esquemas teóricos úteis para facilitar a compreensão, ao considerar como mudar ou melhorar alguma coisa. Isso porque muitos não são versados em sustentabilidade, constituindo assim uma perda de tempo potencial.

O divergente positivo

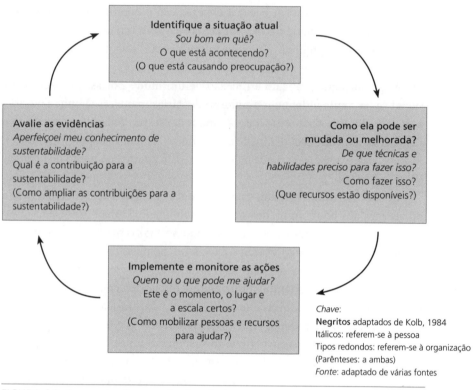

FIGURA 6.2 O processo de aprendizado reflexivo.

Desenvolver suas próprias antenas de sustentabilidade o *suficiente* para ser um consumidor crítico de outros esquemas pode ajudar; mas, conforme recomendo ao longo do capítulo, criar o seu próprio ou adaptar os ilustrados neste livro é a maneira mais eficiente pela qual os divergentes positivos podem dar saltos maiores e mais rápidos da análise à ação.

Reverência

Estou demonstrando uma "reverência respeitosa" para o poder do mundo natural e a intimidade de nossa relação biológica com ele?

"Respeito" é uma boa palavra e, sobretudo no âmbito da diversidade racial e cultural, preferível a utilização de tolerância quando se leva em conta a discriminação. Mas, embora eu a use muito, ela não me satisfaz quando procuro descrever a correta relação entre as pessoas e o resto do ambiente. "Reverência", não no sentido religioso, mas significando uma "reverência respeitosa" no sentido espiritual, parece-me mais apropriada.

O biólogo americano Edward Wilson nos lembra que só conhecemos uma fração das espécies vivas hoje e quase nada sobre o modo complexo e interdependente como mesmo um pequeno sistema ecológico funciona. Num trecho de floresta, por exemplo,

> vivem legiões de formas vivas: talvez trezentas espécies de pássaros, quinhentas de borboletas, duzentas de formigas, 50 mil de besouros, mil de árvores, 5 mil de fungos, dezenas de milhares de bactérias e assim por diante, numa longa lista que parte dos grandes grupos. Na maioria dos grupos, muitas das espécies são novas para a ciência, com propriedades inteiramente desconhecidas. Cada espécie ocupa um nicho preciso, exigindo um certo lugar, um determinado microclima, alguns nutrientes e ciclos de temperatura e umidade pelos quais são ritmadas as fases sequenciais dos ciclos de vida. Muitas espécies existem em simbiose com outras e não podem sobreviver sem seus parceiros nas configurações corretas (Wilson, 1998, p. 331).

Mesmo que pudéssemos separá-las e preservá-las, uma vez rompido o sistema, não conseguiríamos reorganizar de novo essas comunidades. "Semelhante tarefa, em qualquer parte do mundo, equivaleria a separar o joio do trigo com uma colher", diz Wilson, pois

> atualmente, a biologia dos microrganismos necessários para reanimar o solo é em grande parte desconhecida, e os polinizadores da maioria das flores, assim como o momento correto de sua aparição, só pode ser suposto. As "regras de montagem", em cuja sequência a espécie precisa colonizar a fim de coexistir indefinidamente, estão ainda em grande parte na esfera da teoria (Wilson, 1998, p. 331).

As mesmas "regras de montagem" se aplicam a nós, humanos; e, embora muita coisa se saiba sobre os pedaços que nos constituem – de células e genes a fígados e cérebros –, o modo como tudo se junta e se mantém em intercâmbio contínuo com o resto do ambiente continua sendo até certo ponto um mistério. Diga-se o mesmo dos sistemas ecológicos globais catalogados pelo Millenium

Ecosystem Assessment (Avaliação Ecossistêmica do Milênio), de 2005. Sabemos muito, mas imaginar que um dia saberemos como tudo se encaixa e funciona é, eu diria, perigosamente arrogante.

As estratégias para a sustentabilidade precisam, portanto, acomodar-se à ideia de que as obras da natureza talvez estejam além de nossa compreensão – possivelmente para sempre. Então, a única postura correta parece ser a reverência, uma reverência respeitosa diante de seu poder, beleza e complexidade, bem como a compreensão da total interdependência entre nós e ela. Em termos práticos, isso significa pensar continuamente na melhor maneira de devolver à natureza o controle sobre seus ecossistemas, em nossos quintais e globalmente. Mesmo no espaço mais densamente construído, muitas oportunidades existem de liberar a terra ocupada por asfalto e gramas industriais e devolvê-la às plantas e árvores. Sabemos que, quanto melhor for a qualidade do ambiente, melhores serão nossa bioquímica e nosso bem-estar.

Capítulo 7
Novas perspectivas e conhecimento amplo

As pessoas lendo este livro terão uma perspectiva diferente sobre o modo como o mundo funciona e um conjunto inteiramente pessoal de conhecimentos e experiências. Este capítulo tentará reunir alguns deles do ponto de vista da sustentabilidade – para ajudar o leitor a preencher suas próprias lacunas e, talvez, levá-lo a entender melhor por que outras pessoas têm ideias e comportamentos diferentes. Isso pode ocorrer devido ao que sabem e experimentaram, mas também pode ser por causa do que não sabem ou entendem. Você pode não concordar com o que considerei importante, achando que deixei de fora algo que julga vital. Mas não importa. O objetivo é que você mobilize suas faculdades críticas e chegue à sua própria visão de mundo, ampla mas versada em sustentabilidade.

Uma visão de mundo versada em sustentabilidade

Você tem uma compreensão *suficiente* daquilo que constitui uma visão de mundo e pode criticamente avaliar as diferentes (e os valores que as sustentam). Você pode articular uma atraente visão de mundo versada em sustentabilidade ou ecológica.

Weltanschauung (alemão: *Welt*, "mundo"; *Anschauung*, "visão" ou "perspectiva")
Uma visão sobre o mundo, ou uma percepção de uma pessoa ou grupo de pessoas. Conjunto de pressupostos ou conjecturas que temos sobre o mundo, por meio dos quais fazemos julgamentos ou escolhas. As conjecturas podem ser verdadeiras, parcialmente verdadeiras ou totalmente falsas; e podemos mantê-las consciente ou subconscientemente e ser consistentes ou inconsistentes sobre como aplicá-las (Sire, 1997).

A inconstância com a forma que adequamos visões de mundo para que atendam aos nossos propósitos em diferentes ocasiões é resumida por Berthold Brecht. Diz ele: "Visões de mundo são hipóteses em desenvolvimento". Como muitos de nós não são autoanalíticos o suficiente nem para perceber que possuirmos algo como uma visão de mundo, plenamente formada ou não, é natural que achemos difícil entender a dos outros. Como nossos valores pessoais e ética, que tendem a deixar sem examinar a razão pela qual interpretamos os acontecimentos de determinada maneira, preferimos quase sempre seguir a maioria.[1] Os divergentes positivos, querendo moldar o futuro de uma forma diferente, precisam examinar e, em seguida, eliminar os pressupostos errados que moldaram formas passadas de ver o mundo.

Embora hoje só possamos imaginá-lo, nossos ancestrais remotos devem ter tido uma visão do resto do mundo que considerava duramente e simplesmente seus perigos (mau tempo e predadores) e benefícios (bom tempo e alimento). Rituais para evitar os primeiros e conjurar os segundos, bem como o movimento para a agricultura, são evidencias do (compreensível) desejo humano de eliminar algumas das incertezas do convívio com a natureza.

FIGURA 7.1 Visões de mundo.

Capítulo 7 – Novas perspectivas e conhecimento amplo

Mais tarde, mas ainda em épocas nas quais a maioria das pessoas achava que a Terra era plana, as religiões organizadas assumiram o encargo dos rituais sagrados (ou não) que ajudavam as pessoas a mediar sua relação com a natureza e os semelhantes. O cristianismo e o islamismo são dois bons exemplos. Mas há também o budismo, o hinduísmo e o judaísmo. Todas essas religiões são misturas de modos de interpretar o mundo a fim de dar sentido à sua imprevisibilidade e de regras para conviver com ele e com os outros seres humanos. O budismo (há muitos Budas) e o confucionismo (lições da antiguidade para orientar o modo de viver hoje) talvez sejam menos visões de mundo e mais guias para descobrir a "verdade iluminada" ou os valores que realmente importam, embora ambos influenciem o modo como muitas pessoas interagem com o mundo e com as outras ao seu redor. Na Europa do século XVII, na que ficou conhecida como Idade da Razão (precursora do Iluminismo do século XVIII e da Revolução Industrial do século XIX), a ciência e o racionalismo começaram a desafiar a religião ou "fé sobrenatural" como intérprete e ditadora do modo como os seres humanos deviam entender o mundo e moldar sua sociedade. Essa atitude se inspirava em parte na tese aristotélica de que os homens são criaturas racionais e, como tais, podiam refletir e fazer escolhas – inclusive da "vida moral" – e, em parte, na rebelião contra o domínio que a Igreja exercia sobre o Estado e todos os aspectos da vida humana. Os modernos humanistas continuam a campanha pela separação de Estado e religião, eliminando, inclusive, o caráter caritativo das escolas religiosas. O destacado filósofo humanista Tony Grayling argumenta que "o futuro da humanidade exige que o domínio público seja um território neutro onde todos possam se encontrar sem preconceitos, como seres humanos iguais; e isso requer a completa privatização da superstição" (Grayling, 2003, p. 237). Uma visão de mundo com sustentabilidade pode aceitar a necessidade de uma dimensão moral e espiritual para a vida pública, além da preferência liberal pela neutralidade, aceitando ao mesmo tempo que o domínio público não seja controlado por interesses, religiosos, comerciais ou qualquer outro em especial.

Outros filósofos, sem nenhuma particular ligação com uma religião, argumentam a universalidade de um senso do sagrado com respeito à Terra, seja qual for a nossa visão de mundo. Como diz Roger Scruton: "O nascimento, a cópula e a morte são os momentos em que o tempo permanece parado, quando olhamos o mundo de sua extremidade, quando experimentamos nossa dependência e contingência, e quando estamos aptos para vivenciar uma admiração inteiramente razoável"[2]. Os ecofilósofos e os "ecologistas profundos", como o finado Arne Naess, sempre sustentaram que a perspectiva da "Terra em primeiro lugar" é a única "visão de mundo" legítima; e boa parte de seus escritos decoram minhas estantes e formam o modo como penso sobre o mundo (Naess, 1990). No fim, porém, parei com o slogan "Salve o Planeta", pois concluí que quem está em perigo é a nossa própria espécie. Consequentemente, minha visão de mundo é profundamente enraizada em nossa total dependência na economia biogeoquímica e no amor por seu poder e beleza; mas a minha motivação para a ação é a minha compaixão por meus colegas seres humanos e nosso potencial ainda não plenamente realizado para a felicidade. Recentemente, e nem sempre pela melhor das razões, fomos obrigados a aprender mais sobre a visão de mundo resultante de interpretações muito particulares do cristianismo e do islamismo. Por exemplo, a expressão "christian right" (direito cristão), nos Estados Unidos, envolve uma mistura de teses conservadoras sobre moralidade e ideologia política com negação científica da evolução. O extremismo islâmico, da mesma forma, confunde interpretações distorcidas do Alcorão com objetivos políticos. Não se esclarece muita coisa com o emprego da palavra "fundamentalismo" para descrever posições extremas tanto no cristianismo quanto no islamismo. Significando "servir como um fundamento, essencial, primário, importante", a palavra "fundamental" passou a exprimir o sentido de "literal", de interpretação ao pé da letra da Bíblia e do Alcorão, ou de "extremo", de intolerância ou violência contra quem acredita em outras coisas. Tanto os cristãos quanto os muçulmanos extremistas alegam ser repelidos pelo mundo secular e ofendidos pela modernidade (tudo depois de cerca de 1850), ainda como outros pessimistas oferecem apenas soluções que retrocedem. Difícil, porém, é ver o mundo com olhos tão diferentes do seu, mas devemos tentar, porque é só assim que o diálogo e a reconciliação, e, portanto, o movimento para frente, é possível.

Reconciliação aqui não significa chegar a uma uniformidade de visão de mundo. Um por todos não é possível nem desejável. Sim, significa um acordo razoável em torno de propósitos e valores compartilhados, mas é principalmente sobre como moderar os extremos. Lembrando a busca de uma resiliência crescente, a riqueza de culturas e nossa diversidade como pessoas é algo que merece ser cuidadosamente conservado, comemorado e desenvolvido. Nossas visões de mundo individuais e as de nossas comunidades são coloridas por muitas coisas: as ideias que descobrimos ou aprendemos; as experiências vividas independente de ser homem/mulher, jovem/velho, urbano/rural, rico/pobre, homossexual/heterossexual, doente/saudável, otimista/pessimista, alto/baixo, gordo/magro,

Capítulo 7 – Novas perspectivas e conhecimento amplo

branco/negro. Todas essas coisas e muitas mais influenciam nossa maneira de ver e interpretar eventos locais e internacionais. Uma visão de mundo com sustentabilidade não busca consenso e sim coexistência construtiva.

Apesar dessa quase sempre (mas nem sempre) gloriosa diversidade de visões de mundo, harmonizá-las é aceitar, política e ideologicamente, que o período de paz relativa após 1945 (conhecido como Pax Americana, graças ao papel de "policial global" exercido pelos Estados Unidos) e de prosperidade (graças ao Consenso de Washington, sobre a melhor maneira de conduzir a economia global) é a única visão possível de como o mundo pode funcionar. Embora que instituições internacionais como o Banco Mundial e a Organização Tratado do Atlântico Norte (Otan), por exemplo, foram pouco influenciadas pela economia budista ou os princípios gandhianos de resolução de conflitos. Quanto à Organização para o Comércio e Desenvolvimento Econômico (OCDE), esta praticamente ignorou a cultura islâmica, embora tivesse a Turquia como membro.

O preço de décadas de indolência intelectual e política agora deve ser pago sob a forma de sistemas ecológicos perigosamente degradados e de desafeição por parte do "resto do mundo" (isto é, da maior parte do mundo). Paternalisticamente etiquetados de "economias emergentes" ou "subdesenvolvidas", mas mantidos firmemente em seu lugar pelo "primeiro mundo", os chamados "segundo" e "terceiro" mundo têm feridas abertas de ressentimento há séculos. A resposta imatura do "primeiro mundo" aos ataques terroristas suicidas às torres do World Trade Center, em Nova York, em 2001, e a incapacidade perene dos Estados Unidos de entender as responsabilidades de liderança que cabem ao país mais poderoso do mundo (em termos militares, econômicos e políticos) juntaram-se à péssima administração dos sistemas financeiro e econômico globais e ao comportamento sem imaginação nos fóruns internacionais (como as negociações sobre mudança climática) para liberar o "segundo mundo" da submissão à visão de mundo de que "o Ocidente sabe mais".

Parag Khanna é um dos escritores que refletem sobre potências emergentes como Rússia, China, Brasil, Índia, Arábia Saudita, Cazaquistão e Emirados Árabes Unidos, as quais estão forjando múltiplas conexões e relações (Khanna, 2008). Um novo e potencialmente mais flexível arranjo econômico e militar global talvez esteja em curso, independentemente do que os Estados Unidos e a Europa possam fazer em seguida. Entrelaçados com as mudanças geopolíticas do poder global, existem outros interessados na conquista do poder com suas ideias e influência, desde cruzadas religiosas, ativistas não governamentais e megafilantropos. O turbilhão em todas essas maciças mudanças globais nas esferas econômica, social, política e militar é o acesso a recursos num mundo pressionado por uma enorme população que aspira a estilos de vida similares ao consumismo americano e europeu. O "nacionalismo de recursos" advertiu há algum tempo a International Energy Authority (Agência Internacional de Energia) com relação ao petróleo, e é agora uma realidade que solapou a ideologia segundo a qual o comércio era o grande pacificador internacional porque harmonizava os interesses de compradores e vendedores em escala global. A Rússia consolidou (literalmente, plantando sua bandeira no leito do oceano) sua reivindicação aos recursos existentes sob a camada de gelo em derretimento do Ártico. Como sempre, o mais pobre dos pobres – o chamado terceiro mundo –, com tanta riqueza "real" de recursos naturais, estão levando a pior. A África, por exemplo, tem vendido suas matérias-primas (e, no caso do Zimbábue, acesso eterno a eles) principalmente para a China, mas também para a Índia, Rússia e Coreia. Uma visão de mundo versada em sustentabilidade deveria basear-se na justiça e na equidade, tanto em termos de recursos quanto de relações internacionais.

Uma indicação surpreendente de que uma visão de mundo inspirada pela sustentabilidade é um competidor real no jogo geopolítico apareceu num relatório de 2008 sobre tendências globais até 2025. Produzido pelo US National Intelligence Council (NIC), apareceu oportunamente na mesa do presidente Obama quando ele estava determinando suas prioridades e estratégias de governo. O relatório antecipa o "fim da supremacia americana" e prevê um mundo de centros de poder rivais, recursos escassos e incontáveis potenciais golpes para "o sistema". A influência do relatório é visível nos discursos eleitorais de Obama, cujas ações, até agora, sugerem que, para ele, a resposta dos Estados Unidos sob sua liderança deve permanecer entre a cooperação pacífica e a anarquia global. Acima de tudo, o NIC comunicou ao Obama que o traço distinto do mundo de amanhã será a escassez – de terra, água, petróleo, comida e, não menos, "espaço aéreo" para as emissões de gases de efeito estufa. A objetividade da mensagem, tão esclarecedora quanto chocante, traz um "conto de advertência" do século passado, sugerindo que nossa situação atual lembra a dos anos 1920, quando "poucos imaginaram a situação letal que estava prestes a acontecer, marcada pelo início da Grande Depressão" (NIC, 2008).

Devemos aprender três lições do século XX, diz o relatório:

- Os líderes e suas ideias são importantes.
- A volatilidade econômica introduz um grande fator de risco.

- As rivalidades geopolíticas provocam mais descontinuidades que a mudança tecnológica (Ibid., p. 5).

A principal dessas lições é a da liderança: "a liderança é importante, nenhuma tendência é imutável e (...) uma intervenção oportuna, bem-informada, pode diminuir a probabilidade e a gravidade dos desenvolvimentos negativos, aumentando a probabilidade dos positivos". O último parágrafo do relatório enfatiza novamente que a liderança individual e coletiva foi (para bem ou para mal) a principal "mudança do jogo" no último século (Id, p. 98).

Dois outros relatórios sobre a ameaça ao bem-estar humano a partir de um meio ambiente degradado, sobre a mudança climática (Stern, 2006) e sobre ecossistemas e biodiversidade (www.teebweb.org) procuram soluções por meio da linguagem da economia; ao valorizar devidamente os recursos e os serviços do ambiente, argumentam eles, tornaremos muito caro consumir demais e depredar. Em contrapartida, o relatório do NIC coloca a escassez de recursos e serviços naturais no centro da geopolítica e da diplomacia internacional, como um desafio aparentemente deliberado a uma visão de mundo predominantemente econômica.

Assim, inesperadamente, temos uma influente proposta para uma nova perspectiva sobre o mundo e seus problemas – calcada na evidência do desenvolvimento insustentável e tendo no centro a proteção dos serviços e recursos naturais do mundo. O relatório do NIC não prediz o que vai acontecer nem propõe nenhum plano de ação, mas é claro que a tarefa diante de todos nós é trazer a liderança, novo comportamento social e econômico e a diplomacia em todos os níveis por trás da visão de mundo emergente que o NIC começou a articular. Afora algumas dicas, nem sempre muito sutis, não fui específica sobre como deveria ser a sua visão de mundo versada em sustentabilidade. Arne Naess achava que todos têm de desenvolver sua própria filosofia, e eu concordo. Somente suas reflexões sobre sua experiência e aprendizagem única podem moldar sua filosofia pessoal e visão sobre o mundo. Só espero que haja aqui elementos suficientes para lhe dar o rumo certo!

Uma base de conhecimento suficientemente boa

Você possui uma base de conhecimento *suficientemente boa* e é capaz de fazer conexões entre ética e valores, pessoas e comunidade, ciência, tecnologia e economia.

"A ciência sem ética é cega; a ética sem ciência é vazia." (DesJardins, *Environmental ethics: an introduction to environmental philosophy*, 2001)

O esquema do curso Leadership for Sustainable Development Masters (LSDM – Mestrado em Liderança para o Desenvolvimento Sustentável) do Forum for the Future, foi muito influenciado pelas lacunas em meu próprio conhecimento quando comecei a atuar em defesa da sustentabilidade. Descobrir como o ambiente estava sendo poluído era fácil na década de 1960. O que faltava era entender por que as pessoas – o lado da demanda na equação da *in*sustentabilidade – agiam daquela maneira.

Vasculhando minhas estantes de livros em 1995, percebi que tive que estudar intensamente quatro áreas especiais de conhecimento: ética e valores; o que levou as pessoas e a comunidade a agir; a ciência em torno da sustentabilidade e da mudança climática (estávamos preocupados com as emissões de CO_2 nos anos 1960!); e a economia como o aparente vilão da obra. Após consultar alguns colegas e descobrir que suas experiências se pareciam com as minhas, introduzi no curso LSDM quatro "temas de conhecimento" para alicerçar os elementos de liderança e desenvolvimento sustentável, além de complementar os seis estágios de aprendizado que os estudantes tinham em diferentes setores. Intencionalmente, o ambiente não era um tema separado, mas integrava os demais e era visto sob o prisma de todos.

Eis aqui um resumo do currículo básico de alunos que chegavam ao curso com as mais diferentes formações. Foi adaptado para as finalidades deste livro e meu conselho é tratá-lo como nós fazemos – mais como um cardápio do que como uma receita. Não é necessário conhecê-lo por inteiro, apenas o *suficiente* para torná-lo eficiente – e consciente do que não sabe para procurar ajuda quando precisar. Há uma introdução para cada tema de conhecimento, seguida de uma tabela que ilustra seus tópicos; a bibliografia sugere algumas leituras para principiantes. O currículo para cada tema é organizado em três linhas:

- Fundamentos: conhecimento básico referente a cada tema apresentado, em termos acessíveis a leigos, na sequência *extremamente aproximada* e recomendada, não pela importância, mas para você se familiarizar com o assunto caso ainda não o conheça bem.
- Aplicações: exemplos de como o conhecimento básico pode ser usado para reforçar sua reflexão, leitura e recepção de informações por meio de jornais etc.

Capítulo 7 – Novas perspectivas e conhecimento amplo

- Causas: áreas para debates e reflexão que mostram as conexões entre os temas e a sustentabilidade.

Ética e valores

Você tem suficiente confiança em si mesmo e em seus valores para identificar e criticar os valores de outros, sejam eles explícitos ou implícitos. Filosoficamente, está capacitado a questionar os modernos conceitos de progresso e a articular caminhos de sustentabilidade para viver uma "boa" vida.

Como a filosofia é mais uma atividade que um assunto, muitas pessoas provavelmente a praticam mesmo sem saber. Com o significado de "amor à sabedoria", a filosofia busca a verdade (sem se preocupar muito se ela existe ou não – o que importa é a busca) por meio do pensamento lógico e do questionamento. Portanto, "fazer" filosofia é perguntar "o quê", "por quê" e "como" a respeito de coisas importantes (por exemplo, "o que é uma vida boa?"), mas também de conceitos corriqueiros, ideias e práticas que usualmente são tidas como pontos pacíficos. Na linha da *filosofia de bar*, uma de minhas perguntas favoritas é por que marcas diferentes de carros se parecem tanto. Contraintuitivamente, o acompanhamento sobre o porquê e como as perguntas muitas vezes levam a relevantes e profundas considerações de sustentabilidade, sobre os valores e a ética que moldam as ações das pessoas (definições funcionais de valores, ética e moralidade são dadas em "*Ubuntu*, moralidade, valores e ética", no Capítulo 8).

Quando escolhas e julgamentos são feitos sobre uma ampla variedade de coisas – escolha de tecnologia, por exemplo, ou respostas a mudanças climáticas –, diferentes visões são apoiadas por diferentes valores (e/ou visões de mundo – ver acima), não importa quais sejam os fatos. Como diz Kate Rawles, valores não são gostos, como a preferência por fatias grossas ou finas de marmelada, podendo ser explícitos e sujeitos ao debate racional – por meio da utilização daquele questionamento filosófico novamente.[3]

Pessoas e comunidades

Você conhece o suficiente sobre o comportamento dos seres humanos (como indivíduos ou membros de comunidades, grandes ou pequenas) para elaborar com êxito diferentes linhas de ação (que contribuam para a sustentabilidade) e para trazer as pessoas a agir da mesma maneira.

A psicologia é, depois da filosofia, a matéria que quase todas as pessoas gostariam de ter estudado. A "ciência da mente" tem sido muito explorada como tema da nova pesquisa neurológica que demonstra como nosso cérebro responde às emoções. (Re)descobrir que sentimos empatia tanto física quanto emocionalmente pelos outros sustenta a visão dos biólogos evolucionistas, para quem nosso cérebro, que consome mais de 20% da energia extraída dos alimentos, evoluiu a fim de nos tornar animais sociais bem-sucedidos. Isso, é claro, abala o modelo econômico padrão do indivíduo como criatura predominantemente (ao invés de raramente) egoísta e ambiciosa. Embora gostemos de achar que temos uma forte identidade individual, somos de fato mais felizes em uma complicada rede de relações pessoais.

As ciências sociais nos ajudam a entender como pessoas e grupos se relacionam em grande escala – em comunidades, entre países e em organizações. As desigualdades de oportunidade de todos os tipos, a inclusão ou exclusão dos diversos grupos sociais ou as diferentes abordagens à justiça e à democracia não podem ser explicadas unicamente pela teoria econômica. Por exemplo, a democracia, base da sociedade civil e mecanismo precioso de tomada de decisões coletiva, está em declínio, como afirma a Freedom House. Em 2009, "pelo quarto ano consecutivo, as perdas superaram os ganhos", observou ela.[4] Por quê? O tamanho da população humana e seu crescimento previsto para os próximos cinquenta anos trarão pressões sem precedentes não apenas sobre o ambiente, mas também sobre o modo como nós, humanos, vivemos e trabalhamos juntos. Como nos adaptarmos? Mais da metade da população mundial já vive em áreas urbanas. O que significa comunidade nas grandes metrópoles? O que acontecerá quando as restrições ambientais e de recursos mudarem as opções de transporte e consumo? Ser capaz de explorar e responder a esses tipos de perguntas convidará você a ter uma noção *boa o suficiente* da investigação sociológica (bem como das habilidades de questionamento filosófico). No entanto, uma nota de advertência é necessária: alguns campos da pesquisa e da literatura sociológica desapareceram da escala de qualquer jargão profissional. Evite isso, a menos que já entenda o linguajar.

Ciência e tecnologia

Como usuário crítico das evidências científicas, você sabe onde obter informação atualizada e confiável, tem conhecimento e confiança suficientes

para interrogar as fontes e é capaz de se comunicar eficazmente com outros sobre as evidências científicas e escolhas tecnológicas a partir da perspectiva da sustentabilidade.

A palavra "ciência", como substantivo, significa conhecimento comprovado pela observação e o experimento, criticamente testado, sistematizado e sujeito a princípios gerais. Assim, evidência científica é conhecimento obtido por meio de um processo rigoroso e reconhecível. Infelizmente, a palavra "ciência" passou a se referir, nas mentes dos consumidores e produtores desse conhecimento (você e eu, cientistas), apenas às ciências "naturais" como a física, a biologia e a química. As ciências humanas e sociais são (erroneamente) vistas como de segunda classe, ciências "amenas". Mesmo a ecologia, a ciência que estuda a integração do sistema de vida como um todo, só começou a prosperar quando a pesquisa da mudança climática ganhou impulso.

À medida que o pêndulo da busca de soluções em sustentabilidade se afasta da obsessão pela descoberta de uma "bala de prata" de alta tecnologia e investiga meios de mudar o comportamento humano, pagamos o preço por interpretar a ciência de maneira tão limitada. Por exemplo, como Amory Lovins sempre insiste, uma das maiores fontes de energia (além do sol, obviamente) é usar menos com mais eficiência. Que somos absurdamente perdulários é apenas em parte um dilema tecnológico, pois, se aplicássemos as tecnologias de que já dispomos, estaríamos bem a caminho de cumprir os limites de emissão de gases de efeito estufa.[5] As leis da física postulam que, em qualquer escala, a tecnologia nunca pode compensar os erros persistentes do comportamento humano; portanto, o motivo de não fazermos o que sabemos que deveríamos fazer é uma área urgente da pesquisa científica social.

Se você ainda não se considera "cientificamente habilitado", por favor, não se intimide. A palavra "cientista" só foi cunhada em 1833; antes disso, os "homens (*sic*) de ciência" eram conhecidos como filósofos naturais ou morais, uma denominação que os divergentes positivos podem assumir novamente para descrever sua busca para obter *suficiente* conhecimento científico, bem como de suficientes ideias sobre como é gerado e aplicado (muitas vezes sob influência política ou econômica), para fazer julgamentos *suficientemente bons* sobre o que melhor contribui para a sustentabilidade.

Economia

Você tem suficiente compreensão das ideias principais da economia e dos novos conceitos econômicos, para defender e contribuir com a transição para a sustentabilidade como o árbitro do sucesso econômico.

Até há pouco tempo, a maioria das pessoas achava a economia muito difícil de entender. Até que os bancos e toda a retaguarda dos sistemas financeiros que eles encabeçavam ruíram ao peso de sua própria grande e criminosa acumulação de dívidas. Hoje todas as pessoas, quer tenham um financiamento, poupança, ações, e quer sejam empregados ou empregadores ou nada disso, se tornaram estudiosos atentos do que anda acontecendo com a economia "real" dentro da qual todos vivemos e trabalhamos. Como diz Pete Lunn, "a diferença entre economia e vida econômica, entre nossas teorias de como a economia funciona e nossa experiência dessa economia, importa muito" (Lunn, 2008, p. 4).

Como uma das forças mais poderosas que moldam hoje o mundo e nossas vidas, a liderança versada em sustentabilidade precisa entender não apenas os princípios básicos de como a economia *funcionou* (inclusive as ideologias que predominaram em tempos recentes), mas também os parâmetros que ela tem de respeitar se quisermos entrar no caminho que leva à sustentabilidade. Como tratei desse assunto em profundidade no Capítulo 3, aqui só realçarei a importância de atentar para a "nova economia": as teorias, a política e as soluções práticas geradas pelo trabalho dos economistas ecológicos e comportamentais que, apoiadas em evidências neurofisiológicas, provam que somos mais solidários e imprevisíveis do que os modelos econômicos ortodoxos preveem. Para o editorial de um jornal, "o estudo do comportamento está abalando os alicerces da economia"[6]. Ainda bem! Minha única (mas significativa) queixa é não reconhecerem o mesmo abalo provocado pela economia ecológica, que aí está há décadas.

Para uma introdução bem rápida, veja Herman Daly, um de meus mais reverenciados mentores em economia, que escreveu um apanhado breve e *suficientemente bom* sobre o que está errado e por que, explicando o que fazer a respeito.[7]

Capítulo 7 – Novas perspectivas e conhecimento amplo

TABELA 7.1 Temas de conhecimento em sustentabilidade proficiente

	Fundamentos	Aplicações	Assuntos
Ética e valores *Você confia em seus valores e está apto a identificar e criticar os valores de outros, sejam eles explícitos ou implícitos. Filosoficamente, está capacitado a questionar os modernos conceitos de progresso e a articular caminhos de sustentabilidade para viver uma "boa vida".*	1. Moralidade, valores e ética, e seu papel na vida 2. Abordagens filosóficas para viver uma boa vida e praticar técnicas de pensamento crítico 3. Ética ambiental – abordagens antropocêntrica, biocêntrica e ecocêntrica 4. Esquemas éticos ocidentais convencionais 5. Perspectivas de outras culturas e países 6. Ética de equidade intra e intergeracional – necessidades, carências e direitos	• O uso de ferramentas filosóficas na tomada de decisões • DS (desenvolvimento sustentável) como empreendimento baseado em valores para viver uma boa vida • A psicologia e a sociologia de valores mutáveis • Ética e valores em ciência e política • Ética e valores em religiões e tradições espirituais • Ética da mudança climática, atuando agora para benefício futuro • Papel da ética na escolha tecnológica	• Visões de mundo ocultas: ética e valores por trás da política e significado de desenvolvimento, progresso, sucesso e qualidade de vida • Ética no DS – relação entre valores humanos e ambientais • Boas e más razões para preocupação ambiental e valor do mundo não humano • Implicações para a ética e os valores da moderna ciência neurofisiológica (nutrição *versus* natureza)

O divergente positivo

	Fundamentos	Aplicações	Assuntos
Pessoas e comunidade *Você conhece o suficiente sobre o comportamento dos seres humanos, como indivíduos ou membros de comunidades, grandes ou pequenas, para elaborar com êxito diferentes linhas de ação (que contribuam para a sustentabilidade) e para trazer as pessoas a agir da mesma maneira*	1. Identidade humana e senso de localização (eu, relação com a família, comunidade, sociedade como um todo e natureza) 2. Antropologia e psicologia do que significa ser humano 3. População e demografia 4. Conceitos de capital humano e social 5. Teorias do desenvolvimento das sociedades modernas 6. Sistemas de governo, administração e processo político (de local a internacional) 7. Limites dos métodos científicos sociais	• DS e ideias sobre sociedade e natureza humana (inclusive comportamento mutável) • Negação – magnitude da resposta em relação à evidência de DinS • Relação entre DS e capital social e humano (compreensão da desigualdade, exclusão e inclusão) • Relação entre sociedade e democracia, conceitos de cidadania • Debates sobre comunidade nos últimos cinquenta anos, lições para o futuro • DS e ideias sobre modernidade (sociedade pós-industrial) • Diferentes respostas a DS (pelo governo, empresas etc.)	• Impacto da demografia e população nas opções de DS • Debates atuais sobre capital social, coesão e multiculturalismo, e significado futuro de comunidade • Impactos sociais da industrialização, urbanização maciça e riqueza desigual • Diversidade, direitos e emancipação • Nutrição e alimento – por que a obesidade e a inanição coexistem • Papel social e futuro das compras numa sociedade com baixos níveis de carbono

Capítulo 7 – Novas perspectivas e conhecimento amplo

	Fundamentos	Aplicações	Assuntos
Ciência e tecnologia *Como usuário crítico das evidências científicas, você sabe onde obter informação atualizada e confiável, tem conhecimento e confiança suficientes para interrogar as fontes e é capaz de se comunicar eficazmente com outros sobre as evidências científicas e escolhas tecnológicas a partir da perspectiva da sustentabilidade*	1. Métodos para associar e interpretar dados e evidências (ciências físicas e sociais) 2. Incerteza, inclusive uso e mau uso da estatística 3. Conceitos básicos de ecologia e interdependência dos seres vivos 4. Duas primeiras leis da termodinâmica, mudança química e conservação da matéria 5. Ciclos materiais globais, como funciona a economia biogeoquímica 6. Genética e evolução 7. Neurofisiologia (relacionada ao comportamento humano)	• O papel da evidência científica (e dos valores éticos) nas decisões políticas e outras • Determinar e controlar riscos na incerteza • Determinação do ciclo de vida material, em geral e para tarefas específicas (como escolhas em política e tecnologia, desenho de produto ou processo) • Ferramentas para tomada de decisões – como The Five Capitals, The Natural Step • Saúde pública e epidemias, prevenção e contenção. Vínculos entre ambiente e saúde humana • Mudança climática, predições e soluções • Fornecimento garantido de água e alimento	• Ciência "pós--normal" – novos desenvolvimentos como genética, nanotecnologia, robótica, inteligência artificial etc. • Papel dos não especialistas em política e avaliação científica • Sociologia e democracia da ciência e da tecnologia (acesso a elas) • Impacto social e ambiental da ICT • Desenvolvimento de aquecimento, força e luz de baixo carbono (serviços de energia) • Escolhas tecnológicas controvertidas: GM versus variedade local, "grande" energia versus geração distribuída

O divergente positivo

	Fundamentos	Aplicações	Assuntos
Economia *Você tem suficiente compreensão das ideias principais da economia e dos novos conceitos econômicos, para defender e contribuir com a transição para a sustentabilidade como árbitro do sucesso econômico*	1. Ideias centrais de economia para maximizar o bem-estar humano, alocação de recursos escassos, usos conflitantes, necessidades e carências de consumo 2. Conceito de capital – natural, humano, social, manufaturado e financeiro 3. Criação de riqueza, monetária e não monetária 4. Papel dos mercados, o Estado e reciprocidade 5. Conceito de economia total 6. Papel do setor financeiro na economia "real" 7. Economia de recursos 8. Economia comportamental e outras economias "novas" 9. Outras tradições econômicas (islâmica, budista etc.)	• Desenho de uma teoria e prática da "nova economia" para empresas • Transição de uma economia linear para uma economia circular (resiliente, compatível com os ciclos naturais e o combate ao desperdício) • Valorização do capital ambiental e social; técnicas, problemas e críticas • Quadro de indicadores que incorporem as dimensões social, ambiental, ética e econômica • Análise de custo-benefício; contabilidade "verde" • Globalização e economia local – inclusive comércio	• Valor econômico e não econômico do capital natural, humano e social • Homem econômico versus Homem Sustentabilidade na modelagem econômica • Felicidade como objetivo econômico • Visões de mundo econômicas das instituições internacionais (FMI, OECD etc.) • Economia da mudança climática Objetivos do Milênio e Avaliação Ecossistêmica do Milênio • Crescimento econômico: de bem-estar ou consumo? • Papel das finanças na reconstrução de uma economia de apoio à sustentabilidade • Diferentes modelos de negócios

Nota: ICT – tecnologias de informação e comunicação (de "information and communication technologies"); GM – geneticamente modificado.

Capítulo 8
Princípios da prática e instrumentos do ofício

Há muitos livros sobre os aspectos práticos da liderança e gestão de uma organização, como montar uma diretoria eficiente e sistemas de governança, controlar as finanças e os recursos humanos, planejar e atuar estrategicamente, organizar e liderar equipes de gerenciamento, e assim por diante. Um dos que consultei quando montamos o Forum for the Future foi o excelente *Managing without profit* (1995), de Mike Hudson. Do ponto de vista empresarial (mas podendo aplicar-se a organizações públicas ou sem fins lucrativos), há também Charles Handy e o falecido Peter Drucker (ver a Bibliografia), dos quais sou admiradora. Ambos mostraram a luz do bom senso e da reflexão inteligente em décadas de conversa fiada.

Aprendi muito com eles, mas não vou repetir nem comentar o que dizem. Isso não significa que você não precise ser capaz de elaborar um orçamento, liderar pessoas, ler um balanço etc. – você precisa. Mas neste capítulo quero me concentrar nas outras coisas em que você terá de pensar para ser versado em sustentabilidade e tornar-se um divergente positivo – alguns princípios que orientarão sua prática, uma nova maneira de avaliar os resultados de seus esforços e uma série de ferramentas para ajudá-lo a entrar prontamente em ação.

Princípios da prática

Utilize estes princípios para aumentar a efetividade de sua própria liderança pela sustentabilidade e para ajudar outros a fazerem o mesmo.

No Capítulo 5, citei a visão de Rakesh Khurana segundo a qual, para recuperar a confiança e o respeito, os administradores devem adotar um código de prática, que ele chama de Juramento Hipocrático para Administradores![1] Eu quase concordei com Khurana e perguntei-me se algo similar não funcionaria para a liderança versada em sustentabilidade. Mas concluí que isso apenas provocaria discussões sobre o que estava dentro e o que estava fora, desviando tempo e energia da solução do problema. Então, estou propondo alguns princípios da prática destinados ao cultivo do caráter de sua própria "persona" de líder versado em sustentabilidade e, portanto, sua competência como praticante.

Ubuntu, moralidade, valores e ética

Você vive de modo a reconhecer a interdependência das pessoas e do ambiente. Seus valores e ética lhe dão coragem, poder e consistência; e você sabe como tornar explícitos os valores e a ética de outras pessoas.

Há uma frase africana, "*Umunto agumunto mgabanto*" (*ubuntu*, para simplificar), que significa "Uma pessoa é uma pessoa por causa das pessoas". O arcebispo Desmond Tutu explica isso da seguinte maneira:

> *Ubuntu* na verdade significa que sou porque você é. Pertencemo-nos uns aos outros. Nossa humanidade é feita de reciprocidade. Dizemos, em nossa língua, que uma pessoa é uma pessoa por meio de outras pessoas. Um ser humano solitário é uma contradição de termos. Aprendo a ser um ser humano graças à associação com outros seres humanos.[2]

A ideia de *ubuntu* persiste fortemente em países e comunidades onde a vida é muitas vezes vivida em modo de sobrevivência. Nas culturas islâmicas, a palavra equivalente seria *ummah*, significando que um indivíduo só pode existir no contexto de uma comunidade maior (partilhando valores, como *ubuntu* faz). Essas ideias transcendem o tribalismo, mas reconhecem que a sobrevivência do indivíduo depende das estratégias de sobrevivência do grupo. Elinor Ostrom descreve os complexos métodos de autogestão usados nos sistemas de irrigação coletiva na Espanha, e Nelson Mandela✳ diz que *ubuntu* significa que um viajante deve sempre encontrar acolhimento e hospitalidade, lembrando que, para muitas pessoas no mundo, a aldeia (comunidade) continua sendo a única fonte de amparo na velhice. *Ubuntu* é tudo, desde uma verdade universal e um modo de vida até um plano de aposentadoria.

A cultura de *ubuntu*, ou reconhecimento da interdependência dos seres humanos, desapareceu em muitos países ricos e a consequência foi o empobrecimento tanto pessoal quanto social denunciado por escritores como Robert Putnam e Robert Lane. Segundo Benjamin Franklin, "um homem embrulhado em si mesmo forma um pacote muito pequeno".[3] Adotar *ubuntu* como princípio inspirador da liderança em sustentabilidade significa que você pode honestamente reconhecer que não é perfeito em tudo, mas sentir-se contente por depender dos outros. Você se diminui quando pretende ser bom naquilo em que não é. E conquista respeito e autoridade quando aceita francamente suas forças e fraquezas, recorrendo a equipes para complementar o que lhe falta. Traga *ubuntu* para seu ambiente de trabalho.

Levar *ubuntu* a sério é também uma boa proteção contra os perigos do "ficar acima de si mesmo", ou tornar-se insolente (arrogante ao ponto de levar ao desastre) em um papel de liderança. Algumas pessoas podem, simplesmente, não ter vocação ou habilidade suficiente para exercer a liderança e por isso se transformam numa "ilha", às vezes por arrogância, mas com mais frequência para esconder a falta de confiança. Em casos extremos, acabam por acreditar em seu próprio mito, na imagem lisonjeira refletida por colegas, admiradores ou imprensa. Os três chefões da indústria automobilística de Detroit voando em seus jatinhos particulares para Washington a fim de arrancar empréstimos de bilhões de dólares do governo como fiador de suas dívidas é um exemplo não bancário que vem à mente. Regra geral, quanto mais poderosa é a pessoa, mais perigoso é esse autoengano, pois ninguém à sua volta tem coragem de desmenti-la e assim reforça o mito. Torna-se o que Lynn Offerman chama de "seguidores tóxicos" que "engana (...) com bajulação".[4]

Por trás do que faz *ubuntu* funcionar está ou um conjunto partilhado de valores ou, pelo menos, algo nos valores alheios que julgamos digno de respeito. E, tal qual *ubuntu*, valores e ética determinam o modo *como* fazemos alguma coisa – inclusive o modo como vivemos. Fazem parte de nossa política pessoal e, assim, precisam ser explícitos em nossas relações com os outros. Fiona Reynolds, diretora-geral do National Trust, Reino Unido, e uma das maiores líderes versadas em sustentabilidade que conheço, diz que, se a cortarmos em duas, veremos seus valores escritos nela, como no *blackpool rock* (doce inglês longo e cilíndrico que, onde quer que seja fatiado, mostra a mesma inscrição). Ela usa seus valores para tomar decisões difíceis e dar consistência à sua liderança. As pessoas confiam naqueles cujos valores são conhecidos e respeitados.

É comum ficar confuso com a diferença entre moral, valores e ética. Aqui está a minha tentativa de destilar as múltiplas, às vezes confusas, explicações em torno desse tema.

Moralidade envolve uma compreensão básica do bem e do mal. Pode-se discutir o que seja uma moralidade – ou virtude – perfeita, mas a tentativa de descobrir já é, em si, virtuosa. É o que torna uma vida moral digna de ser vivida. Aristóteles disse que "a virtude moral resulta do hábito".

Valores se baseiam em crenças (ou normas) de uma pessoa ou grupo social. Por exemplo, os valores familiares e os valores cristãos. Os valores decorrem de uma interpretação da moralidade graças à qual moldamos nossa atitude para com os semelhantes e os acontecimentos à nossa volta. Valores compartilhados são importantes para a coesão do grupo e seus membros. Mesmo quando implícitos, eles estabelecem os limites do comportamento aceitável e, assim, formam a "cola" social que nos permite viver e trabalhar juntos em razoável harmonia.

Ética é, podemos dizer, a moralidade aplicada. Ela codifica a moralidade em regras de comportamento, por exemplo, dos médicos e advogados. No entanto, valores particulares, como racismo ou misoginia, podem se insinuar em códigos de ética, muito embora outras considerações morais, como a iniquidade de matar ou roubar, sejam explícitas. Aristóteles não via solução de continuidade entre ética e política. A ética é a linha de frente "operacional" de um conjunto de valores, se assim podemos dizer, de modo que entender os valores que sustentam qualquer código de ética (ou manifesto político!) é importante.

Felizmente, o interesse pela ética e a moralidade está ressurgindo à medida que líderes dos setores políticos e financeiros se esforçam para recuperar o respeito. Além disso (o que é ótimo do ponto de vista da sustentabilidade), Daniel Goleman cita uma pesquisa segundo a qual, quanto mais empatia – *ubuntu* – existe, mais concordância se observa em torno do princípio moral de que recursos devem ser alocados conforme as necessidades das pessoas.[5]

Sempre me perguntam se existem valores ou códigos éticos "prontos" que sejam relevantes para a sustentabilidade e minha resposta é não. Valores e códigos éticos só se tornam reais quando as pessoas ou organizações desejam viver de acordo com eles, e o processo de gerá-los e preservá-los é tão importante quanto os resultados. Para mim, o único valor não negociável é o que reconhece a indivisibilidade da vida na Terra e nossa total dependência dela. Mandela pede que nos lembremos também de que somos parte do *ubuntu* das outras pessoas e isso acarreta responsabilidades que precisamos aplicar aos valores segundo os quais desejamos viver.

A fim de gerar um conjunto de valores ou um código de ética com a sustentabilidade como destino para nós ou uma organização, você pode tomar por modelo ou os hábitos de pensamento citados no Capítulo 6 ou os doze traços de uma sociedade sustentável, que aparecem mais à frente no mesmo capítulo. Eles funcionam igualmente bem como esquema dentro do qual é possível elaborar questões que investiguem a relevância para a sustentabilidade dos valores e códigos de ética dos outros. Mas, acima de tudo, não se esqueça de analisar a fundo como deve ser, na perspectiva da sustentabilidade, viver uma vida virtuosa – fazendo as coisas certas.

Você e a divergência positiva

Você sabe como fazer as coisas certas *a despeito* das circunstâncias desfavoráveis e pode fazê-las removendo barreiras e convencendo outras pessoas a segui-lo.

O título deste livro vem desta seção e agora devem restar poucas dúvidas de que vejo a divergência positiva como a principal estratégia de quem pratica ativamente a liderança versada em sustentabilidade! Adiar a ação até que chegue a "hora certa", uma lei seja aprovada, o balanço melhore ou os colegas concordem já não é uma atitude defensável. Como o prazo para fazer as coisas certas é muito curto – medido em poucas décadas – e o ritmo da mudança institucional é muito lento – medido em uma ou mais gerações –, todos precisam praticar a divergência positiva sem demora.

A divergência positiva significa fazer as coisas certas *a despeito* das estruturas institucionais erradas que nos cercam, dos processos políticos ou mecanismos operacionais precários e dos colegas indiferentes ou sem *ubuntu*. Mas significa também fazê-las de modo a aliciar outros e a superar barreiras. Desse modo, exercemos integralmente nossa liderança a fim de ajudá-los a enxergar os obstáculos perversos que atravancam o caminho para um modo de vida mais sustentável. Como a discussão sobre avaliação de resultados mostrará, seu sucesso não depende apenas do que você faz, mas também de sua capacidade de convencer os outros a segui-lo.

O termo "divergência positiva" não é novo. Já foi usado por outros em sentido semelhante, mas não idêntico, ao meu. Curiosamente, descobri-o durante uma conversa com um funcionário do Tesouro do Reino Unido. Ele estava à cata de exemplos de eficiência (em termos de custo-benefício) no setor público *a despeito* do caos, da inércia estrutural e da burocracia ali reinantes; procurava, em suma, exemplos de boas práticas para "estimular os outros". Há também uma Positive Deviance Initiative (PDI – Iniciativa para a Divergência Positiva) promovida pela Universidade Tufts e que busca mais ou menos os mesmos objetivos. A PDI foi criada por especialistas em desenvolvimento que observaram que, mesmo em áreas afetadas por doenças e má nutrição, algumas mulheres conseguiam manter seus filhos bem alimentados e saudáveis. O que faziam de diferente e como se poderia aprender com elas? A mesma ideia foi usada para estudar as infecções hospitalares e a frequência escolar.

Assim, se tomar exemplos de boas práticas locais e compartilhá-los tende a ter um resultado melhor do que importar ideias de fora, a divergência positiva é um recurso excelente no desenvolvimento e na implementação de políticas. São necessários muitos mais modelos de desempenho e estudos de caso de pessoas que divergem das normas pouco satisfatórias num sentido positivo.

Entretanto, ser um divergente positivo exige muito mais que procurar exemplos de boas práticas. Trata-se de um empreendimento estratégico – seu e (idealmente) de sua organização – que consiste em rebelar-se contra a perversidade de viver com tantas políticas e práticas contrárias à sustentabilidade. Não é para uma greve nem para uma campanha contra o que está errado que estou recrutando pessoas, e sim para uma manifestação em defesa do que é certo. E isso é minha grande esperança, numa escala e velocidade que tornem logo o comportamento versado em sustentabilidade a norma vigente.

Quem acha que a mudança se fará a partir da política nacional ou da União Europeia, sem necessidade dessa rebelião, deve se lembrar de que mesmo depois de quarenta anos de legislação trabalhista igualitária, as mulheres ainda ganham, em média, 30% menos que os camaradas! Stephen Hale classificou o impasse na liderança do combate à mudança climática no Reino Unido como do tipo "farei se você fizer", com todos enredados em relações disfuncionais (Figura 8.1).

Ainda que se movesse suficientemente rápida, a legislação, por si só, não solucionaria os impasses institucionais dentro do governo e entre o governo, os negócios e os cidadãos que aparecem na Figura 8.1. E, embora a coerência política e a simplificação em todos os setores sejam extremamente importantes, não conseguirão, sozinhas, promover a ação rápida e radical necessária em várias linhas de frente ao mesmo tempo. Mais que qualquer outro ato, ignorar a atual trajetória e tomar um rumo que nos leve à sustentabilidade dependerá da rapidez com que as pessoas e organizações, em toda parte, desafiarem as perversidades e fazerem a coisa certa.

Capítulo 8 – Princípios da prática e instrumentos do ofício

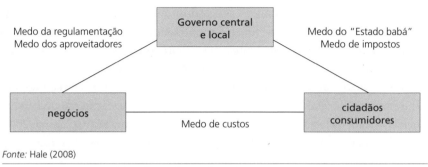

Fonte: Hale (2008)

FIGURA 8.1 A nova política da mudança climática.

No apêndice, damos alguns exemplos de divergentes positivos, selecionados pelas diferentes maneiras com que combateram a tendência vigente. E, embora não se pareçam muito uns com os outros, todos partilham uma característica importante: aprenderam fazendo.

Inteligência social e compaixão

Você se preocupa o suficiente com a condição humana para tentar melhorá-la. Assim fazendo, consegue mostrar que entende como as pessoas são, como indivíduos ou em comunidade e em diferentes circunstâncias

O controle emocional era, até há pouco tempo, uma condição imprescindível para a liderança. A pessoa capaz de tomar decisões clínicas, imparciais e sem emoção, representava o modelo mais admirado. No entanto, quando Daniel Goleman publicou seu livro *Inteligência emocional*, em 1995, comportas de gratidão se escancararam. Tornou-se aceitável utilizar a evidência dos danos causados pela incompetência emocional a outras partes de nossas vidas para analisar seu impacto no ambiente de trabalho. Não que muita coisa pareça ter mudado: a cultura do macho alfa vigora ainda por toda parte! Até a icônica lista de Goleman trata sobretudo do controle de si mesmo e das situações (a lista completa é dada no Capítulo 4).

Em sua obra mais recente, *Inteligência social*, Goleman passa da abordagem empresarial para nossas emoções pessoais e descreve as que obtemos por intermédio de contatos humanos satisfatórios, especialmente os de natureza afetiva, como "uma manifestação de sentimentos semelhantes" que, segundo a neurociência, contribui para nossa saúde e bem-estar. "Isso é bom para nossa vida pessoal", continua Goleman. "Mas todos somos pressionados pelas vastas correntes sociais e políticas de nosso tempo. O último século deixou bem claro o que nos divide, pondo-nos frente à frente com os limites de nossa empatia e compaixão coletiva." É necessário, conclui, um despertar coletivo e "não aceitar as divisões geradas pelo ódio, mas estender nossa empatia a fim de nos entendermos apesar das diferenças, anulando essas divisões. A fiação do cérebro social conecta todos nós em nosso núcleo humano comum" (Goleman, 2007, p. 318). Goleman descobriu o *ubuntu* e a grande importância das relações humanas em nossas vidas.

Não é de surpreender que a ciência confirme que temos uma resposta neurofisiológica a emoções como o amor e o medo. Todos já sentimos nosso coração palpitar por causa de ambas. Mas a compaixão é, provavelmente, a única emoção que traz em si a *obrigação* de intervir em favor dos outros. Por mais fora de moda que esteja, a liderança versada em sustentabilidade significa cultivá-la em nós mesmos e em nossos semelhantes.

A compaixão é diferente do tão festejado atributo da liderança que é a empatia. Empatia significa colocar-se na pele do outro e ver a situação de seu ponto de vista. Você se torna capaz de penetrar nos sentimentos e experiências de outra pessoa para melhor entendê-los. Mas isso não significa que tenha de fazer algo pela situação dessa pessoa ou mesmo gostar dela. Compaixão é bem maior. Significa que você lamenta o sofrimento alheio e inclina-se à piedade ou ao perdão, independentemente do que sente pela pessoa ou do que ela possa ter-lhe feito. Como o amor, a compaixão é incondicional e exige intervenção.

A diferença entre compaixão e empatia importa por dois motivos. Primeiro, em virtude do que chamo de estilo Mandela. Não importa o que você tenha sofrido, não importa quanto mal lhe tenham feito, nem a vingança nem o isolamento corrigirão o que está errado. Mandela compreendeu – aprendendo da maneira mais dura – que a compaixão pela condição tanto das vítimas quanto dos responsáveis pelos crimes do regime sul-africano era a única base sobre a qual se instauraria a justiça em seu país. Sua política de paz e reconciliação foi ruminada numa cela claustrofóbica de Robben Island e depois aperfeiçoada em "cocriação" com os outros prisioneiros e os colegas do Congresso Nacional Africano (CNA). Sem saber se iria mesmo conseguir implementar suas ideias, Mandela pacientemente se preparou para a liderança de seu país, estendendo sua compaixão pela população negra de explorados e oprimidos aos brancos da classe dominante.

Em segundo lugar, a compaixão é um poderoso motivador da ação. Pessoas compassivas não se omitem enquanto outras sofrem. A compaixão por outros seres humanos, estejam eles perto ou longe, é o que alimenta a liderança versada em sustentabilidade. A preocupação com a condição humana em geral nos motiva a ser ativos no alívio do sofrimento e amplia o campo em que buscamos soluções para a sustentabilidade. O caminho para solucionar seu problema local pode muito bem passar pela solução dos problemas dos outros, mas você precisa se preocupar o suficiente para fazer isso. Precisa também entender como as pessoas reagem, como se sentem quanto à sua própria identidade e como se relacionam com seus semelhantes, a fim de mobilizar outros em torno da solução. Você não será capaz de vender a importância dos cuidados com o ambiente se não revestir essa ideia de uma genuína compaixão pelas pessoas.

Tudo está conectado: sistemas e resiliência

Você está capacitado a analisar os problemas humanos e a elaborar estratégias, projetos e soluções no contexto do sistema inteiro – toda a vida na Terra, inclusive nós: você consegue pensar nas conexões que existem dentro e entre os diferentes subsistemas.

A principal razão pela qual estamos presos ao desenvolvimento *in*sustentável é que desagregamos nossa maneira de pensar e fazer as coisas naquilo que recebeu a designação horrível de "cortar em pedaços". Em consequência, temos muitos especialistas, mas, coletivamente, pouca sabedoria prática porque subdividimos coisas que não poderiam ser subdivididas; o bem-estar humano, a proteção ambiental e a criação de riqueza, por exemplo, são separados em diferentes departamentos governamentais ou organizacionais, em páginas especializadas do jornal, em classes separadas da escola e por aí vai. Os fundos para pesquisas, no Reino Unido, são alocados por 67 assuntos diferentes.

Animadoramente, segundo a *Harvard Business Review*, os recrutadores corporativos começam a buscar o que chamam de talento, em forma de "T" – pessoas que conhecem bem outras disciplinas, além de possuir profundo conhecimento técnico, ao contrário dos empregados "I", competentes em apenas uma disciplina.[6]

Mas o que isso significa para alguém que esteja tentando praticar a liderança versada em sustentabilidade, aqui e agora? Como podemos pensar, planejar e trabalhar não apenas sistematicamente (metodicamente), mas também dentro de um sistema amplo e interconectado (a Terra e tudo que nela existe)?

Em *Science for All Americans*, a Associação Americana para o Progresso da Ciência define "sistema" da seguinte maneira:

> qualquer conjunto de coisas que se influenciam mutuamente. Essas coisas podem ser quase tudo, inclusive objetos, organismos, máquinas, processos, ideias, números ou organizações. Pensar num conjunto de coisas como sistema chama a nossa atenção para o que precisa ser incluído entre as partes a fim de lhe dar sentido, a fim de entendermos de que modo as partes interagem entre si e de que modo o sistema como um todo se relaciona a outros sistemas.[7]

A disciplina especializada da teoria dos sistemas tem uma longa história nos sistemas técnicos e ecológicos naturais. Mas apenas na segunda metade do século XX é que atraiu alguma atenção multidisciplinar séria, principalmente em virtude do trabalho de pessoas que pensavam na reconciliação entre sistemas humanos e naturais (ver, por exemplo, Capra, 1982, 1996; Wilson, 1998). Mais recentemente, o pensamento sistêmico inspirou análises dos ciclos de vida de produtos e a modelagem da mudança climática (ver, por exemplo, Azapagic et al., 2004; IPCC, 2007). Engenheiro de formação, Peter Senge aplicou o pensamento sistêmico à mudança organizacional e agora promove formas de criar "learning organizations" (organizações de aprendizagem), que ele chama de "quinta disciplina" (Senge, 1990).

Para mim, no entanto, a mais atraente pensadora e escritora sobre pensamento sistêmico é a falecida Donella (Dana) Meadows. Cientista e principal autora de *Limits to growth* (1972) e suas sequências, Dana torna a teoria dos sistemas transparente e compreensível até para o pensador linear mais teimoso. Ela faleceu de repente, antes de o livro estar terminado – mas alguns amigos e colegas reuniram seus vários manuscritos num manual que inclui ilustrações práticas de pensamento sistêmico aplicado a tudo, de ecossistemas a estratégias de vendas de uma empresa ou a melhor forma de posicionar um medidor de consumo de eletricidade (Meadows, 2009). Dana, uma ativista dinâmica, elaborou também uma conhecida lista de "lugares para intervir num sistema" – uma espécie de mapa para os divergentes positivos com possíveis pontos de alavancagem que permitem incluir a sustentabilidade nas políticas e práticas de uma organização. Aqui está, na Tabela 8.1, em ordem de impacto do menos (10) ao mais (1) transformativo (ligeiramente modificada por mim para fins de clareza).

Capítulo 8 – Princípios da prática e instrumentos do ofício

TABELA 8.1 Lugares para intervir num sistema

10	constantes, parâmetros, números (como subsídios, taxas, padrões, objetivos, medidas)
9	estoques materiais e fluxos (para dentro e para fora – administração de recursos, podendo incluir pessoas)
8	a força de feedbacks negativos relativos aos impactos que estão tentando amenizar (piorando as coisas)
7	os ganhos em torno de ciclos de feedbacks positivos (que melhoram as coisas)
6	a estrutura dos fluxos de informação (quem tem e não tem acesso aos diversos tipos de informação)
5	as regras do sistema (como incentivos, punições, restrições)
4	o poder de auto-organização (acrescentar, modificar, expandir ou auto-organizar estruturas de sistemas)
3	os objetivos do sistema
2	a mentalidade, paradigma ou visão de mundo a partir dos quais o sistema (seus objetivos, estrutura, regras, parâmetros etc.) se origina
1	paradigmas transcendentes (fazer julgamentos baseados em evidências, independentemente de visões de mundo ou sabedoria convencional)

Fonte: adaptado de Meadows (2009).

Dado que a maioria de nós trabalha (e, portanto, tem de pensar) em estruturas e com processos longe de estarem interconectados, os divergentes positivos precisarão oferecer liderança e exemplos que superem barreiras para chegar a bons resultados de sustentabilidade. A Figura 8.2 ilustra como uma organização (ou a política externa de um governo, para a qual esse modelo foi desenvolvido) poderia pensar sobre os locais em que impactos positivos ou negativos talvez tenham impactos sistêmicos em diferentes dimensões geográficas, bem como em divisões departamentais ou políticas – sem esquecer as dimensões do tempo.

Conforme a Figura 8.2 procura ilustrar, uma decisão nacional (digamos, sobre biocombustíveis) pode exercer um impacto negativo ao ambiente em nível global (seta preta). Do mesmo modo, a estratégia de uma região subnacional para o desenvolvimento econômico, por exemplo, só gera resultado positivo quando as pessoas que vivem nas vizinhanças têm certeza de que ela não danificará o ambiente e a qualidade de vida local; e a segurança nacional só é boa enquanto os habitantes se sentem seguros em suas localidades – não apenas seguros contra terroristas, guerras e crimes, mas também aos eventos climáticos extremos, interrupção de serviços e falta de alimentos (setas brancas).

O divergente positivo

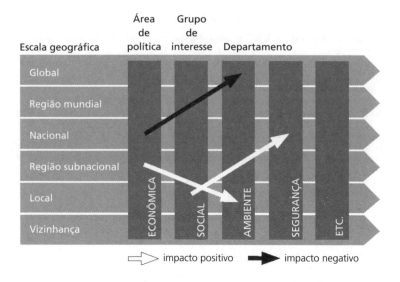

Fonte: adaptado de Parkin (2006), Royal College of Defence Studies, 26 de janeiro de 2006.

FIGURA 8.2 Uma abordagem de sustentabilidade para a organização ou para política: resiliência e segurança crescentes por meio do engajamento dos departamentos em múltiplos níveis e múltiplos setores/políticas/grupos de interesse.

Os ecologistas que trabalham na regeneração de ecossistemas regionais (um sistema fluvial, por exemplo) sabem que o sucesso de sua missão biológica depende das boas relações com o povo que vive no local. Isso pode envolver interações bastante sofisticadas em uma coalizão de organizações de múltiplos níveis – grupos locais, governo nacional e organizações humanitárias internacionais – que está além da capacidade de ilustração do meu diagrama simples. No entanto, um terceiro exemplo positivo nos vem do ex-embaixador das Nações Unidas Jeremy Greenstock, que vê as pessoas desiludidas com a capacidade do Estado de enfrentar os grandes problemas de nosso tempo. "A cultura, a identidade e a política estão se tornando locais", diz ele, mesmo porque só aí os desafios globais do terrorismo, do crime ou da mudança climática podem ser enfrentados eficientemente. Além disso, uma economia global resiliente e justa só pode existir caso tenha por alicerce várias outras localmente resilientes. A liderança de qualquer Estado será julgada por sua capacidade de entender que o sucesso do empreendimento humano em escala global depende da descentralização do poder sensivelmente regulamentado, para as localidades.[8]

Essa mesma visão é retomada pelo US National Intelligence Council sobre tendências até 2025. Ele constata o que chama de "déficit institucional" deixado pelas instituições caducas pós-Segunda Guerra Mundial, que talvez levem à fragmentação e à incapacitação da cooperação internacional. Como Greenstock, indaga se o advento de novos atores e redes não estatais como empresas, tribos, organizações religiosas e organizações não governamentais (ONGs) poderão eventualmente fortalecer um sistema internacional mais complexo, que inclua o que a sabedoria convencional encara hoje como países do segundo e terceiro mundo (NIC, 2008). Embora isso possa parecer uma excursão em geopolítica (e é mesmo – ver "Uma visão de mundo versada em sustentabilidade" no Capítulo 7), é no domínio das relações humanas e ações por todos os tipos de fronteiras que o sucesso ou o fracasso do desenvolvimento sustentável será decidido.

Em suma, a teoria dos sistemas ajuda a pensar sobre relações horizontais, verticais e diagonais com pessoas, organizações e o ambiente em todos os níveis e através de fronteiras políticas e de interesses especiais. É o território de origem dos divergentes positivos. Refletir sobre escolhas particulares de um modo sistemático significa explorar consequências, intencionais ou não. Teoricamente um pouco espantoso, mas na prática é apenas outra maneira de pensar sobre como conseguir mais resiliência por meio de relações melhores.

Pensar em resultados e estratégias

 Pertence à família de compreensão Aprendizagem para a Vida (ver p. 229 para explicação)

Você sabe onde quer chegar (na vida, num projeto, para a sustentabilidade) e pode produzir uma estratégia suficientemente bem ponderada e estruturada para isso. Você encara as oportunidades, os riscos e as circunstâncias mutáveis de maneira criativa

Afora o fascínio pelas figuras carismáticas ou "heroicas" de líderes, provavelmente nenhum aspecto da educação para liderança e gestão gerou mais artigos, livros ou aulas em cursos de MBA do que a estratégia. No entanto, como dissemos na seção anterior, ela permanece uma das mais mal compreendidas.

Portanto, é melhor começar aqui com algumas definições antes de sugerir uma maneira simples de elaborar e executar uma estratégia bem-sucedida.

Estratégia: "habilidade do general"; a arte de conduzir uma campanha (inteira)

Tática: "procedimento intencional"

A raiz da palavra "estratégia" é militar. Como se vê na Figura 8.3, o general primeiro identifica um objetivo militar – uma cidade a ser ocupada, um alvo a ser bombardeado, uma ponte a ser tomada – e em seguida elabora uma estratégia de acordo com as variáveis a serem levadas em consideração – tempo, território, recursos etc. Crucialmente, as estratégias não começam onde você está, mas onde você gostaria de estar. Visões e missões são boas, mas, a menos que o destino real para o qual apontam seja convincente, podem revelar-se difíceis de mobilizar pessoas e recursos. A incerteza quanto ao destino explica o fracasso de muitas estratégias. A raiva (beirando ao motim, pelo que se conta) dos líderes militares envolvidos na invasão e ocupação do Iraque deveu-se ao fato de os políticos não fornecerem objetivos claros e reais.[9] O mesmo pode ser dito de estratégias corporativas ou de outras organizações. Se não está claro qual deve ser o resultado, e os recursos adequados não estão disponíveis, funcionários e outros se tornam desafetos.

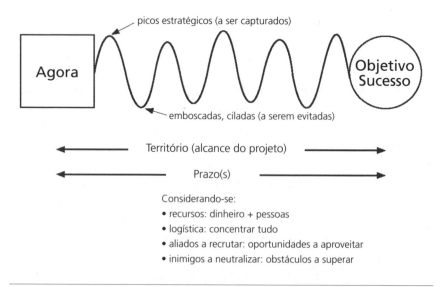

FIGURA 8.3 Planejamento estratégico simplificado.

Capítulo 8 – Princípios da prática e instrumentos do ofício

Até quase aos 30 anos, eu achava que todos pensavam como eu – em resultados. Em casa ou no trabalho, decidia onde queria chegar e me organizava com esse fim. Depois de inúmeras experiências frustrantes em reuniões e projetos, acabei percebendo que muitas pessoas eram o que chamei de "do próximo passo": não pensam a longo prazo e lutam com a ideia de que o caminho para o objetivo pode até ser indireto. Três décadas de observação e vivência me convenceram de que apenas uns 20% das pessoas são líderes e estrategistas naturais. Não encontrei nenhuma pesquisa que contradissesse ou confirmasse isso, mas conheço vários estrategistas de primeira classe que me acham supergenerosa.

Felizmente, o pensamento estratégico é algo que se pode aprender. Poucas pessoas sabem improvisar, a maioria tem instrumentos favoritos para ajudá-las a planejar estratégias para sua organização, um projeto ou sua vida pessoal; muitas, porém, chegam a isso pela primeira vez. Hesito em recomendar qualquer livro recentemente publicado sobre formulação estratégica, embora, na área de estratégia empresarial, Henry Mintzberg (1994) a descreva muito bem, à maneira dos gurus. Entre os livros com "sustentabilidade" no título, Wirtenberg et al. (2009) têm um capítulo muito útil, embora escrito do ponto de vista convencional do critério dos negócios, em que as finanças estão solidamente controlando os resultados. Escrevendo sobre organizações sem fins lucrativos, Mike Hudson (1995) também tem um capítulo bastante prático. Para uma fascinante leitura sobre como as estratégias podem e devem ser elaboradas do ponto de vista do governo, consulte Geoff Mulgan (2009).

Uma palavra a respeito de riscos, pois a identificação tanto de riscos quanto de oportunidades é elemento importante do planejamento estratégico, do pensamento futuro ou de programas específicos de mudança. O risco pode ser vagamente definido como a probabilidade de que algo indesejável aconteça e a determinação de risco é a quantificação dessa probabilidade (Rowe, 1977). Portanto, oportunidade é a probabilidade de que algo desejável aconteça. Isso pode incluir algo novo (inovação) ou a amplificação de uma coisa boa que já exista.

Convencionalmente, a gestão de risco é o ato de domesticar o risco negativo – identificar e tentar reduzir o risco de algo ruim que possa acontecer ao mais perto de zero possível. John Adams, um dos melhores autores nessa área, diz que a maior parte da literatura sobre risco é "protagonizada pelo *Homo prudens* – o homem risco zero. Ele personifica a prudência, a racionalidade e a responsabilidade. Grandes corporações como a Shell Oil apresentam [o homem prudente] como exemplo para os empregados seguirem em sua luta para eliminar todos os acidentes" (Adams, 1995, p. 16). Mas é tão impossível eliminar todas as probabilidades de acidentes que essa abordagem do risco cancelou excursões escolares e impediu palhaços de atirar doces para a plateia. Ela, certamente, não conseguiu impedir o colapso maciço do sistema financeiro global. Um membro aturdido da diretoria de um grande banco, agora pela maior parte nas mãos do governo, confessou que ninguém esperava que todos os riscos se concretizassem ao mesmo tempo: "Nós não percebemos que tudo estava interconectado – como a malha de um tecido".

Então, como pode o risco contribuir para uma estratégia que crie um futuro resiliente, estável e sustentável? Não haverá aí uma contradição?

Na verdade, não, se, em vez de tentar eliminar o risco, nós o "assumirmos" e o usarmos criativamente para descobrir onde estão as oportunidades. A boa liderança deixará espaço para que a imaginação e a inovação floresçam livremente, criando uma cultura pronta a aceitar alguns fracassos como subprodutos inevitáveis da tentativa; um CEO disse que pretende acertar 70% do tempo ao longo da vida. A mesma "percentagem" de risco/oportunidade é usada como estratégia pelos grandes jogadores de tênis. Em frações de segundo, eles calculam a percentagem de lances seguros contra os arriscados, mas possivelmente decisivos, e escolhem de acordo com as circunstâncias do jogo. Em se tratando de assumir riscos no âmbito da sustentabilidade, tomar 70% de decisões certas seria um tremendo avanço com relação à situação anterior!

Entretanto, um elemento-chave no cálculo dos riscos não é a probabilidade de que algo aconteça, mas a magnitude das consequências caso venha a acontecer. Como a evidência descrita no Capítulo 1 sugere, viver na incerteza e com a possibilidade de acontecimentos extremos é hoje inevitável. Enquanto o governo e outras entidades (particularmente a indústria de seguros) solicitam predições mais exatas dos climatologistas, Alan Thorpe, executivo-chefe do Natural Environment Research Council (NERC), ressalta que "a incerteza científica pode ser vista pelos responsáveis pelas políticas como uma coisa difícil de encarar (...) mas talvez seu valor resida no fato de abrir inúmeras opções de ação com vários graus de risco e consequências".[10]

Andy Stirling sugeriu uma maneira extremamente útil de pensar sobre a relação entre risco, ciência e precaução. A Figura 8.4 mostra que, deslocando-se a estratégia para o canto direito inferior, os piores riscos podem ser evitados, sendo possível identificar e tentar aproveitar as oportunidades oferecidas por diferentes tecnologias e comportamentos humanos.

Capítulo 8 – Princípios da prática e instrumentos do ofício

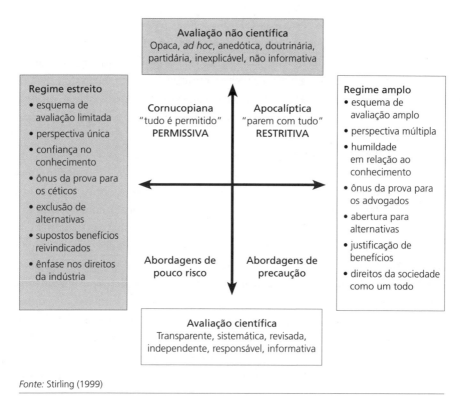

Fonte: Stirling (1999)

FIGURA 8.4 Relação entre risco, ciência e precaução.

Transformando dados em sabedoria

 Pertence à família de compreensão Aprendizagem para a Vida (ver p. 229 para explicação)

Você entende o pensamento e os métodos científicos, sendo capaz de fazer as perguntas certas sobre dados e informação para obter as respostas de que necessita.

A tomada de decisões baseada em evidências é uma atitude correta nos dias atuais. Mas a tarefa de avaliar a evidência se tornou sem dúvida mais difícil por causa do volume considerável de dados disponíveis sob forma convencional e eletrônica. A retórica de hoje emprega termos como "gestão do conhecimento", "economia do conhecimento" e "era da informação" como se esses fossem fenômenos do século XXI. Mas a capacidade de obter a informação certa, no lugar certo e no tempo certo é tudo, menos nova. A grande diferença entre a Idade Média e os dias de hoje é a magnitude da mudança nos volumes e na forma do conhecimento transferido. Os reis do século XVI tinham de esperar por mensageiros que chegavam a cavalo e, até a invenção do telégrafo (1844) e do telefone (1876), as informações ainda chegavam pelo correio. Hoje, montanhas de dados e informações podem aparecer em sua mesa a um simples toque no teclado de um computador.

Agora como antes, porém, dados e informação não são a mesma coisa que conhecimento. Sem dúvida, vivemos numa era de informação, mas será que vivemos realmente numa sociedade de conhecimento? A pirâmide de conhecimento ilustrada na Figura 8.5 não faz justiça à enorme quantidade de esforço exigida pela transformação de vastos mares de dados em rios de informação. Estes depois precisam ser manipulados em correntes de conhecimento, as quais, com grande esforço, podem se tornar os poços de compreensão que, com o acréscimo de um pouco de experiência, nos proporcionam a sabedoria prática onde o bom senso e decisões acertadas são, ou deveriam ser, feitos. As proporções também não são ilustradas. A sabedoria prática (isto é, saber como agir e não apenas acumular montanhas de informações) está em falta se comparada aos dados, os quais, como o CO_2, são intrinsecamente bons, mas danosos quando em excesso ou de má qualidade.

Fonte: instrumento de ensino de Sara Parkin

FIGURA 8.5 A pirâmide do conhecimento.

Capítulo 8 – Princípios da prática e instrumentos do ofício

Os divergentes positivos são um pouco parecidos com o salmão, que procura e sobe os rios certos de conhecimento a fim de encontrar lagos de compreensão onde possa nadar até adquirir a experiência necessária que conduz finalmente à sabedoria prática e (é aqui que a metáfora vacila um pouco!) ter uma oportunidade para se reproduzir inspirando e capacitando outros por meio de sua liderança. Há um propósito para seu aprendizado e acúmulo de conhecimento. Você sabe para que precisa dele.

A importância da interconectividade para a sustentabilidade proficiente mostra como é difícil processar informação por meio de tópicos, setores ou escaninhos políticos – a despeito dos avanços tecnológicos. Vejam-se a confusão em torno da política do biocombustível e a incapacidade dos sabichões da política energética de perceber que as plantações são também alimento e que a terra é necessária tanto para a comida quanto para o funcionamento do ecossistema. Mesmo o chamado biocombustível de "segunda geração" (o refugo das colheitas) é a fertilidade futura do solo. Obviamente, os responsáveis pela política econômica, os especialistas em energia, os agrônomos, os cientistas e bioquímicos que se ocupam da terra não absorveram integralmente a pirâmide de conhecimento.

Espera-se que, eventualmente, a tecnologia da informação faça isso por nós, e uma nova indústria já tenha crescido, especializada em processar dados e informação para extrair o conhecimento de modo a atender melhor às necessidades de indivíduos e organizações. Todavia, por causa da regra lixo entra, lixo sai, se a tecnologia pode imprimir velocidade e volume ao processo, a capacidade de computação não linear do cérebro humano ainda define os padrões de qualidade para a pesquisa e a síntese da informação. O escritor de romances de espionagem John Le Carré (ele próprio espião no passado) observa que não há substituto para a coleta inteligente de informações que acontece no relacionamento humano.

Uma das maneiras mais seguras de evitar o afogamento é arrancar uma página do livro de Le Carré e iniciar qualquer busca de conhecimento com pessoas e organizações em que você confia. Se elas não tiverem o que você quer, pergunte-lhes para onde iriam. Assim, uma rede pessoal de fontes de informação "recomendadas" e confiáveis pode ser construída, mais ou menos à maneira dos saltos do salmão. Além disso, uma olhadela ocasional em fontes não convencionais, inclusive contrárias e as mais reputáveis, chamadas blogueiros, irá verificar o "ruído" da informação para quaisquer novas tendências que valham a pena. Com a honrosa exceção dos alertas para grandes brechas de justiça ambiental ou humana – como na disposição de lixo tóxico ou nas manifestações de monges na Birmânia –, descobri que os blogueiros anônimos tendem a ser seguidores ao invés de iniciadores de tendências.

Como sempre, viver numa sociedade do conhecimento significa organizar para si mesmo um sistema que priorize *o suficiente* da informação certa, na hora certa e no lugar certo.

Imaginando com os outros

Você é capaz de imaginar um futuro concebível (que seja não apenas possível, mas desejável) e, com outros, codesenvolver maneiras de chegar lá.

Pode parecer estranho incluir a imaginação como um princípio relevante para a sustentabilidade na maneira como você pratica sua liderança. Mas, se você não conseguir imaginar como será um futuro sustentável e explicar por que ele é viável e atraente, como irá encorajar pessoas a juntar-se a você na busca da sustentabilidade? Estou com Keith Grint, que diz: "A liderança é ao mesmo tempo raiz e produto da imaginação" e "Imaginar o que não foi experimentado é transmitir aos seguidores a esperança de um futuro melhor". Concordo também que é errado rotular esse ato de imaginação de *utópico* (que significa "lugar nenhum") num sentido crítico. O propósito original do pensamento utópico era transcender a rigidez do presente (sabedorias convencionais) e construir um futuro melhor. O que agora é "lugar nenhum" pode ser "algum lugar" no futuro (Grint, 2000, pp. 13-14).

Dar um salto ou mesmo um pequeno passo de imaginação não é, porém, fácil para todos. Por exemplo, já presenciei o naufrágio de várias tentativas de identificar futuras necessidades de habilidades, no Reino Unido, por causa da incapacidade (principalmente) dos empregadores de imaginar o futuro como algo que não seja a continuidade do passado. Em consequência, estamos enfrentando o fim do jogo do desenvolvimento *in*sustentável totalmente despreparados. Imaginando-se o que *poderia* ou *deveria* ser, é bem mais fácil para identificar maneiras de chegar lá, idealmente codesenvolvido com outros. O presidente Barack Obama* sem dúvida tem um conjunto pessoal de resultados e uma estratégia para seu mandato. Em público (veja-se o discurso de posse), ele usou a imaginação (a audácia da esperança) e o codesenvolvimento (juntos podemos) a fim de tornar seus seguidores participantes ativos, não passivos, de uma jornada comum.

No mundo dos negócios, codesenvolvimento ou cocriação significa que tanto a empresa quanto o consumidor estão envolvidos no desenvolvimento de novos produtos. Em vez de manter o carro sob uma lona até seu lançamento, por exemplo, ele é concebido (imaginado), desenhado, desenvolvido e testado pelos futuros motoristas e o fabricante juntos. Algumas estrelas do rock preferem cocriar um álbum com outros membros da banda e a equipe técnica no estúdio do que escrever a música sozinhas.[12] No âmbito da sustentabilidade, o Forum for the Future ajudou a codesenvolver uma "tinta à base de água" e está trabalhando com o governo local, financistas inovadores, e especialistas em eficiência e renovação de energia para imaginar, cocriar e apresentar modelos financeiros que façam as localidades funcionar mediante estratégias de baixa emissão de carbono.

Se você está começando do nada, as ferramentas no final deste capítulo fornecerão meios de apressar o início de um processo de imaginação de um futuro sustentável. Poderão também ajudá-lo a elaborar uma história atraente sobre o destino e a jornada. Havendo uma estratégia em curso, os mesmos processos podem ser usados para construir e inspirar uma narrativa aliciadora, para pessoas de dentro e de fora da organização. A tarefa de imaginar e abrir caminhos para o futuro não é, porém, uma atividade solitária, embora seja uma excelente maneira de dar asas à imaginação e praticar o pensamento interconectado, tão importante para a liderança em sustentabilidade proficiente. Quanto mais pessoas estiverem envolvidas no codesenvolvimento de caminhos para isso, mais provavelmente o futuro imaginado tornar-se-á realidade.

Avaliação de resultados

Você usa as consequências da sustentabilidade para avaliar progresso e medir sucesso.

No Capítulo 4, critiquei o estado dos processos de avaliação usados no mundo da liderança e da gestão. Posso estar confessando a minha idade, mas estou cada vez mais irritada quando ouço as pessoas falarem de lições aprendidas, desse ou daquele erro, quando estas mesmas lições estavam lá para serem aprendidas há dez ou mais anos atrás. Os biocombustíveis são apenas um exemplo. Outro é a "nova" constatação de que produtos químicos fabricados na Europa e na Ásia podem ser encontrados na neve dos dois polos. Rachel Carson nos alertou para os perigos dos produtos químicos para o ambiente num livro de 1967, que ajudou a lançar um movimento global pelo ambiente. Desde então as coisas, em vez de melhorar, pioraram.

Assim, quando se trata de avaliar a liderança para a sustentabilidade, as consequências é que importam. O modo *como* você exercita sua liderança é extremamente importante, mas sem sentido se você não sabe que está contribuindo para tornar as coisas melhores ou piores. Proponho então três áreas nas quais os indicadores deveriam aparecer: contribuições reais para a sustentabilidade, ubiquidade de prática numa organização e influência sobre os outros.

Contribuição para a sustentabilidade

Que contribuições você deu para o desafio social da sustentabilidade?

Não importa de onde você comece. Como indivíduo ou organização, cada qual pode assumir imediatamente um compromisso para ir aumentando suas contribuições, na medida do possível. Não basta agir como se sua contribuição devesse cessar nos limites de sua casa ou empresa. Somente pensando além desses limites e fazendo perguntas sobre o que você pode dar para a sustentabilidade em sentido lato é que a mudança ocorrerá suficientemente rápida. Talvez não seja fácil obter a chamada prova "concreta". Em alguns casos, vale a pena lutar por isso, como por exemplo nas emissões de CO_2 ou no consumo de carbono. Mas às vezes a visão de pescadores ou ornitólogos amadores locais se um trecho de rio está melhorando em qualidade pode trazer mais informações úteis que uma análise química da água. Do mesmo modo, avaliar resultados sociais não é fácil, nem julgar em que medida a mudança do comportamento de alguém se deve à *sua* influência. Aqui, a noção de *bom o bastante* entra em jogo. Um líder em sustentabilidade proficiente usará uma sequência de indicadores orientados para consequências a fim de garantir que a direção da jornada está certa e que o ritmo da mudança se acelerando.

Há mais a respeito disso à frente, em "Medidas para sustentabilidade", e a "Ferramenta dos Cinco Capitais" pode ajudá-lo a tomar medidas adequadas às suas prioridades. Contudo, não basta restringir-se a uma ou duas áreas. Ampliar e aprofundar sua contribuição é o que importa aqui. A medida do sucesso da liderança em sustentabilidade proficiente e da divergência positiva não é uma série de marcas em uma lista de competências, embora dourada. Mas é a quantidade de marcas que você pode oferecer à Lista de Tarefas de Sustentabilidade Global (ver Quarta Parte) e quão rápido você está diminuindo a distância entre onde você e sua empresa estão agora e onde sabem que poderiam ou deveriam estar.

Ubiquidade da prática

Quanto que a boa prática orientada para a sustentabilidade encharcou as mentes e as atividades de todas as partes de sua organização – ou de sua própria vida?

A segunda área de avaliação é julgar quão profunda e amplamente a atividade orientada para as consequências da sustentabilidade penetrou em sua organização ou sua própria vida. É difícil "falar e fazer" em ambientes pouco promissores, sobretudo quando outras coisas também estão indo mal – como orçamentos reduzidos. Mas um importante critério de sucesso para o divergente positivo é saber até que ponto ele consegue tirar a prática da sustentabilidade das mãos de unidades especializadas e superar barreiras psicológicas ou institucionais até ela se torne uma prática normal para a empresa toda.

As funções de responsabilidade corporativa, como as rotuladas de Ambiente e Sustentabilidade, tendem a ficar em departamento próprio ou ligadas a outro, como marketing, comunicação, saúde ou segurança. Mesmo quando independentes, devem se reportar (se é que fazem isso) à diretoria por intermédio de um executivo ou um dos diretores. Como a sustentabilidade diz respeito à progressão *simultânea* de objetivos ambientais, sociais e econômicos, convém ser liderada pelo presidente, e as responsabilidades, especificadas nas descrições e avaliações dos cargos dos demais executivos e membros da diretoria. Assim, qualquer responsabilidade empresarial ou função similar que escape da ação do presidente sugere um nível baixo de ubiquidade. Recentemente, estudo da Egon Zehnder International, uma agência de pesquisa, concluiu que o papel do diretor-chefe de sustentabilidade logo se confundirá com o do diretor-presidente e o do diretor de finanças no pináculo da organização, onde ocorrem as decisões estratégicas.[13] Qualquer que seja sua influência na organização, de qualquer porte, os divergentes positivos avaliarão até que ponto cumpriram seus deveres, políticas e ações para com a sustentabilidade por meio dos sistemas de administração, gerenciamento e operações.

Em se tratando da vida pessoal, é necessária uma palavra de advertência. Podemos fazer muita coisa para transformar a maneira como vivemos e contribuir diretamente para um modo sustentável de vida como indivíduos.

Nenhum divergente positivo pode negligenciar a influência que adquire ao ser visto "fazendo o que fala". Mas a perversidade do modo como o mundo é significa que assumir um grande compromisso em sua vida pessoal pode envolver muito tempo e dinheiro, apenas possível, no momento, para os que estão em melhores condições ou se restrito a sua única atividade pessoal! Portanto, seja razoável. Use suas habilidades voltadas para a sustentabilidade a fim de descobrir como fazer o melhor que pode agora, elaborando uma estratégia que signifique que você está na pista de um aperfeiçoamento contínuo na vida pessoal e lembrando-se de que sua missão é tornar a sustentabilidade uma opção realista para todos. Por definição, como um divergente positivo, você escolheu não se "desligar" do mundo perverso no qual vivemos, mas "aderir" a ele e transformá-lo – o que nos leva à terceira área, na qual uma avaliação cuidadosa é terrivelmente importante.

Influenciando outros

Que influência você ou sua organização exerceu sobre a prática de outras pessoas ou organizações?

Por mais que você seja progressista na obtenção de resultados de sustentabilidade, remodelando e redirecionando sua organização, você não consegue fazer tudo sozinho. Assim, parte de sua estratégia consistirá em inserir numa lista de prioridades as pessoas e organizações que precisará trazer para seu lado. Publicar manchetes espalhafatosas no jornal local nem sempre será a melhor maneira de fazer isso; mas convidar pessoas de destaque para uma discussão informal e extraoficial, pessoas que o ajudarão a imaginar o futuro de sua empresa do ponto de vista da sustentabilidade, pode interessá-las em imaginar o delas próprias.

Até que ponto você tem sido capaz de influenciar e mudar o comportamento de outras pessoas e organizações não é fácil avaliar. Políticas e declarações de intenções não valem tanto quanto as evidências de um comportamento mudado e, portanto, de ganhos reais de sustentabilidade. técnicas "leves" de pesquisa ou até simples questionários podem ser úteis até que apareçam evidências mais sólidas.

Capítulo 8 – Princípios da prática e instrumentos do ofício

Instrumentos para a mudança

Você está confortável com alguns instrumentos que suportam a tomada de decisões no âmbito da liderança em sustentabilidade proficiente.

Você já pode ter alguns instrumentos de gestão favoritos que funcionam para a obtenção de resultados de sustentabilidade ou poderão funcionar caso sejam convenientemente adaptados. Eis aqui alguns "itens obrigatórios" aos divergentes positivos que podem ser inteiramente novos para você ou modificações dos que já possui – para a gestão de mudanças ou a análise de ciclos de vida, por exemplo. Todos são relativamente fáceis de usar, o que os torna a melhor maneira de aprender a respeito de sustentabilidade durante o processo.

Aprendizagem para a vida

Você conhece as boas maneiras de aprender como implementar a liderança em sustentabilidade proficiente – para si mesmo e para os outros – em circunstâncias variadas.

 Numa organização ideal, sua estrutura e a cultura seriam voltadas para o aprendizado com base na experiência, por meio de um processo contínuo de reflexão e aperfeiçoamento da prática. Os objetivos e as estratégias seriam constantemente alinhados a esse aprendizado, e a uma cuidadosa consideração dos conhecimentos atuais e de possíveis futuros. Assim, a mudança contínua

A família de compreensão Aprendizagem para a Vida

será vista como normal e benéfica. Como a consciência de seis aspectos de aprendizado e a decisão quanto ao que fazer em seguida é ainda um sonho em muitas organizações, tratei-os em separado. Os divergentes positivos devem refletir bastante em como juntá-los sempre que possível, pois isso torna mais fácil integrar a proficiência em sustentabilidade a todas as escolhas e decisões.

Para facilitar ao máximo as coisas, incluo aqui algumas ideias sobre aprendizado pessoal e empresarial, e compartilho um pouco da experiência do Forum for the Future em integrar a sustentabilidade em cursos. Há uma enorme quantidade de teorias sobre aprendizagem e ensino, de modo que proponho encurtar a história e deixar a você a tarefa de se aprofundar no assunto, caso queira.[14] Como o assunto é novo, quando se fala de aprendizado pessoal de liderança em sustentabilidade proficiente, a autoajuda parece funcionar melhor para muitas pessoas empenhadas em elaborar um plano para si mesmas ou escolher um dos cursos disponíveis. Um possível "diagrama de conexões" didático, que você poderá usar e adaptar no planejamento de uma jornada de aprendizado para a vida toda, é apresentado no Capítulo 4.

Primeiro, consideremos os hábitos de aprendizado pessoais. Conhecer bem seus próprios métodos de aprendizado preferidos é o ponto de partida. Se você tem a sorte de poder acessar instrutores profissionais ou professores, eles sem dúvida o ajudarão muito. Se não, você deve se autoanalisar fazendo uma lista daquilo que *quer* aprender. Alguns exemplos de diferentes estilos e técnicas de aprendizado aparecem na Tabela 8.2. Apenas a reflexão não é negociável.

TABELA 8.2 Estilos e técnicas de aprendizado.

Por experimentação, experiência	Por meio de fatos
Por argumentos lógicos	Em grupos, discutindo com outros
Por si mesmo	Visualmente: diagramas, demonstrações
Por relacionamento com outro conhecimento	Verbalmente: escrita, fala
Por repetições – de fatos ou experiência	Intuitivamente: emoção, dedução
Por análise de ideias, conceitos	Por meio de histórias, narrativas
Por meio da prática de reflexão	Pela compreensão da teoria subjacente
Formalmente, em classe	Solução de problemas imaginativa
Ensinando os outros	Eletronicamente

Infelizmente, muitos métodos de educação e treinamento dão mais crédito às informações "armazenadas" do que à compreensão demonstrada, o que exige tempo e ajuda para produzir resultados. Você pode se ajudar a desenvolver a prática reflexiva e aumentar a compreensão recrutando um pequeno número de pessoas que o desafiarão a ter uma visão mais ampla do que você teria normalmente. Peça-lhes que o estimulem a pensar mais estrategicamente, apresentar ideias e ações que talvez não lhe ocorram e recomendem bons cursos para você frequentar.

Você pode ter a sorte ou a capacidade de fazer com que o programa de desenvolvimento de pessoal de sua empresa inclua a sustentabilidade proficiente ou possuir as habilidades de fazer isso você mesmo. Para aqueles que não são treinados na arte de ensinar (pedagogia), porém, há algumas dicas (sem ordem preestabelecida) que usarão caso queiram transmitir a sustentabilidade proficiente a outros – numa sala de seminário, numa loja ou num bar.

- Concentre-se na interface entre conhecimento e compreensão. Excesso de informação desanima. Bem ordenada e ilustrada, ela se torna um conhecimento útil e memorizável que pode ser apresentado de modo a encorajar a compreensão. Recorra a exemplos sempre que possível. Margaret Thatcher, por exemplo, não entendeu a mudança climática até alguém se lembrar de que ela era química e preparar um relatório explicando os processos químicos que estavam ocorrendo na atmosfera superior.
- Adapte seu curso, palestra ou conversa ao seu público. Isso implica conhecer de onde as pessoas vêm, qual é sua visão de mundo, o que as aborrece e que outras pressões sofrem. Às vezes, fazer perguntas para descobrir esses dados pode ser o método de dizer o que você pretende. Como alguns graduados do Forum for the Future disseram, funcionários de grandes empresas, "depois que você descobre o que os motiva, tudo se torna mais fácil". Seus objetivos para um modo mais sustentável de fazer as coisas podem frequentemente ser apresentados como uma solução para os problemas dos outros.
- Alunos agindo como professores. O programa do Forum for the Future chamado Leadership for Sustainable Development (Liderança para o Desenvolvimento Sustentável) mistura seminários tradicionais com colocações didáticas em diferentes setores, praticando um alto nível de aprendizado reflexivo e em grupo. Alunos de diferentes formações são estimulados a partilhar o que já conhecem e a assumir responsabilidade por diferentes áreas em benefício do grupo, melhorando assim o aprendizado

geral de cada um. Essa foi a estratégia didática que Nelson Mandela e seus companheiros de prisão usaram em Robben Island. Bem conduzido e olhando sempre para a frente, um "círculo de aprendizado" como esse gerará boas ideias sobre modos de evitar obstáculos.

- Jogue com seus pontos fortes. Nem todos estão no nível de eficiência oratória de Barack Obama, mas muitos podem aprender a ser oradores e escritores *bons o suficiente*. O importante é que acreditem e confiem em nós. Seja, pois, verdadeiro consigo mesmo – um pouco de humor autodepreciativo (rir de si mesmo) a respeito de sua persistência em pontos de destaque ou uma pitada de cinismo caem bem. Diz-se que o público retém apenas um terço do que ouve numa aula ou palestra. Acima de tudo, pratique. Ensinar é uma ótima maneira de aprender. Não melhor do que dar uma palestra ou escrever um artigo a respeito de algo para aprimorar nossos níveis de conhecimento.
- Procure realçar o que tem de mais importante a dizer. Evite os jargões e aprenda de novo com o discurso inaugural do presidente Obama o modo de dizer a mesma coisa três vezes, mas de maneiras diferentes (certificando-se de que as mensagens principais estejam naquele um terço que as pessoas gravam). O resto foi para o público se sentir bem – mais sobre si mesmos do que dele.

Assim como não há nenhum conjunto sob medida sobre ética ou valores, não há nenhum para cursos sobre liderança para a sustentabilidade. Isso torna difícil decidir quais conhecimentos devam ser incluídos nos cursos para diferentes grupos em diferentes períodos e sob diferentes circunstâncias. Quando o Forum se envolvia num projeto com universidades, tentávamos resolver esse dilema inovando uma ferramenta que pudesse ser usada por professores de qualquer matéria, para um curso novo ou para reformular um já existente.[15] Isso funciona também para você elaborar seu próprio plano de aprendizado.

O primeiro passo consiste em criar um perfil de relações do aprendiz de sustentabilidade. Trace cerca de quatro círculos concêntricos e registre neles seus relacionamentos – com outras pessoas, outras organizações e grupos sociais e com o ambiente. As relações mais importantes são as mais próximas do centro. A Figura 8.6 é uma versão genérica de um perfil de relações para ilustrar o que quero dizer. Você obterá melhores resultados se fizer isso junto com outras pessoas. Caso, por exemplo, esteja reformulando um curso, é uma boa ideia convidar alunos já graduados e seus empregadores para saber o que

Capítulo 8 – Princípios da prática e instrumentos do ofício

Fonte: Higher Education Partnership for Sustainability. Learning and Skills for Substantive Development. Forum for the Future, Londres, 2004.

FIGURA 8.6 Perfil de relações do aprendiz de sustentabilidade (exemplo).

eles gostariam de ter aprendido e não aprenderam. Misturando-os aos alunos novos, você manterá o curso avançado. Para você mesmo, talvez queira incluir colegas e amigos. Em ambos os casos, convide alguns estranhos – esses costumam fazer as perguntas mais intrigantes e úteis, fazendo observações que não ocorrem a quem está familiarizado com o assunto.

O próximo passo é identificar o que você precisa aprender para manter todas essas relações de um modo capaz de contribuir para a sustentabilidade. De novo, isso se faz melhor na companhia de outros. Em seguida, vem um pouco de pedagogia que transforma tudo em resultados de aprendizagem, estabelecendo conteúdos apropriados e métodos didáticos. O resultado é um curso novo ou um curso reformulado, dos quais se pode dizer com honestidade que desenvolvem engenheiros, músicos, linguistas, líderes ou administradores proficientes em sustentabilidade – não importa qual seja o tema. Usamos a Ferramenta dos Cinco Capitais para avaliar, da perspectiva da sustentabilidade, se tudo foi coberto.

Ferramentas de tomadas de decisões para resultados de sustentabilidade

Você está confortável com e utiliza ferramentas que suportam a tomada de decisões proficientes em sustentabilidade.

A ferramenta mais comumente usada para decidir se devemos fazer ou não alguma coisa é a análise de custo-benefício. O "valor" monetário para os vários elementos de vantagem e desvantagem de um projeto é calculado e a decisão é tomada se o resultado é positivo ou negativo. Isso pressupõe duas coisas: que o valor monetário pode ser atribuído a qualquer coisa e que tudo é comparável. Questões em torno da moralidade dessa abordagem são ilustradas pelos cálculos da indústria do fumo, segundo os quais o total de impostos recebidos das empresas e dos fumantes, mais a economia nas pensões por causa de mortes prematuras, igualam um benefício líquido para o tesouro. Mas, nesse caso, o que é valor de "mercado" ou social de uma vida humana? Será que pode ser comparável a qualquer operação contábil, como a redução de endividamento no setor público? O debate em torno do estabelecimento de um custo para o "carbono" nos esquemas comerciais de emissão de gases de efeito estufa é outro exemplo em que a separação entre cálculos monetários e considerações morais se torna difícil. Os cálculos para determinar o preço do carbono – mediante taxação na fonte ou como emissão – usualmente incorporam benefícios oriundos de investimento na eficiência e na geração renovável, mas nem sempre os que dizem respeito ao bem-estar humano. Limites de velocidade nas estradas e menor consumo de combustíveis fósseis na indústria resultam em número mais baixo de acidentes, menor poluição local (menos edifícios sujos e menos doenças respiratórias) e menor emissão de gases de efeito estufa. Tudo isso traz benefícios de um modo difícil de comparar com um denominador comum monetário ou outro qualquer.

Estabelecer valores monetários é apenas parte da resposta à necessidade de fazer julgamentos sensatos no âmbito da sustentabilidade. A natureza "persistente" (isto é, complexa e interconectada) dos problemas que enfrentamos exige ferramentas mais complexas e interconectadas (mas não persistentes!).

Eis aqui três recursos que usamos no Forum for the Future: a Ferramenta dos Cinco Capitais, The Natural Step e Futures.

Capítulo 8 – Princípios da prática e instrumentos do ofício

A Ferramenta dos Cinco Capitais

Eu ficaria surpresa se você ainda não tivesse percebido que esta é minha ferramenta favorita de análise, planejamento e tomada de decisões! Ela resolve a dificuldade de integrar ambiente e aspectos sociais ou econômicos do desenvolvimento sustentável de modo a facilitar a percepção das interconexões e, criticamente, a descobrir onde existem relações de compromisso negativas ou sinergias úteis a concretizar. Visualiza a disjunção atual da maneira como as coisas estão sendo feitas, mas de uma forma holística que ilumina o caminho para a sustentabilidade. Usar a Ferramenta dos Cinco Capitais é também um dos melhores meios de aprender sobre sustentabilidade ao longo do processo!

Farei um esforço para dar ao leitor suficientes informações, ideias e orientação prática sobre como empregá-la para começar logo.

Muitos leitores estarão familiarizados com o Triple Bottom Line, preferido pelos negócios, ou com o Diagrama Venn dos três círculos superpostos, do agrado das mentes mais técnicas, como modos de ilustrar a sustentabilidade (Figura 8.7).

Embora conceitualmente claros, nenhum dos dois é muito bom para nos mostrar maneiras de implementar a sustentabilidade. Também não são acurados, pois, na realidade, não existe equivalência ou equilíbrio entre os elementos sociais, ambientais e econômicos. De fato, como assinala Herman Daly, "o mundo natural é o envelope que contém, sustenta e abastece a economia, não o contrário" (Daly, 2008, p. 160), assim, a hierarquia é melhor conceituada como três círculos aninhados (Figura 8.8).

Mas mesmo essa maneira de pensar sobre os diferentes elementos da sustentabilidade não se traduz com facilidade em ações capazes de pôr fim aos comportamentos humanos *in*sustentáveis. O ambiente pode ser o resultado real, e nós, humanos, talvez estejamos teoricamente no controle do planejamento, valores e operação de nossa economia – mas, sem dúvida, não é esse o caso. É a economia que controla tanto os homens como o resto da vida na Terra.

Quando montamos o Forum for the Future, já estávamos convencidos, pela explicação de nosso colega Paul Ekins, de que pensar sobre as interações entre *quatro* tipos de capital (natural, humano, social e construído) era um reflexo mais acurado dos estoques de recursos disponíveis para a economia do que os três capitais tradicionais dos economistas (terra, trabalho, manufatura) (Ekins et al., 1992). Por conta da escala de degradação do capital natural e humano, que

O divergente positivo

causava a reavaliação crítica do que constituía o capital em atraso, decidimos adotar o modelo dos *cinco* capitais da economia como um quadro dentro do qual pudéssemos pensar sobre a sustentabilidade futura.[16] O quinto capital – finanças – foi introduzido por Jonathon Porritt. Ele alegou, com muita propriedade, que para a maioria das pessoas a palavra "capital" significava apenas finanças. Ignorar essa realidade tornava mais difícil falar a respeito de outros tipos.

Uma explicação simples de cada um dos cinco capitais é dada na Tabela 8.3, com mais reflexões sobre o capital do ponto de vista da sustentabilidade no Capítulo 3. Ao estudar a Tabela 8.3, tente imaginar que você governa o mundo, tendo

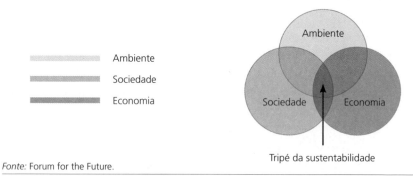

Fonte: Forum for the Future.

FIGURA 8.7 Tripé da sustentabilidade (Triple Bottom Line) e diagrama Venn de sustentabilidade.

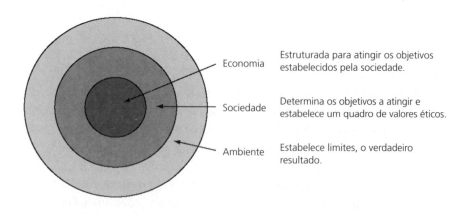

Fonte: Forum for the Future.

FIGURA 8.8 Círculos concêntricos: o verdadeiro resultado (bottom line).

sido eleito por uma proposta de sustentabilidade. Esses cinco tipos de capital são o material de que você dispõe para trabalhar – nem mais, nem menos. Toda a vida na Terra, mais corpo e a mente das pessoas, constitui seus recursos primários – o verdadeiro resultado final. O resto – instituições sociais, infraestrutura existente e sistemas econômicos – foi criado por nós. Consequentemente, e não apenas teoricamente, esse restante pode ser mudado por nós.

TABELA 8.3 Explicação sobre os estoques dos Cinco Capitais.

Capital	Descrição dos estoques de recursos
Financeiro	Compreende ações, apólices ou papel-moeda. Funciona como um meio de valorização ou troca de capital natural, humano, social ou construído, diretamente ou por meio de bens e serviços gerados pela economia. Estritamente falando, o capital financeiro não tem valor intrínseco. Tornando-se ele próprio uma *commodity* e, em função do processo de acumulação via débito, tem perdido sua capacidade de prover esse serviço. Se reformulado, poderia ajudar a conduzir e apoiar a correção e o crescimento dos outros quatro estoques de capital.
Construído	Compreende toda a "infraestrutura" fabricada pelos homens que ainda existe: as ferramentas, máquinas, edifícios etc., onde as pessoas moram e trabalham, e a infraestrutura (estradas e rede elétrica que sustentam a sociedade moderna). Não inclui, porém, os bens e serviços produzidos. Em alguns casos, o capital construído pode ser considerado fonte de materiais (como entulho de edifícios usado para construir ou reparar estradas).
Social	Compreende as organizações e associações usadas pelos homens para viverem e trabalharem juntos, como famílias, comunidades, governos, empresas, sistemas de saúde e educação, sindicatos, grupos voluntários etc. Embora envolvam diferentes tipos de relações e organizações, são todas estruturas, associações ou instituições que acrescentam valor ao capital humano. São bem-sucedidas nisso quando se baseiam em confiança mútua e propósito comum (Putnam, 2000). O sucesso nos grupos sociais é um importante fator que contribui para o bem-estar humano individual.
Humano	Compreende a saúde, o conhecimento, as habilidades, a motivação e a espiritualidade dos indivíduos. Isto é, todas as coisas que capacitam as pessoas a se sentirem bem consigo mesmas e com o próximo, a participar da sociedade e a contribuir produtivamente para o bem-estar próprio e alheio (saúde, riqueza e felicidade).
Natural	Também chamado de capital ambiental ou ecológico, representa o estoque de bens ambientalmente fornecidos e incide em duas categorias: (1) recursos, alguns dos quais são renováveis (árvores, vegetação, peixes e água) e outros não (combustíveis fósseis e minerais). Em certos lugares, recursos ostensivamente renováveis (como solo fértil) se tornaram não renováveis (deserto); e (2) serviços, como a regulação do clima; os vastos ciclos de processamento de lixo que degradam, absorvem e reaproveitam emissões e resíduos de todo tipo; os ciclos hidrológicos etc.

Fonte: adaptado de Parkin (2000)

Uma palavra sobre estoques e fluxos

O próximo passo é captar o conceito de estoques e fluxos, núcleo de qualquer processo econômico e chave para entender os cinco capitais, quer como ferramenta de tomada de decisões para uso imediato, quer como modelo possível para uma futura economia sustentável. A Tabela 8.3 descreve brevemente os cinco tipos de estoques de capital disponíveis para qualquer economia, organização ou indivíduo. Se o estoque de cada recurso de capital fosse restaurado e mantido em boa forma, poderíamos esperar o fluxo de benefícios para todos os fins e propósitos, para sempre. Caso a condição do estoque seja negligenciada, o fluxo de benefícios diminuirá ou cessará. O desenvolvimento *in*sustentável é, de fato, o resultado da negligência em investir na manutenção da saúde de todos os estoques de capital. Por exemplo, sabemos muito bem que um baixo investimento em estradas de ferro (capital construido) reduz o fluxo de trens limpos e regulares. A incapacidade de investir corretamente em educação e em bons sistemas de governança resultou em pessoas fracamente qualificadas e alheias aos processos democráticos. A rápida erosão do estoque de capital natural – como fertilidade do solo, árvores, água potável e ciclos químicos – está agora pondo em perigo os fluxos de alimento, água e clima seguro. E assim por diante.

A importância dos estoques e fluxos para a reflexão sobre sustentabilidade e o modo de tomar decisões acertadas reside no fato de, tradicionalmente, avaliarmos o sucesso de nossas organizações e economias pelo fluxo de coisas – lucros, produtos, empregos, condições meteorológicas e alimento. Presumimos que, se o fluxo está bem, os estoques devem estar bem igualmente. Mas nunca antes ficou tão evidente como nossa visão está distorcida. Por exemplo, grande parte do estoque de capital financeiro na verdade não existia, enquanto uma queda no estoque de fertilidade do solo e água comprometeu o fluxo de colheitas na África e na Austrália. Num mundo governado pelo pensamento em sustentabilidade, mediríamos o crescimento pelos estoques de capital, supondo que, se eles estiverem bem, com muita probabilidade, os fluxos de benefícios estariam igualmente bem.

Doze traços de uma sociedade sustentável

A última informação antes de passarmos à ferramenta em si é o resultado de uma pesquisa que fizemos em 1997. Porque pensar em resultados é essencial para a elaboração de uma boa estratégia, usamos a Ferramenta dos Cinco Capitais para estabelecer algumas "declarações de destino" que poderia caracterizar como seria uma sociedade sustentável. Quais seriam as características de uma sociedade sustentável se todos os estoques de capital estivessem em boa forma? Aonde nos levaria o fluxo de benefícios? O desejo era ter uma ideia aproximada para usar, como ela é, por si mesma fosse, ou como modelo para obter resultados mais adequados a determinadas circunstâncias organizacionais ou geográficas. Para serem universalmente uteis, as declarações precisavam atender a alguns critérios. Deveriam ser:

- abrangentes, no sentido de incorporar dimensões ecológicas, éticas, sociais e econômicas de desenvolvimento sustentável;
- consistentes, interna (entre si) e externamente, com leis científicas e outros métodos respeitáveis de conceituar e entender a sustentabilidade (como The Natural Step – veja mais adiante);
- culturalmente neutras, para que possam ser relevantes e amplamente aplicáveis em qualquer parte do mundo, facilitando assim o aprendizado intra e entre culturas;
- não prescritivas, para que permaneçam *características* de uma sociedade sustentável sem recomendar quais possam ser os ingredientes precisos e deixando os detalhes para as diversas contribuições;
- congruentes com as aspirações gerais de pessoas e comunidades (refletindo que poucas pessoas *querem* um modo de vida *in*sustentável);
- simples e em menor número possível, sem perder a clareza ou provocar excesso de superposições.

O resultado do projeto de pesquisa foram doze declarações que seriam verdadeiras caso vivêssemos num mundo sustentável. Funcionaram para mim na Europa e na África, bem como em inumeráveis esboços e avaliações de projetos ou redação de trabalhos. São, para mim, o que mais se aproxima de uma definição geral da sustentabilidade!

A Tabela 8.4 as mostra ao lado dos estoques dos cinco capitais. As declarações foram estabelecidas em parceria com a Universidade Keele num projeto de 1997 que envolveu sessenta acadêmicos e técnicos, e também o governo, com o subsídio do Economic and Social Research Council (Global Environmental Change Programme, nº L320263059).

TABELA 8.4 Os doze traços de uma sociedade sustentável

Estoque de capital	Doze traços de uma sociedade sustentável
	Declarações que seriam verdadeiras caso vivêssemos numa sociedade sustentável – de qualquer cultura e em qualquer país. Demonstram que os estoques de capital estão em boa forma, produzindo os fluxos de benefícios esperados.
Financeiro Ações, apólices, papel-moeda etc.	1. O capital financeiro representa mais propriamente o valor do capital natural, humano, social e construido.
Construído Toda "infraestrutura" fabricada pelo homem	2. Toda infraestrutura, tecnologias e processos usam o mínimo dos recursos naturais e o máximo das inovações e habilidades humanas.
Social Organizações e associações que acrescentam valor ao capital humano	3. Existem sistemas de governo e justiça confiáveis e acessíveis 4. Comunidades e a sociedade como um todo compartilham valores positivos fundamentais e um senso de propósito 5. As estruturas e instituições da sociedade promovem a gestão dos recursos naturais e a felicidade das pessoas 6. Lares, comunidades e sociedade como um todo proporcionam ambientes de vida e trabalho solidários e seguros
Humano Saúde, conhecimento, bem-estar e felicidade dos indivíduos	7. Em qualquer idade, os indivíduos gozam de um alto padrão de saúde 8. Os indivíduos apreciam os relacionamentos e a participação social, e, ao longo da vida, estabelecem elevados padrões pessoais para seu próprio bem-estar e aprendizado (+ proficiência em sustentabilidade) 9. Há acesso a variadas e satisfatórias oportunidades de trabalho, criatividade pessoal e recreação
Natural Os recursos e serviços do ambiente	10. Ao serem retiradas e utilizadas, as substâncias extraídas da Terra não excedem a capacidade do ambiente de dispersar, absorver, reciclar ou neutralizar, de outra maneira, seus efeitos danosos (para os homens e/ou o ambiente) 11. Ao serem manufaturadas e utilizadas, as substâncias artificiais não excedem a capacidade do ambiente de dispersar, absorver, reciclar ou então neutralizar seus efeitos danosos (para os homens e/ou o ambiente) 12. A capacidade do ambiente de proporcionar integridade ao sistema ecológico, produtividade e diversidade biológica é protegida ou aprimorada

Fonte: Forum for the Future

Passemos agora à ferramenta em si e ao modo de usá-la. A próxima tabela mostra os cinco capitais, no eixo vertical e três maneiras de pensar a respeito da empresa ou organização, no eixo horizontal:

- como entidade corporativa, com edifícios, pessoas, cadeias de suprimento, sistemas de governança e assim por diante.

Capítulo 8 – Princípios da prática e instrumentos do ofício

- fazendo o que foi criada para fazer – por exemplo, um produto ou serviço.
- como influenciadora de outros – na localidade; por meio de associações e setores – de partes interessadas, consumidores; na sociedade (educação e governo) etc.

TABELA 8.5 A grade de análise dos Cinco Capitais

Capital	Com o que uma organização contribui		
Estoque de recursos	Em sua prática de negócios	Nos produtos ou serviços fornecidos	Nas comunidades onde tem influência
Financeiro	1	6	11
Construído	2	7	12
Social	3	8	13
Humano	4	9	14
Natural	5	10	15

Fonte: Forum for the Future

Ao destrinchar os esforços que uma organização faz em reciclagem, eficiência energética, treinamento de pessoal etc., do propósito da organização (bens e serviços que produz) e das oportunidades de influenciar aos outros, torna-se mais fácil analisar o que já está acontecendo (às vezes mais do que se pensa) e alimentar a ambição a respeito do que mais se poderá fazer no futuro. Numerar os quadrados ajuda a captar e deslocar informação. Por exemplo, uma equipe de gerência ou um grupo de *stakeholders* (partes interessadas) pode ser solicitado a colocar na grade o que sabe que uma organização está fazendo em prol da sustentabilidade *agora*. Algumas contribuições podem figurar em mais de um quadrado; entretanto, forçar os participantes para que escolham um quadrado "dominante" e indiquem quais outros quadrados são também relevantes leva à melhor compreensão da inter-relação das coisas. As doze declarações podem ser usadas para elaborar algumas questões importantes para a organização, como um alerta.

Usando o mesmo processo, uma segunda rodada com uma nova tabela pode solicitar aos participantes que deixem sua imaginação abrir asas para identificar em que sua organização *poderia* contribuir caso tempo e dinheiro não fossem obstáculos.

Uma vez completadas as tabelas do antes e depois, os participantes podem reunir-se para discutir o que notaram com o exercício. Alguns quadrados estão mais cheios que outros? Por quê? O que você aprendeu (sobre a interconexão da sustentabilidade, por exemplo)? Uma estratégia pode então ser elaborada com prioridades e datas para tirar a organização de onde está agora e levá-la, graças a um plano de melhoria contínua, ao seu ponto de contribuição máxima.

O eixo horizontal pode ser mudado para adequar-se à organização ou exercício, usando, por exemplo, uma coluna Interno e Externo, ou mais colunas a fim de cobrir a gama de divisões internas (quando se entra em mais detalhes operacionais). A Ferramenta dos Cinco Capitais funciona na maioria dos outros processos organizacionais, como o planejamento estratégico e os sistemas de gestão de qualidade existentes, como normas do tipo ISO 14001 (ambiente) e 18001 (saúde e segurança).

Nem todos, porém, consideram os cinco capitais a maneira ideal de comunicar suas contribuições; outros aplicam esse método integralmente.[17] Um dos graduados do Forum for the Future trabalhando na indústria do petróleo simplesmente mudou os conteúdos dos quadrados da tabela em que estivera trabalhando com a equipe, e os colocou sob os Valores da companhia para comunicá-los com mais eficiência.[18]

Isso é definitivamente algo para se tentar experimentar em casa.

The Natural Step (TNS)

O Forum for the Future, no Reino Unido, é a instituição autorizada do The Natural Step, uma metodologia para aprender e transformar as práticas de negócios em algo mais sustentável. A organização de mesmo nome foi fundada pelo Dr. Karl-Henrik Robèrt em 1989, com sede na Suécia e filiais em onze países. Como o Forum for the Future, o The Natural Step também influenciou um programa de mestrado, para o Strategic Leadership towards Sustainability (MSLS), dirigido pelo Blekinge Institute of Technology, na Suécia.[19]

O ponto de partida para o TNS é o fato de que o mundo opera mediante sistemas, os quais, se rompidos, prejudicarão tanto a Terra quanto nós mesmos. Ele esboçou (após algumas consultas de alto nível entre cientistas) quatro "condições sistêmicas" que precisam ser atendidas para se chegar a uma sociedade sustentável. As três primeiras são similares a três características de uma sociedade sustentável relacionados ao capital natural na Ferramenta dos Cinco Capitais; a quarta cobre as nove características restantes.

The Natural Step: quatro condições sistêmicas

Numa sociedade sustentável, a natureza não está sujeita ao aumento sistemático de:

- concentrações de substâncias extraídas da crosta terrestre;
- concentrações de substâncias produzidas pela sociedade;
- degradação por meios físicos.

E, nessa sociedade...

- as pessoas não estão sujeitas a condições que sistematicamente diminuam sua capacidade de atender às próprias necessidades.

A grande vantagem do TNS é seu enfoque no problema principal: o mundo natural. Como ferramenta baseada na ciência, o ponto de partida do TNS é que a falta de compreensão geral das leis físicas que governam o mundo natural leva pessoas e empresas a decisões e atos danosos.

Tanto quanto a ciência básica e as condições sistêmicas, o TNS emprega a metáfora de um funil para ajudar a visualizar os obstáculos cada vez maiores aos negócios usuais ou como de costume, bem como aquilo que se chama de abordagem ABCD, a fim de incentivar uma organização a se posicionar para ter um futuro no mundo novo das empresas, no qual bens e serviços se voltam ao apoio à sustentabilidade (ver Figura 8.9).

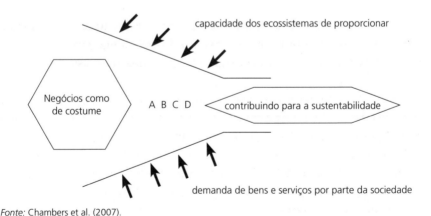

Fonte: Chambers et al. (2007).

FIGURA 8.9 The Natural Step: o funil de recursos e o caminho ABCD para a prática sustentável.

A abordagem ABCD para a implementação segue mais ou menos o modelo básico para mudança de comportamento (compreender a necessidade de mudança, adquirir conhecimentos e habilidades para agir de maneira diferente, reconhecer o comportamento adequado):

a) Consciência
b) Mapeamento da linha de base. Como estão seus negócios hoje?
c) Criando uma visão: como seriam seus negócios numa sociedade sustentável?
d) Ação. Apoiar uma implementação efetiva, passo a passo, inclusive com pensamento sistêmico e o estabelecimento de objetivos além das metas

Usuários de longa data do TNS incluem Ikea, Nike, Electrolux, Interface e Scandic Hotels. O TNS também é adotado por municípios. O Whistler Resort, nos Estados Unidos, é um dos primeiros exemplos. Saskatoon, no Canadá, e Dublim, na Irlanda, são dois calouros mais recentes.

O Forum for the Future produziu uma ótima brochura sobre como o TNS funciona na prática, incluindo o processo fundamental de "backcasting" a partir do passo C (criando uma visão do que é bom) para trabalhar os passos necessários (e na ordem certa) para se chegar lá.[20]

Futuros

 Pertence à família de compreensão Aprendizagem para a Vida (ver p. 229 para explicação)

Você é capaz de usar todo um leque de formas estruturadas para ajudar outras pessoas a assumir uma perspectiva de mais longo prazo de como o futuro deve ser e do que ele deve significar para elas, ou suas organizações.

Ser capaz de imaginar e visualizar o que será bom no futuro é fundamental para o sucesso de qualquer estratégia ou plano de implementação. Entretanto, muitas pessoas acham difícil pensar num futuro de mais longo prazo, sobretudo por causa do hábito e das pressões do momento, quando não do medo do que possa ser descoberto. O alívio daqueles que fizeram o esforço confirma que ter uma visão do futuro – por mais complexo e carregado – pode realmente aumentar a confiança em que as decisões tomadas agora podem ajudar a moldar esse futuro para melhor.

Assim como o modelo dos cinco capitais e o The Natural Step, o Forum for the Future usa outras ferramentas a fim de ajudar organizações a refletir sobre o futuro para colocar à prova deste, estratégias e decisões da melhor maneira possível:

- criação de visão;
- observatório de tendências (ou leitura de horizontes);
- projeção de cenários.

Como sou uma daquelas pessoas irritantes que vê *tudo* em termos de resultados, estou confortável como visionária ou em imaginar como bom pode parecer no futuro e trabalhar a partir daí. Mas nem todo mundo o é. James Goodman, Chefe de Futuros no Forum for the Future, gosta de projetar cenários porque é uma forma de pensar sobre "o que o futuro reserva" suficientemente ampla e variada para evitar que os participantes se sintam acuados. As opções aumentam, não diminuem. Para ele, os momentos de descobrimento da sustentabilidade surgem quando as ideias dos participantes são apresentadas em vários cenários bem pesquisados e plausíveis (mas diferentes). Perceber as diversas relações entre, digamos, restrições futuras sobre um recurso natural e uma instalação necessitando de modernização pode transformar um grande risco numa boa oportunidade.

Como base para qualquer projeto de desenvolvimento de cenário, meus colegas nunca deixam de observar tendências, mantendo sempre uma lista atualizada que usam juntamente com outra parecida, gerada pela organização que está elaborando o planejamento e visão de cenário. Nas palavras de Goodman, "o objetivo é rebaixar (metaforicamente!) os muros da organização para que a mente se abra e se pense no próprio futuro, num quadro mais amplo. Pode-se estimular, mas muita coisa tem que vir da própria organização".

Como acontece em todo trabalho a respeito do futuro, o processo é muito importante. No exemplo de processo da Tabela 8.6, foi a participação "viral" de uma equipe grande na pesquisa que gerou amplo interesse e senso de pertencimento na empresa; que, por sua vez, deu à liderança o mandato para a mudança ou o redirecionamento da estratégia que viria. Um conjunto de cenários pode ser o resultado do processo, mas constitui apenas o ponto de partida. O que realmente importa é o que a organização ou setor aprenderam a respeito da necessidade de pensar de maneira diversa durante a construção e a forma de colocar o conhecimento em prática.[21]

TABELA 8.6 Exemplo do processo de planejamento do cenário.

Pesquisa	
Longa lista de fatores que afetarão a companhia nos próximos 15 anos (PESTLE).[22] Priorização de fatores-chave.	Pesquisa feita separadamente pela equipe no Forum for the Future e na empresa, usando a técnica da "bola de neve" ou viral – isto é, aproveitando recomendações de entrevistados para se fazer outras entrevistas. Cria uma forte lista de participantes e de amplas prioridades próprias.
Cenários	
Use fatores para criar quatro cenários futuros confiáveis, de quinze anos, nos quais a companhia possa estar presente.	De novo, trabalhar em versões com a equipe da empresa traz compreensão das ideias que estão por trás dos cenários. Identifique fatores comuns a todos os cenários.
Visão	
Visão e engajamento estruturados segundo o modelo de sustentabilidade dos cinco capitais. Resultados testados e desenvolvidos usando os cenários em workshop(s).	Visão e engajamento do tipo "sustentabilidade à prova" aumentam a compreensão da sustentabilidade. Testes frente a cenários garantem resiliência no contexto de desafios futuros.
Estratégia	
Uma estratégia de negócios baseada na sustentabilidade permite à companhia concretizar suas ambições estabelecidas na visão (qualquer que seja o contexto futuro).	Identifique riscos e oportunidades. Plano de ação para concretizar a visão. Verifique a solidez contra os cenários.
Incorporação	
Incorporação da estratégia em vários processos do planejamento empresarial.	Misture, sempre que possível, processos envolvidos com o planejamento e a melhoria contínua, baseando-os no pensamento estruturado acerca do futuro.

Fonte: Forum for the Future

Diz o ditado que os prognósticos são bons quando os fazemos com frequência. O pensamento futuro e outras técnicas de refletir sobre o que virá em seguida, propostos neste livro, não têm a intenção de prever ou adivinhar o futuro. O objetivo é ajudar a manter sua mente e opções em aberto, e sua imaginação alerta para o que poderá ocorrer; assim, estará pronto para tirar o melhor das oportunidades e riscos, que estão sempre mudando.

Tudo muda para a sustentabilidade

 Pertence à família de compreensão Aprendizagem para a Vida (ver p. 229 para explicação)

Capítulo 8 – Princípios da prática e instrumentos do ofício

A maneira como você lida com a mudança, potencialmente rápida e radical, que a sustentabilidade requer, reflete sua compreensão de que, embora a mudança seja normal na vida e nas organizações, muitas pessoas se sentem ameaçadas por isso.

Segundo John Kotter, famoso guru da administraçao de mudanças, 90% dos programas de mudança organizacional fracassam. Mesmo no caso dos que começam bem, Kotter conclui que "os melhoramentos foram decepcionantes e o massacre foi terrível: recursos desperdiçados e funcionários despedidos, assustados ou frustrados" (Kotter, 1996, p. 4).

Isso não é um bom presságio para os divergentes positivos, que estão empenhados em mudar a maneira como fazemos as coisas – rapidamente e com longo alcance. Entretanto, perceber os três maiores pressupostos errôneos por trás dessa desanimadora taxa de fracasso pode dar ideias sobre como obter sucesso na liderança voltada para a sustentabilidade.

O primeiro fato básico é que quase todas as pessoas, a não ser que estejam numa situação *muito* miserável e perigosa, são resistentes à mudança (O'Toole, 1995, pp. 153-189). Maquiavel observou que "a mudança não tem circunscrição", ou seja, quem prospera na velha ordem resiste mais à mudança que os defensores dessa ordem. Mas talvez a contracorrente emocional das preferências pela estabilidade, como ordem natural das coisas, seja igualmente forte – inércia, medo (inclusive de fracasso), preguiça, cinismo, desconfiança e e assim por diante.

Em segundo lugar, além de subestimar a força da opção pela "não mudança", muitos projetos para modificar o comportamento das pessoas ignoram alguns passos fundamentais. Os quais são os mesmos, quer se apliquem a crianças, adultos ou a organizações:

- Compreende-se por que a mudança é necessária.
- O conhecimento e as habilidades necessárias para a mudança do comportamento estão à mão.
- Os sistemas são aplicados, de modo que o comportamento correto é reconhecido e recompensado (reforçado).

Aprendi essas lições básicas ao criar meus próprios filhos, bem antes de uma reconhecida consultora em mudança organizacional formulá-las para mim. Ela disse que as usava havia anos e confessou que de tempos em tempos as revestia com diferentes jargões. Comparar sua prescrição para mudança bem-sucedida com a de Kotter é instrutivo. A Tabela 8.7 mostra que minha amiga pensa mais do ponto de vista de quem se submete à mudança, ao passo que Kotter adota a perspectiva da liderança que a promove.

TABELA 8.7 Visões contrastantes de administração da mudança

Três processos para mudança efetiva	O processo de oito etapas de John Kotter
A necessidade de mudança é entendida e aceita.	Aumentar a urgência. Montar a equipe orientadora. Adotar a visão certa. Comunicar para obter apoio.
Conhecimento e habilidades para agir/comportar-se diferentemente são desenvolvidos.	Estimular a ação.
O comportamento correto é reconhecido e, se isso for conveniente, recompensado.	Gerar vitórias a curto prazo. Não desistir. Insistir na mudança.

Fontes: adaptação de Kotter (1996, p. 21)

Há outros modelos para mudança de comportamento, inclusive um adaptado da lista de lugares para intervir num sistema, de Dana Meadow (Tabela 8.1), que merece consideração (Dopplet, 2003, p. 89).

O terceiro pressuposto errôneo sobre gestão de mudança é que é um processo "independente", separado da "cultura" da organização e dos hábitos costumeiros de estabelecer e aprender estratégia. No mundo ideal, aprender, definir estratégia, bem como acionar mudanças, deveriam ser parte do processo organizacional. Mas normalmente não o são, e o processo pode até mesmo ser conduzido por diferentes setores da empresa, o que promove o menosprezo entre funcionários ("Na Matriz, a mão direita não sabe o que a esquerda está fazendo!") e depois a deslealdade ("Já vimos isso antes. Se ficarmos quietos, voltará a ser como antes !").

Então, quais são as lições mais importantes para a liderança versada em sustentabilidade nas próximas, cruciais, décadas? De que modo os divergentes positivos motivarão os outros para mudança em escala histórica?

- Aproxime-se de pessoas cujo comportamento você deseja mudar, sejam elas equipe, clientes, vizinhos ou fornecedores, para que saibam que você está de seu lado e que merece confiança. Se você usar *ubuntu* e compaixão, você o será. Recorra à inteligência social para convencer os outros. Explore seus valores e aquilo com que as pessoas mais se preocupam, conectando isso aos resultados de sustentabilidade. O obstáculo mais difícil de superar é (o que não causa surpresa) a percepção de que o bem-estar humano não representa o fator mais importante para os ambientalistas.

- Criar uma cultura que reconheça que a perpétua mudança é o estado padrão do mundo, não o da estagnação. A evolução pressupõe mudança constante, embora muito lenta e em pequenos passos. Crianças crescem, prédios desabam e árvores decaem. Como eram as coisas há cinco anos? Como serão daqui a cinco, vinte ou cinquenta? Use diferentes ferramentas para ajudar as pessoas a imaginar futuros atraentes para si mesmas ou suas organizações. Não importa o que você faça, associe o futuro próximo ao longo prazo, encaixando-o idealmente num processo de aprendizado, mudança e estratégia organizacional.
- A mudança direcionada para a sustentabilidade não pode ser mudança *gradual*. É tarde demais para isso, a menos que os incrementos sejam grandes e rapidamente conquistados. Nem deve ser mudança que induza intencionalmente à *ruptura*. Isso seria traduzir erroneamente como a inovação comercial funciona em psicologia humana. Já há mais do que suficientes mudanças desse tipo ocorrendo por aí, causadas por crises ecológicas, econômicas e possivelmente sociais. Prescrever a mudança *disruptiva* como solução é aceitar o medo e a resistência. A mudança para a sustentabilidade tem mais a ver com *prevenção, proteção* e *redirecionamento*. Isso significa evitarmos que o pior aconteça enquanto nos preparamos para a mudança inevitável já à vista e, *ao mesmo tempo*, determinarmos uma nova direção para longe dos comportamentos *in*sustentáveis.

A importância de estarmos *suficientemente* em sintonia com as esperanças e medos das pessoas não deve ser subestimada. Por isso, acho que a coisa mais útil a lhe dar aqui é um breve resumo da gama de emoções que alguém pode sentir ao encarar as implicações do desenvolvimento *in*sustentável e a consequente magnitude da mudança. A Figura 8.10 é consistente com o ciclo de angústias que a psiquiatra Elisabeth Kübler-Ross tornou famoso – negação, raiva, contemporização, depressão e resignação – e que posso confirmar a partir de minha própria experiência como enfermeira, mas também no trabalho com pessoas e organizações às voltas com as implicações da sustentabilidade (Kübler-Ross, 1969).

O divergente positivo

Sentimentos
positivos

	NÃO OLHAR PARA TRÁS	Não sei por que não fizemos isso antes.
	ACELERAÇÃO	Muitas pessoas fazem isso agora. Torna tudo mais fácil e barato. Vamos fazer mais.
	COLABORAÇÃO	Façamos novas tentativas e aprendamos uns com os outros. Existe força nos números.
	CONIVÊNCIA	Quem mais pensa assim? Talvez devêssemos conversar.
	DIVERGÊNCIA POSITIVA	Nada de esperar por nova regulamentação ou falta de iniciativa etc. Apenas siga em frente.
	CURIOSIDADE E IMAGINAÇÃO	Qual a melhor maneira de avançar. Pensemos nisso.
	PONTO SEM RETORNO	Não há como sair dessa. Não adianta olhar para trás. Tem-se que ir em frente.

	MEDO RENOVADO	É grande demais para não encarar. Raiva disso.
	NOMEAR E DOMAR	Sim, mas algumas coisas como reciclagem e um pouco de filantropia podem fazer a mágica.
	ALGUEM VAI ARRUMAR	Isso é para outros fazerem.
	MEDO	Não vale a pena ver as implicações.
	NEGAÇÃO	É grande demais para encarar.
	IGNORÂNCIA	Gratificante ou não, não se percebe a sustentabilidade como relevante para a organização

Sentimentos
negativos

FIGURA 8.10 A montanha-russa emocional da sustentabilidade: da baixa ignorância ao alto comprometimento.

Indivíduos (inclusive você, provavelmente!) subirão e descerão a montanha-russa e poderão dar a volta no circuito ou parte dele mais de uma vez. A liderança versada em sustentabilidade consiste em impelir as pessoas para o estágio da divergência positiva o mais rápido possível. Ambos os lados da figura devem ser anotados e adaptados às suas próprias observações e experiências.

Do berço ao berço: análise moderna do ciclo de vida

 Pertence à família de compreensão da Mudança Climática (ver p. 52 para guia)

Você é capaz de adaptar e utilizar conceitos ou ferramentas como a análise do ciclo de vida para preencher a lacuna entre os modos como funcionam as economias humana e biogeoquímica.

Por muito tempo, o setor de tecnologia de comunicação e informação (TCI) se gabou da contribuição espontânea ao desenvolvimento sustentável. Alegava que usando o telefone, a videoconferência e o e-mail, em vez de cartas e recursos semelhantes, estava consumindo pouquíssima energia. De modo algum. Hoje, calcula-se que o setor de TCI é responsável por cerca de 2% das emissões de GEE no Reino Unido, quase tanto quanto a aviação.[23]

Uma antiga pesquisa feita pelo Forum for the Future com os Correios (baseada nos escassos dados então disponíveis) concluiu que uma carta em envelope pardo, com postagem simples (despachada por trem, não por avião), era a maneira ambientalmente menos prejudicial de nos comunicarmos. O que o Forum fez, e a indústria da TCI não conseguiu até há pouco tempo, foi levar em conta todo o ciclo de vida do meio de comunicação. De um lado, temos o custo ambiental de derrubar a árvore para transformá-la em papel e envelope, a fabricação de minha caneta (a recarregável que trago comigo a vida inteira é melhor), a tinta, o selo, o aparato do sistema postal (caixas, veículos, seleção, transporte, entrega etc.) e o destino do comunicado depois de lido (guardado para sempre, queimado, reciclado ou posto no lixo). De outro, há a fabricação do computador e seu *software*, embalagem e transporte, a energia consumida no uso e sua vida relativamente curta (em comparação com minha caneta) antes de ser reciclado e jogado fora (o que pode ocorrer em qualquer lugar). Deve-se considerar também a infraestrutura que entra em cena quando aperto o botão para enviar o e-mail: o telefone; as linhas de transmissão e comunicação de dados; as centrais de servidores e os satélites que transferem minha mensagem para o computador de destino. Isso consome muita energia.

Não pretendo criticar a alta tecnologia. Isso é apenas para ilustrar o tipo de pensamento abrangente sobre energia e recursos que deveriam fazer parte de nossas escolhas – como enviar um e-mail, comprar verduras ou desenhar um novo produto.

A chamada análise de ciclo de vida (ACV) moderna já existe há 15 anos ou mais na área de gestão de resíduos. Entretanto, só há pouco tempo chamou a atenção dos responsáveis pelas políticas do setor. Consequentemente, a pouca compreensão de como diferentes tipos de material afetam o ambiente (como papel, plástico ou alumínio) resultou em políticas com consequências danosas. Por exemplo, é fisicamente mais eficaz (e, portanto, menos poluente) usar uma árvore na economia humana como papel de alta qualidade, seguido de usos alternativos como embalagem e isolamento, do que, digamos, forragem para animais, antes de recuperar a energia por meio de compostagem ou queima em produção combinada de calor e eletricidade ou centrais de aquecimento urbano. Somente a reciclagem de papel de escritório já é ambientalmente útil. Diga-se o mesmo de um metal como o alumínio, cuja produção é cara em termos ambientais, embora o uso de garrafas reutilizáveis em vez de latas para bebidas seja melhor. Contudo, a política da União Europeia segundo a qual a parte do lixo recuperada para reciclagem deve ser calculada por peso, significa que o papel e as garrafas entram no processo (são pesados), enquanto o alumínio fica de fora (é leve).[24] Duplamente prejudicial é o fato de que um alto valor de mercado para reciclados possa bloquear o movimento ascendente de materiais na hierarquia dos resíduos.

Todos esses problemas poderiam ter sido evitados pela análise do ciclo de vida biogeoquímico de diferentes fluxos de recursos que entram na economia humana, bem como pela estruturação de mercados e políticas, e por incentivos financeiros que combinem com as reduções do tipo "fator dez" no uso e/ou ineficiência, medida que os cientistas afirmam ser inteiramente possível. Especialistas em energia e emprego de material como Ernst von Weizsäcker (Weizsäcker et al., 1993, 2009) observam que o dinheiro pode não apenas ser economizado graças à eficiência, como gerado por meio da inovação de novos produtos com baixo índice de carbono e processos que reduzem o uso de recursos originais. Todavia, o exemplo da indústria de tecnologia da informação reaparece em muitas outras: à medida que a economia cresce (tal como o crescimento é hoje medido), ela absorve recursos e energia a uma taxa que supera os ganhos em eficiência.

O engenheiro químico Michael Braungart e o arquiteto Bill McDonough sustentam que a maneira certa de pensar sobre o ciclo de vida de qualquer coisa é a do "berço ao berço", e escreveram um livro com esse título para explicar o que querem dizer. Seu argumento é que as pessoas podem se tornar benéficas para o planeta e não apenas menos destrutivas, caso "fabriquem nutrientes" em vez de apenas consumi-los, tal como o resto da vida na Terra. Em outras palavras, tudo é projetado de modo que caia em um de dois ciclos em

Capítulo 8 – Princípios da prática e instrumentos do ofício

volumes que não superem um ao outro: nem o biogeoquímico nem o "técnico", que mantém os recursos não biodegradáveis circulando pela economia humana. Esse processo é chamado por alguns de ecologia industrial, economia de circuito fechado ou revolução industrial verde. Como o livro *Cradle to cradle* (Berço ao Berço) sublinha, a energia do sol não está acabando – acontece apenas que não somos inteligentes o bastante para aproveitá-la –, mas outros materiais naturais sim (McDonough; Braungart, 2002).

A chave para pensar e decidir como Braungart e McDonough é imaginar os *serviços* que queremos deste ou daquele recurso (inclusive energia) e, a partir daí, escolher os que se enquadram no ciclo biogeoquímico ou no técnico. Alguns dos principais exemplos incluem a Interface, a fabricante de tapetes que usou o The Natural Step para desenvolver coberturas de piso que podem ser retornadas e reutilizadas para se fazer novas tapetes. Como a companhia explica, as pessoas não querem necessariamente *possuir* um tapete, e sim os serviços que proporciona: uma cobertura de piso bonita e confortável. O mesmo acontece com os produtos de limpeza. A Ecover procura tomar "emprestado" os ingredientes da natureza, os quais, depois de limpar nossas roupas e casas, são benignamente devolvidos ao ambiente.

O grande aprendizado da análise de ciclo de vida (ACV) está mais no processo que no resultado. Por exemplo, a Walkers Crisps fez a ACV de embalagem de batatas fritas, a fim de tornar visível as 75g de CO_2e por pacote e descobrir onde reduções poderiam ser feitas. A Walkers descobriu que a maior intensidade de CO_2 não estava no transporte (9%), e sim nos ingredientes (44%), pois os produtores mantinham as batatas úmidas para amaciar-lhes a casca, o que significava calor extra para fritá-las. Assim, ao direcionar os benefícios para as batatas com peso seco, a companhia, os produtores e o ambiente saíram lucrando. De modo similar, mas dessa vez com o chá, uma empresa constatou que 60 a 80% das emissões de CO_2 provinham não do processamento e transporte das folhas, mas da fervura para preparar o produto.

Você pode já estar envolvido com maneiras bem técnicas de se fazer a ACV. Mas, tal como na análise de custo-benefício e sistemas de gestão ambiental (SGA), a necessidade de ação talvez supere os detalhes e os processos demorados. O pensamento sistêmico e sensato sobre o ciclo – do serviço desejado ao retorno benigno à biosfera ou ao conjunto de brandos materiais tecnológicos usados – pode marcar muito bem o rumo. Nos dois exemplos apresentados, as organizações trabalharam com o Forum for the Future e o Streamlined LCA (ACV ajustado), que ajudam a direcionar para onde as maiores e mais rápidas melhorias podem ser feitas.[25] A análise mais detalhada e inovação podem dar suporte e melhorar o processo. Mas estabelecer e sustentar o panorama geral é onde está o real aprendizado e os grandes ganhos de sustentabilidade.[26]

Medidas de sustentabilidade (inclusive a contabilização de carbono)

 Pertence à família de compreensão Mudança Climática (ver p. 50 para explicação)

Você conhece o suficiente sobre as maneiras de avaliar o progresso rumo à sustentabilidade, para apoiar seus objetivos e estratégias

Na parte deste capítulo sobre avaliação de resultados, eu disse que julgar o progresso pessoal ou organizacional significa medi-lo em três áreas: contribuições para o desafio maior de alcançar um modo de vida sustentável; a permanência dessas contribuições (por exemplo, não apenas nas sextas-feiras, mas o ano todo; em todos os departamentos, não apenas no de responsabilidade social corporativa – RSC); e quanto o comportamento dos outros foi influenciado.

Aqui nós veremos como uma organização pode contabilizar formalmente seu desempenho ambiental e de sustentabilidade usando aquela estrutura.

Um mantra da administração diz que o que é medido é administrado, mas isso, claro, não é verdadeiro. O que aconteceu na economia, por exemplo, é prova cabal da observação de Einstein: "Nem tudo que pode ser contado conta e nem tudo que conta pode ser contado". Em se tratando do ambiente, somos tão fervorosos em medir nos mínimos detalhes quanto rápida e severamente o mundo natural e seus sistemas estão se degradando, e tão apáticos em intervir, que nossa espécie parece destinada a tornar-se a única a monitorar minuciosamente sua própria extinção!

Não obstante, há um grande despertar de interesse pela contabilidade ambiental e, mais recentemente, da sustentabilidade, com a inevitável associação da indústria para a concepção de métricas apropriadas. David Aeron-Thomas, chefe da área de métricas do Forum for the Future, adverte porém que selecionar as métricas certas e utilizá-las na "contabilidade" formal ou em uma avaliação individual ou organizacional informal é "ao mesmo tempo ciência e arte prática". É ciência, devido à necessidade de medir as coisas certas da maneira correta e com suficiente precisão; e é arte prática porque se torna necessário descobrir o que merece ser medido e como os dados/informações reunidos contribuirão para mudar o comportamento. Organizações como a RSPB (Organização Britânica para a Proteção dos Pássaros) e a British Waterways (órgão de saneamento básico no Reino Unido) usam, além de dados de pesquisadores especialistas no assunto, as observações que os cidadãos fazem sobre os pássaros, abelhas e insetos a fim de avaliar, por exemplo, a saúde do ambiente. Há duas razões para se fazer a contabilidade ambiental ou de sustentabilidade, juntas ou até mesmo integradas aos tradicionais balanços financeiros:

- Responsabilização – identificar na organização onde recai a responsabilidade por impactos diretos ou de maior amplitude.
- Conhecimento – se as organizações entenderem o impacto que provocam no ambiente e nas pessoas, serão mais capazes de gerenciá-lo.

São necessárias ferramentas e técnicas de mensuração; mas, embora as ambientais já tenham sido experimentadas e testadas o bastante, a plena contabilidade da sustentabilidade está florescendo mais na teoria que na prática.

Para quem deseja se aprofundar na via prática, um bom lugar para começar seria pelo trabalho de duas organizações especializadas, a Association of Chartered Certified Accountants (ACCA) e o Chartered Institute of Public Finance and Accountancy (CIPFA). Ambas tem se empenhado em trazer o melhor para seus membros.[27] Para os mais teóricos, alguns acadêmicos estão fazendo perguntas do tipo "para que serve tudo isso" e ampliando os limites da metodologia.[28] Você pode consultar também um dos relatórios da Accounting for Sustainability (A4S) Group, solicitado por sua alteza o príncipe Charles✶. Na mesma fonte, encontrará a metodologia (não muito simples) para criar seu próprio conjunto de medidas.[29] Poucas companhias estão no estágio inicial de usar a contabilização da sustentabilidade como método principal de relatório, algumas empresas de energia elétrica estão um pouco à frente nesse sentido. Um bom exemplo de sinergia entre relatórios de sustentabilidade e desempenho financeiro é o do Cooperative Bank✶.

Uma abordagem diferente, da qual os iniciantes nesta área podem mais facilmente extrair um modesto conjunto de medidas, está no trabalho com pegada ecológica ou nos relatórios nacionais de "bem-estar". Calcular a própria "pegada" ou impacto no ambiente é hoje maneira muito popular de identificar formas de reduzi-lo. Veja os exemplos de WWF, Global Action Plan e Defra.[30] Todos são modos *suficientemente bons* de avaliar as emissões pessoais ou organizacionais de CO_2, mas nenhum aborda o fato de que, sozinhos, é quase impossível reduzirmos as emissões pessoais ao nível recomendado para se viver o estilo de vida "um único planeta". Por exemplo, raramente consigo comprar alimentos orgânicos produzidos localmente. Para a maioria das pessoas, a escolha fica entre o local ou orgânico. Para fazer os dois é necessário o envolvimento de outras pessoas e organizações. Também ausente da abordagem da pegada do carbono está o lado da sustentabilidade das pessoas. Felizmente, já não é mais heresia dizer que a medida ortodoxa do sucesso ou não de uma economia nacional, o Produto Interno Bruto, é um animal mortalmente ferido. O PIB infringiu a lei de Einstein. Embora nunca pretendesse medir o bem-estar humano ou ambiental, o PIB foi usado justamente para isso durante décadas. Diversas iniciativas tentam corrigir isso e são discutidas na parte sobre crescimento econômico do Capítulo 3.

Entre as diferentes abordagens e referências, você encontrará um conjunto de medidas *suficientemente boas* para seus próprios objetivos, quer esteja começando do zero ou aprimorando um leque já existente de indicadores. Use ferramentas como a dos Cinco Capitais para constatar se realmente cobriu todas as áreas relevantes; e o pensamento futuro para certificar-se de que está incluindo gerações ainda por nascer. É aconselhável conversar com outras pessoas, a fim de aproveitar as experiências, mas, ao resolver o que irá incluir, ouça aquelas que sofrerão o impacto de suas ações – para melhor ou pior. Isso dará realidade ao seu leque de indicadores.

Acima de tudo, não permita que o culto da mensuração substitua a ação. Há inúmeros objetivos e indicadores por aí que tanto *impedem* as ações corretas quanto as *substituem*.

Pense em Einstein e faça tudo da maneira mais simples possível.

 Pertence à família de compreensão Mudança Climática (ver p. 50 para explicação)

Box 8.1 Contabilização do carbono

Não há como fugir à necessidade de entender suficientemente sobre o carbono caso você queira ser eficiente ao implementar e discorrer sobre seus planos para se mover na direção da sustentabilidade. Por isso, tentarei aqui cobrir os elementos básicos *suficientes* sobre linguagem, unidades de medida e opções para "administrar" o carbono, permitindo assim que você navegue bem na complexidade de usá-lo e emiti-lo em menor quantidade.

Tornou-se lugar comum falar sobre "carbono" como um padrão para tudo. Mesmo entidades como o Committee on Climate Change (CCC, o órgão independente que assessora o governo britânico em questões de "orçamento de carbono" – mais acuradamente, CO_2e –, monitorando seu progresso) e o Carbon Trust (organização que ajuda empresas e organizações a implementar estratégias de baixa emissão de carbono) não são consistentes no uso da linguagem, o que é desnecessariamente confuso. Como mostra a Tabela 8.8, carbono (C) não é a mesma coisa que dióxido de carbono (CO_2), o qual, por sua vez, difere dos equivalentes de dióxido de carbono (CO_2e).

Sempre que possível, utilize CO_2e, pois essa é a medida usada pelo CCC e países que aderiram à Convenção Quadro das Nações Unidas sobre Mudanças Climáticas (UNFCCC). E, embora o CO_2 seja de longe o gás existente em maior quantidade, o metano e o óxido nitroso estão se tornando os mais importantes. Os cientistas afirmam que ambos talvez ainda não tenham sido calculados com precisão até agora, mas estão sem dúvida aumentando devido ao descongelamento do pergelissolo (solo do Ártico), por exemplo.[31] Contudo, no cálculo das emissões pessoais ou organizacionais, o que mais deve contar é o CO_2, embora o processo seja chamado de "pegada do carbono"!

O motivo de tamanho barulho em torno da linguagem é que, nesse momento, o maior enfoque é no dióxido de carbono (CO_2) *para fora*, ao passo que evitar a *entrada* do carbono (C) na economia e usá-lo ultraeficientemente é onde podemos fazer os cortes mais rápidos e abrangentes. Por causa da abundância, diversidade e onipresença do carbono em todas as formas de vida, essa é apenas mais uma maneira de dizer que o carbono fossilizado ou sequestrado de outras maneiras (nas turfeiras, por exemplo) deve ser deixado intacto. Conhecendo o seu C a partir de seu CO_2 vai ajudá-lo a decidir tudo a partir de estratégias corporativas ou pessoais, e saber quando taxar e racionar o carbono *que entra* será mais eficaz do que multar *emissões* de CO_2 já produzido – ou mesmo quando ambas as coisas forem necessárias.

TABELA 8.8 Que é carbono?

Carbono	Dióxido de carbono	Dióxido de carbono equivalente
C	CO_2 ou CO2	CO_2e ou CO2e
Uma tonelada de carbono = 3,74 toneladas de CO_2. Pode ser sólido, líquido ou gasoso.	1 átomo de C combinado com 2 átomos de oxigênio. Gás. O gás de efeito estufa mais importante produzido pelo homem.	As emissões de todos os gases de efeito estufa (ver abaixo) expressos em equivalentes de CO_2
Potencial de aquecimento global		
Poder de captação de calor do CO_2 em um período (em geral, 100 anos). Uma molécula de metano tem poder de aquecimento 25 vezes maior que a de CO_2. Este é mais estável e duradouro.	Dióxido de carbono Metano Óxido nitroso Hidrofluorcarbonos Perfluorcarbonos Hexafluoreto de enxofre	1 21 310 140–11.700 6.500–9.200 23.900

Nota: Os cientistas falam em gases de efeito estufa como concentrações atmosféricas expressas em partes por milhão (ppm). As concentrações de CO_2 atmosférico na era pré-industrial (c. 1750) eram de 280 ppm, subindo em 2007 para 396 ppm. Incluindo-se outros gases, o total do efeito estufa chega a 430 ppm de CO_2e, com aumento de cerca de 2,2 ppm por ano. Permanecer abaixo de 450 ppm é o que temos de conseguir se quisermos ter uma chance razoável de limitar o aumento da temperatura a 2°C a partir dos níveis de 1750, embora alguns aleguem que o teto deve ser mais baixo.

Capítulo 8 – Princípios da prática e instrumentos do ofício

Uma palavra final sobre linguagem. Não existe em parte alguma um nível zero de carbono. Isso é cientificamente impossível. O carbono é o quarto elemento mais abundante no universo e o segundo em nosso corpo. No lugar certo e na proporção exata, é uma boa coisa. Uma casa com carbono zero é, portanto, uma falácia. O que se pretende é uma casa com pouco, muito pouco carbono – tanto no sentido do carbono que *entra* quanto no do CO_2 que *sai*. Você pode ter que conviver com a falas incorretas de outros, mas se for preciso em seus argumentos, minimizará a confusão.

As Figuras 8.11 e 8.12 mostram de onde vêm as emissões de CO_2e do Reino Unido – por setor e depois pela contribuição de cada gás do efeito estufa para o total.

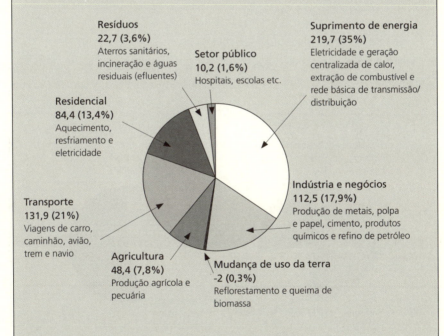

Fonte: UK Emissions Statistics, <www.decc.gov.uk>, 16 de abril de 2010

FIGURA 8.11 Emissões de gases de efeito estufa no Reino Unido em 2008, por setor (em $MtCO_2e$)

O divergente positivo

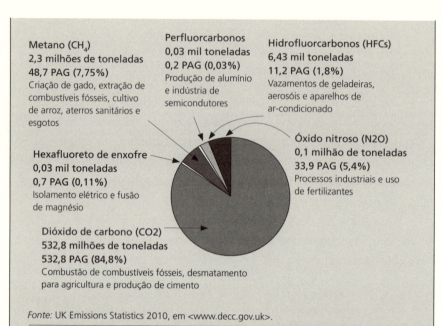

FIGURA 8.12 Emissões dos gases de efeito estufa no Reino Unido em 2008, por tipo, com base em seu potencial de aquecimento global (PAG).

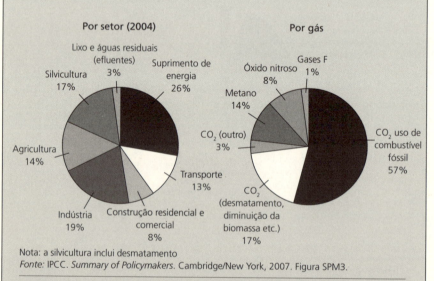

FIGURA 8.13 Emissões globais de gases de efeito estufa pela atividade humana em 2004, por setor e gás.

Capítulo 8 – Princípios da prática e instrumentos do ofício

A Figura 8.13 mostra a mesma análise das emissões globais de gases, permitindo que você perceba as diferenças e semelhanças.

Muitas pessoas acham difícil pensar em termos de percentagens. Por exemplo, o CCC afirma que uma redução de 1,7%/ano por ano de gases de efeito estufa, de 2007 a 2020, será necessária para se alcançar o objetivo. Parece simples, mas é realmente difícil de traduzir em ações significativas, quer por parte do indivíduo ou da organização. Principalmente porque a redução do primeiro ano pode ser tão fácil assim como a do último é tremendamente difícil, ou mesmo impossível, caso não tenha sido feito um trabalho de base nos primeiros anos.

A Tabela 8.9 mostra a escala do desafio entre os dias de hoje e 2050 para os setores do Reino Unido. Para aqueles que (como eu) acham mais cômodo pensar nos objetivos em termos de toneladas e não de percentagens, ela fornece a versão "vigilantes do peso" com os números arredondados para maior clareza. Nela, vemos que será necessária *pelo menos* uma redução de 2 toneladas/pessoa nas emissões de CO_2e por década, de hoje até 2050, para alcançarmos os objetivos *legalmente* estabelecidos. O desafio será ainda mais difícil se de fato ocorrer o aumento populacional previsto.

TABELA 8.9 Metas para as emissões anuais de gases de efeito estufa no Reino Unido de hoje até 2050.

Ano	Teto de emissão do CCC (em $MtCO_2e$/ano)	Projeção toneladas/pessoa caso: não haja aumento populacional	Projeção toneladas/pessoa caso: ocorra o aumento previsto*	Redução a partir dos níveis de 2007	Redução a partir dos níveis de 1990
2007 (atual)	680**	11	11		
2020 (meta)	540	9	8	20%	34%
2050 (meta)	160	2,6	2	76%	80%

*A população atual do Reino Unido é de 61,4 milhões. Aumentos previstos (mas não inevitáveis) indicam 65 milhões em 2020 e 77 milhões em 2050. Ver <www.statistics.gov.uk> e <www.theccc.org.uk>.

**Adaptado da apresentação de TURNER, Adair (CCC). Meeting carbon budgets: the need for step change. October 2009. Disponível em: <www.theccc.org.uk/pdfs/report%20launchpresentation.pdf>.

Essas são metas realmente desafiadoras, quer expressas em percentagens ou em toneladas de CO_2e; e o CCC reconhece que o progresso é muito lento e pouco ambicioso. Em outubro de 2009, ressaltou três áreas em que novas abordagens por parte do governo são necessárias: mercados de eletricidade e carbono; eficiência da energia residencial; e apoio ao projeto de veículos elétricos.

Como as pessoas comuns e as empresas determinam o que é melhor para elas? Como você prioriza suas ações de modo a contribuir suficientemente para as metas coletivas? O Forum for the Future produziu um guia muito útil, *Getting to Zero: Defining Corporate Carbon Neutrality* [Chegar a zero: definindo carbono neutro no meio corporativo], dirigido às organizações, mas aplicável a todos[32] (sim, o tal Zero de novo!). Foi adotado o modelo do World Resources Institute para estabelecer "limites" dentro dos quais determina e prioriza a ação de redução da demanda (entrada de carbono) por meio da eficiência e da substituição de fontes de energia de alto carbono pelas de baixo carbono:

Objetivo 1: Emissões de fontes de propriedade ou controle da organização.
Objetivo 2: Emissões da geração de eletricidade comprada.
Objetivo 3: Emissões indiretas e outras.

A fragilidade desse esquema é que o Objetivo 3 tende a ser negligenciado, embora inclua coisas como viagens aéreas e aquisições, que dificilmente podem ser consideradas indiretas, pois muitas empresas já exercem considerável influência sobre seus fornecedores e modos de transporte de pessoal. Não há então desculpa para não incluí-las logo de início.

A publicação promove também o investimento em atividades de redução do CO_2 em outros lugares (reflorestamento, tecnologias renováveis ou eficientes em países pobres) para compensar reduções caras demais onde a companhia tem sua sede. O argumento é que uma tonelada de CO_2 não emitida ou absorvida é a mesma quer custe cem libras no Reino Unido ou cinco na Índia e, na verdade, mais toneladas podem ser impedidas de entrar na atmosfera caso as cem forem gastas na Índia. Na Figura 8.14, enfeitei

Capítulo 8 – Princípios da prática e instrumentos do ofício

o processo hierarquizado de gestão do carbono líquido no documento, acrescentando a noção de favorecer os outros quando efeitos maiores puderem ser obtidos da ação solidária e não apenas individual das organizações. Por exemplo, combinar com autoridades locais, hospitais ou universidades para instalar torres eólicas ou tornar aquisições de baixo carbono mais viáveis para empresas e fornecedores. O novo esquema de fiscalização das autoridades locais – Completa Avaliação de Área – pede a cooperação local entre organizações do setor público (educação, polícia, sistema Nacional de Saúde, governo, empresas, cidadãos) para se a chegar à economia de baixo carbono, embora o regime tributário, infelizmente, não o faça – ainda.

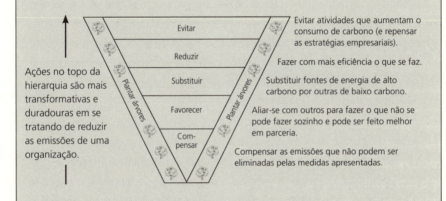

FIGURA 8.14 A hierarquia da gestão do carbono.

Outra adição importante a essa hierarquia usada com frequência é a do investimento *simultâneo e contínuo* na capacidade de absorção do ambiente, como medida constante e não apenas compensatória, quando não conseguimos ter êxito de outra forma. Aproveitando toda oportunidade de eliminar o asfalto, colocar grama no telhado, plantar árvores e assim por diante, estamos aumentando o capital natural e, em retorno, tirando o CO_2 fora da atmosfera. O guia do Forum for the Future deixa claro que a compensação é um último recurso, mas outros a consideram o equivalente à compra de "indulgências medievais" – pela qual se pode comprar o direito de continuar pecando e assim adiando a necessária mudança de comportamento para que uma economia de baixo carbono funcione!

O segredo é procurar, simultaneamente, mobilizar bem menos carbono logo no início, torná-lo ultraeficiente naquilo em que é usado e aumentar a capacidade biológica da Terra para nos ajudar (mais árvores, mais verde) – não importa se usamos ou não a compensação para cobrir nossas emissões. Não uma coisa ou outra, mas as três juntas, em grande escala e em ritmo acelerado. Se você ponderar sobre os serviços que deseja da energia (frio, calor, força e luz), ajudará a esclarecer como ela poderá ser fornecida de maneira diferente, com baixa taxa de carbono. Convém atentar igualmente para o topo da hierarquia, pois é lá que se encontram os maiores ganhos e as maiores inovações. Organizações empreendedoras estão utilizando técnicas de redução na fonte para aumentar o custo inicial da energia com um "imposto" cuja finalidade é criar um fundo que será investido em tecnologia ou processos de baixo carbono, ou, ainda incentivar a redução da demanda de energia.

Em suma, faça com que as metas de sua organização, cidade ou país sejam suas e não se preocupe se acabar fazendo mais que sua "cota". Isso só melhorará as coisas e compensará qualquer contagem dupla (de seu esforço por alguém mais e vice-versa). A precisão não será possível e buscá-la pode facilmente se tornar uma desculpa para não se começar. Use reduções de percentagem ou tonelagens em suas estratégias, o que quer que funcione melhor para você, embora as tonelagens sejam reais e, como os quilos perdidos nos Vigilantes do Peso, possam motivar mais que as percentagens. Faça contato com organizações semelhantes à sua ou locais para projetos solidários, entre na página da Carbon Trust (www.carbontrust.co.uk) para possíveis financiamentos e apoio e aprenda com os demais.

Conclusão
A sabedoria prática

> "A sabedoria prática é a capacidade racional e verdadeira de agir em prol do bem da humanidade." (Aristóteles)[33]

A intenção deste livro, e desta seção em particular, é prové-lo de conhecimento e habilidades *suficientes* para você sair a campo e mostrar-se ativo na busca de um modo mais sustentável de fazer as coisas com a certeza de que seu julgamento será sábio *o bastante* para garantir-lhe que está no rumo certo. Pelo menos o livro o ajudará, espero, a pensar diferentemente sobre o modo como você está fazendo as coisas atualmente.

Para nos auxiliar a entender a magnitude da mudança que temos diante de nós, mas de uma maneira que sustente a tese "missão possível" aqui apresentada, a parte seguinte considera uma Lista de Tarefas de uma possível sustentabilidade global. Ela se encaixa na minha preocupação compulsiva com resultados e gosto da ideia de julgar o que faço hoje contra a sua contribuição para o que venha a ser o bem no futuro. E, como o bem global dependerá de múltiplos bens locais, isso nos ajudará a visualizar o objetivo maior enquanto nos ocuparmos próximos do lugar onde estamos. É importante compreender suficientemente as causas da *in*sustentabilidade para não repetir comportamentos errôneos e é muito mais inspirador – para a alma e nossas mentes empreendedoras – olhar para frente enquanto descobrimos como desviar das perversidades da vida atual.

Quarta parte
Lista de tarefas da sustentabilidade global

A crise está na implementação.
(Kofi Annan, *Johannesburgo*, 2002)

Quarta parte

Introdução   Desafios globais, contribuições locais   269

Capítulo 9   Lista de tarefas da sustentabilidade global   271
    N – Aumentar a capacidade de ajuda da natureza.   273
    P – Reduzir o número de pessoas.   275
    H – Aumentar o capital humano e social.   278
    A – Reduzir o consumo total de energia e matérias-primas.   280
    T – Aumentar a eficiência/eficácia de qualquer energia e material consumido.   283
  Dois modelos para pensar a sustentabilidade em escala global   286
    IPAT: A "equação do tudo é importante"   286
    As Cunhas de Princeton   289

Conclusão   Faça a sua própria   291

Introdução
Desafios globais, contribuições locais

Se esta parte do livro tivesse um *slogan*, seria como o do supermercado Tesco: "Todo pouco ajuda". O objetivo é ajudá-lo a combater o argumento segundo o qual o desenvolvimento *in*sustentável está tão avançado no mundo inteiro que qualquer contribuição local é inútil. Em comparação com as dos Estados Unidos e da China, as emissões do Reino Unido são insignificantes – então, para que nos preocuparmos quando os grandes países não se preocupam? Que diferença haverá se desligo as lâmpadas ou ando de bicicleta quando ninguém à minha volta faz isso?

Tanto prática quanto moralmente, a resposta a ambas as perguntas é: faz muita diferença. Se o desenvolvimento insustentável é produto de zilhões de decisões e ações (na maior parte) *inconscientemente* erradas, então o caminho para a sustentabilidade será pavimentado por similar magnitude de decisões e ações *conscientemente* corretas. Mesmo a lei miraculosa ou mudança drástica de política vindas dos altos escalões de liderança de uma organização, país ou mesmo entidade internacional, embora grandemente desejáveis, só se tornarão realidade por meio de multiplicidade de relativamente pequenos e, principalmente, locais atos de implementação. Muitos deles terão de estar no modo de divergência positiva porque não haverá tempo de esperar por reforma institucional vinda do alto. O desafio para a brigada da implementação – composta pelos divergentes positivos, versados em sustentabilidade, e as pessoas por eles motivadas – consiste em manter a confiança, sempre, de que estão realmente dando uma contribuição global valiosa numa época que se anuncia turbulenta.

O supermercado Tesco sabe bem que um centavo de desconto neste ou naquele item, na compra semanal, talvez não pareça muita coisa, mas na verdade acaba somando para uma economia sensível. Do mesmo modo, toda contribuição para a maneira mais sustentável de fazer as coisas, embora pequena, soma. Os pontos críticos em relação às emissões de CO_2 provocando uma mudança climática descontrolada precisam ser combatidos pela mensagem positiva de pontos críticos na outra direção. Além disso, omitir-se ou pregar a desesperança envia a mensagem errada em termos tanto ecológicos quanto filosóficos. Se eu não faço e você não quer fazer, por que alguém mais o faria?

Um ciclo psicológico negativo é criado. Mas se eu faço e você faz, então, juntos, podemos criar um ciclo positivo que atraia outros. Fazer parte de um grupo positivo não só faz o bem como nos faz sentir bem.

A seção anterior considerou várias maneiras para você desenvolver a sua própria capacidade de proporcionar uma liderança versada em sustentabilidade; agora, portanto, você está apto a decidir e agir em favor da sustentabilidade, independentemente das perversidades do mundo que o cerca.

Esta seção deverá ajudá-lo a contar uma boa história sobre as características de um mundo sustentável e descrever as linhas gerais que nos levarão até lá. Como a Ferramenta dos Cinco Capitais, deverá auxiliá-lo a visualizar e explicar as interconexões entre diferentes elementos de sustentabilidade, mas, acima de tudo, deverá ajudá-lo a conectar, por você mesmo e os outros, com o modo que os esforços locais podem contribuir para os resultados globais.

Há apenas um capítulo – o Capítulo 9 – que começa pela "Lista de tarefas da sustentabilidade global" e uma breve explicação sobre como ela foi feita. Para aqueles interessados na forma como a lista foi feita, ao final do capítulo há uma história mais detalhada. Voltando à metáfora do Capítulo 1, a Lista de Tarefas da Sustentabilidade Global deve ser vista como um regime saudável de que o paciente TVT+N, precisa fazer para recuperar a saúde – assumindo, isto é, que aprendamos a lição, tomemos nossas pílulas e paremos um antiquado sistema econômico humano que tem na alma a excessiva ingestão de recursos e seu consequente esgotamento.

Capítulo 9
Lista de tarefas da sustentabilidade global

A lista, resumida na Tabela 9.1, é compilada a partir de uma fusão e adaptação de dois excelentes modelos para se pensar sobre o desafio da sustentabilidade em escala global. O primeiro, conhecido como equação IPAT, data dos anos 1970 e ainda é usado. O segundo, as Cunhas de Princeton, é uma forma moderna e proveitosa para identificar áreas de ação que, como conjunto e interativamente, adicionam-se ao desenvolvimento sustentável. Do IPAT vêm as grandes linhas que nos levarão daqui à sustentabilidade. As Cunhas de Princeton se baseiam no princípio segundo o qual agir em várias frentes ao mesmo tempo aumenta as chances de sucesso. Originalmente elaborado para encontrar grandes soluções na área de energia, as Cunhas de Princeton identificaram inúmeras "ações-candidatas". Buscar várias dessas "cunhas" ao mesmo tempo torna mais provável que algumas (inteiramente ou em parte) funcionem e, assim, contribuam para o objetivo almejado. Aqui, não há nenhuma necessidade de se preocupar com excessos. Tão avançados são os sintomas do desenvolvimento *in*sustentável que os excessos só trariam benefícios. O perigo maior é errar o alvo por falta de imaginação e esforço. Se você não conhece esses modelos, leia "Dois modelos para pensar a sustentabilidade em escala global" mais à frente, neste mesmo capítulo.

Como você pode ver na Tabela 9.1, as cinco grandes linhas possuem metas para 2050 e, afora A, que trata da redução do consumo absoluto de energia e recursos naturais, e uma relativa a P (número de habitantes), todas as "cunhas" candidatas para as ações propostas são positivas – fazendo mais e não menos de algo. Esse é um ponto-chave para os divergentes positivos. Sendo franco e honesto sobre a gravidade de nossa situação atual ou a extensão das mudanças implícitas pela transição para uma economia de baixo carbono, é possível proporcionar uma mensagem de sustentabilidade que seja essencialmente de esperança e ação positiva para o cultivo de um estilo de vida mais satisfatório e ecológica e socialmente justo.

O divergente positivo

TABELA 9.1 Lista de tarefas da sustentabilidade global

N	Aumentar a capacidade de ajuda da natureza.

Deter a degradação e aumentar o capital natural em 25% de hoje até 2050.

+ Reduzir o desmatamento tropical a zero, reservar 300 milhões de hectares para o reflorestamento.

+ Deter a degradação e aumentar a fração de todos os biomas terrestres e marinhos à condição original (em áreas urbanas, rurais e selvagens).

+ Facilitar a entrada da água em aquíferos e sistemas de irrigação.

+ Fomentar a fertilidade do solo – para produção de alimento e captura e armazenamento de carbono.

+ Pelo menos dobrar a área da Terra com medidas de conservação de sustentabilidade, sobretudo para água potável e vida marinha, principalmente em áreas terrestres vulneráveis e negligenciadas.

P	Reduzir o número de pessoas.

Atingir a menor meta estabelecida pela ONU para a população mundial, de 8 bilhões em 2050.

+ Proporcionar acesso fácil e universal a métodos contraceptivos adequados.

− Trazer as taxas de fertilidade bem abaixo dos níveis de reposição em países ricos e, pelo menos, reduzir pela metade as taxas de fertilidade atuais nos países mais pobres.

+ Melhorar a saúde reprodutiva das mulheres e homens no mundo inteiro.

+ Investir nas mulheres, como as mais capazes de determinar o destino de seus filhos.

+ Valorizar os idosos, aproveitando ao máximo sua experiência e sabedoria.

H	Aumentar o capital humano e social.

Aumentar o senso individual e comunitário de bem-estar em cerca de 50% dos níveis atuais até 2050.

+ Proporcionar saúde e educação universais.

+ Proporcionar conhecimentos e habilidades para o sucesso das relações pessoais e participação social.

+ Aumentar a resiliência das comunidades e vizinhanças.

+ Reformar, desenvolver e fortalecer instituições sociais.

+ Aumentar o senso de segurança – no local e nas relações internacionais.

Capítulo 9 – Lista de tarefas da sustentabilidade global

A	Reduzir o consumo absoluto de energia e matérias-primas.

Diminuir a "retirada" humana de energia (não solar) e matérias-primas em 25% dos níveis atuais até 2050 (ou seja, deixá-las onde estão).

- Convergir a água utilizada por pessoa em torno de um nível saudável ideal.
- Convergir a ingestão de calorias de ricos e pobres em torno de um nível ideal saudável.
- Reduzir a quantidade absoluta de energia necessária para condicionamento térmico, força e luz.
- Reduzir a quantidade absoluta de minerais e outros materiais tirados da terra.
- Diminuir a porção de terra usadas para a infraestrutura humana (áreas construídas e agricultura).

T	Aumentar a eficiência/eficácia do consumo de qualquer energia e matéria-prima.

Eliminar todo o desperdício e ineficiência no uso de energia (inclusive solar) e materiais utilizados em cerca de 50% dos níveis atuais até 2050.

+ Aumentar a eficiência no uso da água.
+ Aumentar a eficiência no uso de matérias-primas.
+ Garantir o máximo de eficiência no fornecimento de todos os serviços de energia – condicionamento térmico, força e luz.
+ Tornar todas as trocas de bens e serviços ultraeficientes no uso de carbono.
+ Tratar toda produção de alimento, como todos os recursos marinhos e terrestres, como parte de uma economia ecológica eficiente e não como uma indústria.

Serei honesta: não sei se as porcentagens sugeridas estão certas, mas elas são suficientemente boas para o momento. Trabalhar todos os fatores da equação é que será a parte difícil; a calibragem mais precisa pode esperar. O importante é que o rumo da viagem seja estabelecido.

Segue um breve comentário sobre cada um dos elementos, com algumas referências e websites para ajudá-lo a obter mais informações. Consulte o livro *Plan B 3.0: Mobilizing to Save Civilization*, de Lester Brown, para uma gama de possíveis ações, mas tente pensar em exemplos mais próximos de você.

N – Aumentar a capacidade de ajuda da natureza.

Deter a degradação e aumentar o capital natural em 25% até 2050.

Globalmente, cerca de 17% das emissões de CO_2e provêm do desmatamento e suas consequências. Como existem, em todo o mundo, perto de 2 bilhões de hectares de terras muito degradadas (todo país tem a sua), há abundância de espaço para novas árvores nas áreas urbana e rural. Plantar 300 hectares equivale a reduzir 1 gigatonelada de CO_2 segundo Socolow e Pacala (autores das Cunhas de Princeton).

A Avaliação Ecossistêmica do Milênio (AEM) descobriu que 15 entre 24 sistemas ecológicos estão degradados. Sustar as tendências negativas e restaurar diferentes biomas locais[1] para saudável qualidade e produtividade a longo prazo pode assegurar maiores serviços por parte dos sistemas ecológicos, como alimento e solo fértil. Uma área urbana também pode ser considerada um bioma. Assim, como acontece com os espaços selvagens e linhas costeiras, aquilo que você fizer acontecer em seu distrito ou cidade – parques urbanos, tetos ajardinados e ruas arborizadas – contribuirá para a redução das emissões de CO_2 e para a valorização da principal moeda de uma economia ecológica flexível: o ambiente saudável (AEM, 2005).

Boa parte da água da chuva que cai em solo ressecado ou escorre no asfalto, sobretudo quando é pesada e rápida, em vez de descer para os aquíferos subterrâneos, desaparece nos rios e canais de drenagem. Eis algumas maneiras de melhorar as chances de a água atravessar o solo e chegar aos aquíferos: cobertura verde, especialmente de plantas de raízes profundas (inclusive árvores), e substituição do asfalto por superfícies porosas (Postel; Richter, 2003; e <www.environment-agency.gov.uk> – procure SUDS).

O excesso de pastagens, de aragem e de uso de fertilizantes à base de combustíveis fósseis, além de outras más práticas agrícolas (como a remoção de árvores e cercas vivas), provocou a erosão do solo, a exaustão e a poluição, epidêmicas na maioria dos países, e mortal para alguns povos muito pobres. Pode-se restaurar algumas boas práticas agrícolas, como rotação de culturas, pastagens não intensivas, demarcação de fronteiras no campo com árvores e cercas vivas (elas próprias fonte de alimento), e introduzir outras novas, como irrigação de alta eficiência e pouca ou nenhuma lavoura, em que sementes são lançadas em solo não cultivado de modo que os resíduos de plantações anteriores possam nutrir e proteger a terra do vento e da chuva. Melhorar a condição do solo é um objetivo capital dos métodos agrícolas orgânicos e de permacultura. São técnicas que reduzem também as emissões de CO_2 e são importantes tanto para os Estados Unidos e a Europa quanto para a África e a Ásia (www.fao.org/organicag/en/; www.rainforestalliance.org/agriculture).

Segundo a International Union for Conservation of Nature (IUCN), 11,5% das terras do mundo são protegidos por meio de reservas ou "parques".

A Unesco enumera perto de 150 locais de "excelente valor natural". No entanto, existem inúmeras lacunas e vários "parques no papel" com pouca proteção na prática. Sub-representados estão a água potável e os habitats marinhos e terrestres para algumas espécies perigosamente ameaçadas de extinção. Devolver áreas à "vida selvagem" dá ao ambiente a chance de recuperar a resiliência ecológica (sobretudo no caso de serviços como a regulação climática e de recursos, como os peixes). Indicadores de proteção bem-sucedida incluem a diversidade de espécies e a melhoria da qualidade ambiental local (www.iucn.org).

P – Reduzir o número de pessoas.

Atingir a menor meta estabelecida pela ONU para a população mundial, de 8 bilhões em 2050.

No momento, a população mundial, de cerca de 7 bilhões, está crescendo em mais ou menos 80 milhões por ano, a caminho da previsão mais alta da ONU: 10 bilhões para 2050. Nos países pobres, 300 milhões de mulheres que desejam usar contraceptivos não têm acesso a eles. Nos países ricos, onde o acesso ao aconselhamento e aos métodos de contracepção são fáceis e às vezes gratuitos, cerca de um terço das gestações (dentro e fora do casamento) não são planejadas. Melhorar os serviços para atender à demanda expressa (sem necessidade de coação) e planejar todas as concepções nos permitirá atingir a meta populacional mais baixa da ONU para 2050.

É verdade que há uma forte ligação entre consumo (afluência) e emissão de gases de efeito estufa (ver A abaixo), mas é preciso não enxergar adequadamente para contestar o fato que, quanto mais gente houver, mais difícil será para que todos possam desfrutar uma vida plena. Tudo fica mais difícil quando há mais gente – sobretudo para as mulheres (ver Capítulo 2). Um ciclo positivo, com amplos benefícios, pode ser iniciado: com menos filhos, as mulheres (e as famílias) encontram maior facilidade para criar os que já têm e fazê-los chegar em segurança à vida adulta, melhorando a vida de todos e emancipando as mulheres *ao mesmo tempo,* o que mitiga a mudança climática (ver State of the World Population – *Facing a changing world: women, population and climate,* <www.unfpa.org/swp/2009/en/pdf/EN_SOWP09.pdf>, por exemplo.) Como ressalta o Optimum Population Trust (www.optimumpopulation.org), sete dólares em contraceptivos (prevenção de nascimentos indesejados) equivalem à redução de 1 tonelada de CO_2 de hoje até 2050, o que, comparado ao custo do investimento em eficiência e energia renovável, representa um excelente valor para o dinheiro – embora tudo isso seja necessário, é claro.

Se fôssemos continuar emitindo o nível de gases de efeito estufa como acontece agora, estima-se que a população deveria cair para cerca de cinco bilhões em 2050 a fim de manter o aquecimento em menos de 2°C a mais do que na época pré-industrial. Essa redução não seria possível sem um aumento dramático na taxa de mortalidade, o que é, precisamente, a razão de necessitarmos de uma abordagem sensível à diminuição da taxa de natalidade.

A Tabela 9.2 mostra a diferença predita entre taxas de fertilidade (número de filhos por mulher) agora e em 2050. A média de um filho a menos por mulher é o objetivo global. Embora uma queda seja prevista entre as mulheres mais pobres, são elas que enfrentam os desafios mais difíceis, enquanto, em regiões mais desenvolvidas, um aumento na média de fertilidade é que se espera. Isso reflete, em parte, a tendência a ter três ou quatro filhos que se observa entre os casais mais ricos. O justo seria que, como no caso das emissões de gases de efeito estufa, os casais mais ricos assumissem a responsabilidade de ficar

TABELA 9.2 Taxas de fertilidade previstas: estimativas média e baixa do número médio de filhos por mulher em 2050, mostrando as diferenças entre 2005-2010) e as baixas taxas previstas para 2045-2050*

Variante*	2005–2010 Atual	2045–2050 Prevista		Diferença entre colunas A e C (queda necessária no número médio de filhos por mulher para colocar os números da população mundial no caminho rumo às predições mais baixas da ONU para 2050 e uma redução posterior constante)
	Hoje A	Média B	Baixa C	
Mundo	2,56	2,02	1,54	1,02
Regiões mais desenvolvidas	1,64	1,78	1,31	0,33
Regiões menos desenvolvidas**	2,73	2,05	1,56	1,17
Países de menor desenvolvimento	4,39	2,41	1,93	2,46

*A UN Population Information Network (revisão em 2008) fornece variantes alta, média e baixa ao calcular o crescimento futuro da população (www.esa.un.org/unpp).
**Regiões menos desenvolvidas, não incluindo os países de menor desenvolvimento.

aquém da taxa de fertilidade mais baixa prevista para 2050. No momento, a taxa de fertilidade no Reino Unido é de 1,8 em média, 2,1 nos Estados Unidos e apenas 1,29 na Itália. Uma mulher na Etiópia, ao contrário, tem em média mais de 5,5 filhos – a menos que esteja entre as 21% felizardas com acesso a aconselhamento e recursos para planejamento familiar.

Tornar realidade as predições mais baixas para 2050 ajudaria todos os países a operar uma transição demográfica ecológica em que as populações se estabilizassem num nível mais baixo e uma maior expectativa de vida fosse contrabalançada por uma taxa de natalidade menor, como hoje na Itália. Oferecer contraceptivos, principalmente os de maior duração, a mulheres atualmente incapazes de obtê-los e permitir-lhes maior espaço para a tomada de decisões pessoal, é o mínimo que precisa ser feito em países tanto pobres quanto ricos. Além disso, investir de maneira sustentada na melhoria das atitudes e práticas de saúde reprodutiva para homens e mulheres, apoiar vigorosamente a emancipação feminina no mundo inteiro e tratar os idosos como recurso valioso e não como um peso tornaria esse alvo para 2050 relativamente fácil de atingir.

Essa pode parecer uma área difícil para os divergentes positivos se envolverem, mas deveria ser a mais simples. Há muita fumaça em torno do planejamento familiar – criada por preconceito, religião e, sejamos francos, melindres sobre sexo. É possível contornar tudo isso e defender boas políticas populacionais que, em países em melhor situação, ajudam as pessoas a ter mais amplas e imediatas considerações sobre a conveniência de ter um filho, além de melhorar a forma como os serviços de planejamento familiar são concebidos e prestados. Quanto mais os grandes consumidores de carbono ficarem abaixo da taxa de substituição de dois filhos por mulher, melhor. Ao mesmo tempo, políticas vigorosas e eficientes que forneçam aconselhamento e recursos às mulheres (e aos homens) nos países pobres que os querem sem poder tê-los é algo que todos podemos praticamente defender e contribuir (www.propoffset.com).

Observação: promover políticas populacionais e planejamento familiar *não é a mesma coisa que defender o aborto*. O aborto é o produto de uma contracepção que falhou e não sei de pesquisa alguma que o apresente como o método de controle de fertilidade preferido pelas mulheres. Assim, se você é a favor ou não do direito das mulheres de interromper uma gravidez indesejada, isso nada tem a ver com o resto do argumento aqui discutido.

H – Aumentar o capital humano e social.

Aumentar o senso individual e comunitário de bem-estar em cerca de 50% dos níveis atuais até 2050.

Um movimento bem-sucedido em direção à sustentabilidade não irá acontecer se as pessoas não tiverem uma educação boa o suficiente, assim como suficiente saúde (física e psicológica) para aprender e aplicar o conhecimento. Além disso, a menos que as pessoas constatem que a sustentabilidade é tão boa para melhorar a sua sorte quanto para proteger o ambiente, corre-se o risco de elas se tornarem desiludidas e acomodadas com os esforços para criar uma economia tão baixa em carbono quanto precisa ser.

Essa linha especialmente importante presume que uma enorme taxa de crescimento em capital humano e social pode ser obtida com pouquíssima mobilização de capital ambiental. Desvincular o crescimento do bem-estar das pessoas e satisfação com a vida da alta utilização de recursos naturais e de materiais que emitem gases de efeito estufa será um desafio de primeira ordem para os divergentes positivos.

No momento, os serviços de saúde estão longe de ser universais, mesmo nos países ricos, e voltam-se mais para a cura de doenças do que para prevenção. O objetivo dos serviços de saúde deveria ser, pelo menos, *evitar* as moléstias que elevam as taxas de mortalidade de crianças e adultos, inclusive a má nutrição (causada tanto pela carência quanto pelo excesso de comida) e o HIV/aids (www.who.int).

Amartya Sen afirma que "o analfabetismo de palavras e números é uma ameaça maior para a humanidade do que o terrorismo"[2], especialmente verdadeira num mundo com número crescente de jovens que encontram na fome o principal obstáculo ao aprendizado. Globalmente, um quinto dos adultos são hoje incapazes de ler e escrever (um em dez no Reino Unido), quadro bem pior nos países pobres, onde as mulheres, principalmente, são deixadas de lado. A ONU afirma que a educação é o principal "fertilizante" para todo tipo de desenvolvimento (<www.unesco.org> – ver *Education for all monitoring report*).

Consequentemente, compreender e ter saúde e educação suficientes para realizar o próprio potencial de um modo social e ambientalmente responsável formam uma base razoável para o aumento do "capital humano". O progresso é necessário em toda parte, especialmente à luz da evidência de que, de um modo geral, as pessoas nos países ricos não são tão felizes assim. Portanto, o cuidado com a saúde mental e física, além de uma ideia mais ampla daquilo que constitui uma vida satisfatória, é parte do que chamamos de um ser humano completo. Também ajuda a forjar relacionamentos satisfatórios – sejam eles íntimos, na família e na vizinhança, na escola, no trabalho e nos eventos sociais ou sob a forma de participação na vida pública de um modo geral. Tanto quanto as boas coisas que a cultura e a tecnologia modernas propiciam, pesquisas identificaram três mensagens que afetam as crianças: a ideia de que a pessoa, para ser feliz, precisa ser rica e bonita; um modelo conflituoso e às vezes violento de relações humanas; a inatividade física aliada ao excesso de comida, bebida e fumo (Layard, Dunn, 2009). Confiança na própria identidade é uma coisa boa, mas estéril quando não existem responsabilidades recíprocas conjugadas e usufruídas na companhia de outros (ver *ubuntu*, no Capítulo 8). A música e todas as artes criativas são imensamente importantes para o desenvolvimento pessoal e as interações sociais, mesmo em zonas de conflito (ver Daniel Barenboim*).

A qualidade e o aumento do capital humano talvez sejam, embora apenas instintivamente, um assunto que as localidades assegurem, não em concorrência com comunidades e instituições vizinhas, mas em parcerias, o que reflete o entendimento da interconectividade entre as pessoas e com o meio ambiente por todos compartilhado, tanto quanto a necessidade de justiça que transcende gerações e fronteiras geográficas. Atualmente, muito poucas estruturas políticas ou institucionais apoiam ou recompensam essa maneira de viver; contudo, pessoas como o ex-embaixador da ONU sir Jeremy Greenstock não têm dúvidas de que a segurança global e a estabilidade ecológica dependem da resiliência de um grande número de localidades (ver <www.undp.org> e Sen, 2000).[3]

Nada disso significa subestimar a necessidade de manter em boa forma as instituições nacionais e internacionais. A renúncia à responsabilidade e à ação logo gera caos ou feudos locais indiferentes ao quadro maior da democracia, da justiça e da liberdade de informação. Atividades culturais e criativas são tão importantes no nível nacional e internacional quanto no local e, como o ambiente, podem formar uma base de valores comuns sobre a qual seja possível construir novas ou reformuladas instituições. Por muito tempo a música, a pintura, a literatura, a poesia e o artesanato forneceram uma linguagem que cruzava fronteiras internacionais e culturais, mas, como a necessidade universal de um ambiente capaz de suportar a vida, não são usadas tão estrategicamente quanto poderiam ser na construção de boas relações entre comunidades e países. Por exemplo, até o Islã ter um interesse agressivo pelo Ocidente, não nos interessávamos muito por sua cultura. Maravilhosos poemas persas não tinham sido traduzidos, e até mesmo a dívida de William Morris[4] para com os padrões da tecelagem islâmica, esquecidos. A destilação, as canetas-tinteiro, os moinhos de vento e os cheques são outras inovações não reconhecidas do Islã. Se tivéssemos mostrado mais interesse antes, as coisas poderiam ter sido diferentes.

Por meio da crescente compreensão do papel cada vez maior do capital humano e social para alcançar a sustentabilidade, os divergentes positivos podem defender, influenciar e canalizar o investimento nessa direção. No mundo inteiro, empreendimentos sociais, utilizando todo um leque de diferentes modelos administrativos, estão surgindo à medida que as pessoas põem de lado a forma usual de fazer negócios, para se dedicar a atividades que contribuam diretamente para a sustentabilidade (Elkington; Hartigan, 2008), ao passo que algumas firmas existentes, como a BT (www.btinsights.co.uk), tornam-se adeptas da obtenção do máximo de resultados sociais e ambientais promovendo adequações administrativas.

A – Reduzir o consumo absoluto de energia e matérias-primas.

Diminuir o consumo de energia (não solar) e matérias-primas em 25% até 2050 (ou seja, deixá-las onde estão/no solo).

Essa grande linha trata da redução absoluta que precisamos fazer na maneira como a economia humana utiliza a energia e as matérias-primas. A mera eficiência no contexto de um aumento ou mesmo nivelação da "retirada" de recursos ambientais não será suficiente. Deve haver uma redução absoluta, além de significativo aumento da eficiência no uso desses recursos (ver T abaixo), se quisermos ao menos chegar perto dos níveis que sejam sustentáveis em longo prazo. E isso não apenas por causa do esgotamento dos recursos, mas também devido à necessidade de criar e adotar estilos de vida de baixo carbono e baixo consumo intensivo de materiais. As tentativas de adiar a redução absoluta pela simples adoção de estratégias de eficiência custarão caro no futuro. Nossa dissipação é um vício que precisa ser curado.

Por exemplo, o consumo básico de água recomendado é de 50 litros por pessoa diariamente – mas 30 bastariam, 5 para a alimentação e 25 para a higiene. A ONU afirma que o mínimo são 20 litros por pessoa, mas em alguns lugares a média é menos de 10 litros/dia – 8 no Máli e 4,5 em Gana, por exemplo. Nos Estados Unidos, o consumo médio de água por pessoa é de 500 litros/dia;

Capítulo 9 – Lista de tarefas da sustentabilidade global

no Reino Unido, de 200 – e ambos os países perpetram a insensatez financeira e ambiental de comprar água engarrafada quando têm água potável de qualidade em (todas) as torneiras da casa.

Reabastecer aquíferos e outros reservatórios de água para uso doméstico, industrial e agrícola, em caso de seca prolongada, já é uma importante estratégia de adaptação à mudança climática em muitas regiões. Os vasos sanitários de compostagem (alguns aprovados pela US Environmental Protection Agency) já estão ganhando popularidade por motivos de conservação de água. A Mongólia os instalou num conjunto de apartamentos para 7 mil pessoas. Como diz Sunita Nurain, do Centro de Ciência e Ambiente da Índia, os sistemas de tratamento dos dejetos humanos à base de água não fazem sentido em países como o seu. Eles desperdiçam água, prejudicam os rios e a saúde humana, e o custo da infraestrutura para tratar o esgoto é alto em termos de dinheiro e energia (há inúmeros websites e referências importantes a respeito da água. Ver também Pearce, 2007.)

O consumo diário de calorias recomendado é de cerca de 2.500 para o homem e 2.000 para a mulher (mais, se fizerem trabalho pesado). Todavia, tão grande é a má nutrição no mundo que, segundo a Organização Mundial da Saúde, 1,6 bilhão de adultos estão muito acima do peso (um terço deles obeso), enquanto cerca de 1 bilhão passam fome. Mobilizar ricos e pobres em torno da ingestão recomendada de calorias e do consumo de alimentos do início da cadeia alimentar (menos carne, mais vegetais) contribuirá para a saúde dos humanos e do ambiente. Mudando para a média de 25 kg de carne por pessoa/ano (cerca de meio quilo por semana) diminuiria o consumo global de 267 milhões de t/a para 175 milhões de t/a e inverteria a tendência a alcançar 465 milhões de t/a em 2030 (um corte de 75% para os Estados Unidos, 30% para o Japão e 20% para a UE). Embora as vacas convertam forragem em energia com mais eficiência que a produção de biocombustíveis, menores quantidades de carne vermelha na dieta também aliviarão a pressão sobre a terra e reduzirão as emissões de gases de efeito estufa (metano e CO_2).[5] Ninguém precisa tornar-se vegetariano, a menos que o queira. Os seres humanos evoluíram como criaturas onívoras e um sistema agrícola resiliente dependerá de quantidade *suficiente* de animais para fertilização, manejo da terra, lã, couro e alimento. Para uma análise da equação caloria/terra sob diferentes regimes agrícolas no Reino Unido, ver Fairlie, 2007-08.

"As tendências atuais do suprimento e consumo de energia são obviamente insustentáveis – ambiental, econômica e socialmente –, elas podem e devem ser modificadas", disse Nobuo Tanaka, executivo-chefe da International Energy Authority (IEA) no final de 2008. Alguns argumentam agora que, quanto mais petróleo, carvão e gás deixarmos na terra, a partir de agora, mais facilmente evitaremos o perigoso aquecimento global. Os pessimistas mais ativos desse cenário são, surpreendentemente, as grandes indústrias de extração e refino (ver <www.iea.org>, Leggett, 2005; e Monbiot, 2007).

As emissões não agrícolas de gases de efeito estufa constituem 65% do total; assim, se cortarmos ao menos pela metade as taxas anuais correntes de uso de combustíveis fósseis para geração de energia (24% das emissões totais), combinando isso com ganhos de eficiência similares em escala naquilo que usamos, estaremos dando uma importante contribuição para evitar os riscos enormes do aquecimento global. Pacala e Socolow dizem que coisas como a redução do uso de veículos de 16 mil para 8 mil km por ano (calculando-se cerca de 50 km por galão) removeria 1 gigatonelada de carbono por ano (GtC/a) em 2054. Uma redução adicional de 1 GtC/a seria possível substituindo-se usinas de carvão por dois milhões de torres eólicas com potência de pico de 1 MW. Isso significa construir cinquenta vezes mais que a taxa atual. Perspectiva desafiadora, mas não impossível tecnologicamente. Tecnologias ainda não testadas, como a de captura e armazenamento de CO_2 emitido pela queima de combustíveis fósseis, foram revistas pela Royal Society, que publicou os resultados advertindo que substituir um mal por outro não é uma ideia sensata. Reduções mais seguras e rápidas na demanda de energia podem ser feitas mediante sistemas disseminados, menores, mesmo domésticos, conectados por uma rede inteligente capaz de suavizar a demanda e garantir a resiliência caso uma localidade passe por dificuldades (ver <www.royalsociety.org> e Mackay, 2009).

Quanto aos outros minerais além do carvão e do petróleo, como o urânio e os elementos raros que literalmente mantêm funcionando nossas tecnologias de informação e comunicação, ver a Tabela 1.1. Embora nossa sociedade moderna dependa de muitos desses minerais, de qualquer forma logo estarão em falta, tanto mais que agora a China domina a extração e o processamento de 95% do suprimento mundial.

Com relação a terras utilizadas para florestas de corte (30% globalmente) e com cerrados/pastagens (26%) ou agricultura (11%), a percentagem de toda terra coberta por tijolos, concreto e asfalto não chega a 0,5%. No entanto, segundo a FAO (Food and Agriculture Organization), a terra usada para infraestruturas e estabelecimentos humanos, como estradas, vem crescendo a uma taxa de 20 mil km^2 por ano à custa de terras excelentes para a agricultura, mas também de florestas e cerrados/pastagens.[6] No espírito de que cada pouco conta quando se trata de colocar a natureza de volta ao lugar de condução ecológica, fazer isso com prejuízo de preciosas terras agricultáveis e selvagens é tão contraintuitivo quanto insensato e desnecessário. A maioria das cidades e aldeias, em países ricos ou pobres, é perdulária no uso da terra. Mesmo em áreas densamente povoadas, muita terra pode ser liberada de concreto e asfalto, com inúmeros benefícios colaterais que tornam as cidades mais "habitáveis". Londres, por exemplo, tem 3 mil hectares de "terra previamente desenvolvida". As árvores, por exemplo, absorvem a água da chuva e protegem contra os riscos de enchentes, e cidades americanas descobrem que a copa de árvores adultas podem reduzir a temperatura do ar, no verão, em cerca de 3ºC. Se perenes mesmo em invernos rigorosos, as árvores podem reduzir a velocidade do vento e portanto o frio, o que diminui a conta do aquecimento (<www.forestry.gov.uk> – ver *The Read Report*, <www.fao.org>).

Apenas a diferenciação entre os locais onde um recurso pode ser *menos* usado e as medidas de eficiência aplicáveis aos recursos que são utilizados ajudará a abrir a mente para modos mais eficazes de alcançar ambas as metas.

T – Aumentar a eficiência/eficácia do consumo de qualquer energia e matéria-prima.

Eliminar todo o desperdício e ineficiência no uso de energia (inclusive solar) e materiais utilizados em cerca de 50% dos níveis atuais até 2050.

Você se lembrará de que mencionamos, no Capítulo 8, os dois ciclos de vida que Michael Braungart e Bill McDonough recomendaram para garantir eficiência máxima e poluição mínima nas atividades humanas. Um deles se integra de modo não prejudicial (e mesmo benéfico) aos ciclos nutricionais e químicos do mundo natural; o outro, tecnológico, pressupõe que os recursos não biodegradáveis subsistam numa perpétua reutilização e reciclagem. Essa é uma maneira muito boa de pensar em como faremos o melhor uso de nossos recursos. Sugeri uma redução geral de 25% nesses recursos e agora proponho mais 50% sobre os níveis de hoje. Difícil, mas possível, se você se lembrar do diagrama de resíduos (Figura 1.4).

Por exemplo, se cidadãos americanos e europeus tivessem de buscar a água que usam em um ponto central – mesmo a dez metros de distância –, será que a consumiriam em tamanha quantidade? A descarga de um vaso sanitário em

Londres consome 50 litros de água. O cálculo da água embutida num produto ou serviço pode nos impressionar tanto quanto o da energia embutida ("embutida", aqui, significa a quantidade de energia ou água usadas em todo o ciclo de vida de alguma coisa). Por exemplo, uma camiseta de algodão consome 27 mil litros, um quilowatt de energia do carvão utiliza 1,6 litros, e a energia nuclear, 2,3 litros/kW. As oportunidades para as indústrias e casas retirarem os resíduos do ciclo inteiro de captação e uso da água são enormes. Por exemplo, a água dos grandes reservatórios e represas evapora mais rapidamente, em geral precisa percorrer um longo trajeto e tem de ser tratada antes do uso. Grande parte da água nas grandes cidades provém da chuva captada e trazida até nós dessa maneira, e o resto, de fontes terrestres – aquíferos, poços e nascentes. Ganhos significativos de eficiência poderiam ser obtidos de captações locais e de usos diferenciados, especialmente em áreas sujeitas a secas: por exemplo a captação da chuva nos telhados para banheiros e para lavar roupas, água reaproveitada para jardins etc. Globalmente, 70% da água são usados para irrigação, com eficiência variável. A ampla introdução de técnicas de irrigação com água captada da chuva beneficiaria muito as regiões com grave carência de abastecimento, onde atualmente mais de um bilhão de pessoas não têm acesso a água limpa e mais de dois bilhões não têm saneamento adequado.

Seja nos elementos para a construção de estradas ou na prata encontrada em quase todos os aparelhos que você possui, nós somos perdulários. Usar uma garrafa muitas vezes economiza mais energia do que reciclar latas de alumínio. A fim de criar um circuito fechado para utilização e reutilização de metais raros, precisamos mudar o modo como "possuímos" coisas como telefones celulares e computadores. No futuro, podemos "alugá-los", fazendo um depósito substancial como caução para garantir que o fabricante os receba de volta.

Ninguém, na verdade, quer comprar energia. O que queremos são os *serviços* fornecidos – condicionamento térmico, força e luz. No momento em que começamos a pensar na maneira mais eficiente de trazer esses serviços para perto de onde moramos ou trabalhamos, abre-se uma nova perspectiva em termos de geração e distribuição. *Menos* eficiente é a grande geração de energia centralizada e com longas linhas de distribuição. O processo mais eficiente – e mais resiliente quando algo vai mal aqui ou ali – é a geração local (utilizando as melhores opções conforme a localização geográfica) e uma rede altamente inteligente que permita a entrada e a saída de eletricidade em seu domicílio. Já estão sendo testados aparelhos "inteligentes" para a linha branca, como geladeiras. Eles podem ser ligados e desligados, controlando suas necessidades de acordo com a da rede para evitar picos de demanda). Amory Lovins, especialista em energia, afirma que nosso sistema propicia 90% de desperdício, grande parte dos quais é de responsabilidade do usuário final de condicionamento térmico, força e luz. Outra fatia de 1 GtC/a proposta por Pacola e Sacolow viria da redução de carbono de todos os domicílios em um quarto até 2054. Economizar o que entra no domicílio e aumentar a eficiência de uso não é um problema prático com as tecnologias e processos de que dispomos hoje; acontece apenas que não os usamos. Os fabricantes de automóveis também sabem como produzir veículos ultraeficientes; mas não o fazem. De um modo perverso, as políticas e a infraestrutura se voltam para o maior consumo de energia, em vez de assegurar *suficiente* condicionamento térmico, força e luz da forma mais carbono eficiente possível (ver www.rmi.org, website do Rocky Mountain Institute, de Amory Lovinns).

Não é fácil calcular quanta água e energia estão embutidas nos bens e serviços que são negociados no comércio, online ou por meio de prestadores de serviços como as tecnologias de informação e comunicação (TIC), o Serviço Nacional de Saúde, as universidades, as autoridades locais e os bancos. Mas é provável que todos eles possam fazer grandes economias em eficiência. Alguns supermercados e prestadores de serviços resolveram aceitar o desafio, mas, como assinala a seção sobre responsabilidade corporativa no Capítulo 5, o progresso é muito lento para nos tranqüilizar. A física de ser ultraeficiente no uso de energia e água não é o problema. O problema é que sai mais barato desperdiçar. Aqui o poder do consumidor pode fazer a diferença, assim como o aumento de investimento socialmente responsável, produtos orgânicos e comércio justo sugerem que possa. O segredo da eficiência será aprender com as comunidades mais pobres sobre a frugalidade, o trabalho artesanal e como fazer coisas para durar.

No Reino Unido, do alimento comprado, cerca de 40% são jogados no lixo. Maior quantidade ainda se perde na gigantesca indústria de processamento de alimentos. A FAO estima que, globalmente, um terço do alimento produzido vai para animais e um quinto para tanques de combustível, o que é imoral num mundo onde tanta gente passa fome. É melhor e mais barato cozinhar o próprio alimento, mesmo porque, quanto menor for o número de processos entre o campo e a mesa, menos perda nutricional e chances de contaminação haverá – embora, em países como o Reino Unidos, muitas pessoas nunca tenham aprendido a cozinhar ou aleguem não dispor de tempo para isso. Por outro lado, dividir os trabalhos na cozinha pelos membros da família e amigos vem se tornando um comportamento cada vez mais popular, bem como produzir o próprio alimento. Comprar alimentos originários de outros países, como o feijão do Quênia, é uma atitude contestada para alimentar cidades ricas como Londres e, qualquer que seja o orçamento energético, é certamente não ideal. Criar a dependência de um ou dois "cultivos comerciais" nos países pobres é provavelmente pouco ético. O que acontece se a colheita falhar ou pararmos de comprar? Relações comerciais de longa distância precisam ser não apenas eficientes em energia e em outros recursos, mas também socialmente responsáveis. Isso significa não apenas fazer comércio justo, mas ter relações comerciais que possam regenerar e manter a resiliência de comunidades locais em ambos os extremos. Se uma comunidade de Gana depende para viver da venda de abacaxis para um país, não será resiliente. Como em todos os recursos provenientes da terra e do mar, a produção de alimentos para consumo humano deveria ser uma questão de conservação e intensificação da qualidade – o alicerce de uma economia ecologicamente resiliente. Não, como parece ser atualmente, uma indústria extrativa.

Se você ainda não procurou saber mais sobre a equação IPAT e as Cunhas de Princeton que inspiraram este capítulo, eis aqui algo mais sobre elas. Por si mesmas, são modelos úteis para descobrir o que fazer em seguida.

Dois modelos para pensar a sustentabilidade em escala global

Os dois modelos para refletir holisticamente sobre a *in*sustentabilidade (IPAT) e o modo de combatê-la (Cunhas de Princeton) são, a meu ver, realmente úteis tanto para explicar o desafio aos outros quanto para tornar mais clara a interconectividade de tudo isso em minha mente. Negligenciar essa interconectividade ao resolver problemas particulares é, obviamente, um dos motivos pelos quais mergulhamos na confusão atual. Somente a solução dos grandes problemas, ligando as ações locais aos benefícios tanto globais quanto locais, é que nos tirará dessa confusão. Eis alguns dados sobre a IPAT e as Cunhas de Princeton.

IPAT – A "equação do tudo é importante"

Em 1971, ao tempo para a primeira Cúpula da Terra, Paul Ehrlich e John Holdren publicaram um artigo na *Science* para explicar a relação entre impacto ambiental e atividade humana (o tema da conferência).[7] A equação que usaram foi transformada na equação I = P × A × T por Barry Commoner: "A poluição emitida é igual ao produto de três fatores – população vezes a quantidade de um dado bem econômico *per capita* vezes rendimento por unidade do bem econômico produzido".[8]

I é **Impacto** no ambiente
=
P é **População** (número de pessoas)
×
A é **Afluência** ou consumo *per capita* (de energia e materiais, mas tal qual aparece nos cálculos de bens e serviços produzidos pela economia humana a fim de se obter o produto nacional bruto)
×
T é **Tecnologia** (ou **Técnicas**) desse consumo que determinam o grau de eficiência com que tais recursos são usados.

Embora apresentada como uma questão de multiplicação, com o estado do mundo natural determinado pelo número total de pessoas multiplicado ao mesmo tempo pela quantidade total de matérias-primas e energia que consomem e pela maneira (eficiência) desse consumo, a relação fria entre os fatores não é necessariamente válida. Por exemplo, a duplicação da população não significa necessariamente a duplicação do consumo de recursos. Entretanto, para pessoas como eu, essa equação ofereceu uma salvaguarda intelectual para explicar a relação entre os diferentes fatores que contribuem para o desenvolvimento *in*sustentável.

Paul Ekins e Michael Jacobs estão entre os que tentaram ampliar o entendimento da relação procurando "resolver" a equação, sem deixar de reconhecer as restrições envolvidas. Valendo-se das evidências disponíveis, estabeleceram o valor de I concluindo que nosso impacto ao ambiente precisava cair pela metade em 2050. Atribuindo outras informações conhecidas a P e A, conseguiram determinar o valor de T caso a sustentabilidade ambiental (50% de redução no impacto) devesse ser alcançada.

I	50% de redução do impacto atual (*c.* 1997) até 2050 (várias fontes)
=	
P	População aumentada de 9-11 bilhões em 2050 (Nações Unidas)
×	
A	Aumento do consumo (PIB) em cerca de 3% por ano
×	
T	cujo valor deve representar
	50% (uso mais eficiente de recursos) se não houver crescimento em P ou A
	66% se houver crescimento em P, mas não em A
	81% se houver crescimento em P e A, no Sul
	89% se houver crescimento em P e A, no Norte
	91% se houver crescimento em P e A, em ambos Norte e Sul

(Ekins; Jacobs, 1995; Ekins, 2000)

O valor de T, como o de outros componentes da equação, desloca-se sob diferentes pressupostos pertinentes a cada um deles. Uma população menor, consumindo menos recursos (PIB menor, tal como é atualmente calculado), pode significar que sairíamos bem com taxas de eficiência mais baixas, por exemplo.

Para mim, o que falta na equação do IPAT é a inclusão das pessoas sob outros aspectos que não apenas seu número e a variabilidade potencial de I. A Natureza, representada por I, pode ter aumentada a sua capacidade de limpar nossa sujeira. Árvores e outros tipos de vegetação podem ser plantados, mas também destruídos. Além disso, nessas duas áreas – a natural e a de capital humano/social –, muito crescimento pode ser obtido sem o uso excessivo de recursos. Incluindo esses dois aperfeiçoamentos, a equação IPAT se transforma em NPHAT – nada elegante, mas definitivamente capaz de oferecer uma agenda mais positiva e realista do que a IPAT para futuras ações.

Assim, talvez mais por ousadia, emendei esse reverenciado método de conceituar a relação entre o ambiente e a atividade humana. Primeiro, deixando ainda mais claro que o mundo natural pode ser recrutado como parceiro para limpar a nossa bagunça; segundo, incorporando a contribuição das pessoas como fator positivo, lucrando, literalmente, com nossa inata, colaborativa e criativa forma de trabalhar com o ambiente e uns com os outros. Como já dissemos neste livro, eis aí o tipo de transformação econômica que precisa ocorrer a todo custo.

A nova formulação fica, portanto, como se segue, com a lembrança de que a equação não é tecnicamente solucionável, mas elaborada para ajudar a se pensar no todo e na magnitude do desafio, em vez da precisão matemática. Para mim, essas são as cinco grandes linhas de raciocínio sobre o lugar onde estamos agora e aquele onde queremos estar em 2050.

Capital Natural: deter a degradação e, em seu lugar, aumentar o capital natural em 25% (a partir de agora) até 2050
=
População: atingir a previsão de população mundial *mais baixa* de 8 bilhões em 2050
×
Capital Humano/social: aumentar o senso de bem-estar individual e comunitário em (digamos) 50% dos níveis atuais até 2050
×
Afluência: diminuir o consumo humano de energia (não solar) e matérias-primas em 25% dos níveis atuais até 2050 (ou seja, deixa-lás onde estão/no solo)
×
Tecnologia/técnicas de consumo: retirar todo desperdício e ineficiência no uso da energia (inclusive solar) e materiais em (digamos) 50% dos níveis atuais até 2050

As Cunhas de Princeton

As Cunhas de Princeton têm esse nome porque foram desenvolvidas por dois acadêmicos do Carbon Mitigation Institute da Universidade de Princeton: Stephen Pacala e Robert Socolow.[9] Citados pela primeira vez no *Relatório Stern* (2006) e sem cessar depois, os autores se preocupam sobretudo com as atividades climáticas e energéticas que primeiro estabilizem as emissões dos gases de efeito estufa dentro de cinquenta anos e depois as reduzam pela metade daí até o final do século. Como mostra a Figura 9.1 a seguir, há um triângulo formado pelo desvio da trajetória de estabilização para a redução a partir da trajetória dos negócios como usuais (BAU, *business as usual*). Nesse triângulo, Pacala e Socolow introduziram sete cunhas, cada qual representando uma "estratégia de mitigação de cinquenta anos" capaz de reduzir as emissões anuais dos gases de efeito estufa em uma gigatonelada, de modo a baixar a linha BAU até que se encontre com a trajetória da estabilização para a redução. Eles propõem uma série de ações "candidatas" (quinze) que, em qualquer combinação de sete, produzam o mesmo resultado. Por exemplo, estratégias para substituir 1400 GW de usinas termoelétricas a carvão por usinas a gás, ou cortar um quarto das emissões de carbono em domicílios e aparelhos, ou ainda aumentar a economia de combustível em dois bilhões de veículos de 30 para 60 mpg (milhas por galão) pode remover 1GtC/ano do inventário de emissões até 2054. Muitas estratégias talvez não possam aumentar plausivelmente o suficiente para chegar a proporcionar uma "cunha" inteira, dizem Pacala e Socolow. Entretanto, se considerarmos as ações "candidatas" juntas, como um todo, ou as contribuições parciais para uma ou mais cunhas, trocas e sinergias podem ser identificadas.

Colocar poucos ovos na mesma cesta cedo demais também pode significar não alcançar metas críticas de redução das emissões de CO_2 caso alguns ovos não eclodirem depois que for muito tarde para incubar opções diferentes.

Em minha variante, sugeri cinco "cunhas" para cada uma das cinco grandes linhas (NPHAT) da lista de tarefas da sustentabilidade. Cada cunha pode contar com diversas "ações candidatas". Os mesmos princípios se aplicariam a um modelo único de energia – quanto mais cunhas e ações candidatas abordadas, melhor para aumentar as chances de que algumas, no todo ou em parte, estarem bem na escala de tempo.

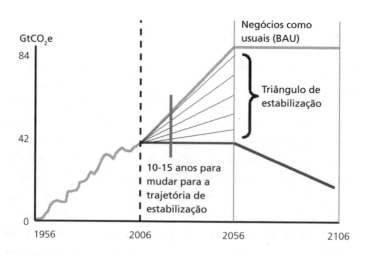

Fonte: adaptado de Socolow e Pacola (2004).

FIGURA 9.1 As Cunhas de Princeton.

Conclusão
Faça a sua própria

O objetivo deste capítulo é oferecer um quadro que ajude os líderes versados em sustentabilidade a fazer as interconexões entre as grandes linhas de nossa lista de tarefas da sustentabilidade global e seus próprios esforços em casa. Deve haver material suficiente para fornecer um quadro conceitual útil para manter as decisões do dia-a-dia no rumo certo para objetivos maiores do desenvolvimento sustentável. Como antes, os leitores são convidados a adaptar a equação NPHAT e os modelos nela implícitos à suas próprias necessidades. Nenhum modelo deveria entrar no caminho da sabedoria prática e em nossa capacidade de fazer a coisa certa.

Assim, como outras ferramentas neste livro, você poderá usar a equação NPHAT para personalizar as "cunhas". Melhor ainda, quer você esteja aprendendo sobre sustentabilidade ou implementando ações, poderá envolver outras pessoas no desenho de cunhas de ações que se adaptem mais perfeitamente às circunstâncias locais. Elaborar a própria sequência de ações é estimulante e constitui uma das melhores maneiras de transformar palavras em realidade. Pacala e Socolow chegaram à mesma conclusão, desenvolvendo uma ferramenta de ensino em que os alunos são convidados a debater os méritos de diferentes contribuições e preparar suas próprias cunhas. Ver o guia *The Teachers Guide to the Stabilisation Wedge Game,* do Princeton University's Carbon Mitigation Institute (www.cmi.princeton.edu). Esse guia se concentra em energia e água, mas pode ser facilmente adaptado para abarcar os fatores de sustentabilidade mais abrangentes da NPHAT, sem os quais, pode-se argumentar, a redução necessária dos níveis perigosos de gases de efeito estufa será inatingível.

Prólogo
O futuro começa agora

Faça a coisa certa. Isso agradará a alguns e impressionará o resto.
(Mark Twain)

O futuro começa agora

Os prólogos geralmente aparecem no começo e não no fim dos livros. Este, todavia, é projetado para vir no início de sua carreira como líder versado em sustentabilidade, um líder sábio e cada vez mais confiante na arte da divergência positiva. Não é um epílogo do que veio antes, e sim um prólogo para o resto de sua vida.

Agora, espero, você já entende *suficientemente* seu próprio papel nestes tempos espetacularmente difíceis e está pronto para captar a mensagem de que é a liderança que muda o jogo. Nada foi preordenado. A boa liderança pode diminuir a gravidade dos desenvolvimentos negativos e aumentar a possibilidade de instaurar os positivos. Você se mostrará corajoso para informar aos governos e organizações o que espera deles, sem deixar de ser ambicioso para você mesmo e seus vizinhos. Seu poder de persuasão, imaginação e de dar o exemplo mobilizarão mais e mais recrutas para a causa da sustentabilidade.

O que *você* fará daqui por diante é o que mais importa.

O outro motivo para fazer do agora – o momento em que você chega ao final do livro – o ponto onde o futuro realmente começa é que já estivemos aqui antes. Coincidindo com a primeira Cúpula da Terra em 1972, uma equipe do Instituto de Tecnologia de Massachusetts (MIT) publicou um livro, *Limits to Growth* (Os limites do crescimento – LtG) (Meadows et al., 1972). Utilizando recém-desenvolvida modelagem por computador de "sistemas dinâmicos", pela primeira vez eles associaram a economia mundial ao ambiente e apresentaram uma série de cenários, inclusive o de negócios como usuais (BAU), chamado de "execução padrão". Esse cenário previu "excesso e colapso" da população e dos sistemas econômicos em algum ponto do *século XXI*, a menos que antes houvesse mudanças de comportamento, de política e tecnologia. Imediatamente, os autores se viram alvo de falsas acusações e críticas, como sucedera a Rachel Carson dez anos antes, quando publicara *Silent Spring*. A maior mentira, ainda repetida, é que o LtG predissera o colapso durante o *século XX* – e, como isso não aconteceu, a tese toda foi desacreditada.

Em 2008, o acadêmico Graham Turner releu os cenários LtG, acrescentando-lhes trinta anos de dados históricos *reais* de 1970 a 2000. Descobriu semelhanças entre a realidade desse período e o cenário dos negócios como usuais e o LtG, demonstrando que suas previsões de fato estão a ponto de se concretizar – *no século XXI*. Por outro lado, a realidade não condiz com os cenários positivos de mitigação com base em políticas diferentes para estabilizar o crescimento, ou de depender de mudanças tecnológicas. Em trinta anos e várias conferências internacionais depois, Turner provou que política ainda não fez qualquer redução significativa no pior cenário, ou em qualquer de suas variáveis ambientais ou econômicas.[1]

Então, aqui estamos de novo, quase quarenta anos mais tarde, depois de mais uma grande e insatisfatória conferência (sobre mudança climática, em Copenhague) e com um redobrado esforço dos negadores, opositores e aqueles que trabalham cinicamente para subverter qualquer tentativa de mudar o cenário dos negócios como usuais – assim como o fizeram em 1972 e em todos as ocasiões desde então. No início de 2010, a revista *Nature* advertiu os climatologistas que os ataques contra eles só diziam respeito à ciência superficialmente e que estavam, conforme deviam reconhecer, "numa briga de rua".[2] Então, o que vai ser diferente dessa vez?

Muita coisa, diria eu. A perversidade do modo como conduzimos nossos negócios e a corrupção ou negligência de muitas pessoas em cargos de liderança não desaparecerão tão rapidamente quanto você e eu gostaríamos, mas nunca antes o fracasso dos atuais modelos de liderança e prioridades foi tão notório. Seus efeitos negativos sobre as pessoas e o ambiente, bem como a dependência às más práticas de governança, expuseram a desolação do império dos negócios como usuais. Aquele editorial da *Nature* não teria sido escrito, nem mesmo há cinco anos.

Consequentemente, enquanto nos preparamos para um período extremamente difícil nas próximas duas décadas, que determinarão se o século XXI será uma vitória humana ou uma tragédia, procura-se uma nova lógica capaz de dar sentido aos nossos próximos passos. Para mim, e espero agora que para você também, a única lógica que parece ser adequada é a sustentabilidade, em que aumentar o capital ambiental, humano e social em busca de uma boa vida bem vivida torna-se o verdadeiro objetivo de todo nosso "trabalho e agitação". Nessa lógica, há o que Susan Neiman chama de base filosófica para compreender a diferença entre o real e o possível, e a estrutura para se chegar lá (Neiman, 2009, p. 92).

Uma palavra de advertência. Teremos de mobilizar todas nossas habilidades de liderança para defender essa nova lógica. "Não é realista" será a objeção mais comum que você ouvirá. Mas não desanime. Chamadas para a realidade são chamadas para rebaixar suas expectativas. A resposta deve ser: "Aonde sua realidade nos levará, em que lógica ela se baseia?" Argumentar a favor da sustentabilidade significa que, se quisermos o ideal, precisaremos lutar por ele com todas as forças. Se focarmos alto, conseguiremos quase tudo – ou tudo. E mesmo que consigamos pouco, isso ainda será *bom o bastante*. Limitemos nossos objetivos e fracassaremos. Aceitar a *realpolitik* significa curvar-se à realidade dos outros.

Em parte, advogar a superioridade da sustentabilidade significa diferenciá-la da ideologia. A ideologia é uma coleção limitada de ideias, como o thatcherismo ou o socialismo, do qual, se aplicado a uma dada situação, se espera uma solução ou política reconhecível. Mas, como estamos às voltas com o fracasso da abordagem ideológica à maneira de governar e solucionar os problemas "perversos" (complexamente interrelacionados) que enfrentamos, para que inventarmos outra? Segundo Gillian Tett, a falta de interesse do mundo das finanças pelas questões sociais mais amplas é o que atinge o coração de tudo que deu errado (Tett, 2009). Não, a sustentabilidade não é mais um "ismo" difícil de concretizar. Nem uma religião, embora se trate de uma nova forma de pensar o mundo que nos cerca e o lugar que nele ocupamos em sentido tanto espiritual quanto prático. A sustentabilidade lembra mais um dever moral, algo que pode conduzir cada um de nós por vários caminhos, embora estejamos unidos em torno de um objetivo comum. Como estamos todos começando de um ponto diferente, há inúmeras veredas para a sustentabilidade. Qualquer um pode se juntar à marcha sem precisar fazer juramento ou pagar taxa de adesão.

Susan Neiman argumenta também que a moralidade não é um dom divino e sequer pode ser discernida no resto da natureza. Ela foi feita pelo homem. Se o mundo não é o que deveria ser, cabe a nós abrir bem os olhos e fechar a lacuna entre o que é, e o que deveria ser. Se quisermos clareza moral, diz Susan, devemos colocá-la lá. Temos que viver a verdade. Temos que fazer a coisa certa. Ninguém pode fazer isso por nós. Nossas ideias e palavras precisam ter força, é claro, mas no fim o que sempre convence são nossos atos.

Esse é, a meu ver, um credo *suficientemente bom* para os divergentes positivos adeptos da sustentabilidade!

O propósito deste livro é ajudar você a sentir o mesmo. Tentei mostrar-lhe uma forma de pensar mais ampla e profunda sobre a sustentabilidade, e, também, toda a excitação em torno de novas ideias para fazê-la acontecer, de maneira interessante e às vezes provocativa. Espero tê-lo deixado motivado e confiante o bastante para iniciar sua própria jornada rumo à liderança em sustentabilidade, a partir da próxima segunda-feira.

Embora nossos caminhos, por serem variados, talvez nunca permitam que nos encontremos, eu mesmo assim estou ansiosa para trabalhar com você a partir de agora.

Sara Parkin
Ilha de Islay, março de 2010

Não me importo se meu futuro é longo ou curto, contanto que eu esteja fazendo a coisa certa. Desde que eu exista para outras pessoas.
(Henry Allingham, falecido veterano da Primeira Guerra Mundial, com 112 anos)

Apêndice
*Divergentes positivos

Daniel Barenboim passou a vida numa relação apaixonada com a música, integrando e regendo grandes orquestras no mundo todo. Entretanto, sua outra paixão, a situação no Oriente Médio, lhe causa sofrimentos constantes: "Não consigo suportar a injustiça. Diariamente ela me atormenta. Tanto no que diz respeito aos palestinos quanto aos israelenses". Em 1999, Barenboim montou a West-Eastern Divan Orchestra, com músicos jovens de Israel, Cisjordânia, Síria, Líbano, Egito, Jordânia, Turquia e, mais recentemente, Irã. A orquestra apresenta atualmente concertos no mundo inteiro (inclusive, como foi amplamente divulgado e após intensas negociações diplomáticas, em Ramalá, em 2005). Ele também desafiou o público de Israel ao tocar Wagner em Jerusalém, em 2001. "Fazer o impossível sempre me atraiu mais do que fazer o difícil. Quando você tenta o impossível, o que se espera é o fracasso; portanto, o que quer que faça para evitar isso já é um resultado positivo." Ele acredita na música como uma força capaz de promover a harmonia e a mudança: "Pode-se aprender muito com a música... Você se expressa, mas, ao mesmo tempo, escuta o que os outros estão tocando. Pense no valor dessa lição para a vida: como seria a nossa vida e como seriam nossos políticos se pensassem assim. Por isso, toda criança deveria receber educação musical".

Em outro continente, o venezuelano José Antonio Abreu também constatou o potencial da música para combater o crime e a miséria. Ele montou o El Sistema, uma rede de educação musical e orquestras infantis e jovens para os pobres. A participação na música, assegura ele, ajuda "na luta da criança pobre e abandonada contra tudo quanto se opõe à sua plena realização como ser humano".

<www.danielbarenboim.com>
    HOLDEN, A. The whole world in his hands. *The Telegraph*, London, 3 Aug. 2009.
    KENDALL, P. Playing for peace. *The Telegraph*, London, 9 Aug. 2009.
HEWITT, Ivan. El Sistema: music of hope from the barrios. *The Telegraph*, 30 May 2008.

O **Barefoot College** começou como uma instituição para formar homens e mulheres pobres, analfabetos ou semianalfabetos, usualmente do campo, como "engenheiros descalços" que pudessem, por exemplo, instalar equipamentos de energia solar em áreas remotas. A ideia de adquirir conhecimento *bom o bastante* e habilidades *suficientes* para fazer o que é preciso não é nova, mas Bunker Roy, que fundou o Barefoot College no Rajastão, Índia, aplicou o conceito de "descalço" a diferentes áreas promotoras de benefícios sociais e ambientais – coleta de água, escolas noturnas, centros de saúde e moradia.

<www.barefootcollege.org>

John Bird, ele próprio ex-divergente social no mau sentido, é agora um destacado ativista e empreendedor social em benefício dos pobres, sem-teto e outros socialmente excluídos. Com o apoio dos fundadores da Body Shop, Anita e Gordon Roddick, fundou em 1991 o Big Issue, a ser vendido por desabrigados como alternativa à mendicância. Atualmente vendido em todo o Reino Unido e, em versões diferentes, em vários outros países, o Big Issue é típico da abordagem de John Bird: em vez de dar esmolas, ajude as pessoas a se ajudarem, para que recuperem a autoestima, a dignidade e o controle sobre suas próprias vidas. Por isso ele é contrário às distribuições de sopa, dizendo: "Não alimentamos nossos cachorros na rua, por que faríamos isso com gente?" Seus muitos projetos, eventos e outros serviços em prol dos "vendedores" são conduzidos por intermédio da Big Issue Foundation, fundada em 1995. Em 2006, Bird lançou o Wedge Card, um cartão-fidelidade para comerciantes independentes em Londres.

<www.bigissue.com>; <www.wedgecard.co.uk>

David Caddick presidiu o julgamento dos seis ativistas do Greenpeace acusados pelo proprietário E.ON de provocar o incêndio criminoso na usina de carvão de Kingsnorth, Reino Unido, em setembro de 2008. Os ativistas subiram a uma chaminé para protestar contra os planos do governo de construir uma nova estação no local. Resumindo, o juiz Caddick explicou que tudo era uma questão de saber se os ativistas tinham ou não uma desculpa legal para seus atos. Para que essa razão fosse alegada, disse ele, era necessário provar que a ação se devera a uma necessidade imediata de proteger uma propriedade pertencente a outrem. A defesa argumentou que esse era o caso, apresentando evidências de que diariamente vinte mil toneladas de CO_2 emitidas pela usina já em funcionamento causavam danos ao clima, às espécies e às regiões de Kent vulneráveis à subida do nível do mar. Além disso, não era razoável protestar contra usinas similares que proliferavam na China e permitir que elas proliferassem no Reino Unido. O júri concordou, estabelecendo um precedente capaz de ter consequências das mais significativas. Em dezembro de 2008, *The New York Times* incluiu a defesa de Kingsnorth em sua lista de ideias influentes que mudarão nossas vidas.

<www.greenpeace.org>
HARVEY, F. Greenpeace six cleared of damaging power plant. *The Daily Telegraph*, London, 11 Sep. 2008.

James Cameron é há anos um advogado internacional especializado em mudança climática. Sua capacidade de sugerir respostas políticas é reconhecida no mundo inteiro. Cameron negociou a UN Framework Climate Change Convention e o Protocolo de Quioto e presta assistência jurídica a um amplo espectro de organizações sem fins lucrativos, campanhas e organizações privadas – todas envolvidas com o problema da mudança climática. Frustrado com o ritmo lento das ações concretas para impedir a entrada do CO_2 de origem humana na atmosfera, Cameron fundou uma nova empresa, a Climate Change Capital, para demonstrar que uma economia de baixo carbono pode ensejar retorno atraente aos investidores por meio de fundos investidos em companhias, projetos e tecnologias que criem produtos e serviços para amenizar a mudança ou a adaptação climática. A filosofia e os valores da empresa estão consagrados em seu lema: "Criar riqueza que vale a pena possuir".

<www.climatechangecapital.com>

A **Carrot Mob** organiza "gangues" de consumidores estimulados a fazer compras que recompensem financeiramente lojas ou bares locais empenhados em realizar mudanças benéficas em sua maneira de conduzir os negócios. O enfoque é nos fornecedores de itens básicos e atividades diárias das vizinhanças, não em estabelecimentos especializados. As lojas locais são convidadas a aumentar a percentagem dos lucros investidos na melhoria ambiental e a Carrot Mob se encarrega de mobilizar as "gangues" de consumidores. Isso é bem melhor do que boicotar, afirma a organização. Notícias sobre as "gangues" se espalharam pelo MySpace, Facebook, blogs, Twitter, Digg e YouTube. A ideia surgiu no bairro de San Francisco, onde mora o fundador, Brent Schulkin, e foi imitada em outras regiões dos Estados Unidos e outros países, inclusive o Reino Unido.

<www.carrotmob.org>

O **Co-Operative Bank** se descreve um tanto jocosamente como "bom com o dinheiro". A diferença – a inovação – que mantém o Co-Operative Bank bom com o dinheiro não é, paradoxalmente, seu caráter cooperativo, e sim o fato de adotar um comportamento ético há quinze anos. Essa política é estabelecida com base em pesquisas entre seus próprios clientes, que indicam onde o banco e suas operações financeiras ou securitárias devem emprestar e investir. Desde 1992, o banco rejeitou 1 bilhão de libras em empréstimos corporativos, que preocupavam seus clientes, mas no mesmo período aumentou seus empréstimos comerciais em 13% ao ano, chegando a 4,2 bilhões. Uma renovação da postura ética do banco ao final de 2008 incluiu combustíveis com alto potencial de aquecimento global, bombas de fragmentação e atividades que envolvam invasão dos territórios dos grandes símios. Nestes tempos financeiramente turvos, o Co-Operative Bank é "uma clara demonstração de que a ética pode fornecer um modelo de negócios sustentável".

<www.cfs.co.uk>

O **Divine Chocolate** se tornou o primeiro chocolate da Fairtrade (comércio justo) de propriedade de fazendeiros voltado para o mercado de massa quando foi lançado em 1998. Uma cooperativa de produtores de cacau em Gana, a Kuapa Kokoo, resolveu fabricar seu próprio chocolate em 1993 e em seguida vendê-lo por intermédio da Day Chocolate Company. A Kuapa Kokoo continua sendo uma cooperativa, com participação na The Day Chocolate Company, onde dois de seus membros participam da diretoria. A Body Shop, cofundadora da The Day Chocolate Company, doou suas ações à Kuapa Kokoo em 2006. A Divine entrou no mercado americano em 2007. É delicioso.

<www.divinechocolate.com>

A **Ecology Building Society** foi fundada pelo advogado de Yorkshire David Pedley em 1981. Com dificuldades em conseguir financiamento para reformar uma velha propriedade que tinha, decidiu iniciar sua própria empresa de crédito imobiliário. Hoje, a sociedade tem 10 mil contas abertas e ativos de mais de 60 milhões de libras. Os poupadores (e tomadores) são vistos como membros e "participam" dos objetivos da empresa, que inclui um fundo especial para obras de caridade. Seus critérios de empréstimo são únicos, como o estudo do impacto ambiental do projeto, e levam em conta coisas não convencionais, como casas de terra e paredes ventiladas. Também empresta para propriedades rejeitadas por outros tomadores, oferecendo arranjos flexíveis como, por exemplo, fundos "adiantados" com base no valor declarado da propriedade, com liberações posteriores à medida que o trabalho progride e o valor aumenta.

<www.ecology.co.uk>

W. L. Gore and Associates é uma empresa privada, fundada em 1958, que se especializou em aplicações de politetrafluoretileno (PTFE – encontrado, por exemplo, nas roupas da Gore-Tex®, no Teflon e nas válvulas cardíacas. Ver <www.masds.chem.ox.ac.uk> para mais informações). No entanto, a W.L. Gore é mencionada aqui pela maneira como se organiza, algo que regularmente lhe vale alta pontuação nas listas das "melhores empresas para se trabalhar". Tecnicamente, o modelo de administração da Gore pode ser classificado como "caos organizado", com uma hierarquia corporativa nivelada e associados em vez de funcionários. O CEO Terri Kelly diz que a cultura empresarial da Gore não pressupõe a inexistência de disciplina, mas sim que "você tem que *quase* abrir mão do poder". Os departamentos se dividem quando ficam grandes demais e as equipes se auto-organizam. Chega-se às decisões por acordo e os líderes são escolhidos por processo democrático (até o CEO); os próprios funcionários estabelecem os salários e as promoções. Essencialmente, a W. L. Gore é uma empresa de engenharia avançada que enfoca as necessidades dos clientes e busca novos mercados. Possui um terceiro objetivo, igualmente importante – "permitir que nossos associados cresçam e se desenvolvam, ampliando seus horizontes" –, pois considera essa a melhor maneira de alcançar os outros dois. Os associados perfilham os valores básicos estabelecidos pelo fundador, Bill Gore: honestidade, liberdade, dedicação e "linha-d'água" (significando que ninguém deve fazer nada que possa prejudicar a empresa sem antes consultar os outros associados). É o que existe de mais próximo da aplicação dos princípios ecológicos a uma estrutura empresarial.

<www.gore.com>
Stern, S.; Marsh, P. The chaos theory of leadership. *Financial Times*, London, 2 Dec. 2008.

Vaclav Havel foi o último presidente da Tchecoslováquia e depois o primeiro da República Tcheca, governando até 2003. Foi como dramaturgo, poeta e dissidente que Havel chamou de início a atenção do mundo, quando, após a Primavera de Praga em 1968, a Rússia pôs fim aos planos do líder reformista tcheco Alexander Dubcek para conseguir mais liberdade. As obras de Havel foram banidas em seu próprio país. Decidiu permanecer na Tchecoslováquia, mas "viver a verdade" – isto é, comportar-se como se nenhuma de suas liberdades lhe houvessem sido tiradas. Assim, foi perseguido e preso várias vezes. Em 1977, publicou o manifesto dos dissidentes, *Charter 77*, e após o colapso do comunismo, em 1989, recebeu 80% dos votos com o Civic Forum, tornando-se presidente. Manteve as várias facções na linha com vistas ao objetivo principal e lembrou a todos quantos chegavam ao poder quais são os objetivos do poder. Em seu *Summer Meditation: a Meditation on Politics, Morality and Civility in a Time of Transition*, Havel conclui que um Estado deve ser "um Estado intelectual e espiritual baseado em ideias e não em ideologias (...), algo que [o povo] veja como seu próprio projeto e seu próprio lar, algo que não precise temer, algo que possa, sem vergonha, amar porque o construiu para si mesmo". Apelidado de "filósofo-rei", Havel é um exemplo de como agir com probidade dentro e fora do poder.

<www.vaclavhavel.cz>

Wangari Maathai ganhou o Prêmio Nobel da Paz em 2004 por sua contribuição ao desenvolvimento sustentável, à democracia e à paz. Ela fundou o deliciosamente subversivo, mas anodinamente intitulado, Movimento Cinturão Verde do Quênia em 1977, sob os auspícios do Conselho Nacional das Mulheres do Quênia. Aparentemente um movimento que promove o reflorestamento para prover as aldeias de sombra, fertilidade do solo e assim por diante, o Movimento Cinturão Verde, ao mesmo tempo e disfarçadamente, estimula a capacidade das mulheres, informando-as sobre nutrição, planejamento familiar, educação e proteção ambiental. Mais de 30 milhões de árvores foram plantadas no Quênia e a ONU recomendou o modelo de desenvolvimento do Cinturão Verde a outros países. Wangari conclamou o regime do presidente Daniel Arap Moi a promover eleições multipartidárias, pondo um fim à corrupção e à política tribal, o que lhe valeu inúmeros aborrecimentos e vários períodos na prisão. Como no caso de Havel, sua rede internacional de adeptos garantiu que ela não "desaparecesse". Finalmente, em 2002, ela foi eleita para o Parlamento. Sua indicação para o Prêmio Nobel da Paz explicitava que Wangari "enfrentou corajosamente o antigo regime opressivo do Quênia. Recorrendo a uma forma muito pessoal de agir, contribuiu para chamar a atenção para as opressões políticas – nacional e internacionalmente. Ela serviu de inspiração para muitos na luta pelos direitos democráticos e, sobretudo, encorajou as mulheres a melhorar sua condição".

<www.greenbeltmovement.org>

Nelson Mandela foi o primeiro presidente democraticamente eleito da África do Sul (1994-1999) depois de 27 anos na prisão por crimes como ativista anti-apartheid e líder da seção armada do Congresso Nacional Africano (CNA). Sua reflexão forçada durante esses anos na prisão poderiam tê-lo tornado amargo ou insano, mas isso não aconteceu. Ao contrário, Mandela meditou estratégias para pôr fim ao apartheid de forma pacífica, a mais importante das quais foi a doutrina da verdade, da reconciliação e da negociação não violenta. Durante esses anos na prisão, Mandela estudou direito por correspondência e montou uma "universidade" clandestina onde colegas de cativeiro ensinavam uns aos outros o que sabiam. Os membros do CNA fora da prisão foram instados a fazer o mesmo e a educar-se, como preparação para a participação na vida da nova África do Sul. O tempo todo, Mandela se preparou para o momento em que os africanos dividiriam o poder e, com seus colegas, discutiu as negociações que entabulariam com os líderes brancos, bem como o melhor caminho para eleições pacíficas. Munido de uma agenda extraordinariamente positiva e cheia de esperanças, embora sem nenhuma garantia de que jamais fosse implementada, Mandela viu seu prestígio e autoridade crescerem; e, quando foi libertado, sua tranquila racionalidade constituiu um fator de relevo na transição suave para a democracia. Mandela também formou o grupo The Elders, que trabalhava principalmente nos bastidores e "contava com a confiança do mundo, podendo falar livremente, agir com corajosa independência e responder com rapidez e flexibilidade às situações de conflito". Morreu em 2013 aos 95 anos, em Pretória.

<www.nelsonmandela.org>
<www.theelders.org>

O presidente **Festus Mogae**, de Botswana, recebeu o Prêmio Ibrahim por bom governo em 2008 – um acontecimento positivo e estimulante num continente que vem sofrendo demais por causa das más lideranças. Mogae levou seu país da guerra civil para a democracia multipartidária, combateu a corrupção (principalmente na indústria diamantífera) e diversificou a economia. Como o HIV/aids alcançava níveis epidêmicos (30% da população infectada), ele implantou um dos programas de saúde mais progressistas da África e atualmente promove uma campanha em todo o continente. Seu princípio norteador e seu código de conduta, disse ele ao povo de Botswana no discurso com que encerrou o mandato, era "o uso prudente, transparente e honesto dos recursos nacionais para vosso benefício". Ao se retirar após dois mandatos em 2008, o que por si só já é louvável, Mogae estabelecera instituições fortes e independentes para garantir o império da lei e o respeito aos direitos humanos, tendo também melhorado a infraestrutura do país, inclusive a saúde e a educação. Durante sua presidência, Botswana conquistou a igualdade de gêneros na educação superior. Pode parecer estranho citar como divergente positivo alguém que se dedicou unicamente à prática de um bom governo. Mas a história de Mogae e de Botswana sob sua presidência nos diz que às vezes é necessário enfrentar vários desafios ao mesmo tempo, pois um pode reforçar o outro. É preciso fazer muitas e muitas coisas boas, quaisquer que sejam as dificuldades. Mo Ibrahim e sua fundação merecem também uma menção especial pela criação do Prêmio África.

<www.moibrahimfoundation.org>

Barack Obama é o 44º presidente dos Estados Unidos da América. Talvez ainda seja cedo para dizer isto, mas me parece que temos um divergente positivo na Casa Branca. Mesmo a campanha de Obama rompeu com o sistema negativo do financiamento eleitoral graças ao uso inteligente da tecnologia moderna e do cuidadoso reengajamento de cidadãos no processo político – sobretudo os mais alienados: jovens, mulheres e não brancos. E, como no caso do presidente Mogae, há evidências de que Obama sabe que seu sucesso dependerá do enfrentamento de vários desafios ao mesmo tempo e de ele pensar estrategicamente tanto com vistas a isso quanto à sua própria pessoa. Ele se mostra dedicado a "viver a verdade" (como base para a confiança) e já deixou claro que conhece o poder (e a vulnerabilidade) dos Estados Unidos, e portanto, suas responsabilidades. Esperemos que ele tenha êxito.

<www.whitehouse.gov>

Apêndice

Only Connect é uma companhia de artes criativa e uma instituição de recuperação que trabalha com prisioneiros e ex-condenados. Por meio do drama, os infratores são ajudados a restaurar suas vidas prática e emocionalmente. À diferença dos outros bons trabalhos que se fazem nessa área, a Only Connect não apenas se esforça para ajudar o infrator a se conhecer melhor como permanece ao seu lado enquanto ele precisar. O objetivo da organização é evitar a reincidência, usando métodos de avaliação personalizados para garantir o progresso. "A Only Connect é verdadeiramente notável. Os prisioneiros engajados em seus projetos recebem apoio pessoal e profissional de altíssima qualidade. A Only Connect trabalha pela reabilitação dos infratores de um modo fora do alcance de outras organizações", diz Jacquie Harvey, chefe de Aprendizado e Habilidades, HMP Holloway.

<www.onlyconnectuk.org>

O **príncipe de Gales** fez uma carreira singular como herdeiro do trono, cumprindo os deveres do cargo, mas indo além deles para advogar uma série de iniciativas e causas. Ele usa seu prestígio para mobilizar pessoas, dinheiro e ideias em torno de áreas que lhe interessam ou que acha importantes – quase sempre a mesma coisa. Sua condição de divergente positivo se deve ao emprego judicioso, às vezes ousado, de sua posição para arrancar questões urgentes da sombra e apresentá-las ao público. Alguns exemplos da atuação do príncipe, que funcionam como sinais de alerta, incluem espiritualidade e ecumenismo religioso, merenda escolar, mudança climática, sustentabilidade, responsabilidade empresarial para com o ambiente, integração dos sistemas de saúde convencional e complementar. Imperturbável diante da reação às vezes hostil da imprensa, o príncipe em geral precede seu chamado à ação com uma iniciativa pré-planejada que visa a manter a pressão por mudanças. Ele não precisa fazer nada disso, mas faz.

<www.princeofwales.gov.uk>

O **RushCard** é uma invenção de Russell Simmons, um "empreendedor de rua" americano e "padrinho do hip-hop" reverenciado pela juventude urbana. Em essência um cartão pré-pago, o RushCard é direcionado para os cerca de 48 milhões de americanos, sobretudo jovens, com histórico de crédito ruim na praça ou que nunca tiveram crédito. É o único cartão que não cobra por seus serviços e permite às pessoas gozarem a liberdade de um cartão de crédito (sacar dinheiro em caixas eletrônicos, lojas ou pela internet), mas mantendo sempre o controle de seus gastos. Após cinco anos de operação, o RushCard comemora seus mais de 2 bilhões de dólares em depósito. Os possuidores do cartão podem economizar com o RushCard, acompanhar suas despesas, receber comunicados de alerta (ou extratos) e mesmo transmitir seu histórico de pagamento às agências de proteção de crédito para limpar seu nome.

<www.rushcard.com>

A **Sandbag** é uma organização fundada pelo experiente ativista do clima Bryony Worthington em setembro de 2008. Bryony se sentiu frustrado com o pequeno efeito que os sistemas de compensação estavam tendo na redução das toneladas de CO_2 emitidas, por isso fundou a Sandbag. Os membros podem comprar "licenças para poluir", cada qual equivalente a uma tonelada de CO_2, mas, em vez de serem usadas ou vendidas, por intermédio da E.U. Emission Trading Scheme, por exemplo, elas são "tiradas" deles pela Sandbag. Assim, para cada "licença" tirada, uma tonelada de CO_2 deixa de ser emitida e a quantidade de licenças disponíveis diminui. Vinte e cinco libras por tonelada parecem pouca coisa, mas são um exemplo potencialmente edificante de ativismo civilizado se um número suficiente de pessoas e empresas se envolverem.

<www.sandbag.org.uk>

O **Seikatsu Club Consumers' Cooperative Union** (SC) começou como um movimento social de donas de casa japonesas em 1965. Os membros se entregam a "uma atividade econômica alternativa contra a priorização da eficiência por parte da sociedade industrial". "Seikatsu" significa "vida" e o clube trabalha "por um mundo justo e um modo de vida de melhor qualidade, mais sustentável, por intermédio das atividades cotidianas". Com cerca de 22 milhões de membros organizados em grupos locais (99% mulheres) e um movimento de 640 milhões de dólares (2006), o SC atua em conjunto com fornecedores dedicados de alimentos livres de produtos químicos e de outros itens domésticos que atendam a seus padrões. O Seikatsu Club é também uma entidade social preocupada com outras coisas além das atividades de consumo domésticas. Para começar, as mulheres se tornam ativas na política local por meio da Rede Seikatsusha (habitantes), que hoje conta com 140 representantes eleitos empenhados em proteger

Apêndice

o ambiente e melhorar o sistema de bem-estar social. Altamente democrático e solidário, o SC no Japão se mostra ativo também na área de cuidados domésticos e institucionais aos idosos, e internacionalmente em campanhas em defesa de reivindicações (bananas livres de pesticidas) e no combate à injustiça e aos males infligidos a comunidades locais pelas grandes multinacionais.

<www.seikatsuclub.coop/english>

Muhammad Yunus é um empreendedor social em série. Mais conhecido pelo Grameen Bank (que significa banco da aldeia) que ele montou em Bangladesh, lançou em 1983 o movimento de microcrédito emprestando aos pobres para que estes tivessem uma atividade remuneradora. Livrou assim muitas pessoas dos agiotas e intermediários vorazes, dando esperança aos que ele chama de 50% "de baixo". Yunus banca, literalmente, a capacidade das pessoas de ajudarem a si mesmas, sustentando que a confiança e os incentivos positivos (inclusive a poupança) são mais eficientes que documentos legais. Cerca de 95% dos clientes são mulheres, nenhuma garantia é exigida e ainda assim 98% dos empréstimos são pagos. O Grameen Bank tem cerca de 7,5 milhões de tomadores, com média de empréstimo de 150 dólares. Noventa e seis por cento do banco pertencem aos tomadores e nove de seus doze diretores são mulheres. Yunus luta para remover as barreiras legais a fim de que os programas éticos de microfinança e empreendimento social se tornem mais comuns. Ele propõe uma espécie de Juramento de Hipócrates (e algumas leis) que distingam os especuladores dos financiadores sociais.

<www.grameen-info.org>
Muhummad Yunus, "How legal steps can help to pavê the way to ending poverty", *Human Rights Magazine*, primavera de 2008, vol. 35, nº 1 (publicado pela American Bar Association).

Zopa (Zone of Possible Agreement) foi chamada de "a eBay do capitalismo". Trata-se de um serviço online que permite às pessoas (membros que pagam uma pequena taxa) emprestar dinheiro umas às outras diretamente, sem a mediação de um banco (pessoa a pessoa, P2P). No ano financeiro de 2008/09, os emprestadores da Zopa receberam em média 9% de juros. No Reino Unido, há 260 mil membros com mais de 37 milhões de libras em empréstimos feitos desde o início das atividades, em 2005. Os serviços da Zopa incluem checagem da capacidade de crédito dos tomadores e classificação dos emprestadores em cinco diferentes "mercados" de risco: A, B, C, D e Jovem, este constituído por pessoas jovens demais para terem um histórico de reembolso de dívida. Os emprestadores escolhem um mercado, estabelecendo prazo e taxa de juros. Para amenizar o risco, o dinheiro é dividido entre vários tomadores. Até agora, a taxa de inadimplência é de 0,3%. Por enquanto, não há categoria para a sustentabilidade, mas ainda pode haver.

<www.zopa.com>

Apêndice

Notas

Introdução

1. CLIMATE change summit hijacked by world's biggest polluters, critics claim. *The Guardian*, London, 25 May 2009.
2. PLAYFAIR, J. Biographical account of the late Dr. James Hutton FRSEdin. *Transactions of the Royal Society of Edinburgh*, v. 5, p.18-19, 1805.
3. Para uma descrição bastante clara das bases científicas do "cérebro social", ver Apêndice B em Goleman (2006).
4. GRAYLING, A. C. Mindfields. *New Scientist*, London, 3 May 2008.

Capítulo 1: Os sintomas

1. DALY, H. E. Economics in a full world. *Scientific American*, New York, v. 293, n. 3, 2005.
2. VITOSEK, P. M.; ERLICH, P. R.; ERLICH, A. H.; MATSON, P. A. Human appropriation of the products of photosynthesis. *Bioscience*, Reston, v. 36, n. 6, p. 368-373, 1986. Ver também VITOSEK, P. M.; MOONEY, H. A.; LUBCHENCO, J.; MELILLO, J. M. Human domination of earth's ecosystems. *Science*, New York, v. 277, 25 July 1997.
3. WWF. *Living Planet Report*, 2008.
4. UK TROOPS face Congo ordeal. *The Observer*, London, 2 Nov. 2008.
5. UNEP. *From Conflict to Peacebuilding*: the Role of Natural Resources and the Environment. Nairobi, 2009.
6. A estimativa caiu de 130 anos em menos de dois anos. Disponível em: <www.worldcoal.org>. Acesso em: 6 mar. 2010.
7. Poderia ser já em 2020, segundo o UK Energy Research Council. SORRELL, S.; SPIERS, J. *Global Oil Depletion*: an Assessment of the Evidence for Near-term Physical Constraints on Global Oil Supply. Disponível em: <www.ukerc.ac.uk>.
8. International Energy Agency (www.iea.org). Ver também Global Witness, *Heads in the Sand* (2009), www.globalwitness.org e Leggett (2005).
9. JOHNSON, T. *The Return of Resource Nationalism*. Disponível em: <http://www.cfr.org/publications>.
10. <www.domino.lancs.ac.uk>

11. WORLDWATCH INSTITUTE. *Vital Signs 2006-2007*. Washington DC, 2006. Disponível em: <www.who.int/heli>.
12. MCMICHAEL, A. J. Human population health: sentinel criterion of environmental sustainability. *Current Opinions in Environmental Sustainability*, v. 1, p. 101-106, 2009.
13. A Figura 1.4 foi adaptada de uma que consta do Relatório da Biffa (2000), uma empresa de coleta de lixo do Reino Unido. Ver também "Cradle to cradle, modern life cycle analysis in tools for change", no Capítulo 8.
14. <www.wupperinst.org>. Um instituto de pesquisa alemão que trabalhou bastante com o conceito de mochila ecológica.
15. Ver o relatório *Ocean Acidification: the Facts*, em <www.naturalengland.org.uk>.
16. Lista tirada de um *Climate Science Statement* publicado pela Royal Society em 24 de novembro de 2009, em www.royalsociety.org. Ver também (1) www.aaas.org; (2) ANDERSON, K.; BOWS, A. *Reframing the climate challenge in light of post-2000 emission trends*, 2008, (3) *Phil. Trans. R. Soc. A* doi: 10.1098/rsta.2008.0138 e (4) *Climate Change and Human Influence*, em <www.metoffice.gov.uk>.
17. John Beddington, Government Chief Scientific Advisor, em palestra à UK Sustainable Development Conference em 19 de março de 2009. A expressão "tempestade perfeita" é usada também pelo Dr. James Hanson, da Nasa.
18. ROBINS, N.; CLOVER, R.; SINGH, C. A climate for recovery: the colour of stimulous goes green. *HSBC Global Research*. Disponível em: www.research.hsbc.com.
19. IPSOS MORI. *Public Attitudes to Climate Change 2008*: concerned but still unconvinced. London, May 2008. *Climate Change Omnibus: Great Britain*. London, 24 Feb. 2010.
20. EKINS, P. The government's fallacious use of carbon pricing means that it can disguise its aviation expansion as alleviating climate change. *The Guardian*, London, 13 Feb. 2008.
21. PRINS, G.; RAYNOR, S. Time to ditch Kyoto. *Nature*, London, v. 449, p. 973-975, Oct. 2007.
22. <www.greenfiscalcommisssion.org.uk>.
23. OMANA, A. et alii. Creating an earth atmospheric trust: a system to control climate change and reduce poverty. *Grist*, 2 Jan. 2008. Disponível em: <www.grist.org>.
24. <www.teqs.net>
25. <www.sandbag.org.uk>

26. A CHANGING climate of opinion. *The Economist,* London, 4 Sep. 2009.
27. GEOENGINEERING the climate: science, governance and uncertainty. *The Royal Society,* Sep. 2009. Disponível em: <http://www.royalsociety.org>.
28. <www.climatecongress.ku.dk>.
29. HOLDREN, J. P. Convincing the climate-change skeptics. *The Boston Globe,* 4 Aug. 2008.
30. BROWN, P. Debunker of a global warming found guilty of scientific dishonesty. *The Guardian,* London, 9 Jan. 2003.
31. <www.ejsd.org>; The Scientific Alliance via the Cambridge Network (<www.cambridgenetwork.co.uk/directory> ou diretamente em <www.scientific-alliance.org>).
32. Tente <www.lobbywatch.org> ou The Centre for Media and Democracy, em <www.sourcewatch.org>. Ver também artigos do correspondente do *Guardian*, George Monbiot, <www.monbiot.com> (procure "climate change deniers").
33. <www.heartland.org> para a conferência dos que negam a mudança climática em Nova York, 8-10 de março de 2009.
34. <www.davidmiliband.defra.gov.uk/blogs/ministerial> (desativado) e <www.channel4.com/science/microsites/G/great_global_warming_swindle/>; Tom Burke, *Ten pinches of salt: a reply to Bjørn Lomborg,* agosto de 2001, <www.greenalliance.org>; e This is neither skepticism nor science – just nonsense, *The Guardian,* 23 de outubro de 2004. The Royal Society: <www.royalsociety.org>.
35. Em 1990, quando a população do mundo era de 4,5 bilhões, o número dos que viviam com menos de 1 dólar por dia era de 1,8 bilhão, ou seja, 42%. Hoje, a proporção deve ser de 21% numa população mundial de 6,5 bilhões. Entretanto, o número absoluto de 1,4 bilhão representa um fraco progresso para vinte anos de esforços.
36. Millennium Development Goals: <www.un.org/millenniumgoals>.
37. KI-MOON, B. Keeping the promise: a forward-looking review to promote an agreed action agenda to achieve the MDGs by 2015. *Report of the Secretary General to the UN General Assembly.* New York, 16 Mar. 2010.
38. GUTERRES, A. *Statement to the UNHCR Executive Committe.* Geneva, 6 Oct. 2008.
39. David Hirsch, Joseph Rowntree Foundation, 2004. Segundo o US Census Bureau, um em oito americanos vive na pobreza.
40. Paul Krugman, falando em outubro de 2007 no Commonwealth Club of California.

41. UNDP. *Deeping Democracy in a Fragmented World.* New York, 2001. p. 19.
42. LIDDLE, R. Social pessimism: the new social reality of Europe. *Policy Network Essay*, Oct. 2008. Disponível em: <www.policy-network.net>.

Capítulo 2: Anatomia e fisiologia

1. RIDDLE, J. M. Contraception and abortion from the ancient world to the renaissance. *Harvard University Press*, Cambridge, 1992.
2. Adair Turner chefiou uma comissão para rever as pensões no Reino Unido, que publicou vários relatórios. Ver <www.pensionscommission.org.uk>.
3. Ver, por exemplo, SATTERTHWAITE, D. The implications of population growth and urbanization for climate change. *Environment and Urbanisation*, v. 21, p. 545-567, Oct. 2009. Disponível em: <www.sagepublications.com>. Também PEARCE, F. The overpopulation myth. *Prospect*, London, 11 Mar. 2010.
4. Ver <www.un.org/popin/data> para tendências históricas e previstas.
5. JASANOFF, S. Technologies of humility: citizen participation in governing science. *Nature*, London, v. 450, p. 33-34, 1 Nov. 2007.
6. Ver PALMER, M.; FINLAY, V. *Faith in Conservation*. Washington DC: The World Bank, 2003. WWF INTERNATIONAL AND ALLIANCE OF RELIGIONS AND CONSERVATION. *Beyond Belief.* Gland, 2003. PALMER, M. Sites of significance. *Resurgence*, Bidenford, n. 250, Sep.-Oct. 2008.
7. Em entrevista publicada em *Green Futures*, 25 de abril de 2008, Forum for the Future.
8. Luis Garicano é professor de Estratégia e Economia na Faculdade de Administração da Universidade de Chicago e diretor de pesquisa do Departamento de Administração da Escola de Economia de Londres, onde esse encontro ocorreu. Relatado por JENKINS. It's not only the Queen. We're all screaming for an answer. *The Guardian*, London, 12 Nov. 2008.
9. HEALEY, D. *The Time of my Life*. London: Michael Joseph, 1989. p. 550-551. Healey foi ministro da economia de 1974 a 1979.
10. Luca Pacioli, *Summa de arethmetica, geometria, roportioni et proportionalita*, 1495. A Universidade de St. Andrews possui textos, artigos e fatos sobre Pacioli, que foi um homem extraordinário. Conviveu com Leonardo da Vinci e parece que ensinou a este a "regra de ouro" da proporção em pintura. Escreveu também um tratado de matemática e magia!
11. Ver, por exemplo, Herman (2003) ou Buchan (2003) para uma visão dos pensadores radicais (transgressores positivos) do Iluminismo.

Capítulo 3: O tratamento

1. MACKENZIE, D. Rich countries carry out 21st century land grab. *New Scientist*, London, 4 Dec. 2008. VIDAL, J. How food and water are driving a 21st century African land grab. *The Observer*, London, 7 Mar. 2010.
2. Compararam-se mais de mil bens e serviços para estabelecer uma equivalência entre diferentes moedas. Ver a última atualização de PPP pelo International Comparison Programme em www.worldbank.org (que contém 2.005 números, os últimos disponíveis no final de março de 2010).
3. Para mais dados, ver RYAN-COLLINS, J. *Let's not Put All our Pounds in the One Basket*. Disponível em: <www.neftriplcrunch.wordpress.com>. Acesso em: 7 fev. 2009. RYAN-COLLINS, J.; STEPHENS, L.; COOTE, A. *The New Wealth of Time*. New Economics Foundation. London, 2 Nov. 2008. Ver também www.letslink.org e www.timebanking.org.
4. Na UK Fair, os bens negociados subiram de £ 17m para £ 713m na década de 2008 (www.fairtrade.org.uk). BACHELOR, L. Ethical funds feel investment surge. *The Observer*, London, 21 Mar. 2010.
5. Handy (1997, p. 155); *Prospect*, p. 36, Sep. 2009.
6. Há de fato uma pequena diferença, tão infinitesimal que só deve ser considerada em escalas de tempo de milhões de anos.
7. TURNER, A. Dethroning growth. In: SIMS, A.; SMITH, J. (Ed.). *Do Good Lives Have to Cost the Earth?* London: Constable, 2008.
8. DALY, H. E. *A Steady State Economy*: a failed growth economy and a steady state economy are not the same thing, they are very different alternatives we face. UK Sustainable Development Commission, 24 Apr. 2010. p. 3.
9. Daly e Cobb (1990), Jackson (2009) e Victor (2008). Ver também DALY, H. E. The illth of nations and the fecklessness of policy: an ecological economist's perspective. *Post-Autistic Economics Review*, n. 30, 21 Mar. 2005. Disponível em: <www.paecon.net>.
10. Citado em *Responses to the Global Crisis: Charting a Progressive Path*, manual de ideias produzido para a conferência de governo progressista, Chile, março de 2009. Disponível em: <www.policynetwork.net>.
11. Economistas importantes como Freidrick von Hayek e Milton Freidman se consideravam "combatentes da liberdade", recorrendo à guerrilha para impor suas ideias. O economista do Reino Unido Samuel Brittan descreveu-os como "contrarrevolucionários pós-keynesianos", engajados numa guerra mundial que afetaria bilhões de pessoas (BRITTAN, 1996). Seu

apogeu de influência começou quando discípulos como Ronald Reagan e Margaret Thatcher chegaram ao poder.
12. Macalister, T. Rebuild global economy through green investment, *The Guardian*, London, 22 Oct. 2008.
13. Turner, A. How to tame global finance. *Prospect*, London, Sep. 2009.
14. Ver, por exemplo, HUBER, J. *Plain Money:* a proposal for supplying the nations with the necessary means in a modern monetary system. Institut fur Soziologie, Martin-Luther-Universitat Halle Wittenberg, Oct. 1999. Huber e Robertson (2000) explicam como isso pode ser feito com pouco abalo (um pequeno *big-bang*) e grande simplificação do modo como o suprimento de dinheiro é fixado e controlado. Ver também a obra de James Robertson, por exemplo, em <www.jamesrobertson.com>.
15. Ver James Robertson, em <www.jamesrobertson.com>, sobre reforma monetária.
16. Ver também vários exemplos no Reino Unido e outros países em <www.transitiontowns.org> ou, para cidades, em <www.c40cities.org>.
17. Essa não é uma sugestão ideológica para a privatização de bancos. Um modelo mais apropriado seria o trustre, como no caso do National Trust. Pode bem ser que questão similar seja levantada a propósito de companhias de água e energia, caso ocorram falências de empresas ou preocupações estratégicas com recursos partilhados. Ver por exemplo Press Release R5, de 3 de fevereiro de 2010, da Ofgem, geradora de gás e eletricidade no Reino Unido.
18. TURNER, A. *Turner Review Press Conference,* anotações verbais, 18 de março de 2009. Disponível em: <www.fsa.gov.uk>.
19. Citado em HENDERSON, H. *More advice for summiteers on reforming the global casino.* Apresentação ao Emergency Congress, 23-25 de fevereiro de 2009, em Londres. Disponível em: <www.rightsandhumanity.org>.
20. JACKSON, T. The challenge of sustainable lifestyles. *Worldwatch State of the World 2008:* innovation for a sustainable economy. New York: W. W. Norton, 2008.
21. Apenas alguns exemplos a acrescentar aos demais, como Daly; Cobb (1990). COSTANZA, R. et alii. Beyond GDP: the need for new measures of progress. *The Pardee Papers,* Boston University, n. 4, Jan. 2009. ENVIRONMENT COMMISSION. *Summary Notes from the Beyond GDP conference:* measuring progress, true wealth, and the well-being of nations. Brussels: European Commission, 2007. CALVERT GROUP et alii. *Calvert-Henderson Quality of Life Indicators:* a new tool for assessing national trends. Bethesda, 2000. Disponível em: <www.calvert-henderson.com>.

22. Ver Daly; Cobb (1990) para uma versão americana, e, para o Reino Unido, ver JACKSON, T. et alii. *An Index of Sustainable Economic Welfare for the UK 1950-1996.* Guildford: University of Surrey Centre for Sustainable Strategy, 1997. JACKSON, T.; MARKS, N. *Measuring Progress.* London: New Economics Foundation and Friends of the Earth, 2002.
23. <www.happyplanetindex.org>.
24. <www.stiglitz-sen-fitoussi.fr>.
25. Robert Kennedy, discurso na Universidade de Kansas, Lawrence, Kansas, 18 de março de 1968.
26. Na verdade, o presidente da FSA, Adair Turner, tem algumas boas ideias radicais. Ver por exemplo *What Do Banks Do? What Should They Do and What Public Policies are Needed to Ensure Best Results for the Real Economy*, palestra na Cass Business School, 17 de março de 2010. Disponível em: <www.fsa.gov.uk>.
27. ELLIOT, F. President Lula of Brazil blames crisis on white and blue-eyed. *The Times,* London, 27 Mar. 1999.

Capítulo 4: O melhor e o pior da liderança atual

1. CORBYN, Z. Did poor teaching lead to crash? *Times Higher Education,* London, 25 Sep. 2008
2. THE THREE habits of highly irritating management gurus. *The Economist,* London, 24 Oct. 2009.
3. AACSB, *Management Education at Risk.* Aug. 2002. Disponível em: <www.aacsb.edu/publications>. NET IMPACT. *New Leaders, New Perspectives.* Mar. 2009. Disponível em: <www.netimpact.org>.
4. British Library Research Service, pesquisa avançada em seu Integrated Catalogue de 2 de abril de 2009, por Rupert Lee – a quem muito agradeço. Agradeço também ao pesquisador anônimo da Biblioteca do Congresso por sua resposta abrangente à minha pergunta (recebida a 6 de abril de 2009).
5. Nem as estrelas da teoria da administração estão imunes ao fascínio de alguns dos grandes vilões. Por exemplo, descrito por *The Economist Magazine* como o "maior guru da estratégia em todo o mundo", Gary Hamel elogiou as virtudes de liderança do CEO da Enron, Kenneth Lay, que depois foi acusado criminalmente, num artigo de 1997 da *Fortune* intitulado (sem ironia) "Turning your business upside down" [Virando sua empresa de cabeça para baixo].

6. *The Boy's Own Paper* era uma revista do final do século XIX e início do século XX na Grã-Bretanha, que continha histórias de aventura direcionada a meninos.
7. BOEHM, C. *Hierarchy in the forests*: the evolution of egalitarian behavior. Cambridge: Harvard University Press, 1999. p. 10.
8. GOFFEE, R.; JONES, G. Followership: it's personal too. *Harvard Business Review*, Cambridge, Dec. 2001.
9. VIDAL, J. Not guilty: the Greenpeace activists who used climate change as a legal defense. *The Guardian*, London, 11 Sep. 2008.
10. Após a Segunda Guerra Mundial, o Tribunal de Nuremberg determinou que a alegação de terem seguido ordens não seria considerada em favor dos acusados.
11. Sun Tzu (544-496 a.C.), um contemporâneo de Confúcio que escreveu *A arte da guerra*, um tratado de estratégia e tática que influenciou desde então muitos militares e outros líderes.
12. MONTGOMERY, F. M. *Memoirs*. Cap. 6: "My doctrine of command". London: Collins, 1958.
13. O modelo de Liderança Centrada na Ação, de John Adair – "concentre-se na tarefa, concentre-se no eu, concentre-se na equipe" –, é usado por The Leadership Trust with Forum Leadership para os alunos do Sustainable Development Masters.
14. NESTA (National College of School Leadership). *Connect, Collaborate, Innovate*. Policy Briefing CCI/09. London, June 2007.
15. _____. *Leadership Development Framework*. Disponível em: <www.ncsl.org.uk>.
16. *Financial Times*, London, 20 Mar. 1998.
17. MINTZBERG, H. The strategy concept 1: five ps for strategy. *California Management Review*, Berkeley, v. 30, n. 1, p. 11-24, 1987.
18. Vale lembrar a observação de Albert Einstein: "Se uma escrivaninha atravancada é sinal de uma mente atravancada, uma escrivaninha vazia é sinal de quê?".
19. CHAPMAN, J. Public value: the missing ingredient in reform. In: BENTLEY, T.; WILSDON, J. (Org.) *The Adaptive State*: strategies for personalising the public realm. London: Demos, 2003. p. 128.
20. BENNINGTON, J.; HARTLEY, J. *Whole Systems Go!: Improving Leadership Across the Whole Public Service System*. Ascot: National School of Government, Aug. 2009.

Notas

21. RATZINGER, J. *Letter to the Bishops of the Catholic Church on the Collaboration of Men and Women in the Church and in the World.* Vatican, 31 July 2004.
22. SEALY, R.; VINNICOMBE, S.; DOLDOR. E. *The Female FTSE Board Report 2009.* Cranfield School of Management, 2009. Disponível em: <www.som.cranfield.ac.uk>.
23. HAUSMANN, R.; TYSON, L. D.; ZAHIDI, S. *The Global Gender Gap Report 2009.* Geneva: World Economic Forum, 2009. Disponível em: <www.weforum.org>.
24. EQUALITY AND HUMAN RIGHTS COMMISSION. *Sex and power 2008,* Sep. 2008. Disponível em: <www.equalityhumanrigths.com>.
25. THE GREAT pay divide. *Financial Times,* London, 26-27 Sep. 2009.
26. HIGHER EDUCATION STATISTICS AGENCY. *Destinations of leavers from HEIs.* Oct. 2007. Disponível em: <www.hesa.ac.uk>.
27. Ver, no entanto, uma lista abrangente em <www.guide2womenleaders.com> para mulheres no poder em diferentes culturas em todas as épocas.
28. CHARTERED INSTITUTE OF PERSONNEL DEVELOPMENT. *Women in the Boardroom:* a bird's eye view. Disponível em: <www.cipd.org.uk>.
29. Adaptado de EAGLY, A.; CARLI, L. Women and the labyrinth of leadership. *Harvard Business Review,* Cambridge, Sep. 2007.
30. THE DOUBLE bind dilemma for women in leadership: damned if you do, doomed if you don't. *Catalyst,* New York, 17 July 2007. Disponível em: <www.catalystwomen.org>.
31. www.walmartclassaction.com para detalhes sobre lentidão nos tribunais.
32. HALLS, S. FT Top 50 women in world business. *Financial Times,* London, 25 Sep. 2009.
33. WHY WOMEN in business became the solution, not the problem. *The Guardian,* London, 5 Feb. 2008.
34. IN RANKS of millionaires, sisters are doing it for themselves. *The Scotsman,* Edinburg, 12 June 2007.
35. JOY, I.; CARTER, N.; WAGNER, H.; NARAYANAN, S. The bottom line: corporate performance and women's representation on boards. *Catalyst,* New York, Oct. 2007. Disponível em: <www.catalyst.org/publications>.
36. www.ifpri.org.
37. SWEETMAN, K. *How Women Have Changed Norway's Boardrooms.* 27 July 2009. Disponível em: <www.blogs.hbr.org>.
38. COATES, J. M.; HERBERT, J. Endogenous steroids and financial risk taking on a London trading floor. *Proceedings of the US National Academy of*

Science, v. 105, n. 16, p. 6167-6172, 22 Apr. 2008. John Coates fez esse comentário sobre jogadores de tênis quando entrevistado sobre essa e outras pesquisas no noticiário da hora do almoço da rádio BBC 4 a 13 de janeiro de 2008.

Capítulo 5: A deslealdade das escolas de administração

1. CAULKIN, S. When it came to the crunch, MBAs didn't help. *The Observer*, London, 25 Oct. 2008.
2. WALKER, P. To what extent are business schools' MBA courses responsible for the global financial crash? *The Observer*, London, 8 Mar. 2009.
3. Embora existam exemplos ainda mais antigos, como a Fenwick Weavers Society, que prosperou em 1761.
4. Veracity Index 2009, <www.ipsos-mori.com>.
5. <www.globalreporting.org>.
6. JUST good business: a special report on corporate social responsibility. *The Economist*, London, 19 Jan. 2008.
7. Ver também CROOK, C. The good company: a survey of corporate social responsibility. *The Economist*, London, 22 Jan. 2005.
8. PORTER, M.; KRAMER, M. Strategy and society: the link between competitive advantage and corporate social responsibility. *Harvard Business Review*, Cambridge, Dec. 2006.
9. PEARCE, B. (Ed.). *Sustainability and Business Competitiveness*. London: DTI / Forum for the Future, Dec. 2003.
10. UREN, S. Leaders of the pack. *Green Futures*, London, July 2007.
11. DRAPER, S.; STAAFGÅRD, L.; UREN, S. *Leader Business 2.0:* hallmarks of sustainable performance. London: Forum for the Future, May 2008.
12. <www.wbcsd.org>.
13. GRANT THORNTON LLP. Corporate responsibility: burden or opportunity? *Survey of US Business Leaders*, Sep. 2007. Disponível em: <http://www.grantthornton.com/staticfiles/GTCom/files/About%20us/BusinessLeadersSurvey/Grant_Thornton_Corp%20Resp_Survey.pdf>.
14. CORPORATE LEADERS GROUP ON CLIMATE CHANGE. *Letter to the Prime Minister*. 6 June 2006. Disponível em: <www.cpi.cam.ac.uk>.
15. BONINI, S.; MENDONÇA, L.; OPPENHEIM, J. When social issues become strategic: executives ignore sociopolitical issues at their own peril. *McKinsey Quarterly*, n. 2, May 2006.

16. OPPENHEIM, J.; BONINI, S.; BIELAK, D.; KEHM, T.; LACY, P. Shaping the new rules of competition: UN global compact participant Mirror. *McKinsey Quarterly*, July 2007.
17. MCLELLAN, A. CSR: the new climate. *The Independent*, London, 18 Oct. 2007.
18. Elkington; Hartigan (2008), p. 17.
19. Muhammad Yunus, *Nobel Lecture*, 10 de dezembro de 2006.
20. LINKLATERS; SCHWAB FOUNDATION FOR SOCIAL ENTREPRENEURSHIP. *Fostering Social Entrepreneurship: Legal, Regulatory and Tax Barriers*. Jan. 2006. Disponível em: < www.linklaters.com/community/Schwabsummary.pdf>.
21. *The New York Times Magazine*, 12 Sep. 1970.
22. HENDERSON, D. *Misguided Virtue:* False Notions of Corporate Social Responsibility. London: Institute of Economic Affairs, 2001.
23. Citado em NELSON, J. A responsibility for governments: how far should companies go? In: JORDAN, A.; LUNT, A. (Ed.). *Whose Responsibility:* the role of business in delivering social and environmental change. London: Smith Institute, 2006.
24. KEARNEY, A. T. *Green Winners:* the performance of sustainability-focused companies during the financial crisis. Disponível em: <www.atkearney.com>. Acesso em: 30 mar. 2010.
25. FORUM FOR THE FUTURE. *Acting Now for a Positive 2018, Preparing for Radical Change:* the next decade of business and sustainability. London, Dec. 2008.
26. GLOECKLER, G. Here come the millennials. *Business Week,* New York, 24 Nov. 2008.
27. <www.beyondgreypinstripes.org>.

Capítulo 6: Quatro hábitos de pensamento

1. HERSCH, T. Cod's warning from Newfoundland. *BBC Online*, Dec. 2002. Disponível em: <http://news.bbc.co.uk/2/hi/science/nature/2580733.stm>.
2. Um grupo de pesquisa acadêmica cada vez mais organizado, a Resilience Alliance vem estudando o modo como os sistemas ecológicos naturais administram a flexibilidade e tentando extrair modelos teóricos a fim de ajudar os seres humanos a viver a sustentabilidade dentro dos sistemas naturais. É difícil às vezes, mas muito interessante, com inúmeras ideias

valiosas. Buzz Hollings é o pai reconhecido dessa maneira de pensar. Ver <www.resalliance.org> para referências a suas obras.
3. Relatório da Commission on the Measurement of Economic Performance and Social Progress, <www.stiglitz-sen-fitoussi.fr>.
4. Policy Network Progressive Governance Conference, abril de 2008.
5. US Department of Defense News Briefing, 12 de fevereiro de 2002.

Capítulo 7: Novas perspectivas e conhecimento amplo

1. Um dogma (opinião formada) ou uma ideologia (maneira de pensar) são às vezes usados como sinônimos de "visão de mundo", mas, estritamente falando, não são a mesma coisa. Por exemplo, uma ideologia política, como o socialismo, ou uma abordagem dogmática de como os mercados financeiros operam podem ser consequências de uma visão de mundo, mas também ser conservadas ainda que essa visão se modifique.
2. SCRUTON, R. The sacred and the human. *Prospect,* London, Aug. 2007.
3. RAWLES, K. apud FORUM FOR FUTURE. *The Engineer of the 21st Century Inquiry Report.* London, July 2000.
4. PUDDINGTON, A. *Freedom in the World 2010*: erosion of freedom intensifies. London: Freedom House, 2010. Disponível em: <www.freedomhouse.org>. Esse ensaio antecipa os resultados do relatório completo publicado na primavera de 2010.
5. <www.rmi.org> e LOVINS, A. More profit with less carbon. *Scientific American,* New York, Sep. 2004.
6. *The Guardian,* London, 1 Sep. 2008.
7. DALY, H. E. *A Steady State Economy.* UK Sustainable Development Commission Project on Redefining Prosperity, 24 Apr. 2008. Disponível em: <www.sd-commission.org.uk/pages/redefining-prosperity.html>.

Capítulo 8: Princípios da prática e instrumentos do ofício

1. KHURANA, R.; NITAIN, N. It's time to make management a true profession. *Harvard Business Review,* Cambridge, Oct. 2008.
2. TUTU, D. apud HALLENCREUTZ, C.; PALMBERG, F.; PALMBERG, M. (Ed.). *Religion and Politics in South Africa.* Atas do seminário. The Nordic Institute, 1995. p. 72.
3. FRANKLIN, B. *Poor Richard's Almamack.* Boston: Adament Media Corporation, 2007. Série Elibron Classics.

4. OFFERMAN, L. R. When followers become toxic. *Harvard Business Review*, Cambridge, 1 Jan. 2004.
5. GOLEMAN apud HOFFMAN, M. L. Empathy, social cognition and moral action. In: KURTINES, W.; GERWITZ, J. (Ed.). *Moral Behaviour and Development*: advances in theory, research, and applications. New York: John Wiley & Sons, 1984. www.positivedeviance.org.
6. *Harvard Business Review*, Cambridge, Special Centennial Issue, July-Aug. 2008.
7. Citado em um website útil (www.ecoliteracy.org).
8. GREENSTOCK, J. Nations have to act locally in a globalised world. *Financial Times*, London, 16 May 2008.
9. *The Guardian*, London, 12-13 Oct. 2006.
10. THORPE, A. The uncertainty principle. In: *Planet Earth*. NERC, 2009.
11. Ver, por exemplo, PRAHALAD, C. K.; VENKAT R. *The Future of Competition*. Cambridge: Harvard Business School Press, 2004.
12. Ver, por exemplo, WWF Chemicals and Health Campaign (www.wwf.org.uk).
13. LUENEBURGER, C.; MURRAY-BRUCE, R. *Sustainability Leadership*: making change happen part 1: the executive. Egon Zehnder International, Mar. 2009.
14. Ver, por exemplo, Edvinsson; Malone (1997). Um bom ponto de partida para o aprendizado empresarial online é SMITH. The learning organization. In: *The Encyclopedia of Informal Education*, 2001. Disponível em: <www.infed.org/biblio/learning-organization.htm>. Ver também <www.solonline.org> para a instituição fundada pela Peter Senge's Society for Organisational Learning.
15. *Learning and Skills for Sustainable Development*: Guidance for Higher Education Institutions. Forum for the Future, 2004. Disponível em: <www.forumforthefuture.org>. A palavra "competências" foi usada na ferramenta criada e testada primeiramente por Heloise Buckland e Andy Johnston num projeto para o governo chileno na Universidade de Antofagasta.
16. Ver, por exemplo, Georgescu-Roegen (1971) sobre o ambiente; Hirsch (1976) sobre os limites sociais do crescimento econômico convencional; Dasgupta; Seregeldin (1999) sobre o capital social; e Sen (2000) sobre a economia desenvolvimentista. Também Daly; Cobb (1990) e "Epilogue: expanding the capital stocks", em Seregeldin; Steer (1994).
17. Ver, por exemplo, os relatórios sociais da Wessex Water em <www.wessexwater.co.uk> ou da Anglo American em <www.angloamerican.oc.uk>.

18. Para exemplos, ver *Forum for the Future's Higher Education Partnership for Sustainability (HEPS) Final Report*, 2004, e *Tourism*, 2009. Ver também *Chemical Leadership Council*, visão de produção e uso sustentável de produtos químicos derivados de sua tabela. Tudo em <www.forumforthefuture.org/library>.
19. Mais detalhes sobre The Natural Step e como funciona em <www.thenaturalstep.org>. Ver também Robèrt et al. (2004).
20. CHAMBERS, T.; PORRITT, J.; PRICE-THOMAS, P. *Sustainable Wealth Creation within Environmental Limits*. Forum for the Future, Oct. 2007. Disponível em: <www.forumforthefuture.org/library>.
21. O Forum for the Future possui vários exemplos de planejamento de cenário em sua biblioteca. Ver *Climate Futures and Retail Futures* para o setor de varejo: <www.forumforthefuture.org/library>.
22. PESTLE: Political, Economic, Social, Technology, Legislative, Environmental.
23. PARLIAMENTARY OFFICE OF SCIENCE AND TECHNOLOGY. *ICT and CO_2 Emissions*. Dec. 2008. Nota 319.
24. UK GOVERNMENT. DEFRA. *Waste Strategy for England 2007*. London, 2007. Ver também o relatório de progresso anual.
25. <www.forumforthefuture.org>. Busque Streamlined LCA.
26. Entre no Google para obter exemplos de LCA, ecologia industrial e EMS. Ver também Janine Benyus (1997) para o modo como a inovação no mundo natural pode inspirar os processos humanos. Para abrir os olhos (de um americano) sobre o ciclo vital de um carro, um cheeseburger, o alumínio, um chip de computador etc., ver RYAN, C. R.; DURNING, A. T. *Stuff. The Secret Lives of Everyday Things*. Report N. 4. New Seattle: Northwest Environment, 1997. É curto e caro, mas ilustra bem os limites da análise de ciclo vital de tipos muito diferentes de coisas.
27. Entre outras coisas, a ACCA distribui prêmios anuais para relatórios de sustentabilidade (www.acca.org.uk), e CIPFA colaborou com o Forum for the Future num esquema de relatórios para serviços públicos editado em 2006 (www.cipfa.org.uk). Procure os sites com a palavra "sustainability".
28. Ver, por exemplo, <www.st-andrews.ac.uk/~csearweb> e a obra de Jan Bebbington e Rob Gray.
29. <www.sustainabilityatwork.org.uk/decision/> para ver o relatório, depois clique em "appraisal and evaluation techniques" para entrar em Sustainability Decision-Making Methodology.

30. <www.wwf.org; www.globalactionplan.org.uk; www.actonco2.direct.gov.uk>.
31. WALTER ANTHONY, K. Arctic climate threat – Methane from thawing permafrost. *Sciencific American*, New York, Dec. 2009.
32. FORUM FOR THE FUTURE; CLEAN AIR COOL PLANET *Getting to Zero: Defining Corporate Carbon Neutrality*. 2008. Disponível em: <www.forumforthefuture.org/library>.
33. ARISTÓTELES. *Nichomachean Ethics*. Book VI, Chapter 5 [1141b]. Trad. David Ross. Oxford: Oxford University Press, 1925.

Capítulo 9: Lista de tarefas da sustentabilidade global

1. Um bioma é uma vasta área geográfica caracterizada por certos tipos de plantas e animais. Ele é definido pelas interações complexas entre plantas e animais com o clima, geologia (formações rochosas), tipos de solo, recursos hídricos e latitude (posição ao norte ou ao sul do globo) de uma área.
2. SEN, A. *The Importance of Basic Education*. Discurso na 15th Triennial Conference of Commonwealth Education Ministers. Edinburgh, 28 Oct. 2003.
3. GREENSTOCK, J. Nations have to act locally in a globalised world. *Financial Times*, London, 16 May 2008.
4. William Morris (1834-1896) foi um dos principais fundadores do Movimento das Artes e Ofícios britânico.
5. GILES, J. Eating less meat could cut climate costs. *New Scientist*, London, 10 Feb. 2009.
6. <www.fao.org/docrep/010/ag049e/AG049E03.htm>. Acesso em: 20 de maio de 2009.
7. EHRLICH, P. R.; HOLDREN, J. P. Impact of population growth. *Science*, New York, v. 171, p. 1212-1217, 1971.
8. COMMONER, B. *Closing the Environmental Circle: Confronting the Environmental Crisis*. CAPE, J.; COMMONER, B. The environmental cost of economic growth. In: *Population, Resources and the Environment*. US Government Printing Office, p. 339-363, 1971/1972.
9. PACALA, S.; SOCOLOW, R. Stabilisation wedges: solving the climate problem for the next 50 years with current technologies. *Science*, New York, v. 305, p. 968-972, 2004. Website da Carbon Mitigation Initiative em Princeton: <www.princeton/edu/~cmi>.

Prólogo: O futuro começa agora

1. TURNER, G. M. A comparison of *The Limits to Growth* with 30 years of reality. *Global Environmental Change*, n. 18, p. 397-411, 2008.
2. CLIMATE of fear. *Nature*, London, n. 464, p. 141, 11 Mar. 2010.

Bibliografia
Uma boa leitura

Uma bibliografia sumariamente anotada de textos mencionados neste livro e algumas obras extras que me influenciaram ou informaram. Selecionei quinze (não consegui ficar só em dez, desculpe-me!) que lhe darão uma boa base. Há também cinco outros textos para iniciantes, referentes a cada um dos quatro temas de estudo, uma rigorosa escolha de clássicos que me impressionaram muito e, para que você tenha uma ideia a respeito deles, um par de exemplos dos negativistas.

Quinze primeiros
Brown (2008)
Goleman (2007)
Grint (2000)
Jackson (2009)
Layard (2005)
Mac Donaugh e Braungart (2002)
Mackay (2009)
Meadows (2009)
Neiman (2009)
Nye (2008)
Porritt (2006)
Reich (2007)
Sire (1997)
Wilson (1992)

Ética e valores
Des Jardins (2000)
Grayling (2003)
Midgley (2003)
Sandel (2009)
Spretnak (1997)

Alguns clássicos
Capra (1982)
Carson (1962)
Ehrlich (1968)
Goldsmith e Allen (1972)
Khor (1957)
Leopold (1949)
Lovelock (1949)
Robertson (1973)
Schumacher (1973 e 1977)
Skolimowski (1981)

Negativistas cada vez menos numerosos
Lawson (2009)
Lomborg (2000)

Pessoas e comunidade
Argyle (2001)
Handy (1993) e/ou Hudson (1995)
Irwin (2001)
Mcfarlane (2005)
Warburton (1998)

Ciência	**Economia**
Angier (2007)	Ariely (2008)
Arthur (2009)	Daly e Cobb (1990)
Harding (2006)	Ekins et al. (1992, edição de 2000)
Smil (2006)	Heilbroner (1953)
Wilson e Willis (2004)	Lunn (2008)

ABRAHAMSON, E.; FREEMAN, D. *A Perfect Mess:* the hidden benefits of disorder. New York: Little Brown, 2006.

ADAIR, J. *Action Centered Leadership.* London: Mc Graw Hill, 1979.

ADAMS, J. *Risk.* London: UCL Press, 1995.

ANGIER, N. *The Canon:* the beautiful basics of science. London: Faber and Faber, 2007.

Tudo – do processo científico, passando pela física, a química evolucionária e molecular e a geologia, até a astronomia – em estilo atraente por um jornalista ganhador do Prêmio Pulitzer.

ARGYLE, M. *The Psychology of Happiness.* Hove: Routledge, 2001.

Nova edição de um livro muito popular, publicado pela primeira vez em 1987. Várias ideias sobre metodologias e resultados da pesquisa psicológica a respeito de bem-estar.

ARIELY, D. *Predictably Irrational:* the hidden forces that shape our decisions. London: Harper Collins, 2008.

Uma descrição bastante divertida de alguns dos experimentos que provam que nós frequentemente agimos de maneiras complexas e imprevisíveis – rompendo com o modelo racional e previsível do *Homo œconomus*.

ARISTÓTELES. *The Art of Thetoric.* Harmondsworth: Penguin, 1991.

ARMSTRONG, K. *A History of God:* the 4,000-year quest of Judaism, Christianity and Islam. New York: Ballantine Books, 1993.

_____. *The Battle for God*: a history of fundamentalism. New York: Ballantine Books, 2000.

ARTHUR, W. B. *The Nature of Technology:* what it is and how it evolves. London: Allan Lane, 2009.

Um livro mais propriamente sobre nossa relação com a tecnologia, a maneira como a usamos e por que a tememos, embora muitas vezes depositemos nela uma fé cega. Mas excelente também no tratamento do tema principal.

Bibliografia

AZAPAGIC, A.; PERDAN, S.; CLIFT, R. (Ed.). *Sustainable Development in Practice:* case studies for engineers and scientists. London: Wiley, 2004.

BANNOCK, G.; BAXTER, R. E.; DAVIS, E. *The Penguin Dictionary of Economics.* London: Penguin Reference, 2003.
Ótima referência para a economia, embora não cubra bem a economia ambiental ou comportamental. Por uma questão de coerência, usei suas definições ao longo do livro. Achei a edição de 2007 mais difícil de entender.

BARTON, H. (Ed.). *Sustainable Communities.* Earthscan: London, 2000.

BASS, B. M.; AVOLIO, B. J. (Ed.). *Improving Organisational Effectiveness through Transformational Leadership.* California: Sage, 1994.

BATESON, G. *Steps to an Ecology of Mind.* Chicago: University of Chicago Press, 2000.

BENYUS, J. *Biomimicry.* New York: Harper Collins, 1997.

BIGGS, J.; TATE, C. *Teaching for Quality Learning at University.* Maidenhead: Open University Press, 2007.

BIFFA WASTE SERVICES LIMITED. *A Question of Balance.* 2000. Disponível em: <www.biffa.co.uk/files/aqbreport.pdf>.

BRITTAN, S. *Capitalism with a Human Face.* London: Fontana Press, 1996.

BROWN, L. *Plan B (3.0):* mobilizing to save civilization. New York: W.W. Norton, 2008.
Instrumento de primeiro nível sobre como fazer a sustentabilidade funcionar, este livro está repleto de itens para a lista de afazeres globais. Ao contrário de mim, Lester Brown trata de custos e políticas.

BRUCE, S. *Sociology:* a very short introduction. Oxford: Oxford University Press, 2000.
Uma visão clara da sociologia, que inclui construção social, causas e consequências, mundo moderno e impostores.

BUCHAN, J. *Capital of the Mind:* how Edinburgh changed the world. London: John Murray, 2003.

DESJARDINS R. J. *Environmental Ethics:* an introduction to environmental philosophy. Belmont: Wadsworth Thomson Learning, 2001, p. 11.

CAPRA, F. *The Turning Point.* London: Wildwood House, 1982.
A história de como nos desligamos do mundo natural.

_____. *The Web of Life:* a new scientific understanding of living systems. London: Harper Collins, 1996.
Mais uma obra do físico teórico, explicando que somos parte de um todo indivisível que é a vida na Terra – uma história rica e de leitura agradável, sem fórmulas.

_____. *The Hidden Connections*. New York: Doubleday, 2002.

Aqui, Capra dá o próximo passo lógico, traduzindo o modo como a vida se organiza em nossos dispositivos sociais e institucionais.

CARSON, R. *Silent Spring*. Boston: Houghton Mifflin, 1962.

Agressivo, na época, contra por exemplo o desastroso comportamento da indústria química e seus protetores políticos (pelo que JFK se desculpou – um tanto tardiamente). As versões modernas do impacto da poluição química são abundantes, mas contam a mesma história de irresponsabilidade empresarial e política.

CEML. *Managers and Leaders: Raising our Game*. London: Council for Excellence in Management and Leadership, 2002.

CHAMBERS Dictionary. 9th ed. London: Chambers Harrap, 2003.

CHAMBERS, T.; PORRITT, J.; PRICE-THOMAS, P. *Sustainable Wealth Creation within Environmental Limits*. London: Forum for the Future, 2007. Disponível em: <www.forumforthefuture.org/library>.

CHANDLER, A. D. *The Visible Hand*: the managerial revolution in american business. Cambridge: Harvard University Press, 1977.

CLOVER, C. *The End of the Line:* how overfishing is changing the world and what we eat. Berkeley: University of California Press, 2008.

Um conto de terror.

COHEN, D. Earth's natural wealth: an audit. *New Science,* London, 23 May 2007.

COLLINS, J. *Good to Great*. London: Harper Business, 2001.

Racionalização de desejo sobre o que torna as empresas bem-sucedidas.

COVEY, S. *Principal Centred Leadership*. London: Simon & Schuster, 1992.

Um consagrado "guru" da administração usado pela revista *The Economist* (outubro de 2009, p. 84) para ilustrar os hábitos dos "gurus da administração altamente irritantes".

COWE, R.; PORRITT, J. *Government's Business*. London: Forum for the Future, 2002.

DALY, H. E. *Ecological Economics and Sustainable Development, Selected Essays of Herman Daly*. Cheltenham: Edward Elgar, 2008.

DALY, H. E.; COBB, J. *For the Common Good:* redirecting the economy toward community, the environment and a sustainable future. London: Greenprint, 1990.

Um economista e um teólogo empreendem uma das melhores jornadas em torno do que deve ser uma economia capaz de promover o desenvolvimento sustentável. Obra orientada para os Estados Unidos, mas excelente para entender a nova economia sem o empecilho das equações.

DASGUPTA, P. *Human Well-being and the Natural Environment.* Oxford: Oxford University Press, 2001.
Para economistas de profissão (muitas e muitas equações!), por um economista pioneiro em ecologia.

DASGUPTA, P.; SEREGELDIN, I. (Ed.). *Social Capital:* a multifaceted perspective. Washington DC: World Bank, 1999.
Uma coletânea de ensaios de muitos dos mais importantes pensadores na área do capital social – o que ele é e como avaliar sua contribuição para o progresso econômico.

DAWKINS, R. *The Selfish Gene.* Oxford: Oxford University Press, 1989.

_____. *The God Delusion.* New York: Houghton Mifflin, 2006.

DES JARDINS, J. R. *Environmental Ethics:* an Introduction to Environmental Philosophy. Belmont: Wadsworth, 2000.
Um ótimo guia sobre como pensar o ambiente de forma ética.

DE SOTO, H. *The Mystery of Capital:* why capitalism triumphs in the west and fails everywhere else. New York: Basic Books, 2000.
Uma visão firme e fascinante do capitalismo tal qual praticado nos países pobres – e por que ele não parece funcionar ali.

DIAMOND, J. *Collapse:* how societies choose to fail or succeed. New York: Viking, 2005.
Lições salutares, com base em estudos de caso, sobre os motivos do colapso de civilizações antigas – inclusive as da ilha de Páscoa e maia. Obra de peso, que traça desalentadores paralelos com o que está acontecendo hoje no estado americano de Montana.

DOPPELT, B. *Leading Change Towards Sustainability.* Sheffield: Greenleaf, 2003.
Baseado numa ferramenta de administração de mudanças do sistema de pensamento de Dana Meadows, um bom guia para mudança empresarial com a sustentabilidade em mente.

DRESNER, S. *The Principles of Sustainability.* London: Earthscan, 2002.
Não princípios como tais, mas um bom passeio pelos marcos intelectuais do desenvolvimento sustentável. Final um tanto inconclusivo e lúgubre.

DRUCKER, P. F. *The Essential Drucker.* New York: Collins Business, 2001.
O autor continua sendo um dos poucos gurus que vale a pena ler, porque pensa e escreve na tela ampla da existência humana.

EDVINSSON, L.; MALONE, M. S. *Intellectual Capital.* New York: Harper Collins, 1997.

EDWARDS, M. *Civil Society.* Cambridge: Polity Press, 2004.
Visão um pouco acadêmica, mas interessante daquilo que constitui a sociedade civil e o modo de preservá-la.

EHRLICH, P. R. *The Population Bomb.* New York: Buccaneer Books, Cutchogue, 1968.
Livro que causou sensação quando a população do mundo era a metade de agora.

_____; EHRLICH, A. H. *The Dominant Animal:* human evolution and the environment. Washington DC: Island Press, 2009.
Uma atualização de quarenta anos, com todos os problemas agravados.

EKINS, P. (Ed.). *The Living Economy.* London: Routledge & Kegan Paul, 1986.
Série de ensaios revistos, baseados em colaborações de The Other Economic Summit, que reúne pensadores pioneiros da "nova economia". Vale a visita dos recém-iniciados.

_____; HILLMAN, M.; HUTCHINSON, R. *Wealth Beyond Measure:* an atlas of new economics. London: Gaia Books, 1992.
Maneira fabulosa de entender a nova economia quando se é principiante. Ver a edição de 2000.

_____; JACOBS, M. Environmental sustainability and the growth of GDP: conditions of compatibility. In: BHASKAR, V.; GLYN, A. (Ed.). *The North, the South and the Environment.* London: Earthscan, 1995.

_____. *Economic Growth and Environmental Sustainability:* the prospects for green growth. London and New York: Routledge, 2000.
Há algumas fórmulas nesse livro, mas vários capítulos discutem de maneira excelente os elementos-chave da economia ambiental.

ELKINGTON, J.; HARTIGAN, P. *The Power of Unreasonable People.* Cambridge: Harvard Business Press, 2008.
Análise e exemplos de empreendedores sociais que estão rompendo com os modelos e motivações dos negócios.

ELLIOT, L.; ATKINSON, D. *The Gods that Failed:* how blind faith in markets has cost us our future. London: The Bodley Head, 2008.
Uma vívida explicação de como aconteceu o colapso financeiro. Elliot é o correspondente na área de economia do jornal *The Guardian*.

ENDS. *Ends Report,* London, n. 415, Aug. 2009.

ENGELMAN, R. *More: Population, Nature, and what Women Want.* Washington DC: Island Press, 2008.

ETZIONI, A.; CARNEY. D. (Ed.). *Repentance:* a comparative perspective. Oxford: Rowman and Littlefield, 1997.

FERGUSON, N. *The Ascent of Money.* London: Allan Lane, 2008.
Também uma série de TV do Channel 4.

FAIRLIE, S. *Can Britain Feed Itself?* The Land 4, 2007-08. Disponível em: <www.transitionculture.org>.

FLANNERY, T. *The Weathermakers*: the history and future impact of climate change. London: Allan Lane, 2005.

FLORIDA, R. *The Rise of the Creative Class*. New York: Basic Books, 2002.

FREY, B. S.; STUTZER, A. *Happiness and Economics:* how the economy and institutions affect human well-being. Lawrenceville: Princeton University Press, 2002.

GALBRAITH, J. K. *The Affluent Society.* New York: Houghton Mifflin, 1958.

_____. *The Age of Uncertainty.* London: BBC-André Deutsch, 1977.

Georgescu-Roegen, N. (1971) *The Entropy Law and the Economic Process,* Harvard University Press, Cambridge, MA

De um dos pais fundadores da economia ecológica – bem difícil!

GIBSON, C. C.; ANDERSSON, K.; OSTROM, E.; SHIVAKUMAR, S. *The Samaritan's Dilema:* the political economy of development aid. Oxford: Oxford University Press, 2005.

GILBERT, D. *Stumbling on Happiness.* London: Harper Press, 2006.

GINTIS, H.; BOWLES, S.; BOYD, R.; FEHR, E. (Ed.). *Moral Sentiments and Material Interests:* the foundations of cooperation in economic life. Cambridge: The MIT Press, 2005.

Exposição bastante erudita da verdade segundo a qual nós somos, bem no íntimo, seres morais que gostam de cooperar entre si.

GOLDSMITH, E.; ALLEN, R. Blueprint for survival. *The Ecologist,* London, v. 2, n. 1, Jan./Sep. 1972.

Grande impacto na época, com uma excelente definição de sustentabilidade na p. 30:

As principais condições para uma sociedade estável – aquela que, para todos os fins e propósitos, pode se sustentar indefinidamente: (1) ruptura mínima dos processos ecológicos; (2) máxima conservação de materiais e energia – ou economia de reserva, não de fluxo; (3) uma população em que o ganho compensa a perda; e (4) um sistema social em que o indivíduo pode usufruir das três primeiras condições, não ser constrangido por elas.

GOLEMAN, D. *Emotional Intelligence.* New York: Bantam Books, 1995.

O livro que deu início à modernização em administração e liderança. Abriu espaço ao sentimento.

_____. *Social Intelligence:* the new science of social relationships. London: Arrow Books, 2007.

Um dos melhores estudos sobre o motivo de termos evoluído como animais sociais e o que isso significa para o modo como convivemos e fazemos as coisas no mundo moderno. Cobre os aspectos básicos da neurofisiologia.

_____. What makes a leader? *Harvard Business Review*, Cambridge, p. 4, 1998.

GORE, A. *An Inconvenient Truth*. London: Bloomsbury, 2006.

O livro da apresentação PowerPoint. Uma boa iniciação à ciência, mas fraco quanto ao que se tem de fazer.

GORE, A. *Assault on Reason*. London: Bloomsbury, 2007.

Muito vendido nos Estados Unidos por sua crítica à administração Bush e ao Congresso, que usaram o medo e a ideologia a fim de mascarar a verdade e a razão.

GRAEDEL, T. E.; ALLENBY, B. R. *Industrial Ecology*. Englewood Cliffs: Prentice Hall, 1994.

GRAYLING, A. C. *What Is Good? The Search for the Best Way to Live*. London: Weidenfeld & Nicolson, 2003.

.GRINT, K. *The Arts of Leadership*. Oxford: Oxford University Press, 2000.

Quatro "artes" de liderança – Artes Filosóficas (identidade), Belas-artes (visão estratégica), Artes Marciais (táticas de organização), Artes Dramáticas (comunicação persuasiva) – são usadas para uma análise fria do desempenho de líderes que vão de Hitler a Martin Luther King. Se você tiver de ler apenas um livro sobre a liderança *per se*, leia este.

GRINT, K. *Leadership:* limits and possibilities. Basingstoke: Palgrove McMillan, 2005.

Sobre o mesmo tema de seu livro de 2000, uma visão do tipo "quem, o quê, onde, como" da liderança e com o mesmo objetivo: como nos proteger das consequências da atuação dos maus líderes.

HALE, S. *The New Politics of Climate Change:* why we are failing and how we will succeed. London: Green Alliance, 2008.

HAMPDEN-TURNER, C. *Charting the Corporate Mind*. Oxford: Blackwell, 1994.

_____; TROMPENAARS, F. *The Seven Cultures of Capitalism*. New York; Doubleday, 1993.

HANDY, C. *Understanding organizations*. Oxford: Oxford University Press, 1987.

Será sempre uma boa maneira de administrar uma empresa.

_____. *The Hungry Spirit*. London: Hutchinson, 1997.

A busca de objetivo no mundo moderno – e um convite a usar nossa iniciativa para descobrir qual é ele.

HARDING, S. *Animate Earth: Science, Intuition and Gaia*. Totnes: Green Books, 2006.

Ciência da Terra como um todo – uma visão holística dos sistemas de vida na Terra e uma grande introdução ao conceito de Gaia de James Lovelock (uma revisão da teoria oitocentista de James Hutton, apoiada por observações modernas) e de Ecologia Profunda.

HART, S. *Capitalism at the Crossroads*. Philadelphia: Wharton School of Publishing, University of Pennsylvania, 2005.

Uma visão empresarial educativa do modo como as companhias podem "ir além da ecologização" e encontrar oportunidades na base da pirâmide para fazer o bem e obter lucros.

HAWKEN, P. *Blessed Unrest*: how the largest movement in the world came into being and nobody noticed. New York: Viking Press, 2008.

Um olhar otimista para algumas das muitas pessoas e organizações que estão fazendo a coisa certa nos Estados Unidos.

_____; LOVINS, A.; HUNTER LOVINS, L. *Natural Capitalism*: creating the next industrial revolution. London: Earthscan, 1999.

HEIFETZ, R. *Leadership without Easy Answers*. Cambridge: Harvard University Press, 1994.

_____; LINSKY, M. *Leadership on the Line*: staying alive through the dangers of leading. Cambridge: Harvard Business School Press, 2002.

HEILBRONER, R. *The Worldly Philosophers*. London, Harmondsworth: Penguin, 1953.

O antídoto perfeito para o medo da economia e dos economistas: um livro bastante acessível sobre as ideias e fraquezas dos teóricos clássicos. O fato de este livro estar sendo reeditado desde 1953 já diz tudo.

HEMEL, G. *The Future of Management*. Cambridge: Harvard Business School Press, 2007.

HERMAN, A. *The Scottish Enlightenment*: the scots' invention of the modern world. London: Fourth Estate, 2003

HINES, C. *Localisation*: a global manifesto. London: Earthscan, 2000.

HIRSCH, F. *Social Limits to Growth*. Cambridge: Harvard University Press, 1976.

HUBER, J.; ROBERTSON, J. *Creating New Money*. London: New Economics Foundation, 2000.

HUDSON, M. *Managing without Profit*. Harmondsworth, London: Penguin, 1995.

Um livro realmente bom e simples sobre como montar e administrar uma organização sem fins lucrativos. Várias dicas também para empresários tradicionais.

HUTTON, J. *Theory of the Earth*. Kessinger Publishing, 1795.

IRWIN, A. *Sociology and the Environment:* a critical introduction to sociology, nature and knowledge. Cambridge: Polity, 2006.

Uma explicação convincente dos motivos pelos quais os problemas ambientais são assunto tanto para sociólogos quanto para cientistas naturais (e que sugestões eles têm para nos dar).

IPCC (Intergovernmental Panel on Climate Change). *Climate change 2007:* the fourth assessment report. Geneva, 2007.

_____. *Summary of Policymakers.* Cambridge/New York, 2007. Figura SPM3

JACKSON, T. *Material Concerns.* London: Routledge, 1996.

Explica as leis universais que governam o modo como a energia e as matérias-primas são processadas pela economia, de um modo fácil de entender. Mostra também como a economia e os processos industriais seriam diferentes se esse conhecimento fosse aplicado na busca da sustentabilidade.

_____. *Prosperity without Growth:* economics for a finite planet. London: Earthscan, 2009.

Podemos prosperar sem a economia baseada no crescimento que temos agora? Bem, podemos; mas vamos precisar de uma nova definição de prosperidade e de uma nova macroeconomia ecológica que nos leve até lá. Baseada no já substancial corpo do "novo" pensamento econômico, essa é uma brilhante exposição do que aconteceu até agora – e do que precisa acontecer em seguida.

JACOBS, M. (Ed.). *The Politics of the Real World.* London: Earthscan, 1996.

JAMES, K.; BURGOYNE, J. G. *Leadership Development:* best practice guide for organisations. London: Council for Excellence in Management and Leadership, 2001.

JASONOFF, S. *Designs on Nature.* Princeton: Princeton University Press, 2005.

KELLERMAN, B. *Followership:* how followers are creating change and changing leaders. Cambridge: Harvard Business Press, 2008.

Aborda tanto os líderes quanto os liderados. Do autor de *Bad Leadership: What It Is, How It Happens, Why It Matters.*

KELLY, G.; MULGAN, G.; MUERS, S. *Creating public value.* 2002. Disponível em: <www.strategy.gov.uk>.

KHANNA. *The Second World:* empires and influence in the new global order. London: Allen Lane, 2008.

KHURANA, R. *From Higher Aims to Hired Hands:* the social transformation of american business schools and the unfulfilled promise of management as a profession. Princeton: Princeton University Press, 2007.

KOHR, L. *Breakdown of Nations*. London: Dutton, 1978.
   O estilo autodepreciativo de Kohr tornou-o menos influente do que Schumacher, a quem ele influenciou significativamente: "Um mestre com quem aprendi mais do que com qualquer outro", disse ele. A tese de Kohr: "Parece que só há uma causa para todas as formas de miséria social: a arrogância".
KOLB, D. A. *Experiential Learning*: experience as the source of learning and development. Englewood Cliffs: Prentice Hall, 1984.
KOTTER, J. *A Force for Change*: how leadership is different from mangement. New York: Free press, 1990.
_____. *Leading Change*. Cambridge: Harvard Business School Press, 1996.
KROSINSKY, C.; ROBINS, N. *Sustainable Investing*: the art of long-term performance. London: Earthscan, 2009.
   Os investimentos com vistas à sustentabilidade já estão superando os convencionais. O que são eles, como fazem isso e qual é o seu futuro. Bem escrito e fácil de entender.
KRUGMAN, P. *The Return of Depression Economics*. London: Penguin, 2008.
KÜBLER-ROSS, E. *On Death and Dying*. New York: Scribner, 1969.
LANE, R. E. *The Loss of Happiness in Market Democracies*. New Haven: Yale University, 2000.
   Uma explicação erudita, mas acessível, de como e por que o bem-estar subjetivo está diminuindo nas economias mais afluentes, e o que pode ser feito para mudar isso. Inclui questões sobre o papel da democracia e da liberdade de escolha.
LANG, T.; HEASMAN, M. *Food Wars*: the battle for mouths, minds and markets. London: Earthscan, 2004.
LAWSON, N. *An Appeal to Reason*: a cool look at global warming. London: Duckworth, 2009.
LAYARD, R. *Happiness*: lessons from a new science. London: Penguin, 2005.
   Abordagem, por parte de um economista, da evidência científica de que a felicidade (bem-estar subjetivo numa vida ética e bem-vivida) constitui um alvo melhor (mais realista) para a economia, com uma recomendação em nove pontos, para os políticos, sobre como fazer isso acontecer.
_____; DUNN, J. *A Good Childhood*: searching for values in a competitive age. London: Penguin, 2009.
LE QUÉRÉ et al. Trends in the sources and sinks of carbon dioxide. *Nature Geoscience*, London, v. 2, p. 831-836, Nov. 2009.
LEGGETT, J. *Half Gone*: oil, gas, hot air and the global energy crisis. London: Portobello Books, 2005.

LEIGHTON, A. *On Leadership:* practical wisdom from the people who know. London: Random House, 2007.

LEOPOLD, A. *A Sand County Almanac.* New York: Oxford University Press, 1949.
Famoso por sua "ética da terra".

LEVITT, R.; CHRISTIE, I.; JACOBS, M.; THERIVEL, R. *A Better Choice of Choice.* London: The Fabian Society, 2003.

LOMBORG, B. *The Skeptical Environmentalist.* Cambridge, New York, NY, Oakleigh, Madrid, Cape Town: Cambridge University Press, 2000.
Livro bastante volumoso de um estatístico para quem a degradação ambiental não é nenhum problema. Mas ele próprio teve problemas por causa da ética da maneira com que manipulou estatísticas e prova a importância de usar fontes de qualidade.

LOVELOCK, J. *Gaia:* a new look at life on earth. Oxford: Oxford University Press, 1979.
Visão consistente do modo como o mundo realmente funciona, por um Prêmio Nobel.

_____. *The Revenge of Gaia.* London: Allan Lane, 2006.
Um homem enfurecido reflete sobre as consequências de não agir com base nas evidências que ele e outros apresentaram há muito tempo.

LOVINS, A.; DATTA, K.; BUSTES, O. E.; KOOMEY, J. *Winning the Oil Endgame: Innovation for Profits, Jobs and Security.* Boulder: Rocky Mountain Institute, 2005.

LUNN, P. *Basic Instincts:* human nature and the new economy. London: Marshall Cavendish, 2008.
Comparando o modelo de Marketopia com o de Muddleton, Lunn revela uma falha básica no modo como a economia ortodoxa entende o comportamento humano.

MACFARLANE, A. *Letters to Lily:* on how the world works. London: Allen and Unwin, 2005.
Cartas de um avô antropólogo à neta, explicando por que o mundo e as pessoas são como são.

MACINTYRE, A. *After Virtue:* a study in moral theory. Duckworth, London 1981.

MACKAY, D. J. C. *Sustainable Energy:* without the hot air. Cambridge: UIT Cambridge, 2009.
Sem dúvida a melhor fonte para dados confiáveis sobre mudança climática e opções de energia.

MARGULIS, L. *The Symbiotic Planet:* a new look at evolution. London: Phoenix, 1998.

MCDONOUGH, W.; BRAUNGART, M. *Cradle to Cradle:* remaking the way we make things. New York: North Point Press, 2002.
Excelente ao explicar como se fecham circuitos tecnológicos e biogeoquímicos materiais.

MCMAHON, D. *The Pursuit of Happiness.* London: Allan Lane, 2006.
Do cânone dos livros de "felicidade", este dá uma visão geral da história da busca da felicidade humana, que não consiste apenas em se sentir bem, mas também em fazer o bem. Tem final feliz.

MEA (Millennium Ecosystem Assessment). *Ecosystems and Human Well-being:* synthesis. Washington DC: Island Press, 2005.

MEADOWS, D. *Thinking in Systems.* London: Earthscan, 2009.
Do consagrado autor de *The Limits to Growth*, uma entrada fácil no mundo do pensamento sistemático (terminado por amigos após sua morte súbita).

_____; MEADOWS, D. L.; RANDERS, J.; BEHRENS III W. W. *The Limits to Growth: a Report for the Club of Rome's Project on the Predicament of Mankind.* London: Earth Island Press, 1972.

MIDGLEY, M. *The Myths We Live by.* London: Routledge, 2003.
Precisamos de mitos e símbolos que nos ajudem a encontrar significado na vida. Mas escolhemos os certos? Ver também outras obras suas.

MILL, J. S. *Principles of Political Economy,* Amherst: Prometheus Books, 2004.

MILLENNIUM Development Goals. Disponível em: <www.un.org/millennium goals>.

MILLER, G. *Spent: Sex, Evolution and the Secrets of Consumerism.* London: William Heinemann, 2009.
Sobre o motor de turboconsumo que está no centro de nossa economia. Será ele tão bom quanto parece? Ainda há tempo para evoluir de maneira diferente. Lido junto com Levitt et al., uma ótima escolha.

MINTZBERG, H. *The Rise and Fall of Strategic Planning.* Harlow, Essex: Pearson Education, 1994.

_____; AHLSTRAND, B.; LAMPEL, J. *Strategy Bites Back: It Is a Lot More and Less, than You Ever Imagined.* London: FT Prentice Hall, 2005.
Verdadeira miscelânea de colaborações, inclusive uma elogiada entrevista de Gary Hamel com o acusado criminalmente (e já falecido) Kenneth Lay, ex- -CEO da Enron. Obra bem-humorada, confirma uma das afirmações do colaborador de que "há mais tolices com respeito à estratégia do que a qualquer outro tópico dos negócios atualmente".

MONBIOT, G. *The Captive State*. London: Mc Millan, 2000.
   Abordagem franca de como a dependência dos negócios e dos indivíduos ricos, por parte do governo, abala a democracia.
MONBIOT, G. *Heat: How to Stop the Planet Burning*. London: Allan Lane, 2007
   Um relato envolvente da tentativa de Monbiot de descobrir como obter aquecimento, força e luz sem usar, como hoje, combustíveis fósseis.
MULGAN, G. *Good and Bad Power*. London: Allan Lane, 2006.
   Um excelente exame de como os Estados surgiram e o poder é ao mesmo tempo acumulado e circunscrito no mundo moderno. Encara o governo como servidor do mundo inteiro e do futuro. Um ótimo resumo dos argumentos no final oferece um modelo que outros podem adotar com proveito.
_____. *The Art of Public Strategy*: mobilising power and knowledge for the public good. Oxford: Oxford University Press, 2009.
   Um pouco fora de moda no capítulo sobre liderança, mas excelente quanto às estratégias para implementar e avaliar as políticas públicas.
MYERS, I. B.; MCCAULLEY, B. H. *Manual*: a guide to the development and use of the Myers-Briggs type indicator. Palo Alto: Consulting Psychologists Press, 1985.
NAESS, A.; ROTHENBURG, D. *Ecology, Community and Lifestyle:* outline of an ecosophy. Cambridge: Cambridge University Press, 1990.
   Não é para os tímidos, mas contém muitas lições de um pioneiro intelectual.
NEIMAN, S. *Moral Clarity*. London: Bodley Head, 2009.
   Uma análise brilhante da "metafísica" da direita (ambígua) e da esquerda (inexistente) nos Estados Unidos. Uma deliciosa visão das motivações políticas e um livro atraente, que força o leitor a esclarecer sua própria moralidade.
NIC. *Global Trends 2025:* a transformed world. Washington DC: National Intelligence Council (US), US Government Printing Office, 2008. Disponível em: <www.dni.gov/nic>.
NYE, J. *The Power to Lead*. New York: Oxford University Press, 2008.
   Do homem que introduziu o poder forte e fraco na caixa de ferramentas da política – tudo o que o líder deve saber.
OSTROM, E. *Governing the Commons:* the evolution of institutions for collective action. Cambridge: Cambridge University Press, 1990.
   Alternativas para soluções criadas pelo Estado ou o mercado em prol do ambiente – provando que as soluções locais funcionam melhor na teoria, com base em inúmeros exemplos práticos que têm muito a ensinar.
O'TOOLE, J. *Leading Change:* the argument for values-based leadership. San Francisco: Jossey-Bass, 1995.

OWEN, D. *The Hubris Syndrome:* Bush, Blair and the intoxication of power. London: Politicos, 2009.

PALMER, M. *Dancing to Armageddon.* London: Aquarian/Thorsons, 1992.

Uma investigação, via ciência e religião, de como fundir histórias espirituais e físicas da evolução humana e nosso futuro.

PARKIN, S. Sustainable development: the concept and the practical challenge. *Civil Engineering,* v. 138, pp. 3-8, Nov. 2000.

PEARCE, F. *When the Rivers Run Dry.* London: Bantam, 2007.

PORRITT, J. *Playing Safe:* science and the environment. London: Thames & Hudson, 2000.

Uma breve e agradável excursão pela política da ciência (principalmente) e o modo como essa ciência, de várias maneiras, ignorou ou interpretou mal seu papel de salvaguarda do ambiente e sustentáculo do desenvolvimento sustentável.

_____. *Capitalism: as if the World Matters.* London: Earthscan, 2006.

Uma visão profunda dos diferentes tipos de capital que importam no mundo e os desafios da mudança.

POSTEL, S.; RICHTER, B. *Rivers for Life.* Washington DC: Island Press, 2003.

Excelente ao tratar da importância de proteger os cursos de água e dos perigos de não se conseguir diminuir a taxa de degradação.

PUTNAM, R. *Bowling Alone:* the collapse and revival of American community. New York: Simon & Schuster, 2000.

O título longo evoca a imagem de pessoas solitárias indo jogar sozinhas em vez de participar de equipes ou ligas e se presta bem ao exame da queda de participação nas comunidades e na vida democrática da América, por que isso aconteceu e como se pode reverter o fenômeno.

RANDERS, J.; MEADOWS, D. *Limits to Growth:* the 30-year update. London: Earthscan, 2005.

RAVETZ, J. *The No-nonsense Guide to Science.* London: New Internationalist, 2006.

"Ciência pós-normal" (pesquisa voltada para resultados, em que os fatos são incertos, os valores constituem objeto de disputa, as apostas são altas e as decisões são urgentes) significa reconhecer a necessidade de perspectivas múltiplas por parte da ciência e do público afetado.

REAL WORLD COALITION; JACOBS, M. *The Politics of the Real World.* London: Earthscan, 1996.

O que as ONGs do Reino Unido recomendam para a próxima administração. Infelizmente, um problema ainda em evidência.

REAL WORLD COALITION; CHRISTIE, I.; WARBURTON, D. (Ed.). *From Here to Sustainability:* politics in the real world. Earthscan, London 2001.
Outro bom panorama da sustentabilidade do ponto de vista das ONGs do Reino Unido.

REES, M. *Our Final Century.* Portsmouth: Willian Heinemann, 2003.
Uma análise de longo alcance (literalmente) da pergunta: a raça humana sobreviverá ao século XXI? O Astrônomo Real adere ao movimento ecológico de maneira explosiva. O livro não oferece soluções, mas termina examinando a possibilidade de a biosfera terrestre ser "a única morada de vida inteligente e autoconsciente em nossa galáxia".

REICH, R. B. *Supercapitalism:* the transformation of business, democracy and everyday life. New York: Knopf, 2007.
Das muitas críticas do capitalismo, gosto muito dessa: ela aborda de frente o mundo interconectado dos negócios e do governo.

RIDDLE, J. M. *Contraception and Abortion from the Ancient World to the Renaissance.* Cambridge: Harvard University Press, 1992.

ROBÈRT, K.-H.; BASILE, G.; BROMAN, G.; BYGGETH, S.; COOK, D.; HARALDSSON, H.; JOHANSSON, L.; MAC DONALD, J.; NY, H.; OLDMARK, J.; WALDRON, D. *Strategic Leadership Towards Sustainability.* Karlskrona, Sweden: Blekinge Institute of Technology, 2004.
Um pouco técnico, mas um dos primeiros livros didáticos devotados à sustentabilidade. Leve no tratamento da liderança.

ROBERTSON, J. *The Sane Alternative:* a choice of futures. Cholsey: James Robertson, 1978.
Uma das mais antigas sínteses dos resultados ambientais e sociais como objetivos do progresso, a economia SHE (sadia, humana, ecológica) é explicada junto com estratégias de mudança e cenários caso nossa opção seja outra.

ROSENZWEIG, P. *The Halo Effect.* New York: Free Press, 2007.

ROWE, W. D. *The Anatomy of Risk.* New York: Wiley, 1977.

SANDEL, M. *Justice:* what's the right thing to do? London: Allan Lane, 2009.
Livro brilhante, baseado nas palestras Reith de Sandel. Tão bem escrito que é impossível parar de ler.

SARKISSIAN, W.; VAIDA, S.; HOFER, N.; SHORE, Y.; WILKINSON, C. *Kitchen Table Sustainability.* London: Earthscan, 2009.
Muita informação sobre engajamento comunitário e iniciativas locais para combater a *in*sustentabilidade.

SCHUMACHER, E. F. *Small is Beautiful: a Study of Economics as if People Mattered*. London: Abacus, 1975.
Esse livro forneceu bases intelectuais sólidas para a visão ecológica da economia.
_____. *A Guide for the Perplexed*. London: Jonathon Cape, 1977.
Um mapa filosófico para percorrer a violenta mudança implícita no fato de se estar no caminho errado do progresso, graças à compreensão de quatro áreas de conhecimento: meu mundo interior, o mundo interior dos outros, eu como fenômeno objetivo e o mundo à minha volta. Garantindo que todas sejam adequadamente "cultivadas". Ver edição *vintage* de 1995.
SCHUMPETER, J. *Capitalism, Socialism and Democracy*. New York: Harper and Brothers, 1942.
SCRUTON, R. *The West and the Rest:* globalisation and the terrorist threat. Wilmington: ISI Books, 2002.
STOGDILL, R. M. *Handbook of Leadership:* a survey of theory and research. New York: The Free Press, Simon & Schuster, Inc., 1990.
SEN, A. *Development as Freedom*. New York: Anchor Books, 2000.
Num mundo em que a pobreza pode ser encontrada até nos países mais ricos, Sen argumenta que o compromisso social com a liberdade do indivíduo é o caminho para a justiça e a igualdade.
_____. *Identity and Violence*. London: Allen Lane 2006.
Explica muito bem por que nossa busca de identidade, como indivíduos ou cultura, não precisa ser empreendida por meio de conflitos e guerras. Como obter a paz respeitando a humanidade e a diversidade, em vez de regredir ao tribalismo. Deve ser lido por todos os chefes de Estado e editores de jornais do mundo.
_____. *The Idea of Justice*. London: Allan Lane, 2009.
Uma síntese do pensamento de Sen até o presente. Um *tour de force* de um ganhador do Prêmio Nobel de Economia. Comece por este – embora seja longo e exija muita concentração.
SENGE, P. *The Fifth Discipline:* the art and practice of the learning organization. New York: Doubleday, 1990.
Texto fundamental sobre o pensamento sistemático para se criar uma organização baseada no saber.
_____. *The Dance of Change*: the challenges of sustaining momentum in learning organizations. London: Nicholas Brearley, 1990.
Repleto de ideias, ferramentas e histórias sobre como promover mudanças empresariais de maneira sistemática. Muitas sugestões boas, mas nenhum processo sugerido para pronta utilização.

SEREGELDIN, I.; STEER, A. (Ed.). *Making Development Sustainable*: from concepts to action. Washington DC: World Bank, 1994.
Antigo exame do papel de diferentes tipos de capital numa economia.

SIMS, A.; SMITH, J. (Ed.). *Do Good Lives Have to Cost the Earth?* London: Constable & Robinson, 2008.
Colaborações desiguais, mas algumas boas, como Adair Turner sobre Destronar o Crescimento.

SIRE, J. W. *The Universe Next Door:* a basic worldview catalog. Downers Grove: InterVarsity Press, 1997.
Embora o autor adote uma perspectiva incontestavelmente cristã, seu catálogo de visões de mundo se concentra em "ismos" filosóficos e não políticos – do teísmo cristão, via niilismo, ao pós-modernismo. Gostei, em especial, de sua crítica da Nova Era.

SKOLIMOWSKI, H. *Eco-philosophy:* designing new tactics for living. New York: Marion Boyars, 1981.
Uma antiga influência sobre os filósofos e o movimento ecológico.

SMIL, V. *Technological Innovations and Their Consequences.* Oxford: Oxford University Press, 2006.
Contém alguns desenhos técnicos, equações e siglas, mas é agradavelmente interdisciplinar ao descrever mudanças tecnológicas importantes (por exemplo, na velocidade e maneira de transportar mercadorias e informação). Aborda diretamente preocupações de sustentabilidade, refletindo sobre realizações e problemas do lugar onde estamos agora, bem como visões do futuro.

SMITH, A. *The Theory of Moral Sentiments.* New York: Dover Philosophical Classics, 2006.

_____. *The Wealth of Nations Books I-III.* London: Penguin Classics, 1986.

SPRETNAK, C. *Resurgence of the Real.* New York: Addison Wesley, 1997.
Descrito como "apenas um guia espiritual para a vida no próximo milênio", esse livro trata amplamente da história, literatura e espiritualidade para fazer uma análise "pós-moderna" de como precisamos ser "realistas" em relação ao futuro. A bibliografia mergulha o leitor num vasto leque de tradições intelectuais e espirituais, chegando a apontar atalhos para a política ecológica!

STERN, N. *The Economics of Climate Change.* London: HMSO, 2006.
Agitou departamentos financeiros no mundo inteiro, os quais, no entanto, puderam ver a mudança climática descrita em sua própria linguagem.

STERN, N. *A Blueprint for a Safer Planet*. London: The Bodley Head, 2009.
Uma heroica, mas fracassada tentativa de influenciar as negociações sobre mudança climática com custos e políticas para alívio e adaptação.

STIBBE, A. (Ed.). *The Handbook of Sustainability Literacy*. Totnes: Green Books, 2009.
Coletânea de ensaios sobre diversos aspectos da sustentabilidade, a maioria de escritores e acadêmicos, gerando a esperança de que as universidades estejam começando a assumir suas responsabilidades.

STIGLITZ, J. *Making Globalization Work*. London: Allan Lane, 2006.
Outro ganhador do Prêmio Nobel de Economia, que encara com otimismo a possibilidade de reforma de organizações como a ONU, o FMI e o Banco Mundial para a superação da instabilidade financeira internacional – antes da falência!

STIRLING, A. *On Science and Precaution in the Management of Technical Risk*. Brussels: EC Forward Studies Unit, European Commission, 1999.

STOGDILL, R. M. *Handbook of Leadership*: a survey of the literature. New York: Free Press, 1974.

TETT, G. *Fools Gold*: how unrestrained greed corrupted a dream, shattered global markets and unleashed a catastrophe. London: Little Brown, 2009.
Uma editora-assistente do *Financial Times* se assume como antropóloga (que ela é de fato) diante dos fracassos dos mercados financeiros. Um conto envolvente, sem jargão, sobre quão chocantemente a má administração, a liderança *laissez-faire* e a compreensão nula da dinâmica dos relacionamentos humanos puseram a economia global de joelhos.

THALER, R. H.; SUNSTEIN, C. R. *Nudge*: improving decisions about health, wealth and happiness. New Haven, London: Yale University Press, 2008.
Segundo esse livro, saber que significado as pessoas atribuem à expressão "ambientes opcionais" pode facilitar-lhes a escolha do que é melhor para elas próprias, suas famílias e a sociedade. Inúmeros exemplos excelentes de que nem nós nem o mercado sabemos instintivamente o que é melhor, de modo que um empurrãozinho na direção certa é bem-vindo, pois as escolhas vão atingindo um nível estonteante de complexidade.

THIS much I know. *The Observer*, London, p. 13, 9 Nov. 2008.

TUDGE, C. *The Variety of Life*: a survey and a celebration of all the creatures that have ever lived. Oxford: Oxford University Press, 2000.

TURNER, A. *Just Capital*: the liberal economy. London: Macmillan, 2001.

UGLOW, J. *The Lunar Men*: the friends who made the future. London: Faber & Faber, 2002.

UNDP. *International Cooperation at a Crossroads:* aid, trade, and security in an unequal world. New York, Oxford: Oxford University Press, 2005.

VERNADSKY, V. I. *The Biosphere.* New York: Springer-Verlag, 1998.

VICTOR, P. A. *Managing without Growth:* slower by design not disaster. Cheltenham: Edward Elgar, 2008.

Livro voltado para o Canadá, mas com muitos conhecimentos e discussões universalmente aproveitáveis. Incide em equações e políticas no fim, mas isso não diminui sua utilidade para o leitor não especializado.

WARBURTON, D. (Ed.). *Community and Sustainable Development.* London: Earthscan, 1998.

WEIZSÄCKER, von E.; LOVINS, A. B.; LOVINS, L. L. *Factor Four: Doubling Wealth* – halving resource use: a report to the Club of Rome. London: Earthscan, 1997.

_____; HARGROVES, K.; SMITH, M.; DESHA, C.; STASINOPOULUS, P. *Factor Five:* transforming the global economy through 80% improvements in resource productivity. London: Earthscan, 2009.

WESTERN, S. *Leadership:* a critical text. Los Angeles: Sage, 2008.

Uma tentativa de desenvolver uma abordagem teórica crítica à liderança que realmente não funciona.

WILLIAMSON, O. *The Mechanisms of Governance.* Oxford: Oxford University Press, 1999.

Livro nada fácil, mas importante, que mescla teoria organizacional com economia de custos de transação a fim de explicar por que inúmeros fatores internos revelam que tudo é mais complicado do que as instituições gostam de pensar.

WILSDON, J.; WILLIS, R. *See-through Science:* why public engagement needs to move upstream. London: Demos, 2004.

_____; WYNNE, B.; STILGOE, J. *The Public Value of Science:* or how to ensure that science really matters. London: Demos, 2005.

Mostra que a ciência se beneficiaria caso incluísse a "contracorrente" pública na definição e desenho de projetos de pesquisa. Um panfleto dos mais atraentes.

WILSON, E. O. *The Diversity of Life.* London: Penguin, 1992.

Esse *best-seller* é uma introdução perfeita ao modo como a evolução adquire flexibilidade. A seção final, sobre o impacto humano, inclui uma ética ambiental.

_____. *Consilience.* London: Little Brown, 1998.

Cheio de motivos pelos quais o ponto principal não é econômico e sim ecológico. A sustentabilidade vista pela ótica biológica, é certo, mas de um modo que sintetiza o conhecimento em busca da sabedoria em vez de simplesmente catalogá-lo.

_____. *The Future of Life*. London: Little Brown, 2002.

WIRTENBERG, J., RUSSELL, W. G.; LIPSKY, D. (Ed.). *The Sustainable Enterprise Fieldbook*. New York: Amacom Books, 2009.

Escrito sobretudo a partir da ótica americana dos negócios. Muito jargão, mas com dicas e exemplos das boas práticas atuais para agitar ideias.

WOODIN, M.; LUCAS, C. *Green Alternatives to Globalisation*. London: Pluto Press, 2004.

WORLDWATCH INSTITUTE *Vital Signs:* the trends that are shaping our future. London: Earthscan, 1992-. Annual.

Uma publicação anual muito boa para rastrear mudanças em diferentes tendências. Ver também o anuário *State of the World* (Worldwatch). Focado nos Estados Unidos, mas com excelentes informações e ideias. Pesquisa impecável.

WORLD COMMISSION ON ENVIRONMENT AND DEVELOPMENT. *Our Common Future*. Oxford: Oxford University Press, 1987.

Muito pertinente sua definição de desenvolvimento sustentável: "O desenvolvimento que atende às necessidades do presente sem comprometer a capacidade das futuras gerações de satisfazer a suas", ainda muito usada.

Índice remissivo

A4S (Accounting for Sustainability Group) 21, 255
AACSB 21, 120, 317
ABCD 14, 243, 244
ACCA 21, 255, 324
Acton, Lord (John Dalberg-Acton) 152
Adair, John 132, 318, 328
Adenauer, Konrad 130
administração
  de mudança, visões contrastantes de 14, 248
  setor público, tipos de 141
  vs. liderança 124
administração cogumelo 135
administração, escolas de 10, 77, 118-9, 121, 138, 155, 320
administradores 119, 120, 124, 139, 142, 144, 155, 167, 205, 233
Aeron-Thomas, David 254
África 63, 71, 83, 97, 132, 183, 194, 238-9, 274, 306
África do Sul 64, 305
África subsaariana 50, 70
agricultura 6, 46, 53, 72, 76, 80, 190, 259, 260, 273, 282
água
  falta de 46
Alcorão 192
aldeias 283, 304
Alemanha 64, 136
Aliança de Religiões e Conservação 77
alimento 44, 46, 51-2, 56, 65, 70, 75-6, 98, 105, 190, 202-3, 223, 238, 272-4, 281, 285-6
alma 31, 86-7, 265, 270
ALOE (All Life on Earth) 21
ALOE + US (All Life on Earth including Us – Toda a Vida na Terra, inclusive Nós) 21
alumínio 47, 49, 51, 252, 260, 284, 324
ambiental, impacto 85, 287, 303
ambivalente, súplica 118, 158-9, 163
América Latina 70
American Association for the Advancement of Science (Associação Americana para o Progresso da Ciência) 312
Amoco Cadiz (vazamento de navio-tanque de petróleo) 160
anatomia
  desenvolvimento insustentável 37, 75-6
  e fisiologia 9, 38, 41, 75, 314
ANC (African National Congress – Congresso Nacional Africano) 21, 212, 305
Angola 46
Antártica 80
Anti-CR, argumento 10, 118, 167, 171
aprendizado
  estilos e técnicas 14, 230
Aprendizado para a Vida, família de ferramentas 184, 217, 221, 229, 244, 246

aquecimento 14, 21, 53-5, 66, 203, 252,
    258, 260, 276, 282-3, 302, 340
Arábia Saudita 46, 193
A riqueza das nações (Smith) 29
Aristóteles 208, 265, 325, 328
Arthur, Brian 85, 328
Ártico 56, 107, 194, 257
árvore da vida (Darwin) 13, 79
árvores 46, 53, 58, 67, 76-7, 84, 89, 151,
    187, 188, 237, 238, 249, 263-4,
    274, 283, 304
asfalto 77, 188, 263, 274, 282-3
Ásia 49, 70, 71, 225, 274
Aspen Institute for Business Education
    169
associações 183, 237, 240-1
atividade humana 288
atividades humanas 6, 14, 53-5, 72, 260,
    283, 287
ativistas 58-9, 73, 160-1, 163, 193, 300
atmosfera 13, 52-3, 56, 65, 73, 231, 262-
    3, 301
ato sexual e planejamento familiar 81,
    83, 277, 304
Attlee 115
aumentar a capacidade de ajudar da
    natureza 272-3
Austrália 64, 181, 238
avaliação
    de resultados 10, 174, 209, 225, 254

BA (British Airways) 138
bacalhau 180-1
banco 302
Banco Central 107-8
bancos 35, 39, 69, 71, 97, 102, 107-10,
    113, 132, 151, 166, 183, 193, 200,
    220, 233, 285, 302, 309, 316
empresas sociais 108
Bangladesh 64, 82-3, 309
Bank of International Settlement 110
Barefoot College 300
Barenboim, Daniel 279, 299
BCSD (Business Council for Sustainable
    Development) 21, 160
Beddington, John 56, 312
bem-estar 13, 44-5, 86, 91, 98, 102, 104,
    106, 112-3, 167, 182-3, 188, 195,
    204, 211, 213, 234, 237, 240, 249,
    255-6, 272, 278, 289, 309, 328,
    337
bem-estar humano e serviços de ecos-
    sistema 13, 44-5, 104, 195, 204,
    213, 234, 237, 249, 256
benefícios do desenvolvimento susten-
    tável para os negócios 14, 17, 23,
    28, 34-5, 112, 115, 154, 162-3,
    171, 182, 185, 196, 201, 217, 231,
    235, 239, 251, 271, 291, 304, 330,
    331, 341, 347
Bennington, John 144, 318
Beyond Grey Pinstripes, pesquisa 169
Bíblia 192
Biblioteca do Congresso 121, 317
Biggs, John 185, 329
Big Issue 300
biogeoquímica 90, 93
biogeoquímica, economia 30, 33, 44,
    49, 77, 85, 90, 93, 101-2, 113, 180,
    182, 192, 203, 251
biomassa, perda de 44, 259, 260
Bird, John 98, 300
BirdLife International 49
Birmânia (Myanmar) 224

Blekinge Institute for Technology, Suécia 19, 242, 342
Boadicea 125
boa liderança 120, 129, 137, 220, 295
Body Shop 158, 163, 166, 300, 302
bom o suficiente, base de conhecimento 10, 174, 195
Botswana 306
Bowling Alone (Putnam) 183, 341
Brasil 6, 7, 64, 98, 114, 132, 193
Braungart, Michael 252-3, 283, 327, 339
Brecht, Berthold 189
British Library 121, 317
British Waterways 255
brotos verdes 10, 77, 118, 168
Brown, Lester 273, 327, 329
BT (British Petroleum) 280
BT (British Telecom) 280
budismo 191
Burke, Tom 69, 313
Bush, George W. 138, 334, 341
Butão 112

Cadbury 158
Caddick, David 128, 300
cadeia dos seres 78
Câmara Internacional de Comércio 160
Camboja 46
Cambridge Network 69, 313
Cameron, James 301
campanhas 109, 301, 309
Canadá 64, 112, 180, 244, 346
caos 72, 118, 135, 138, 210, 279, 303
capacidade
  do ambiente 81, 240
capital
  circulante 94-5

estoques 96, 106-7, 237-40
financeiro 7, 94, 96, 237-8, 240
manufaturado 204
capital circulante 94-5
capital fixo 94-5, 106
capital humano e capital social 6, 31, 87, 96, 149, 183, 202, 237, 240, 268, 272, 278-80, 288, 323, 331
Capitalism As if the World Matters (Porritt) 162, 341
capitalismo 15, 94-6, 156, 165-8, 183, 309, 331, 342
capital social 31, 149, 183, 202, 323, 331
Capra, Fritjof 86, 214, 327, 329, 330
Carbon Mitigation Institute 289, 291
carbono
  avaliação do 60
  família de compreensão 48, 184, 217, 221, 229, 244, 246, 251, 254, 256
  hierarquia de administração 235, 252
  potencial de aquecimento global 14, 21, 258, 260, 302
  preço 58, 61, 65, 98, 234
Carbon Reduction Committee 61
Carbon Trust 59, 257, 264
carisma 15, 130-1, 134
Carrot Mob 301
Carson, Rachel 225, 295, 327
carvão 48, 53, 73, 77, 282, 284, 290, 300
Caulkin, Simon 155, 320
CBI (Confederation of British Industry) 151
CCC (Committee on Climate Change) 21, 57, 257
CEML (Council for Excellence in Management and Leadership) 21, 119-0, 140, 155, 330

cenário(s) 62, 66, 103, 119, 245-6, 282, 295-6
  projeção de 245
Centre on Transnational Corporation 160
CEOs (chief executive officers – diretores-presidentes) 21, 71, 138, 150, 156, 158,-60, 163, 172, 220, 303, 317, 339
cérebro 31, 79, 80, 86, 136, 187, 198, 212, 223, 310
Chandler, Alfred 156, 330
Chapman, Jake 140, 142, 318
Charles, Sua Alteza Príncipe de Gales 307
Charter 304
Chartered Institute of Personnel Development 147, 319
Chime Communications 158
China 49, 63, 64, 82-3, 97, 146, 193-4, 269, 282, 301
chuva 274, 283-4
ciclo 22, 52, 102, 144, 175, 203, 249, 251-3, 270, 275, 284, 324
ciência(s) 13, 28, 54-8, 63-4, 67-9, 77, 84, 90, 91, 187, 191, 195-6, 198-9, 201, 203, 212, 220-1, 243, 254, 296, 328, 334, 341, 346
  e tecnologia 174, 198-9
  relação com risco e precaução 220-1
CIPFA (Chartered Institute of Public Finance and Accountancy) 21, 255, 324
circulante, capital 94
círculos concêntricos 232
Cisjordânia 299
Civic Forum 304

Cleópatra 81
clima 6, 7, 22, 45, 53, 56, 58, 65, 72, 95, 157, 237-8, 301, 308, 325
Climate Change Act (Reino Unido) 172
Climate Change Bill (Reino Unido) 60
Climate Change Capital 301
Climate Change Committee 58
Climate Change Levy (Reino Unido) 59
climática, mudança 13-4, 23, 26, 48, 52-3, 55-64, 66- 72, 85, 90, 105, 110, 114, 120, 128, 143, 193, 195-6, 199, 201, 203-4, 210-1, 214, 216, 231, 251, 254, 256, 269, 275, 281, 296, 301, 307, 313, 338, 344-5
  nova política da 211
  política e economia da 57-69
Clinton, Hillary 148
CO_2 13, 21, 46, 48-9, 52-3, 57-8, 61-5, 67, 71-2, 83, 85, 102, 160, 172, 196, 222, 226, 253, 255, 257-60, 262-3, 269, 274-5, 281-2, 290, 301, 308, 324
CO_2e 21, 60, 67, 82, 253, 257-9, 261-2, 273
Cobb, John 112, 315-7, 323, 328, 330
coletiva, liderança 136
Collins, Jim 138, 315, 330
Comissão de Direitos Humanos das Nações Unidas 46
Commission on the Measurement of Economic Performance and Social Progress 322
Committee on Climate Change. See CCC (Committee on Climate Change)
Commoner, Barry 287, 325
compaixão 113, 174, 192, 211-3, 248

Companhia Holandesa das Índias
   Orientais 157
companhias
   grandes 162, 166
   privadas 109-10, 132, 140-1, 158, 160, 301
Companies Act 172
Completa Avaliação de Área 263
comportamentos, mudança de 181, 185, 199, 202, 226, 228, 235, 244, 247-8, 254-5, 264, 295
compreensão 32, 34, 48, 52, 54, 75, 85, 110, 171, 184-5, 188-9, 200, 202, 204, 207, 217, 221-3, 229-31, 241, 243-4, 246-7, 251-2, 254, 256, 280, 343, 345
comunidades
   e pessoas 174, 197, 239
   locais 107, 182, 286, 309
concentrações 53, 55, 57, 258
concorrência 46, 142, 167, 279
condições sistêmicas 175, 243
conexão de aprendizado pessoal 13, 122, 230
confiança 27, 34, 55, 69, 89, 101, 105, 107-9, 111, 129, 140-2, 145, 158, 183-4, 197-8, 203, 205, 207, 221, 237, 244, 248, 269, 305-6, 309
confucionismo 191
conhecimento
   base 10, 174, 195
   básico 196
   pirâmide 222-3
   sociedade 222
   temas 196
Conselho de Mulheres 151
Consenso de Sustentabilidade 38, 104-5,

109, 111
Conservação, lei da 77
Constanza, Robert 112
consumo
   energia, redução do 271
   contabilidade do carbono 85, 204, 254-5
contingência, teoria da 191
contraditores
   vs. derrotistas 111
contribuições locais 10, 268-9
Co-operative Bank 302
Co-operative Movement 158
Copenhagen UN Climate Change Summit (2009) 310
Coreia 64, 194
Corporate Leaders Group on Climate Change 164, 320
Cradle to Cradle (McDonough e Braungart) 252-3, 283, 339
crédito 39, 58, 88-9, 103, 105-8, 150, 230, 303, 307-8, 310
crescimento 6, 9, 15, 38, 43, 59, 62, 65, 67, 81, 83, 89, 94, 99, 101-3, 112, 120, 129, 158, 163, 166, 183, 198, 237-8, 252, 256, 276, 278, 288, 295-6, 323, 336
criação 78, 100, 113, 141, 171, 181, 213, 306
crianças 27, 49, 70, 83, 110, 182, 247, 249, 278-9, 299
criatividade 135, 240
Cristianismo 191-2
CSR (corporate social responsibility – responsabilidade social empresarial)
   comprometida 157

cultura da transação 100
culturas 31, 75, 83, 125, 132, 137, 150, 192, 201, 206, 239, 274, 319
cunhas 14, 268, 271, 274, 286, 289, 290-1
Cunhas de Princeton 14, 268, 271, 274, 286, 289-90
custo-benefício, análise 204, 234, 253
custos 44, 60, 120, 167, 211, 329, 345-6

dados 63, 71, 126, 133, 138, 158, 169, 174, 203, 221-3, 229, 231, 251, 254-5, 286, 295, 315, 338
Daly, Herman 43, 101-2, 112, 200, 235, 310, 315-7, 322-3, 328, 330
Danish Committee on Scientific Dishonesty 68
dano 49, 50, 54, 65, 73, 84, 106, 110, 115, 180-1, 211, 222, 240, 243, 252, 301
Darwin, Charles 13, 28, 78-9
Dasgupta, Partha 183, 323, 331
Day Chocolate Company 302
débito 89, 90, 95, 103, 108, 237
Declaração Americana de Independência 30
Defra 255
democracia 126, 168, 198, 202-3, 279, 304-6, 337, 340
derrotistas
  vs. contraditores 111
desafios globais 10, 216, 268-9
desconto, taxas de 60
desenho 135, 203, 291, 346
desenvolvimento insustentável 13, 37, 41, 44, 53, 72-3, 81, 87, 90, 115, 122, 195, 213, 224, 238, 249, 269, 271, 287
anatomia e fisiologia 37-115
desenvolvimento sustentável 185
desigualdade 37-8, 43, 69, 71-2, 146, 157, 202
Deutsch Bank 105
diagnóstico 9, 13, 38, 41, 75, 89, 90
Diagrama Venn da Sustentabilidade e tríplice resumo 235-6
Dilema dos Prisioneiros (Prisoners' Dilemma) 80
dinheiro
  novo 107
  valor do 35, 60
dióxido de carbono 21, 46, 48, 52, 55, 60, 257-8, 260
direta, ação 35
dispersa, liderança 135
disruptiva, mudança 249
distribuída, liderança 136
divergente(s) positivo(s) 27-8, 35, 41-3, 66, 103-4, 120, 122, 128, 154, 157, 163, 166, 170, 174, 177-8, 184-6, 190, 199, 205, 210, 214-5, 217, 223, 227-30, 247-8, 269, 271, 277-8, 280, 297, 299, 306-7
definição 25
eficiente 172
exemplos de 35, 211
uma revolução do século XXI 25-35
diversidade
  perda da 180
Divine Chocolate 302
DNA 78
doenças 31, 70, 72, 121, 210, 234, 278
Dow Jones, Índice de Sustentabilidade 168

Drucker, Peter 130, 205, 331
DS; ver desenvolvimento sustentável 23, 28, 201-2
Dubcek, Alexander 304
Dublin, Irlanda 64, 151, 244
Durkin, Martin 68, 69

Earth Summit (Cúpula da Terra, 1992) 7, 160, 164, 286, 295
ecologia 87, 91, 179, 199, 203, 253, 324, 331
ecológico, movimento 342, 344
ecológicos, economistas 102
ecológicos, sistemas 33, 54, 72, 76, 98, 101, 107, 179, 180, 187, 193, 240, 274, 321
Ecology Building Society 302
economia
 biogeoquímica 30, 33, 44, 49, 77, 101, 102, 113, 180, 182, 192, 203
 humana 30, 43, 44, 72, 73, 78, 88, 90, 91, 93, 94, 95, 101, 103, 115, 180, 252, 253, 280, 287
economia (ciência)
 reconciliação 9, 38, 93, 94, 104, 113, 192, 212, 214, 305
economia doméstica 9, 38, 88, 95
economia humana 30, 43, 44, 72, 73, 78, 88, 90, 91, 93, 94, 95, 101, 103, 115, 180, 252, 253, 280, 287
Economic and Social Research Council 239
econômico, crescimento 15, 59, 62, 89, 101, 102, 103, 112, 204, 256, 323
econômicos, sistemas 66, 237, 295
Economics of Climate Change (Relatório Stern) 35, 58, 344

ecossistemas
 serviços e bem-estar humano 44, 45, 67, 103, 188, 195, 214, 216, 243
Ecover 158, 169, 253
Eddington, Rod 138
educação 17, 27, 82, 83, 105, 113, 119, 120, 121, 123, 136, 143, 145, 147, 156, 157, 164, 177, 178, 217, 230, 237, 238, 241, 263, 272, 278, 299, 304, 306
Egito 64, 299
Egon Zehnder International 227, 323
Ehrlich, Paul 81, 286, 325, 327, 332
Einstein, Albert 254, 256, 318
Eisenhower, Dwight 130
Ekins, Paul 61, 235, 287, 288, 312, 328, 332
Elders, The 305
Electrolux 244
Electronic Journal of Sustainable Development 68
eletricidade 47, 59, 140, 214, 252, 259, 262, 284, 316
Elizabeth II, rainha 88
El Sistema 299
Emirados Árabes Unidos 64, 193
emissões
 de empresas 251
emocional, inteligência 118, 136, 211
Emotional Intelligence (Goleman) 137, 333
empatia 128, 130-1, 198, 208, 212
empresarial, responsabilidade; ver CR 21, 28, 156-7, 227, 307. See CR
EMS (environmental management systems – sistemas de gestão ambiental)

355

energia 324
energia
  redução de consumo de 61, 73, 280, 281, 285
  suprimento 65, 259, 260
Enron 155, 160, 317, 339
ensino 27, 70, 123, 144, 156, 169, 222, 230, 291
E.ON 300
Épico de Atrahasis 81
EPOCA (European Project on Ocean Acidification) 21, 53
Equality and Human Rights Commission 319
equipes 63, 110, 137, 205, 207, 303, 341
Era Glacial 80
erro composto, teoria histórica do 9, 13, 29, 38, 90, 93
escolhas tecnológicas 85, 199, 203
esgotamento de recursos biológicos 41, 43, 72
esgotamento mineral 46-48
Espanha 151, 155, 206
espécie
  humana 78, 80, 81, 84
ética 110, 127, 133, 153, 154, 156, 157, 164, 165, 174, 190, 195, 196, 197, 201, 204, 206, 207, 208, 209, 232, 302, 331, 337, 338, 346
EU ETS (EU Emissions Trading Scheme) 60, 61
Europa 17, 48, 49, 61, 73, 82, 131, 143, 191, 193, 225, 239, 274
evolução
  bem-sucedida 38, 78
  espiritual 34, 86, 87, 88, 187, 191, 297, 304, 344

lentidão 7, 38, 84, 319
Extraordinary Popular Delusions and the Madness of Crowds 128
Exxon Mobile 68

Fairtrade 161, 302
famílias 49, 54, 81, 83, 94, 182, 237, 275, 345
fantasia 25
FAO (Food and Agriculture Organization) 21, 56, 274, 282, 283, 285, 325
feijões 96, 97
felicidade
  e literatura 30
  e PIB 13, 32
Felicidade Econômica Bruta 112
felicidade interna bruta 39, 112
Ferguson, Neil 89, 332
Ferramenta dos Cinco Capitais 174, 226, 233, 234, 235, 238, 242, 270
  explicação sobre estoques 237
  grade de análise 241
ferramentas para a mudança 229-64
filosofia 195, 197, 198, 301
finanças 94, 99, 105, 147, 171, 204, 205, 219, 227, 236, 297
financeiro, setor 88, 89, 100, 108, 114, 119, 140, 204
financeiros, serviços 108, 109
Financial Services Authority 100
Fischer, Joschka 131
fisiologia 9, 37, 38, 41, 75, 88, 314
FitzGerald, Niall 150
Fleming, David 65
florestas 6, 43, 105, 106, 282, 283
Florida, Richard 333

Índice remissivo

fluxos e estoques 14, 46, 48, 96, 106, 107, 113, 174, 215, 235, 237, 238, 239, 240
FMI (Fundo Monetário Internacional) 21, 110, 204, 345
fonte biológica, esgotamento 38, 41, 43, 44, 46, 280
Forest Stewardship Council 161
Fortune-500 146
Forum for the Future 17, 19, 161, 162, 169, 196, 205, 225, 230, 231, 233, 234, 235, 236, 240, 241, 242, 244, 245, 246, 251, 253, 254, 262, 263, 314, 320, 323, 324, 330
fósseis, combustíveis 25, 43, 44, 48, 53, 57, 62, 66, 72, 84, 234, 237, 260, 274, 282, 340
  consumo 44, 234
fracasso 85, 110, 115, 119, 137, 147, 217, 218, 247, 296, 297, 299
França 64, 81, 127, 151
Franklin, Benjamin 206, 322
Friedman, Milton 90, 167
FTSE-100 146, 319
Fundo Atmosférico da Terra 65
funil de recursos para a prática da sustentabilidade 227
futuros 4, 11, 17, 25, 26, 28, 32, 33, 57, 60, 62, 67, 83, 85, 89, 93, 106, 112, 115, 124, 145, 146, 149, 150, 157, 179, 181, 182, 184, 190, 191, 201, 202, 219, 220, 224, 225, 228, 229, 241, 243, 244, 245, 246, 249, 256, 265, 276, 280, 284, 293, 295, 298, 326, 337, 340, 341, 344

Galbraith, James 103, 173

Gana 280, 286, 302
Gandhi, Mahatma 128, 193
Garicano, Luis 88, 314
gases 13, 14, 15, 21, 43, 52, 53, 54, 55, 56, 57, 59, 60, 62, 63, 64, 66, 77, 82, 164, 194, 199, 234, 258, 259, 260, 261, 275, 276, 278, 281, 282, 289, 291
gases de efeito estufa; ver GEFs 13, 14, 15, 21, 43, 52, 53, 54, 55, 56, 57, 59, 60, 62, 63, 64, 66, 82, 164, 194, 199, 234, 258, 259, 260, 261, 275, 276, 278, 281, 282, 289, 291
Gates, Bill 70
GEFs (gases de efeito estufa) 13, 14, 15, 21, 43, 52, 53, 54, 55, 56, 57, 59, 60, 62, 63, 64, 66, 82, 164, 194, 199, 234, 258-61, 275, 276, 278, 281, 282, 289, 291
  da atividade humana 260
  emissões 59, 60, 61, 62, 66, 164, 194, 258, 259, 260, 261, 276, 281
  metas 261
  poluição por pessoa/país 64
  por setor 259
  por tipo 260
Gender Gap Index 146
Getting to zero 262
Giulliani, Rudi 138
Global Action Plan (Plano de Ação Global) 255
Global Compact da ONU 163
Global Reporting Initiative 161
global, sustentabilidade 11, 82, 226, 265, 267, 268, 270, 271, 272, 291, 325
Goldman Sachs, lista Sustain 168

357

Goleman, Daniel 80, 136, 137, 208, 211, 212, 310, 323, 327, 333
Goodman, James 245
Google 69, 324
Gorbachev, Mikhail 126
Gore, Al 334
Gore, Bill 303, 304
Gore, W. L; ver W. L. Gore 303
governo 6, 7, 13, 26, 35, 50, 54, 56, 57, 58, 60, 61, 62, 63, 65, 81, 83, 89, 96, 98, 102, 107, 108, 109, 110, 112, 114, 119, 124, 131, 135, 139, 140, 141, 142, 143, 144, 150, 152, 153, 157, 160, 161, 162, 163, 166, 167, 168, 171, 182, 183, 194, 202, 207, 210, 215, 216, 219, 220, 225, 233, 237, 239, 240, 241, 257, 262, 263, 295, 300, 306, 315, 323, 340, 342
graduados 156, 231, 232, 242
Grameen Bank 109, 309
Grande Homem, teoria da liderança 118, 125, 126, 133, 138
Grayling, Anthony 30, 31, 191, 310, 327, 334
Great Climate Change Swindle 68
Green Fiscal Commission 65
Greenpeace 128, 300, 301, 318
Greenstock, Jeremy 216, 217, 279, 323, 325
Grint, Keith 28, 143, 224, 327, 334
grupos 13, 26, 31, 44, 46, 50, 86, 110, 113, 141, 142, 167, 187, 198, 216, 230, 232, 237, 308
guias 191
Guterres, António 71, 313

habilidade 198, 207, 218, 224, 228, 231, 237, 240, 244, 247, 248, 265, 272, 296, 300, 307
habilidades suaves da liderança 137
Haiti 99
Haldane, J. B. S. 78
Hale, Stephen 210, 211, 334
Halo Effect, The (Rosenzweig) 342
Hampden-Turner, Charles 113, 135, 334
Handy, Charles 100, 136, 165, 205, 315, 327, 334
Happy Planet Index 112
Harney, Stefano 119
Hartley, Jean 318
Harvey, Jacquie 307
Havel, Vaclav 304, 305
Healey, Denis 88, 314
Health and Environment Linkages Initiative 50
Heartland Institute 69
Heifetz, Ronald 133, 134, 335
Henderson, David 316, 321
hinduísmo 191
Hipócrates 130, 309
história, teoria do erro composto da 9, 13, 29, 38, 68, 89, 90, 93, 119, 125, 149, 230, 318, 341, 343
Hitler, Adolf 126, 130, 334
Holdren, John 68, 286, 313, 325
Homo œconomicus 328
HSBC 132, 312
Hudson, Mike 205, 219, 327, 335, 341
Hutton, James 29, 90, 91, 93, 310, 335
Hutu 46

Idade da Razão 191

Índice remissivo

IEA (International Energy Authority) 21, 56, 282
Iêmen 81, 146
Ikea 244
Iluminismo 29, 191, 314
Imaginação 28, 33, 59, 66, 193, 220, 224, 225, 241, 246, 271, 295
incerteza 57, 142, 143, 203, 218, 220
incorporação 246
Índia 64, 83, 160, 193, 194, 262, 281, 300
Índice de Bem-Estar 112
indivisibilidade 34, 208
influenciar outros 174, 177, 181, 193, 214, 228
informação 21, 85, 98, 107, 135, 139, 158, 179, 198, 203, 204, 215, 221, 222, 223, 224, 231, 238, 241, 251, 252, 279, 282, 285, 342, 344
infraestrutura 25, 85, 105, 106, 237, 240, 251, 273, 281, 285, 306
Inglaterra e Gales 82, 83
injustiça 38, 44, 69, 72, 105, 114, 299, 309
inteligência emocional 136
Interface 231, 244, 253
Intergovernmental Panel on Climate Change; ver IPCC 336
International Food Policy Research Institute 150
International Policy Network 68
IPAT 268, 271, 286, 288
IPCC (Intergovernmental Panel on Climate Change) 6, 14, 22, 44, 54, 55, 57, 66, 102, 214, 260, 336
Ipsos Mori, pesquisas 158
Irã 64, 151, 299

Irlanda 64, 151, 244
ISEW (Index of Sustainable Economic Welfare) 22, 112
Islã 145, 279, 280
Islândia 151
Israel 299
Itália 64, 82, 277

Jackson, Tim 86, 87, 102, 315, 316, 317, 327, 336
Jacobs, Michael 287, 288, 332, 336, 338, 341
Japão 64, 132, 281, 309
Jasanoff, Sheila 85, 314
Jintao, Hu 110
John Lewis Partnership 158
Jordânia 299
José Antonio Abreu 299
judaísmo 191
Juramento de Hipócrates para Administradores 309

Kay, John 138
Keele, Universidade de 239
Kellerman, Barbara 127, 128, 336
Kelly, Terri 142, 303
Kennedy, John F. 130
Kennedy, Robert 113, 317
Keynes, John Maynard 90, 109
Khanna, Parag 193, 336
Khurana, Rakesh 120, 156, 205, 322, 336
Ki-Moon, Ban 25, 70, 313
Kingsnorth, usina 128, 300, 301
Kolb, ciclo 185, 186
Kotter, John 124, 247, 248, 337
Krugman, Paul 71, 108, 313, 337

Kuapa Kokoo 302
Kübler-Ross, Elisabeth 249, 337
Kuwait 64, 97

Lane, Robert 30, 31, 181, 206, 328, 332, 333, 336, 337, 338, 339, 340, 342, 343, 345
lares 67
Lawson, Nigel 68, 327, 337
Layard, Richard 30, 32, 79, 80, 279, 327, 337
LCA (life cycle analysis – análise de ciclo de vida) 22, 253, 324
Leadership on the Line (Heifetz e Linsky) 134, 335
Le Carré, John 223
legislação 57, 61, 62, 146, 151, 160, 161, 163, 164, 166, 172, 210
Lehman Brothers 71
Leighton, Allan 125, 338
leis
  da natureza, infringidas 9, 38
Líbano 299
liberdade 30, 164, 279, 303, 304, 308, 315, 337, 343
liderança 17, 19, 26-7, 66, 115, 118-27, 129-35, 137-9, 142-53, 155-7, 163, 171, 177-8, 194-6, 215-7, 223-6, 245
  adaptativa 133, 143
  atributos 130
  atual 123-154
  boa 154
  características 128
  coletiva 135, 136, 195, 198
  desenvolvimento 27, 123, 145
  estilo 131, 148
  estratégica 138, 139
  habilidades 120, 123, 129, 130, 134, 138, 172, 207, 296
  habilidades "suaves" 136-8
  modelo centrado na ação 132
  papéis 124, 136, 144, 146, 147, 151, 152
  perdida 117-172
  século XXI 142-144
  sem fins lucrativos 139-142
  teorias 126, 132, 138, 139, 140, 144, 171
    contemporâneas 118, 134-144
    tradicionais 118, 125-134
  teorias contemporâneas da 134, 144
  teorias tradicionais da 134
  teoria tradicional da 125
  transacional 133, 134
  vs. administração 124
liderança estratégica, teorias 118
liderança transacional *vs.* liderança transformacional 14, 133, 134
liderança transformacional *vs.* liderança transacional 14, 118, 133, 134, 158, 165
liderança versada em sustentabilidade 7, 121, 124, 127, 129, 163, 171-3, 177, 184, 200, 205, 209, 212, 213, 248, 250, 270
líderes
  carismáticos 127, 130, 131
  eficientes 130
limites 19, 57, 101, 132, 135, 142, 143, 164, 199, 208, 212, 226, 236, 255, 262, 295, 323, 324
Limits to Growth (LtG) (Meadows) 22, 214, 295, 326, 335, 339, 341

Índice remissivo

Lincoln, Abraham 130
linhas, grandes 271, 289, 290, 291
Linkages Initiative 50
Linsky, Marty 134, 335
lixo 62, 72, 73, 143, 260, 285
  extrair do sistema 51
  hierarquia 50
lixo de embalagens 49
Local Economic Trading Schemes 98
Lomborg, Bjørn 68, 69, 313, 327, 338
L'Oreal 166
Lovelock, James 41, 327, 335, 338
Lovins, Amory 199, 285, 322, 335, 338, 346
LSDM (Leadership for Sustainable Development Masters) 22, 196
LtG (limits to growth – limites ao crescimento) 295
Lunn, Pete 200, 328, 338
luz 43, 136, 160, 203, 205, 264, 273, 278, 284, 285, 340

Maathai, Wangari 304
Machiavelli (Maquiavel), Niccolò di Bernardo dei 247
Mackay, Charles 128
Mackay, David 63, 66, 338
Máli 152, 183, 280
Mandela, Nelson 208, 212, 232, 305
Margulis, Lynn 78
Marks & Spencer 162
Marley, Bob 71
Marx, Karl 90
materiais 6, 49, 72, 87, 203, 215, 237, 252, 253, 273, 278, 280, 283, 287, 289, 333, 339
matérias-primas 95, 99, 194, 268, 273, 280, 287, 289, 336
May, Bob 67, 299
MBA (Masters in Business Administration – Mestre em Administração de Empresas) 22, 155, 169, 217, 320
McDonough, Bill 252, 253, 283, 339
McMichael, Tony 50, 312
MDGs (Millennium Development Goals) 22, 313
Meadows, Donella (Dana) 214, 215, 295, 327, 331, 339, 341
MEA (Millennium Ecosystem Assessment) 22, 44, 45, 46, 339
mercados 9, 15, 38, 39, 65, 67, 94, 96, 99, 100, 101, 105, 111, 151, 157, 160, 162, 164, 182, 204, 252, 262, 303, 310, 322, 345
metano 55, 257, 258, 281
Met Office 69
Miliband, David 69
militares 125, 131, 153, 193, 218, 318
Millennium Development Goals; ver MDGs 45, 70, 313
Millennium Ecosystem Assessment; ver MEA 339
minerais
  taxas de consumo 14, 47
mineral
  esgotamento 38, 44, 46
Minzberg, Henry 138
MIT (Massachusetts Institute of Technology) 22, 295, 333
modelo de liderança centrado na ação 177, 211, 217, 224, 317, 318, 333-4
modelos de liderança centrada na ação 318

moeda corrente 97, 103
Mogae, presidente Festus 306
Moi, presidente Daniel arap 304
moralidade 174, 192, 197, 206, 207, 208, 234, 297, 340
moral, megálogo 30
motivação 136, 192, 237
Movimento Cinturão Verde do Quênia 304
MPA (Masters in Public Administration – Mestre em Administração Pública) 22, 155
MSLS (Masters Programme for Strategic Leadership towards Sustainability) 22, 242
mudança
  administração, visões contrastantes 248
  comportamental 122, 244, 248, 264
  disruptiva 249
Mulgan, Geoff 142, 152, 153, 219, 336, 340
mulheres 15, 70, 83, 84, 110, 121, 125, 134, 145-53, 155, 171, 210, 272, 275-8, 300, 304-6, 308, 309, 319
  emancipação 277
  resistência à liderança feminina 148
multidões 128
música 225, 279, 299

nacionalismo de recursos 194
Naess, Arne 192, 195, 340
National College of School Leadership 136, 318
National Intelligence Council; ver NIC 22, 194, 217, 340
National Standards for Management and Leadership 330, 336
National Trust 207, 316
naturais, recursos 29, 43, 77, 91, 101, 103, 105, 194, 195, 240, 271, 278
natural, capital 96, 112, 204, 235, 237, 238, 240, 242, 263, 272, 273, 289
natural, mundo 6, 25, 29, 33, 75, 86, 87, 90, 91, 101, 179, 184, 186, 235, 243, 254, 283, 287, 288, 324, 329
natureza
  capacidade de ajudar o crescimento da 191, 268
negativos, impactos 45
negócios 6, 38, 89, 96, 104, 105, 106, 113, 115, 119, 132, 134, 150, 153, 155, 156, 157, 159, 161-9, 172, 178, 204, 210, 211, 219, 225, 235, 241, 242, 243, 244, 246, 259, 280, 289, 290, 295, 296, 301, 302, 332, 339, 340, 342, 347
Neiman, Susan 296, 297, 327, 340
NERC (Natural Environment Research Council) 22, 220, 323
NESTA (National Endowment for Science, Technology and the Arts) 22, 318
NHS (National Health Service – Serviço Nacional de Saúde) 22, 143
NIC (National Intelligence Council) 22, 194, 195, 217, 340
Nigéria 64, 99
Nightingale, Florence 125
Nike 244
normas 156, 208, 210, 242
NPHAT 288, 290, 291
Nye, Joseph 127, 131, 134, 154, 327, 340

Índice remissivo

Obama, presidente Barack 63, 68, 194, 232, 306
objetivo da vida 30
observatório de tendências 245
OECD (Organisation for Economic Cooperation and Development) 22, 150, 160, 204
Offerman, Lynn 207, 323
Okonjo-Iweala, Ngozi 151
OMS (World Health Organization – Organização Mundial da Saúde) 23, 50
On leadership: practical wisdom from the people who know (Leighton) 125, 338
Only Connect 307
Oriente Médio 71, 299
Orwell, George 128
Ostrom, Elinor 181, 206, 333, 340
OTAN (Organização Tratado do Atlântico Norte) 22
Owen, David 152, 153, 341
Owens, Robert 158
óxido nitroso 257

Pacala, Stephen 274, 282, 289, 290, 291
Pacioli, Luca 89, 314
PAG (potencial de aquecimento global) 14, 21, 260, 302
países pobres 63, 81, 83, 151, 262, 275, 277, 278, 286, 331
palestinos 299
Paquistão 64, 125
partidários 111
Patten, Chris 134
Pax Americana 193
PDI (Positive Deviance Iniciative
– Iniciativa de Transgressão Positiva) 22, 210
Pearson, Margaret 125
Pedley, David 302
pensamento, quatro hábitos de 10, 174, 177, 179-88, 321
reflexão 33
resiliência 33
pensar em resultados e estratégias 217-21
persona 121, 122, 126, 132, 171, 206
Peru 98
perverso, definição de 25
peso 49, 51, 75, 82, 98, 125, 144, 200, 252, 253, 261, 277, 281, 331
pessoal 13, 27, 45, 80, 110, 111, 122, 126, 137, 138, 144, 153, 157, 160, 162, 164, 181, 183, 189, 195, 206, 207, 212, 219, 223, 224, 227, 228, 230, 231, 240, 241, 254, 262, 277, 279, 305, 307
pessoas e comunidades 174, 197, 239
petróleo 43, 46, 48, 53, 68, 73, 77, 95, 97, 98, 105, 194, 242, 259, 282
PIB (produto interno bruto) 13, 21, 31, 32, 35, 59, 101, 102, 112, 256, 288
Picasso, Pablo 97
Plan B 3.0: mobilizing to save civilization (Brown) 273
planejamento estratégico 13, 138, 219, 242
Plano Verde 105
Platão 31, 81, 157
pobreza
persistente 38, 69, 72
pobreza persistente, injustiça e 38, 69-72

pobreza persistente, injustiça e desigualdade de oportunidades 69, 72
geração de lixo 48-52
poder 15, 23, 33, 64, 91, 96, 97, 98, 104, 112, 115, 121, 125, 126, 129, 131, 133, 135, 139, 145, 146, 150, 152, 153, 154, 168, 179, 182, 186, 188, 192, 193, 194, 206, 215, 216, 230, 258, 277, 285, 295, 303, 304, 305, 306, 316, 319, 340
políticas de desconto de carbono 60
poluição 43, 49, 50, 57, 62, 63, 73, 76, 85, 112, 167, 233, 234, 274, 283, 287, 330
população 6, 37, 46, 63, 71, 72, 81, 82, 83, 103, 194, 198, 202, 212, 261, 272, 275, 276, 287, 288, 289, 295, 306, 313, 332, 333
Porritt, Jonathon 96, 162, 163, 236, 327
potencial de aquecimento global 14, 21, 258, 260, 302
PPP 23, 315
precaução, relação entre risco, ciência e 221
preconceito 277
pressão física sobre os recursos da Terra 56
Princeton, Universidade de 289
princípios da prática 205-225
Princípios do Equador 161
prisão 160, 232, 305
privado, setor 70, 110, 121, 140, 142, 159, 165
privado, valor 140, 142
processo de aprendizado reflexivo 13, 186
produto interno bruto; ver PIB

Programa de Desenvolvimento das Nações Unidas 72
projetos 60, 85, 108, 110, 123, 126, 160, 213, 219, 239, 247, 264, 300, 301, 307, 346
promoção 137, 148, 149, 155, 156
propriedades 187, 303
público, valor 140, 142
Putnam, Robert 183, 206, 237, 341

Quênia 82, 286, 304, 305
químicos, produtos 48, 49, 50, 85, 225, 259, 308, 324
Quioto, Protocolo de 57, 59, 61, 64, 301, 312

Rao, Srikumar 156
Ratzinger, cardeal Joseph 145
Rawles, Kate 19, 197, 322
recessão 58, 62, 89, 98, 102, 113, 167, 169
reciclagem 48, 49, 53, 72, 77, 241, 250, 252, 283
reconciliação 9, 38, 93, 94, 104, 113, 192, 212, 214, 305
reconciliação, economia da 9, 38, 94, 104
recursos
  ambientais 46, 280
reflexão 33, 34, 41, 85, 87, 123, 177, 179, 184, 185, 196, 197, 205, 229, 230, 238, 305
Reich, Robert 327, 342
Reino Unido
  Foreign Office 69
  hierarquia do lixo 50
  Tesouro 58, 59, 209

relações 13, 31, 33, 38, 45, 66, 73, 80, 104, 106, 108, 111, 115, 120, 131, 137, 153, 167, 179-84, 193-4, 198, 207, 210, 212, 216-7, 232-3, 235, 237, 245, 272, 279, 286
relações do aprendiz de sustentabilidade, perfil de 232-3
República Democrática Alemã (RDA) 21, 126
República Democrática do Congo 46, 64, 310
República Tcheca 304
RE (responsabilidade empresarial) 28, 118, 157-159
  argumento anti-RE 167, 168
  defensiva 160, 161
  diferentes etapas da 159
  estratégica 161-163
  Greenwash 161
  transformacional 165, 166
resiliência 33, 39, 111, 174, 179, 180, 181, 182, 192, 246, 272, 275, 279, 282, 286
  sistemas e 213-217
resistência à liderança da mulher 148
responsabilidade 21, 28, 156, 157, 227, 307
  empresarial 21, 28, 156, 157, 227, 307
responsabilidade empresarial defensiva 118, 160
responsabilidade empresarial estratégica 118, 161
resultados 7, 10, 30, 44, 102, 109, 133, 139, 143-4, 150, 154, 163-4, 167, 169, 174, 185, 205, 208-9, 215, 217, 219, 224-6, 228-9, 231-4, 238-9, 245, 249, 254, 265, 270, 280, 282, 322, 328, 341-2
  avaliação 225-228
  e estratégias, pensando em 217-21
  RE transformacional 165, 166
Reuters 150
reverência 33, 179, 186, 187, 188
Revolução Industrial 191
Reynolds, Fiona 207
riqueza 29, 31, 81, 87, 91, 94, 95, 113, 183, 192, 194, 202, 204, 213, 237, 301
risco
  relação com a ciência e a precaução 221
risco(s) 25, 26, 44, 55, 60, 70, 71, 80, 85, 88, 100, 103, 107, 108, 112, 134, 139, 150, 154, 161, 162, 181, 194, 203, 217, 219, 220, 245, 246, 278, 282, 283, 310
Rizzolatti, Daniel 80
Robben Island 212, 232
Robèrt, Dr. Karl-Henrik 242, 324, 342
Robinson, Mary 125, 151, 344
Rocky Mountain Institute 285, 338
Roddick, Anita e Gordon 300
Roosevelt, Franklin D. 115
Rosenzweig, Phil 138, 139, 342
Roubini, Nouriel 108
Royal Mail Group 125
Royal Society 23, 65, 67, 68, 69, 282, 310, 312, 313
Roy, Bunker 300
RSC (responsabilidade social coorporativa) 157-166
RSPB 23, 255
Ruggie 168
Rumsfeld, Donald 185

RushCard 307, 308
Russell, Bertrand 152
Rússia 99, 126, 193, 194, 304

sabedoria prática 10, 175, 213, 222, 223, 265, 291
Salbi, Sainab 151
Sandbag 308
São Paulo 76, 366
Sarbanes-Oxley, lei 161
Sarkozy, Nicholas 112, 182
Sarowiwa, Ken 160
Saskatoon, Canadá 244
Satterhwaite, Christopher 158
saúde 26, 38, 50, 62, 69, 70, 72, 82, 107, 110, 112, 113, 120, 136, 143, 146, 147, 150, 182, 203, 211, 227, 237, 238, 240, 242, 255, 270, 272, 277, 278, 279, 281, 300, 306, 307
Scandic Hotels 244
Schulkin, Brent 302
Schwarzenegger, Arnold 135
Science for All Americans 214
Scientific Alliance 69, 313
Scruton, Roger 191, 322, 343
SC (Seikatsu Club Consumers' Cooperative Union) 23, 308, 309
seguidor 126-9
Segunda Guerra Mundial 115, 123, 127, 217, 318
Segunda Lei da Termodinâmica 77
segurança 13, 26, 38, 44, 71, 84, 105, 109, 138, 160, 215, 216, 227, 242, 272, 275, 279
sem fins lucrativos, liderança 22, 118, 139, 140, 142, 159, 161, 205, 219, 301, 335

Sen, Amarta 112, 278, 279, 323, 343
Senge, Peter 214, 323, 343
serviços 45, 72, 81, 89, 95, 97-8, 100-2, 105, 107-109, 119-20, 135-6, 140, 142-3, 160, 162, 183, 195, 203, 215, 237, 240-1, 243, 253, 264, 273-5, 277-8, 284-5, 287, 300-1, 308-9
  ecossistêmicos 44-5
setor empresarial 163, 165
setores 13, 17, 28, 59, 106, 119, 139, 140, 145, 147, 151, 162, 196, 208, 210, 216, 223, 231, 241, 248, 261
setor público 118, 120, 131, 132, 136, 139, 140, 141, 142, 161, 209, 234, 259, 263
  administração, tipos de 141
Shell 157, 160, 219
Silent Spring (Carson) 295, 330
Silva, Luís Inácio Lula da 114, 317
silvicultura 260
Simmons, Russell 307
sintomas 41-73
  esgotamento de recurso biológico 43-46
  queima de combustíveis fósseis 52-69
Síria 299
sistemas 9, 13, 14, 21, 26, 29, 33, 38, 41, 46, 48, 50-4, 65-6, 71-2, 75-6, 79, 82, 84, 88-9, 93, 95-6, 98, 100-1, 107, 109, 110, 114-5, 118-20, 123, 133, 136, 143, 151, 156, 160, 168-9, 174, 179-82, 187, 193-4, 199, 200, 205-6, 213-7, 220, 224, 227, 237-8, 240, 242, 247-8, 251, 253-4, 263, 270, 272, 274, 281-2, 285, 295, 306-9, 321, 331, 333, 335

disfuncional 119-22
e flexibilidade 217
e resiliência 213-7
situacional, teoria 118, 131
Smil, Vaclav 84, 85, 328, 344
Smith, Adam 29, 30, 89, 90, 91, 93, 94, 134, 315, 321, 323, 344, 346
social, habilidade 137
social, inteligência 174, 211, 248
Social Intelligence (Goleman) 137, 333
social, responsabilidade 21, 121, 156, 157, 159, 165, 167, 172, 254
sociedade 14, 37, 60, 65, 87, 91, 110, 111, 140, 145, 156, 157, 166, 168, 169, 174, 182, 183, 191, 198, 202, 209, 221, 222, 224, 236, 237, 238, 239, 240, 241, 242, 243, 244, 282, 303, 308, 331, 333, 345
sociedade sustentável 174, 209, 238-40, 242-4
 doze aspectos 240
Socolow, Robert 274, 282, 289, 290, 291, 325
Sócrates 31
solo 43, 45, 49, 52, 72, 81, 107, 187, 223, 237, 238, 257, 272, 274, 280, 289, 304, 325
Soros, George 165
Spencer, Herbert 78, 162
Stalin, Josef 126, 130
Stern, Relatório; ver Economics of climate change 35, 58, 59, 289
Stern, Sir Nicholas 344, 345
Stiglitz, Joseph 112, 345
Stirling, Andy 220, 221
Streamlined, LCA 253, 324
subinvestimento em capital social 149

Suécia 97, 242
suficiente e bom o bastante 34
Suíça 7, 136
Sukdhev, Pavan 105
Sun Tzu 318
Sustainability Leadership 323
sustentabilidade 7, 10-1, 13-5, 17, 19, 25-9, 31-4, 41, 51, 54, 65, 66, 70, 82, 86-7, 94, 104-5, 108, 112, 115, 119, 121-4, 127, 129, 136, 142, 144, 154, 157-9, 161-4, 166, 168-75, 177-9, 184-6, 188-9, 191, 193-210, 212-7, 219-20, 223-43, 245-50, 254-7, 265, 267-72, 278, 280, 286-7, 290-1, 295-7, 307, 310, 321, 324-5, 329, 331, 333, 336-7, 342, 344-6
 abordagem para a organização ou para a política 216
 ambiental 70, 287
 contabilidade 255
 contribuição para a 226, 227
 dois modelos de 286-290
 liderança em 27-29, 206, 209, 225, 226, 229, 230, 297
 medidas 52, 254-264
 montanha-russa emocional 250
 mudança direcionada para a 249
 perfil de relações do aprendiz 233
 proficiente 14, 15, 28, 33, 41, 51, 54, 65, 66, 201, 223, 225-6, 229-31, 233, 234
 resultados 109, 169, 174, 185, 215, 228, 229, 234
 temas de conhecimento 201-4
Synthesis report: summary for policy makers (IPCC) 54

Tate, Catherine 185, 329
taxas 15, 47, 48, 49, 60, 63, 67, 81, 82,
    84, 89, 97, 104, 215, 272, 276, 278,
    282, 288
taxas de fertilidade previstas 15, 276
Tchecoslováquia 131, 304
tecnologia 59-62, 65, 84, 85, 87, 199,
    204, 220, 240, 262, 282, 285, 301
tecnologias da
  humildade 85
Teoria da Terra (Hutton) 29
teorias contemporâneas de liderança 10
Terra Nova 180, 181
Tesco 269
Tett, Gillian 297, 345
Thatcher, Margaret 125, 134, 231, 297,
    316
The Natural Step (TNS) 14, 19, 23, 174,
    175, 203, 234, 239, 242, 243, 245,
    253, 324
  abordagem ABCD 242-6
  quatro condições sistêmicas 242-6
Theory of Moral Sentiments (Smith) 91,
    344
Thornton, Grant 163, 320
Thorpe, Alan 220, 323
TNS ver *The Natural Step*
tomadores 181, 303, 309, 310
traços e habilidades 129
Tradable Energy Quotas – Cotas de
    Energia Negociáveis 65
transformação 159, 163, 165, 167, 169,
    171, 172, 222, 288
Transição Demográfica Ecológica 82,
    84, 277
transporte 59, 98, 105, 143, 198, 233,
    251, 253, 262

tratamento 9, 38, 41, 62, 75, 88, 93, 140,
    281, 315, 328, 342
Triodos Bank 109
tríplice resultado e Diagrama Venn de
    sustentabilidade 236
Tudge, Colin 78, 80, 86
Turner, Adair 261, 314-7, 344-5
Turner, Graham 295, 296, 326
Turquia 64, 193, 299
Tutsi 46
Tutu, arcebispo Desmond 206, 322

ubiquidade da prática 227, 228
ubuntu 174, 197, 206-9, 212, 248, 279
Uganda 97
UK University of East Anglia 55
UNEP (United Nations Environmental
    Programme) 23, 310
UNFCCC (United Nations Framework
    Convention on Climate Change)
    23, 59, 60, 64, 257
Unilever 150, 158, 165
Union Carbide 160
Universidade da Pensilvânia 155
Universidade de Buckingham 69
Universidade Tufts 210
Uren, Dra. Sally 162, 320
US Council of Foreign Relations 48
usinas 46, 47, 63, 282, 290, 301

valor(es) 31, 35, 54, 60, 71, 86, 88, 95,
    97-100, 104, 107, 111-2, 133, 140,
    142, 155-6, 158, 162-3, 165-6,
    168-9, 174, 189-92, 195-7, 201,
    203, 206-9, 220, 232, 234-7, 240,
    248, 252, 275-6, 279, 287-8, 299,
    301, 303, 327, 341

ambientais 166, 201
públicos 140-2
valor presente líquido 60
vida
  boa 31, 197
  perspectiva 103
  pessoal 212, 219, 227, 228
vida familiar, exigências da 148
visão 10, 19, 31-2, 41, 54, 94, 96, 106, 109, 115, 119, 121-2, 134-5, 138, 152, 154, 156, 165, 167, 174, 189-95, 198, 205, 215, 217, 226, 231, 238, 244-6, 248, 314, 322, 324, 329, 331, 334-5, 339-41, 343
você e a divergência positiva 209-11
Vodafone 70

Walkers Crisps 253
Walmart 149
Washington, Consenso de 104, 193
WBCSD (World Business Council for Sustainable Development) 23, 163, 164
Weber, Max 130, 131
Wedge Card 98, 300
Weizsäcker, Ernst von 252, 346
Weltanschauung 189
Wharton, Joseph 155, 156, 158, 165
Wharton School 155, 335
Whistler Resort 244
Williams 5, 87
Williamson, Oliver 346
Wilson, Edward 187, 214, 327, 328, 346
W. L. Gore & Associates 303
Women for Women International 151
World Bank (Banco Mundial) 69, 97, 151, 193, 345

World Coal Institute 23, 48
WorldCom 160
World Economic Forum (Fórum Econômico Mundial) 146
World Resources Institute 262
World Trade Center, ataque terrorista ao 138
Worthington, Bryony 65, 308
WWF (World Wide Fund for Nature) 23, 44, 50, 87, 255, 310, 314, 323

YouTube 158, 302
Yunus, Muhammad 165, 309, 321

Zimbábue 97, 194
ZOPA (Zone of Possible Agreement) 108, 309

Sobre o Instituto Jatobás

O Instituto Jatobás é uma organização sem fins lucrativos fundada em 2002 no município de Pardinho (SP). Tem como objetivo gerar conhecimentos para a construção de caminhos coletivos, solidários e sustentáveis. Idealiza e implementa modelos conceituais e de gestão, ancorados no paradigma do desenvolvimento sustentável, que busca melhorar as condições da vida humana, com base no uso equilibrado dos recursos econômicos, ambientais e sociais. Suas ações estão baseadas nos seguintes valores:

- **Ética humanista:** realização das potencialidades e necessidades do ser humano, tendo a dignidade e a autonomia do indivíduo como elementos centrais.

- **Sustentabilidade:** consecução das condições socioeconômicas e ambientais para atender as necessidades do presente sem comprometer as das gerações vindouras.

- **Justiça social e equidade:** igualdade de direitos e oportunidades, solidariedade coletiva e proteção aos desfavorecidos.

- **Democracia:** defesa incondicional do Estado Democrático de Direito; da liberdade de expressão, organização e manifestação; valorização e apoio às políticas públicas; e crença de que o Terceiro Setor, como representante da sociedade civil, deve mediar as relações Estado-Empresa, inspirando e inovando atividades em prol do bem comum, da cidadania e da qualidade de vida.

- **Desenvolvimento comunitário e gestão das partes interessadas:** valorização da cultura local e tradicional, da diversidade, da economia solidária, e fomento ao diálogo, à parceria e à participação ampla e cidadã.

- **Excelência organizacional:** utilização racional dos recursos e oferta de serviços de qualidade, com resultados mensuráveis e foco na gestão do conhecimento e da aprendizagem.

O Instituto Jatobás é, em essência, uma organização produtora, gestora e disseminadora de conhecimentos. Seus saberes são consolidados por meio da interação entre a teoria e a prática dos modelos desenvolvidos e da socializados por meio da realização de eventos, campanhas, mobilizações, cursos e publicação de artigos e livros.

Desde 2006, implementa em Pardinho seu principal modelo de gestão – o Sistema Ecopolo de Desenvolvimento Sustentável –, que tem como objetivo melhorar o desempenho e potencializar a vocação econômica e socioambiental dos municípios.

www.institutojatobas.org.br

www.centromaxfeffer.com.br

O que é o Planeta Sustentável?

É uma multiplataforma de comunicação cuja missão é difundir conhecimento sobre desafios e soluções para as questões ambientais, sociais e econômicas de nosso tempo.

O projeto chega a 21 milhõesde leitores anuais por meio de:

- 40 títulos de revista da Editora Abril
- Um site
- *Meu Planetinha* (site para crianças de 6 a 12 anos)
- O nosso pequeno *Manual de Etiqueta* (novas ideias para enfrentar o aquecimento global e outros desafios da atualidade), com mais de 11 milhões de exemplares
- Cursos, debates e conferências internacionais
- Aplicativos para tablet e iPhone

Tudo isso é feito com a ajuda de uma equipe dedicada, um conselho consultivo e cinco patrocinadores:
Editoral Abril, Bunge, Caixa, CPFL Energia e Petrobras

Visite o site (planetasustentavel.com.br) | Siga-nos no Twitter (@psustentavel)

PATROCINADORES

APOIADORES/PARCEIROS

Copyright © 2010 Sara Parkin
Copyright © 2014 tradução Instituto Jatobás

Publicado por acordo com Earthscan Ltd.
Título original *The positive deviant: sustainability leadership in perverse world*

Tradução Gilson Cesar Cardoso de Sousa

Editora Renata Farhat Borges

Editora assistente Lilian Scutti

Produção editorial e gráfica Carla Arbex

Assistente editorial César Eduardo de Carvalho e Hugo Reis

Revisão técnica João Francisco de Oliveira Lobato, João Salvador Furtado e Julio Bin

Revisão Laura Moreira e Ana Luiza Couto

Editoração eletrônica Alfredo Castillo e Alexandre Calderero

```
Dados Internacionais de Catalogação na Publicação (CIP)
              Angélica Ilacqua CRB-8/7057

    Parkin, Sara
       O divergente positivo: liderança em sustentabilidade
    em um mundo perverso / Sara Parkin; tradução de Gilson
    Cesar Cardoso de Souza. — São Paulo: Peirópolis, 2014.

    Bibliografia
    ISBN: 978-85-7596-334-0
    Título original: The positive deviant: sustainability
    leadership in a perverse world

    1. Liderança 2. Desenvolvimento sustentável 3.
    Administração I. Título II. Souza, Gilson Cesar Cardoso
    de
    13-1045                           CDD 658.4092
```

Índices para catálogo sistemático:

1. Liderança

Editado conforme o Acordo Ortográfico da Língua Portuguesa de 1990.
1ª edição, 2014

Esta edição contou com o apoio da Susano Papel e Celulose.

Editora Peirópolis Ltda.
Rua Girassol, 128 – Vila Madalena
05433-000 São Paulo – SP
tel.: (11) 3816-0699 | fax: (11) 3816-6718
vendas@editorapeiropolis.com.br
www.editorapeiropolis.com.br

www.editorapeiropolis.com.br

MISSÃO
Contribuir para a construção de um mundo mais solidário, justo e harmônico, publicando literatura que ofereça novas perspectivas para a compreensão do ser humano e do seu papel no planeta.

A gente publica o que gosta de ler:
livros que transformam.